移民、国家与地方权势
——以清代巴县为例

Immigrants, the State and Local Power: The Case of Baxian County in Qing Dynasty

梁勇 著

图书在版编目(CIP)数据

移民、国家与地方权势:以清代巴县为例/梁勇著. —北京:中华书局,2014.4(2024.4 重印)
(国家社科基金后期资助项目)
ISBN 978-7-101-09876-1

Ⅰ.移… Ⅱ.梁… Ⅲ.移民问题-研究-巴县-清代
Ⅳ.D691.9

中国版本图书馆 CIP 数据核字(2013)第 291606 号

书　　名 移民、国家与地方权势——以清代巴县为例
著　　者 梁　勇
丛 书 名 国家社科基金后期资助项目
责任编辑 王传龙
责任印制 陈丽娜
出版发行 中华书局
(北京市丰台区太平桥西里 38 号　100073)
http://www.zhbc.com.cn
E-mail:zhbc@zhbc.com.cn
印　　刷 三河市中晟雅豪印务有限公司
版　　次 2014 年 4 月第 1 版
2024 年 4 月第 2 次印刷
规　　格 开本/710×1000 毫米　1/16
印张 23　插页 2　字数 360 千字
国际书号 ISBN 978-7-101-09876-1
定　　价 78.00 元

国家社科基金后期资助项目出版说明

后期资助项目是国家社科基金设立的一类重要项目，旨在鼓励广大社科研究者潜心治学，支持基础研究多出优秀成果。它是经过严格评审，从接近完成的科研成果中遴选立项的。为扩大后期资助项目的影响，更好地推动学术发展，促进成果转化，全国哲学社会科学规划办公室按照“统一设计、统一标识、统一版式、形成系列”的总体要求，组织出版国家社科基金后期资助项目成果。

全国哲学社会科学规划办公室

目 录

序

本书是作者梁勇在其博士论文的基础上补充修订而成的。

梁勇是我指导的博士研究生，其博士论文的成绩和缺点，自然我都应承担部分责任。因此，他请我来写这篇序，我理解为他请我来共同承受读者的批评，故不敢辞。

本书的基本材料是清代四川巴县档案。虽然我指导过几篇利用清代州县档案资料做的博士论文，也跑到一些地方档案馆去浏览过一点点历史档案（比如内蒙古的土默特左旗档案、四川冕宁县档案、四川宜宾的叙永档案、四川南充的南部县档案、云南楚雄州和大姚县的档案、浙江龙泉县的档案等等），但我本人完全没有利用地方档案进行研究的直接经验，所以不能说有什么发言权。

我所见到的利用地方档案所做研究，似以法史研究（我不知该叫法律史还是法制史，干脆简化）为多。这也许可以归结为留下来的档案的相当部分为诉讼案件的缘故。但此类研究专注于司法审判程序，即关心的是法学问题，因而对历时性因素考虑不多，且往往忽视诉讼的具体情境、人及人群，即史学问题。此类现象，同样发生在利用地方档案做经济史研究（如土地与赋税），或做基层管理制度研究（如保甲制）的成果那里，所以，像《蒙塔尤》那样的同是利用地方审理档案写出来的杰作，似乎并没有给我们的研究者太多的启示。我们知道，兰克（von Ranke）是强调使用官方档案的，20 世纪以来的西方学者对此也多有反思，我们的利用档案进行历史研究的学者，有没有在利用及研究之前，对这两方面的范例做过方法论意义上的省思呢？

我完全相信，大宗地方档案的利用，会给中国近现代史的研究搭建一个全新而广阔的平台。之所以如此说，是因为如下理由：第一，如此大量的地方史料，给我们提供了远超以往的历史细节，使我们对以往知之不多的层面有了更多的了解；第二，这些历史细节更多地体现为制度的实践或操作层面以及普通人的日常生活层面，对这些层面的了解也许会颠覆“宏大叙事”框架下的历史认知；第三，不仅使区域社会史研究的史料系统得到极大丰富，可以从更多的角度认识地方社会，而且可以使其它取向的研究在许多话题上与区域社会史研究的对话成为可能。但是，这并不能完全抹杀地方档案的局限性。本书作者在《绪论》中提出了州县档案五个方面的史料价值，我大体上是同意的；可贵的是，他对这一史料系统的局限性也有一定认识，虽然只是蜻蜓点水。

专著与学位论文还是有很多区别的。我在阅读许多由博士论文改写的专著时都发现，不知道是因为懒惰还是因为不知道专著的写法，这些书大多保留了博士论文的痕迹。比如说，无论是什么，学术史的部分总是要有的，但写法却有所不同。首先，在学位论文中，相关研究要尽量在绪论部分提及并加以讨论，但在专著中，除了必要的部分外，在不同章节中还可以随时予以涉及。其次，绪论中的学术史讨论，要紧密围绕该书的主题或主要问题意识，比较充分地展开，并针对前人的论说提出自己的假设，使自己的主题或问题意识比较鲜明地凸显出来，等等。对本书而言，就是要围绕清代巴县基层社会的权力结构及其变迁来讨论学术史，其它枝蔓可以略而不及。

要讨论巴县地区社会秩序在清代的重建，作为背景，移民的问题就不得不涉及。学界似乎都同意说，明末清初的战乱导致四川境内经济凋敝、人口锐减，故而有“湖广填四川”的说法普遍流传。作者提到一个有意思的现象，即入川移民的第一二代在提到自己的籍贯时，通常说的是湖广、陕西等原籍，即迁出地，直到乾隆以后才逐渐说现籍。这种现象说明，直至康熙中后期，尽管朝廷大力招民垦荒，在入籍的政策上比较宽松，也的确有大量外省移民涌入，但他们未必就一定立即在迁入地入籍，有可能在一段时间内持观望态度，甚至在某种情况下回流原籍。这种心态，在今天流寓海外的移民中仍属常见。

但到康熙末年，四川的绝大部分土地很快垦熟，至雍正时期就接近人满为患，于是土客之争渐烈。这种情况的发生，虽有多种因素导致，比如政府号召逃离的土著回川，造成地权纠纷频频等等，但其中原因之一便是上述清初入川的移民未立即入籍，出现事实上占种土地、纳粮当差，却未即有合法身份的缘故。各色人等便都可以抓住这个漏洞，引起纠纷。移民为了保护“胜利果实”，便结成各种地缘性组织，比如会馆，予以抗衡。

在这样的语境之下，作者也讨论了“麻城孝感乡”的传说。作者在讨论了学界诸说后认为，这一说法来源于明夏旧部遗民和明夏时期移民四川的湖广人对祖籍地的认同，至清初战乱，谱牒佚失，人们只好人云亦云，这一说法就成为四川土著的代名词。对这样的说法，我认为是有道理的，不过为何清人将其作为土著的代名词，我意并不完全是因为认同的需要，还是有现实的功用。正是因为上述雍乾时期地权纠纷等等造成的土客矛盾，使这些“无籍之徒”必须强调他们是元末明初以来的土著，而非清初迁来的新移民。

但是，作者对“宗族构造”的意义几乎略而不谈。尽管乾隆时开始修谱的人很少，晚清才开始多一点，但并不妨碍多做分析。因为在讨论有关珠江三角洲的宗族建构时，移民定居、水上人登陆等牵扯入籍的问题是可以看得出来的。从这类事件发生的明初，到开始零星编纂族谱的嘉万时代，也经过了较长的时间。那么在巴县这样的移民社会，“宗族构造”到底是不是一个问题呢？究竟是延续了前人的习惯性研究思路呢，还是在这里也的确是个问题？如果是，它的意义在哪里？

“麻城孝感乡”的传说当然不能起多大作用。作者在讨论宗族时提到，这里的宗族构造经常以原籍为纽带（这一点已为刘正刚教授指出过），这本是个很有意思的话题，但只是一语带过。其实叫不叫“合同式宗族”没有关系，关键是以地缘为纽带进行的联宗，是怎样一种“宗族”结构？它究竟在这样一个社会里发挥了怎样的作用？或者从写作的逻辑来说，这里讨论宗族的问题与秩序重建及基层权力结构的主题有何关系？

在一个混乱的移民社会里，拳头才是硬道理。这就有了本书所论的“啯噜子”以及后来的哥老会等帮会组织。关于“啯噜子”的本意，作者引用官府的说法，即为土匪、恶棍之意，但为何如此称呼，却未有解释，只说是本地土话。记得20世纪80年代中期在第一历史档案馆看档案时，遇到中国人民大学档案系刘文源教授，午饭闲聊时他说“啯噜子”应读作gu—lu—zi，只有我们四川人才能明白。四川人称“蹲着”为“跍（ku，亦读作gu）倒”，“啯噜子”实际上应是“跍路子”，即蹲在路边打劫的人，与古语“剪径”异曲同工。我一直以为他的说法是正解。

作者论证这些“啯噜子”多为外来移民，大约是因为被政府或民间传言忽悠到四川，却又找不到生计，只好铤而走险。于是保甲制在四川的普遍推行、客长制的出现，便都与这样一种形势有了关联。特别重要的是，由于四川社会长期处在一种人口频繁流动的状态下，因此保甲制这种自上而下的、比较适于定居人群的管束体制就存在较大局限，需要客长制这种特殊的、以地缘关系为纽带的民间体制加以补充，这一看法是相当重要的。正如我们所知，由于滇铜外运的原因，大量外来人口涌入云南的矿厂，于是在矿厂中同样存在客长，与其他各“长”一起，形成对矿厂的相对自治性的管理，而地方官府及其管理体系对它们的管控微乎其微。这同样印证了巴县客长制的性质。

到这里，一个更为重要的问题便浮现出来了：为什么四川社会长期处在一种频繁流动的不稳定状态呢？也就是说，为什么四川一直可以称为“移民社会”？只有解决了这个问题，才能解释为什么客长制成为本地城乡的基层社会体制。遗憾的是，作者在这里用力不足。依我拙见，可以有这样的一些思路：

第一，山区的开发是发轫自明代中叶、到清初以后日益普遍的趋势。四川四面环山，北有秦岭，西接甘藏高原，南接云贵及广西境内的大山，东部即重庆则与湘西相连，在此前开发较少，此时则对移民产生了巨大的拉力。我们看到，像西昌那样的西南隅，清代中叶都流入了从湖南或广东来的大量移民。而在山的那一边，清中叶湘西的苗民起事，应是与此相关联的、同一大历史运动的组成部分。

第二，长江运道的大规模利用。对明清时期长江运道的利用，实在需要进行深入研究。究竟是到什么时候，长江运道的利用有了大幅度的提升？这不仅是商业史的问题，更是水运技术史的问题。对于较大型的船舶通过峡江的激流险滩，到什么时候有了更为成熟的解决办法？否则我们就不好理解为什么这里集聚了如此多的船工、纤夫、挑夫等等靠水吃饭的人。

第三，与上述二者均有关系的是，清代的政府和民间，对于金银以外的矿产有了更深的认识，于是富产有色金属的西南地区、特别是西南山区便有了特殊的意义。许多人奔赴云贵，四川是必经之地，而货物从西南运出，长江又是最便利的运道，于是形成了一条沿长江的人流、物流和资金流。这一情形就导致了四川的移民不只是定居下来的移民，还有大量处在不断流动中的移民。

也许还有一些别的思路，留待作者在今后的研究中思考和发现。只有这样，对巴县客长的研究才能被放到大历史中去，这才是区域社会史研究的意义。

清中晚期巴县的团练，是作者着力较多的另一个话题。在周锡瑞的“地方军事化”意义上的讨论，似乎也没有更多深入的余地。作者一方面认为团练势力要介入地方权力结构，必然发生利益冲突，另一方面又认为，团练逐渐取代了客长的位置。如果客长与团练一身二任，形成潜移默化的改变，似乎并不应导致基层权力格局的剧烈变动。假如没有的话，我们讨论团练的意义是什么？团练的兴起与客长的消亡到底说明了什么？沿着前面那个主题的思路，这是否说明，在某种意义上，到晚清时，人口频繁流动带来的麻烦已经大大减少了？相对定居下来的人口和日益增加的乡绅更加需要一种强大的区域性保护势力？需要一种可以和国家勾连的、而非客长那种比较民间的体制？

晚清学董的问题等等，在这里就不一一讨论了。我发现，到这时，移民社会的问题开始被淡化了，也就是说，在地化的主题逐渐为普遍性主题所取代。这好像的确是现代性带来的客观过程，但我又多少有点不甘心，真相会不会被资料所遮蔽呢？

也许读者会问，你所提出的这些问题，为什么不在作者写论文的过程中提出来、反而“事后诸葛亮”呢？必须承认，在论文写作过程中，作者还有另外一些问题需要解决；此外，一些问题是我重读本书时新想到的；当然也有些问题作者可能并不认为是问题，无需理睬。总之，我利用这次机会，与作者再次进行相关探讨，对我深化自己的思考颇有帮助。当然，由于我并没有做过西南的研究，以上所说并不一定为作者和同行接受，也是非常合理的。

以上所写，完全摆脱了序言中通常会出现的客套话，基本上是学术探讨。不敢说正确，但符合本书的学术性，则是毫无疑义的。

是为序。

赵世瑜

2013年9月25日于北京

绪　论

第一节　州县档案与区域社会史研究

州县档案，是州县衙门在处理日常政务及管理活动中所形成的档案。我国清代州县档案资料相当丰富，除已被学术界广为利用的台湾淡新档案、直隶顺天府档案、河北获鹿县档案之外，四川省各级档案馆也保存了大量的清代州县档案。据四川省档案馆同志的统计，四川各级档案馆共收藏了清代四川州县档案 136074 余卷册另 1268 件，其中以四川省档案馆保存的 113020 卷的巴县档案[①]及南充市档案馆保存的 18186 卷、84010 件[②]的南部档案最为系统，也较为学术界所关注。最近一二十年，一批利用州县档案为基本史料的相关法律社会史、地方行政制度史、财政史的论文或著作陆续发行或出版，引起学界的广泛关注。

其实，社会史特别是区域社会史取向的研究更应该关注利用此一资料。从州县档案资料所反映的地理范围来看，往往以一县为主，这很方便我们以县域为单位进行区域社会史研究。从史源学的角度讲，州县档案出自地方基层，材料构成主要以反映各种民间细事的诉讼文书、州县为管理地方所出台的各类规章、文书为大宗，因此能更为直接地反映当时社会生活的方方面面。以巴县档案为例，有学者认为其“几乎包括整个清朝的一个县的官署资料”，“广泛涉及城乡社会经济的各个不同领域，使我们有可能较为全面、深入地探讨这一地区的社会经济结构”，[③]含内政、经济、军事、文教卫生、司法、外交等诸多方面。资料的性质特征决定了其在社会史研究特别是区域社会史研究中是大有作为的。

---

① 马小彬、刘君：《四川清代档案评述》，收录于李仕根主编：《四川清代档案研究》，西南交通大学出版社 2004 年，第 24、39 页。

② 蔡东洲等：《清代南部县衙档案研究》，中华书局 2012 年，第 24 页。

③ 陈翔：《清代巴县民俗档案评述》，收录于李仕根主编：《四川清代档案研究》，第 98 页。

首先，州县档案资料的延续性使我们从长时段研究某一区域的历史成为可能。以清代巴县档案来说，上溯至康熙九年（1670），下迄宣统三年（1911），共241年的历史（若算上保存于重庆市档案馆、重庆市巴南区档案馆的民国巴县档案资料，其时间长度近300年）。清代南部县衙门档案从顺治十三年（1656）一直延续到宣统三年（1911），时间跨度共255年（南充市民国南部档案资料保存得也相当完整）。这样连续反映地方社会变化的资料，是各类官修文书及族谱、契约等民间文书所不能相提并论的。一些在地域社会扮演着重要作用的组织、制度，通过这些连续性的资料，使我们能够对它们的发生、发展、演变、衰亡的历史有一整体的了解，这不仅有助于我们对地域社会史变迁的研究，同时，也有助于我们对国家、民族如何走进近代的探讨。

其次，州县档案资料的系统性使整体史研究成为可能。州县档案资料是以不同主体为中心形成的资料，当后世研究者以某一主题研究时，将不同主体的档案集中起来，能够从不同角度来理解问题，从而达到整体史研究的目的。以巴县档案来看，除吏房文书有所缺失外，其他户、礼、兵、刑、工、盐、仓、承发诸房文书都保存得相当完整。这些档案资料，种类十分齐全，除反映政令运作的旨、谕、题本、奏折、咨呈、牒呈、申文、关文、照会、移会、札、禀、函、示等文书外，还有大量反映普通百姓诉求的各类“结状”、“告状”，政府的民户册、烟户册、赋役册、告示，老百姓为打赢官司所提供的契约文书等等。这些材料不仅反映了经济、外交、社会政治，还反映了老百姓的个体活动及思想行为。这些都有助于我们对该区域进行“解剖麻雀式”的研究。

再次，州县档案资料的原生性，使我们能够看到诸多在地方志、文集等由地方精英编纂的材料中被有意或无意遗忘的历史。清代，政府订有严刑峻法，惩罚公文处理过程中的失误舞弊情事，以保证国家机器的正常运转。州县档案是当时政府衙门之间、老百姓与衙门间的关系往来所形成的文书，其过程主要反映当时利益关系，并没有考虑多少“青史留名”的问题。这样的材料相对于其他官修资料来说对历史的反映更为真实，我们从中可以看到各类官方文献较少或没有反映的地方各类组织、政府的运作甚至普通老百姓的日常生活，是第一历史现场。如地方基层管理制度——保甲、团练、客长——在地方社会的运行，仅仅依靠官修文书是难以有全面、系统的反映的。而在档案资料中，有大量知县签发的保长、甲长、客长、场头、小甲的执照及他们的“具认状”、“具禀状”，如实地反映了制度的运行过程。

第四，州县档案资料的基层性，使从民俗研究历史成为可能。州县档案中有大量反映各种基层组织如神明会、同乡团体、同业组织自我管理、自我约束的惯习，如各类乡规民约、行业规范以及地方各类公产的管理机制。从这些“地方性知识”中，我们能看到各种非政府组织的运作实态，了解其发生、发展及消亡的全过程，达到了解其背后更深层次历史结构的目的。在巴县档案中，八省会馆在清代重庆移民内部关系的调整、各类商业纠纷的调处及地方秩序的维护中都发挥了极大的作用，其运作机制完全由民间自发形成。对于此类组织的探讨，有助于我们了解清政府地方社会的控制机理，即往往是透过授权的方式委托各种自发形成的民间组织来进行管理，最终形成“小政府”“大社会”的结构。

第五，档案资料主体话语的多面性，使研究者在运用档案资料过程中能注意到社会各阶层的声音。在州县档案中，既有政府间的往来文书、书吏的报告，同时也有士绅及大量普通乡民的声音。这些声音主要围绕着“户婚田土”等纠纷，形式上主要以“状”文种为主，如原被告之间的“告状”、“诉状”、“辩状”，收领钱、物的“领状”，具结、取保的结状、保状等等。此外还有衙门审讯过程中的堂讯记录、口供、中间人的调停报告等，都是口述史的材料。这些材料可以说集中反映了当时人、当事人的心理动机、当地的惯习、地方行政制度的运行过程等等。

总之，充分利用州县档案，对区域社会史研究有极大的推动作用。因此，本书也将对学界利用州县档案，特别是巴县档案的学术成果做一简单的梳理。

不同学科，基于各自的问题意识，关注点也各不相同。同时，大陆、台湾及海外学者，基于不同的学术传承，也从各自的学术训练出发，做了各自的创新研究。[①] 相对来说，大陆学术界对巴县档案的利用还处于初步阶段，就笔者的眼界所及，以巴县档案为核心材料完成的博士论文，数量较

---

① 张晓霞、黄存勋(《清代巴县档案整理研究的回顾与思考》,《档案学通讯》2013 年第 2 期)对当前国内外学界利用巴县档案所做研究的现状从研究主题、研究者个人情况作了比较详细的梳理，可资参考。

少。举其要者，2005 年上海师范大学史玉华的《清代州县财政与基层社会——以巴县为个案》一文，着力点在于清代州县财政的具体运作、赋税征收与基层组织、社会控制之关系及州县财政下各利益群体之间的互动关系。2007 年，四川大学徐跃的博士论文《社会底层的新政改革：清末四川地方新教育的兴办——侧重庙产兴学》，在探讨晚清庙产兴学过程中，也大量使用了巴县档案的相关资料。2009 年西南政法大学张渝的博士论文《清代中期重庆的商业规则与秩序：以巴县档案为中心的研究》，从法律社会史的角度讨论了清代重庆商人团体与行规，牙行、铺户及运输业的规则与秩序，商业纠纷及其救济等内容。2010 年，清华大学周琳的博士论文《传统商业制度及其近代变迁：以清代中后期的重庆为中心》，从“商业制度”变迁的角度认为市场秩序的形成除了法律条文和行政命令外，市场和社会的力量也很重要；同时清代重庆的商人群体还不是一个能完全决定自身命运的群体，虽然他们能够参与市场秩序的形成。

国内单篇论文方面，李荣忠、刘君对清代巴县的差役进行了实体性研究。① 李映发则讨论了清代重庆地区的农田租佃关系，发现在重庆地区存在着“当出转佃”这一具有地方特色的现象，同时还发现清初建立的农田永佃关系至道光年间以后大多瓦解。② 冉光荣考察了“八省客长”在重庆工商业方面的活动，认为重庆的外籍商人成了工商业界的主宰力量，几乎操纵了所有的牙行。③ 李玉通过已公开发布的巴县档案资料，讨论了商业交往中合伙制经营的特征。④ 邱澎生以 18、19 世纪巴县档案所保留的有关船帮的契约文书为主要史料，按照“短程货运、短程客运、远程货运”的船运业类别，区分当时的航运纠纷形态，分析民间团体与地方政府在不同类型航运纠纷中的调解与审理过程，进而探究当时法律规范与市场秩序变迁的轨迹。⑤ 陈亚平利用已公布的巴县档案，讨论了巴县行帮在自身组织化、市场争夺、行业

---

① 李荣忠：《清代巴县衙门书吏与差役》，《历史档案》1989 年第 1 期；刘君：《清前期巴县城市工商业者差役初探》，《历史档案》1991 年第 2 期。

② 李映发：《清代重庆地区农田租佃关系中的几个问题》，《历史档案》1985 年第 1 期。

③ 冉光荣：《清前期重庆地区的帮会》，1987 年深圳国际清史学术讨论会论文。

④ 李玉：《从巴县档案看传统合伙制的特征》，《贵州师范大学学报》（社会科学版）2000 年第 1 期。

⑤ 邱澎生：《契约与帮规：试析清代中叶巴县档案中的船运纠纷》，收录于邱澎生、陈熙远主编：《明清法律运作中的权力与文化》，台湾联经出版公司 2009 年。

规范中的作用，揭示行帮与国家在城市地方社会建构中的作用。[①] 范金民讨论了清代重庆的牙行、铺户、匠作等行业在承值应差的前提下，政府给予的相应的把持权力，认为这与清政府一贯坚持的禁止把持行市的律条相违背。[②]

近三十年来，法史领域利用巴县档案的研究成果层出不穷。美国加州大学洛杉矶分校教授黄宗智及其学生，近年来利用这批档案进行法制社会史研究，取得了不错的成绩，如 Matthew H.Sommer（苏成捷）的光棍与犯奸罪研究，[③]Bradly W. Reed（白德瑞）的胥吏研究，[④]唐泽靖彦有关巴县档案状纸呈词研究，Madeleine Zelin（曾小萍）对清代中期四川佃农经济的研究。[⑤] 在台湾方面，李清瑞从乾隆时期发生在巴县的拐卖妇女案件出发，讨论了在拐案中所呈现的妇女生活及拐案所显示的地方社会的人际互动，如县官处理拐案的态度、地方审判与中央法规之间的检讨、普通老百姓对诱拐妇女的看法等等。[⑥]

上述利用巴县档案的法律社会史研究，提供了一个深入理解清代巴县各个阶层日常生活的视角。但这些研究基本上是横向展开的，在这里面看不到不同历史时期，如乾隆与光绪时期，胥吏的行为方式、工作或其他相关部分的变化内容，以及这些行为的产生与当地社会环境的联系。如果我们把他们的问题意识纳入到区域社会史研究的框架之内，或许会有不同的收获。

---

① 陈亚平：《18—19 世纪的市场争夺：行帮、社会与国家——以巴县档案为中心的考察》，《清史研究》2007 年第 1 期。

② 范金民：《把持与应差：从巴县诉讼档案看清代重庆的商贸行为》，《历史研究》2009 年第 3 期。

③ Matthew H.Sommer, *Sex, Law, and Society in Late Imperial China*, Stanford: Stanford University Press, 2000.

④ Bradly W. Reed: *Talons and Teeth: County Clerks and Runners in the Qing Dynasty*, Stanford University Press, 2000.

⑤ Madeleine Zelin, "The Rights of Tenants in Mid-Qing Sichuan: A Study of Land-Related lawsuits in Baxian Archives", *Journal of Asian Studies*, 1986; 45.3(May).

⑥ 李清瑞：《乾隆年间四川拐卖妇人案件的社会分析——以巴县档案为中心的研究（1752—1795）》，台湾"国立"政治大学历史学系 2000 年硕士论文。

第二节 相关研究的学术史回顾

本书的主旨在于讨论一个具有移民社会特色的地方基层管理体制的演变过程。因此本书的学术史回顾由两部分组成:一是区域社会史中的移民研究,二是基层控制体系的演变。

一、区域社会史中的移民研究

笔者认为,现有的移民史研究成果可以分为“人口史视野下的移民史”与“区域社会史视野下的移民史”两大类型。① 而后者与本书主题关联性较强,本书即从此角度对移民史研究进行回顾。

区域社会中的移民研究,具体来说是将移民史研究与具体区域社会相结合,从区域社会发展的角度来讨论移民在移入地的生活及由此而带来的对移入地已有社会形态、文化生活、政治制度的冲击,并在此基础上与大历史进行对话。②

1.移民对四川社会经济所带来的影响

20 世纪 80 年代,随着社会经济史研究路向的兴起,人们逐渐对移民的社会与经济活动投入了较多的关注,对移民与四川经济的恢复和发展,多持正面肯定的观点。

郭松义考察了移民对清代四川经济恢复、发展所起的作用。③ 郭声波认为,清初移民四川,为四川农田水利的兴修、新的农作物引进、农村景观的改变、农村经济的恢复与发展做出了贡献。④ 刘正刚认为闽粤移民习于山地农业的耕种,在四川的农业生产开发中起到了极大的作用,如开山造田、改良土壤、新型农作物如甘蔗、烟草、苎麻的引种等。⑤ 与其他学者仅

---

① 参见拙文:《清代四川移民史研究的回顾与前瞻》,《西华师范大学学报》(哲社版)2011 年第 4 期。

② 这方面的研究可参见梁洪生:《从“异民”到“怀远”——以“怀远文献”为重心考察雍正二年宁州移民要求入籍和土著罢考事件》,《历史人类学学刊》第一卷第一期,2003 年;谢宏维:《化干戈为玉帛——清代及民国时期江西万载县的移民、土著与国家》,《历史人类学学刊》第三卷第一期,2005 年。

③ 郭松义:《清代四川的外来移民与经济发展》,《中国经济史研究》1988 年第 4 期。

④ 郭声波:《四川历史农业地理》,四川人民出版社 1993 年。

⑤ 刘正刚:《闽粤客家人在四川》,广西教育出版社 1997 年,第 131—148 页。

关注移民在农业生产领域的活动不同，刘正刚先生还花了大量的笔墨来叙述闽粤移民在手工业（如制糖业、制纽扣业、制盐业、酿酒业）、商业贸易方面的活动。[①] 曹树基先生也描述了移民对四川经济增长的积极作用，如耕地和粮食产量的增加、技术和物种的传入特别是番薯和玉米的种植。[②]

日本学者森纪子认为，清代四川移民的高峰在乾隆朝，同时移民经济活动也呈现多元化特征。[③] 台湾学者吕实强通过对南溪、合川、云阳三部县志有关氏族志部分进行分析后认为，由于移民的“刻苦垦殖，勤劳不息”，为清代四川的发展带来了新鲜的血液，积极地影响到了整个清代四川的经济文化。[④]

谭红还进一步考察了移民来到四川后积极参与地方公共设施的修复，捐助地方文化教育及慈善事业的发展。[⑤]

2.移民与会馆

在清代四川，移民的活动往往与会馆相连。可以说，在一定程度上，清代四川移民史研究即会馆史研究。

20 世纪 40 年代，窦季良先生在重庆收集到了大量的会馆碑刻资料、会馆帐簿，对重庆地区同乡组织的演化、乡土神崇拜及会馆功能进行了分析。他认为，会馆的功能主要集中在“神道功能”和“互助功能”两个方面。咸丰以后，“八省会馆”逐渐成了地方的权力中心，承担了大部分的地方事务。但由于资料的限制和理论上的缺失，他的研究显得较为简单。[⑥] 但如果把窦的研究放到会馆史研究近百年的序列之中，我们会发现，窦氏的研究奠定了国内学术界会馆史研究的大体框架。

20 世纪 60 年代，何炳棣先生在《中国会馆史论》一书中也同样讨论了重庆地区的移民会馆，此书对会馆的地理分布进行了考证，该书最有特点的是，从“心态”史的角度，探讨会馆与地域观念的互动过程，认为会馆在近

---

① 刘正刚：《闽粤客家人在四川》，第 181—212 页。谭红也按这样的逻辑考察了移民与四川社会经济发展的关系，见《巴蜀移民史》，四川出版集团 2006 年，第 609—647 页。

② 曹树基：《中国移民史》第六卷，福建人民出版社 1997 年，第 111—118 页。

③ （日）森纪子：《清代四川的移民活动》，收录于叶显恩主编《清代区域社会经济研究》下册，中华书局 1992 年，第 838—849 页。

④ 吕实强：《近代四川的移民及其所发生的影响》，《中研院近代史研究所集刊》第 6 期。

⑤ 谭红主编：《巴蜀移民史》，第 505—517 页。

⑥ 窦季良：《同乡组织之研究》，正中书局 1943 年。

代演变中其地域观念有日渐消褪的趋势。[①]

而20世纪50—80年代，国内的会馆史研究基本上是在资本主义萌芽的框架下进行的，集中在讨论会馆与工商业行会的关系问题上，为我国资本主义萌芽寻求证据。[②] 吕作燮一反这种寻找论据式的会馆史研究模式，认为四川境内除成都、重庆外，其他地区的会馆只能是由农民创建的，将会馆还原到了它应该有的身份。[③] 蓝勇发表了一系列论文继续了这一实证的研究风格，对清代四川的移民地理分布、移民会馆的名实、兴建、职能进行了考证，认为移民会馆具有两大职能：政治经济职能和文化宗教方面的职能。[④] 刘正刚先生认为闽粤移民所创建的会馆保守估计也有425所，并认为会馆能联谊乡情，并通过设置客长、会首参与地方行政管理事务。[⑤]

需要提及的是，20世纪八九十年代，四川大学隗瀛涛教授领导的近代重庆城市史课题组，在关注近代重庆城市发展的背景之下，分类别地对清代重庆的家庭规模、人口增长及总量、移民与会馆之关系进行了讨论。他们的讨论虽然不能纵向地勾画出移民家庭、会馆发展的线索，但从横向展示了城市社会中不同移民群体之间及群体内部的相互联系。[⑥]

王东杰先生对四川地区移民会馆所崇祀的"乡神"内涵进行了十分有创意的分析，认为来自于不同原籍的"乡神"一方面作为移民原乡的认同象征，同时，随着移民在四川的定居，又逐步被赋予超地域性的内涵，容纳了新的认同。[⑦]

王日根的《乡土之链——明清会馆与社会变迁》可以说是这种路径研究的集大成者。该书共分四部分对明清的会馆史研究进行了归纳和分析，

---

① 何炳棣：《中国会馆史论》，台湾学生书局1966年。

② 有代表性的论文如李华：《明清以来北京的工商业行会》，《历史研究》1987年第4期；洪焕椿：《论明清苏州地区会馆的性质和作用——苏州工商业碑刻资料剖析之一》，《中国史研究》1980年第2期。

③ 吕作燮：《明清时期的会馆并非工商业行会》，《中国史研究》1982年第2期。

④ 蓝勇：《清代四川土著和移民分布的地理特征研究》，《中国历史地理论丛》1995年第2期；《清代西南移民会馆名实与职能研究》，《中国史研究》1996年第4期。

⑤ 刘正刚：《闽粤客家人在四川》，第214—255页。

⑥ 隗瀛涛：《近代重庆史》，四川大学出版社1991年，第394—410页。这个课题组出版了大量的有关近代重庆城市史的研究专著，如隗瀛涛：《重庆城市研究》，四川大学出版社1989年。

⑦ 王东杰：《"乡神"的建构与重构：方志所见清代四川地区移民会馆崇祀中的地域认同》，《历史研究》2008年第2期。

即:明清会馆的演进、明清会馆的兴盛背景及内部运作;明清会馆的社会功能;明清会馆的文化内涵。与前有研究不同的是,王氏的研究也深入到了会馆与地方基层制度关系的层面,并认为它“发挥着与乡约、族规等相同的作用”,在某种程度上体现了作者对会馆史研究的一种新的思考。①

上述对会馆的研究,基本上还是“就事论事”、功能性研究为主,把着眼点放在会馆自身的考察,讨论会馆对移民所具有的独特作用,隔离了会馆与所处地方社会的联系,看不到会馆的演进与地方社会变化的有机联系,也没有对会馆事务的参与者——移民个体的讨论。

关于移民家族组织的发展。刘正刚先生对闽粤移民的家族重建过程进行了详细的考察,如祠堂的修建与祭祀活动、族谱的编撰、族产的设置与功能、家族组织的内部管理,用力甚勤。② 王东杰先生也考察了移民迁移过程中,与原籍家族的联系和在四川创建的新家族,在逻辑上并没有脱离刘先生的框架。③

刘先生在其后续作品《东渡西进——清代闽粤移民台湾与四川的比较研究》中,比较了闽粤移民在台湾与四川的家族组织、会馆、移民与土著的关系、政府的角色异同进行了详细的比较研究,揭示了移民社会经济发展的海洋性特征与内陆化特征的不同。④

在探讨移民与区域社会发展的关系上,山田贤的《移民的秩序——清代四川地域社会史研究》一书值得称道,该书主要以重庆云阳县为研究个案,从移住民与地域统合、移住民与地域变动、移住民社会的最终形成三个方面考察了有清一代云阳移民社会的发展历程。该书对“绅粮”与“公局”的探讨颇为精彩,由于嘉庆白莲教起义诸因素的影响,在四川地域社会中,最终形成绅粮—公局这一为学界所忽略但又颇有特色的地方权势体制,可以说一语抓住了清中期以后四川地域社会发展的特点。⑤

---

① 王日根:《乡土之链——明清会馆与社会变迁》,天津人民出版社 1996 年。

② 刘正刚:《闽粤客家人在四川》,第 261—327 页。

③ 谭红主编:《巴蜀移民史》,第 692—710 页。

④ 刘正刚:《东渡西进——清代闽粤移民台湾与四川的比较研究》,江西高校出版社 2004 年。

⑤ 山田贤:《移民的秩序——清代四川地域社会史研究》,中央编译出版社 2011 年。

二、基层控制体系的演变

傅衣凌先生指出，中国传统社会的控制系统分为“公”和“私”两大系统。[①] 本书所要讨论的包括啯噜、客长、团正、学董在内的地方权力体系即是“私”的系统。“私”的系统比较庞大，既有自生的、完全和“公”的系统没有关系的主体，如啯噜；也有虽是自生，但其权威受“公”的系统影响的主体，如客长；而有的则是在“公”的系统影响下产生的，如团正、学董。但不管怎么划分，其共同点是对基层社会进行直接控制。

有关地方基层社会管理或基层制度的研究，王日根、赵秀玲已经作了很好的回顾。[②] 笔者在这里主要从清代地方基层管理人员及其制度研究的问题意识出发，勾勒出学界对此问题的研究在方法层面是怎样一步一步地演变的，最后引导出笔者在此脉络上所关注的问题及将采取的研究方法。因此，本书的学术综述不会对所有作品进行回顾，挂一漏万是在所难免的。

基层社会管理研究的一个重要面向是厘清制度发展的沿革，即把它们作为一类乡里制度来进行研究。如 20 世纪 30 年代，闻均天在《中国保甲制度》中，就对我国传统社会的保甲制度进行了全方位的分析，系统地叙述了我国保甲制度的沿革。作者开篇就提出“何为保甲”，“保甲”与“保”，“甲”，“古代保甲法制之旨趣”及“吾国自治之体制与保甲”四个问题，并提出了相应的理解。[③] 从学理上来说，它为我们今后的研究打下了一个基础。1944 年，江士杰发表《里甲制度考略》一书，该书有两个特点：一是作者以“里甲”为线索探讨中国历代里甲制度自上而下发展演变的规律；二是作者从财政、税收等角度考察里甲制度的历史演变过程。[④]

---

① 傅衣凌先生所指的“公”的系统亦即国家的系统，这一系统利用从国家直至县和次于县（如清代的巡检司）的政权体系，依托政治、经济、法律、习惯等方面的力量控制政权；“私”的系统指的是对基层社会进行直接控制的乡族，所谓乡族，就是传统中国社会的所有实体性和非实体性组织。见氏著《中国传统社会：多元的结构》，《中国社会经济史研究》1988 年第 3 期。

② 王日根：《近年来明清基层社会管理研究的回顾与展望》，《江苏社会科学》2001 年第 3 期；赵秀玲：《中国乡里制度》，社会科学文献出版社 1998 年，“绪论”。

③ 闻均天：《中国保甲制度》，商务印书馆 1935 年。

④ 江士杰：《里甲制度考略》，商务印书馆 1944 年。

这种大叙事、宏观的研究取向一直为学界所继承，并仍为部分研究者所采纳。[①]

在大洋彼岸的美国，对中国的研究可以说经历了一个从关注乡村到走向区域研究的过程。20 世纪 50 年代，美国早期对中国乡村史的研究，以华盛顿大学太平洋研究所的萧公权、瞿同祖、张仲礼为代表。[②] 萧公权在研究了大量的方志、族谱和早期（19 世纪和 20 世纪初期）外国人对中国报告的基础上，对清代农村的社会结构——包括阶级、氏族、区域性等——予以全面的叙述。他对里甲、保甲和乡约制度的来源、演变和实行情况，都作了细致的叙述和分析。萧先生认为旧中国政权深入农村基层，但这种控制在 19 世纪已经普遍崩溃。瞿同祖对知县和地方士绅作了精彩的分析，认为知县代表的是正式的权力，士绅代表的是非正式的权力。知县的权力通过地方士绅而下达于百姓。这是一个二元的体系。张仲礼通过分析几百种地方志和族谱，对士绅收入的来源进行了定量分析，认为士绅的田租收入只占到他们总收入的三分之一左右，而他们的服务性工作（如水利管理、调解纠纷、官俸）的收入占了一半，余下的为商业所得。这个研究表明了在乡村社会中，士绅与农民的关系可能并不像前人所说的那样紧张，同时亦说明士绅与国家间的关系比较密切。60 年代以后，由于受法国年鉴学派的“总体史”、“问题史学”等研究方法的影响，新成长起来的一批学者，如孔飞力、魏斐德、艾尔曼等人将关注点投

① 赵秀玲对我国历代乡里制度进行了全面的功能性分析，作者主要关心乡里组织的管理形式，组织领袖的选任，乡里组织与宗法组织、官僚政治、绅士、农民的关系（赵秀玲：《中国乡里制度》，社会科学文献出版社 1998 年）。该书的缺陷在于将历代地方行政管理制度统以乡里制度的名义，放在同一时空环境下进行分析，所得出的结论太过笼统、抽象，体现不出地域的差异和时代的变迁。同时，在具体的论证过程中，把区域性的制度和组织当作全国性的来论述，存在着以偏概全的倾向（余清良：《中国乡里制度研究的路径——读〈中国乡里制度〉》，《史学月刊》2002 年第 8 期）。同样的问题取向也在白钢主编的《中国政治制度通史》（人民出版社 1996 年）中体现。除了上述通史性的著作之外，对里甲、乡约、保甲制度进行断代、区域性研究的作品也不少，如杨荣从宏观上对北京市基层管理体制的历史变迁进行了梳理，认为北京市的基层管理体制有一个从“控制”到“治理”思想的演变轨迹（杨荣：《北京市基层管理体制的历史变迁》，《北京社会科学》2004 年第 1 期）。取此问题取向的作品繁多，此不一一例举。

② Hsiao, Kung－chuan（萧公权），*Rural China*：*Imperial Control in the Nineteenth Century China*, Seattle, WA：University of Washington Press, 1960；瞿同祖：《清代地方政府》，法律出版社 2003 年；张仲礼：《中国绅士——关于其在 19 世纪中国社会中作用的研究》，李荣昌译，上海社会科学院出版社 1991 年。

入到区域史研究之中，注重探索在自然条件下中国社会内部的周期性变化和中国社会内部逐步形成的长期发展趋势。正如柯文所认为的那样，“中国社会像美国社会一样有自己的一系列‘就职’和‘离任’，而鸦片战争对其中的许多‘就职’和‘离任’并没有重大的影响”。① 所以，他们开始重视研究基层、民间组织、社会阶层和社会结构。

孔飞力在《中华帝国晚期的叛乱及其敌人》一书中，将视角放在了白莲教起义后，地方军事化过程中复杂的权力网络结构，该书详细讨论了19世纪中叶起出现的各种类型和形式的地方武装，包含正统的武装——团练、异端的武装——各类股匪、堂匪的组织结构、经费来源，以及这些武装同地方宗族、原有的保甲体制之间的复杂关系，其目的在于说明，随着地方权势的转移——绅士—名流集团的兴起，原有的传统国家已经发生了变革。②

魏斐德的《大门口的陌生人》一书研究了19世纪中期爆发在广州的反英斗争，其视角与以往研究鸦片战争的角度完全不同，他将自己置身于那个时期的广州地方社会中，观察官府、绅士、团练、农民、宗教、秘密社团对待外国的态度，并讨论地方社会中不同阶层的活动及相互间的关系。魏斐德将对鸦片战争的思考纳入到了具体区域社会发展的脉络，而不仅仅视为一个中西碰撞史或战争史。③

上述两本著作虽然完成于上个世纪60年代，但他们的研究取向今天读来仍值得提倡和学习，即他们是在地方社会复杂的政治权力结构中去考察一些宏观的问题，如团练问题、鸦片战争问题。这样呈现给我们的就是一幅丰富的地方权力网络图景，我们在其中看见了各色不同等级人群的表演。

80年代中后期，受人类学研究的影响，一些美国学者开始充分利用田野调查的成果（虽然他们中间大多数没有进行田野调查），从村庄的内部去讨论国家与地方的权力结构问题。如杜赞奇的研究——《文化、权

① 柯文：《在中国发现历史》，中华书局1989年，第172页。

② 孔飞力：《中华帝国晚期的叛乱及其敌人：1796—1864年的军事化与社会结构》，中国社会科学出版社1990年。

③ 魏斐德：《大门口的陌生人——1839—1861年间华南的社会动乱》，中国社会科学出版社1988年。

力与国家——1900—1942年的华北农村》。该书利用“满铁”调查资料，对1900—1942年华北的六个村落作了详细的个案研究，从“大众文化”的角度，提出了“权力的文化网络”等理解乡村社会的新概念。在杜氏的笔下，“权力的文化网络”由两部分组成，一是既有的等级组织(hierarchical organization)，一是非正式相互关联网(networks of informal relations)，二者构成了施展权力和权威的基础。在该书中，作者详细论证了国家权力是如何通过各种渠道(如商业团体、经纪人、庙会组织、神话及象征性资源)以深入社会底层，以此来讨论国家与地方的互动关系。①

美国学者周锡瑞(Joseph W. Esherick)在《义和团运动的起源》②一书中，通过研究义和团运动的仪式以及蕴育它的华北农村的自然生态环境、社会经济结构和文化习俗，以及当时国际、国内和省内的政治形势，认为义和团运动之所以能在极短促的时间内爆发并将成千上万的华北农民动员起来，其根源在于华北地区古老的文化习俗和传统的社会结构，认为义和团“降神附体”的仪式与农民喜闻乐见、习以为常的农村巫婆神汉的跳神走巫如出一辙，因而易于为农民接受和模仿。

我们可以感觉到，上述两篇大作相对于孔飞力、魏斐德等人的著作，对地方社会的理解更为深入，他们不仅把握住地方社会复杂的权势网络格局，更把握住了影响这些权势网络格局的地方文化、地方习俗，可以说在某种程度上是“从习俗去研究历史”。

战后日本明清史学的研究，受社会形态发展理论的影响，“乡绅支配论”、“共同体论”等观点曾是学界主流。80年代，也经历了一个逐步迈向区域社会研究的过程，也就是“地域社会论”的兴起。1981年森正夫在一个中国史讨论会中提出，在讨论政治、经济、思想等广义的再生产场所的人类基本生存圈时，应该注意由习俗、伦理、价值观等为中介构成的秩序意识“场”，这个场不是对立存在的客体，而是在指导者的指令下所构成的统合场，由场内交往的人们自觉创造、维持，也就是“地域社会论”。③ 在他的影

① 杜赞奇：《文化、权力与国家——1900—1942年的华北农村》，江苏人民出版社1996年。

② 周锡瑞：《义和团运动的起源》，江苏人民出版社1995年。

③ 2004年4月18日，滨岛敦俊教授在厦门大学历史系读书会上曾对“地域社会论”这一概念的来源及背景做过简单的说明，他认为，在日本类似研究范式至迟在20世纪60年代就已经出现，比如他有关水利的研究、均田均役的研究。对日本地域社会论视野下的中国研究，可参看常建华：《日本八十年代以来的明清地域社会研究述评》，《中国社会经济史研究》1998年第2期。

响下，山田贤、夫马进、岸本美绪等围绕着移民社会、乡绅的地域性、国家与地域社会的关系、宗族、信仰等问题进行研究，并取得较大的成就。[①]“地域社会论”的兴起，已不是原来意义上的地域史(或区域史)研究，它不在于考究此地与彼地的差异或特色，而在于寻求地域内部社会的“统合”。换句话说，是从地方基层社会出发，通过对专制统治之下乡绅(绅士)、家族、宗族、村落、行会等所表现出来的地方势力和社会团体的自治、自律问题的研究，解释地方与中央、社会与国家的关系及秩序。

80 年代以后，由于大量新的资料，特别是州县档案资料的发掘和多学科研究方法的运用，地方基层管理制度的研究取得了较大的成绩，也摆脱了先前纯制度史的探讨。学者将关注点放在某一具体的区域之中，来考察里甲、保甲制度的作用、运行效率。这方面的研究同样很多，这里仅举几篇有代表性的著作。

孙海泉利用顺天府宝坻档案，对清代保甲体制进行了结构性分析，包括保甲的设置原则、保甲首事的选任资格及乡保的职责等方面，并具体讨论了清代从里甲到保甲的演变过程。[②] 他在后续作品中提出，清代中期以后，在保甲体制下，由于村庄负责人从普通的中等农民中产生，保证了国家政令能够顺利到达乡村，同时乡村职役出现了行政化的趋势，国家政权与基层乡村社会的结合比以前更加紧密。[③]

段自成利用地方志、政书、地方州县档案等资料对清代北方乡约组织形式、职能、官办乡约与官府的关系、官办乡约与地方社会的关系作了比较详细的考察，认为清代北方的乡约经历了一个行政组织化的过程，结果是地方社会各种基层组织，如保甲、里老的职能出现了互相渗透的过程，而这一结果也是国家权力进一步下移的结果。[④]

苟德仪利用清代四川南部档案对清朝管理和控制乡村市镇的里甲制

---

① 详细的成果可参见山根幸夫主编:《中国史研究入门》下册，社会科学文献出版社 2000 年，第 873—874 页。关于四川地域社会的研究如山田贤:《移民的秩序——清代四川地域社会史研究》，名古屋大学出版会 1995 年;山本进:《清代四川的地域经济》，《史学杂志》100—12 等等。

② 孙海泉:《清代保甲组织结构分析》，《河北学刊》1992 年第 1 期;《论清代从里甲到保甲的演变》，《中国史研究》1994 年第 2 期。

③ 孙海泉:《清代中叶直隶地区乡村管理体制——兼论清代国家与基层社会关系》，《中国社会科学》2003 年第 3 期。

④ 段自成:《清代北方官办乡约研究》，中国社会科学出版社 2009 年。

度、保甲制度、团练制度、乡约制度及其在南部县的实践展开了深入细致的研究,在很大程度上厘清了清代基层社会的管理问题。[①]

黄宗智利用宝坻档案,较为详细地考察了乡保在19世纪国家与村庄之间的作用。[②] 李怀印考察了晚清至民国时期河北省获鹿县的"乡地"这一半官方人员,揭示出乡地由村民轮任,负责催征或代垫粮银及地方治安等事务。李氏将乡地制的考察纳入到具体区域的历史自然环境,认为它的出现同获鹿地区相对稳定的生态环境、以自耕农为主体的社会结构及宗族纽带相对牢固等因素有关。在国家与乡村的关系上,提出了既不同于华北多数地方涣散无力的自耕农社会,又不同于华南强大的士绅、宗族统治的第三种形态。[③]

再来看台湾同行利用档案资料对地方基层制度的研究情况。上个世纪五六十年代,台湾大学的戴炎辉教授主要利用淡新档案,讨论了台湾移民社会中自然乡庄、联庄、垦隘制、保甲、团练及清庄联甲等制度的历史演变,它们在法律上的性质、任务及相互间的影响。[④] 美国学者艾马克(Mark A.Allee)同样利用该档案,讨论19世纪北台湾的法律与社会问题,认为"国家通过法律影响社会",该书也对北台湾乡间的"总理"一职展开了叙述,认为它弥补了衙门力量之不足。[⑤] 反观大陆地区,对移民社会的地方制度研究无疑要薄弱很多,仅就笔者所见,现在国内还没有一部专书或论文讨论移民地区的地方制度或地方权力结构。但有部分作品已经开始注意到移民地区特有的基层管理人员,如钞晓鸿在研究清代陕南移民的过程中,注意到了大量移民的存在及地方设置客长的现象,并在一定程度上揭示了客长制的历史成因。[⑥]

一个值得提倡的研究方法是,有不少学者将地方制度的研究引入到区域社会文化史研究的视野之中,并在此基础上讨论地方社会的演变机制

---

① 蔡东洲等著:《清代南部县衙档案研究》,中华书局2012年。

② 黄宗智:《华北的小农经济与社会变迁》,中华书局2000年。

③ 李怀印:《晚清及民国时期华北村庄中的乡地制——以河北获鹿县为例》,《历史研究》2001年第6期。

④ 戴炎辉:《清代台湾之乡治》,台湾联经出版公司1979年。

⑤ 艾马克:《《晚清中国的法律与地方社会:19世纪的北部台湾》,播种者文化有限公司2003年。

⑥ 钞晓鸿:《晚清时期陕西移民入迁与土客融合》,《中国社会经济史研究》1998年第1期;《晚清至民国初期陕西农村经济研究》,厦门大学历史系1997年博士论文,第7—9页。

（和前面研究保甲、里甲制度的最大不同是，制度史研究只是他们研究问题的切入点，而不是归宿，也就是从制度变化中来理解社会）。刘志伟以明清广东里甲赋役制度这个传统题目切入，关注制度演变与社会变迁之间的对话和互动关系，试图探讨明清户籍赋役制度改革在广东推行的过程，从这个过程出发进而分析广东地区的社会历史发展进程，这样的研究可以反思和修正对国家经济政策改革的宏大叙述及结论。[①] 郑锐达将里甲组织的思考纳入到地方社会的脉络中，他发现在南方移民地区，传统的里甲制度不仅仅是一套赋税征收制度，更是一套划分社会界限、表明权利及身份的机制。[②] 郑振满在《明清福建的里甲户籍与家族组织》一文中认为，明中叶以后福建的里甲户籍，不外是家族组织的代名词，家族组织与基层政权有机结合，加强了官僚政府对基层社会的控制。[③] 郑振满还从神庙组织的发展与地方基层组织如里甲制度、保甲制度的发展之间的互动关系的角度，论述了地方社会自治化的进程。[④] 上述研究在材料的运用上，都大量利用了诸多民间文献如族谱、房产契约和地方档案等资料。他们在注意政府制定地方行政制度的同时，亦注意到了各自研究区域的特征，这有助于将地方制度的研究推向深入。

从上面简单的回顾中可以认识到，对地方基层制度的研究，已经逐渐摆脱了“就事论事”的倾向，而将制度的发展、变化纳入到具体地域中进行考察，分析在制度的实施过程中，地方各种权势人物的态度变化。而其利用的材料呈现出越来越“地方性”的特色，从最初主要利用地方志和地方文人的文集到地方政府档案、家谱、碑刻、契约等“民间文献”的过程。借助于新材料的发现与利用，区域社会文化史的探讨也逐步从最初的地方史路数的研究迈向一种“整体史”的研究。

---

① 刘志伟：《在国家与社会之间——明清广东里甲赋役制度研究》，中山大学出版社 1997 年。

② 郑锐达：《移民、户籍与宗族：清代至民国期间江西袁州府地区研究》，三联书店 2009 年。

③ 郑振满：《明清福建的里甲户籍与家族组织》，《中国社会经济史研究》1989 年第 2 期。

④ 郑振满：《神庙祭奠与社区发展模式》，《史林》1995 年第 1 期。

第三节 研究史料与全书框架

一、资料构成与分析

本书使用的原始材料由两个方面组成:官方文献、民间文献。

官方文献主要由“十通”、清历朝实录、《清史稿》,各个时期相应的省志、府志、县志,曾在巴县任职的官员所撰写的政书及国内学者较少关注的巴县档案等部分构成。这类材料相对集中在政府关注或与政府相关的历史,能够给我们提供较多的“自上而下”的信息。巴县档案是本书展开论述的主要材料,有必要对这批档案的内容做一简单介绍。

清代巴县档案共有 11.3 万卷,分吏、户、礼、兵、刑、工、盐、仓、承发等九房,后来在四川大学历史系保存期间按照现代分类方法分为内政、财经、工交、农林、军事、文教卫生、社会、司法、外交等九类。

档案材料里面,除了我们熟知的各类公文外,还保留了大量的老百姓围绕着土地、商业贸易、家庭纠纷、会产庙产的争夺案例,以及相应的民间文献如土地买卖契约、商号及会馆帐簿,资料的详实与系统为本书的论证提供了充分的基础。由于这批资料已按现代的分类标准重新归类,打乱了原有的存档系统,笔者在利用过程中以“属事”或“属地”的原则来重新提阅相关档案,重建档案文献的内在系统。具体操作如下:首先,将属于某一个案件的相关卷宗集中起来进行阅读,如有关八省会馆的档案,现在的存档系统已经把它们分割到不同的名目之下,这就要求我们对档案资料进行还原;其次,将属于某一集镇的资料集中起来,进行集中的阅读,本书主要以朝天坊、直里一甲龙隐镇、虎溪场为重点进行资料搜集。这样做的目的在于尽可能多地在浩如烟海的资料库中找到地方社会发展的内在逻辑。

在此基础上,辅以相关的民间文献材料和官修材料,最终使书稿的材料和论证逻辑能够有机的结合,研究结果能够呈现出一幅有关移民社会管理与运作、地方社会权力结构变迁的实态图景。

民间文献方面的材料主要由族谱、在田野调查中搜集到的碑刻及地方文人的笔记、日记构成。就现在笔者所掌握的材料来看,所用族谱主要来自于各公藏机构,其中四川省图书馆就有族谱三百多部。碑刻资料巴县保留的并不是很丰富,笔者仅发现有数通,但亦能从另一角度来证明巴县档案所记载资料的可信度。这部分材料从“民间”的角度展示了清代巴县社会的另一面向。

当然,作为研究者,在面对材料时,既为其提供的丰富信息感到兴奋,同时也要对其本身所存在的不足保持清醒的判断。相对于地方志、私人文集、政书等材料,档案的优势在于它们提供了许多具体的个案,这能够让我们清楚地了解国家制度或政策的推行过程、地方社会对此一制度或政策的反应。但同时,我们也必须认识到,巴县档案在运用中的某些局限。试举两例。首先,对于以不进衙门为喜的普通老百姓来说,能在档案中保存下来的东西,基本上都是对老百姓日常生活影响很大的事情,我们在运用这些资料时,容易忽略许多更日常的东西,有把“非常态”当“常态”的危险。其次,档案所保留的案子都十分琐碎,从具体的案子很难找到一般性的概括语言。虽然笔者试图努力勾勒出地方社会的发展脉络,但笔力有限,未必能完全展现出巴县地方社会的发展脉络。

二、分析思路与全书框架

全书共分九部分。首先为绪论,主要论证州县档案对区域社会史研究的意义、学术史回顾、研究史料与全书框架,为全书的立论做铺垫。第一章主要描述清代巴县的历史地理与生态环境、政府的相关重建举措及经济、社会的恢复发展。第二章讨论在清政府的积极移民政策的鼓励下,大量外省移民来到巴县后其宗族构造过程和对祖源地历史记忆的演变过程。第三章讨论的内容包括两个方面。首先是讨论清代前期地方基层制度的建立过程及其职责。其次是对清中前期巴县地方社会中严重影响地方稳定的群体——啯噜进行讨论,与已有的研究不同的是,本章试图从相关“口供”材料来考察啯噜的个体和群体特征。从清代啯噜泛滥的情况来看,保甲制度并没有真正起到它应该有的作用。第四章的讨论重点集中在客长在移民社会中的作用,包含下述内容:一、客长的兴起与职责;二、客长制与保甲体制的互动;三、客长与地域秩序。第五章主要讨论白莲教起义之后,团练在巴县城乡社会的运行实态,认为团练的组织形态经历了以军事功能为主转向以民众日常管理为主;同时,该部分也讨论团正这一角色的兴起及其对地方社会的影响。第六章讨论在清末国家“现代化”举措之一——

新式学堂的兴办过程中，地方各权力主体对“庙产兴学”政策的利用与把握，特别是学董对地方权力结构的影响及作用。第七章则将问题集中在巴县治城的移民组织——八省会馆的讨论上，以个案研究的形式，一方面试图描述出八省会馆在城市社会的演变过程，另一方面则试图将会馆史的研究置入具体区域社会的发展过程中，揭示清代民国重庆城区的会馆不仅仅是一个抒发乡愁的场所，同时更是地方权力网络的核心。最后为结论，对全书的主旨作进一步的申论。

第一章　清代巴县的社会经济

乾隆《巴县志》在谈到巴县时称："惟渝城会三江，冲五路，鞭长四百三十余里，俯瞰夔门，声息瞬应。而西玉垒，北剑阁，南邛崃、戕牁，左挟右带，控驭便捷。故渝州能守，可俾锦官风雨，坐安和会矣。"①巴县坐拥两江，可谓西南地区的门户。这么便利的交通条件，让大量外省商人、纤夫、工匠、农民、游民云集于此，在恢复发展巴县地方经济的同时，也让巴县的地方权力结构具有鲜明的移民社会特征。

第一节　巴县历史地理与生态环境

巴县，作为一个历史的行政区划今天已不存在。② 在清代它的地理范围大致由现在的重庆市渝中区、南岸区、巴南区、沙坪坝区、九龙坡区、大渡口区、北碚区组成。③ 因此，在本书，清代巴县与清代重庆时常交替使用。

巴之得名，有两说，一曰因"阆、白二水曲折如巴字"，故名巴；一曰"内外江自朝天门合流，三折而成巴字"。④ 无论何说，巴县之名都来自于境内江河之形。公元前 329 年，秦灭巴国，置巴郡，治江州。南齐永明五年(487)划江州地置垫江县。北周明帝武成三年(561)，改垫江为巴县，巴县之名即始于此，并沿袭至今。自秦国张仪筑江州城始，巴县在此后两千多年的绝大部分时间里，都是川东地区的政治经济文化中心，"故恒为州郡

---

① 乾隆《巴县志》卷一《疆域》，页九上。

② 巴县自建县起到 1929 年，县治一直在今重庆市渝中区。1939 年后为适应抗日战争期间国民政府的迁建计划，县城多次迁徙。1939 年国民政府迁重庆，县城由重庆市区迁人和场。新中国成立后，县城又再次迁徙，1951 年迁往马王坪，1952 年迁南泉，1958 年又迁至鱼洞镇。县境辖区自清以来也多次发生变更。1994 年 12 月，重庆市政府改巴县为巴南区。巴县自此成为一历史名词。

③ 乾隆二十四年，将巴县江北里划出，成立江北厅，其地域范围大致与现在的重庆江北区、渝北区相当。

④ 民国《巴县志》卷一《疆域・水道》，页一上。

治”。这样的局面在有清一代仍然继续，巴县一直为川东道、重庆府的所在之地。而在清初，因为战事的关系，巴县还一度取代成都，成为西南地区的政治、军事中心。顺治十四年(1657)，清设四川总督，治重庆。康熙七年(1668)，改设川湖总督于荆州，但康熙九年(1680)仍还驻重庆。抗战全面爆发以后，国民政府退守西南，将重庆作为战时陪都，巴县为“迁建区”。巴县城乡各地遍布各类随国民政府西迁的政府机关、学校、军队及工矿企事业单位，它们的到来在改变巴县既有的传统的同时，也为巴县的历史增加了荣光。

作为重庆府首县的巴县幅员辽阔，面积、人口均在该府各县中居于首位。“面北的一边约长 285 里，面西的一边约长 115 里，第三个边由东西走向西南，约与大江平行，可以想象为三角形的底边”，在清末，全县共有 112 个场。[①] 清初巴县分为西城、居义、怀石、江北四里。乾隆中，将江北里划出为重庆府同知管辖，遂为三里，此后巴县地方绅士便有三里绅民或三里绅粮之称。雍正六年(1728)田地清丈以后，巴县每年征收田赋丁条粮银六千七百八十一两。清政府在此除了设知县外，另设县丞一员，驻白市驿；巡检一员，驻木洞镇。按清代各州县治理难易的冲、繁、疲、难四字决，[②]巴县为冲、繁、难三字要缺。故有人对巴县有此评价：“全蜀州县之繁剧，除成都、华阳外，即首推此邑。”[③]

巴县东邻长寿，西接璧山、江津，北连合川、定远(今四川省武胜县)，南毗南川、涪陵、綦江。从地理方位上来看，巴县地处四川盆地东南部的丘陵地带。巴县属亚热带季风气候区，全年气候温暖，冬暖春早，夏长秋短，霜雪极少。春季多寒潮，初夏多梅雨，盛夏多伏旱，秋季多绵雨，冬季多云雾。巴县热量丰富，雨量充沛，无霜期长，光照少而季节分配悬殊。地貌类型多样，土地肥沃，形成了多种农业生态环境，适宜多种动植物生长，历来盛产粮食、油料及各种经济作物和畜禽产品，民国《巴县志》称该县“土地之美，

---

① 重庆海关税务司好博逊的报告，引自周勇、刘景修译编：《近代重庆经济与社会发展，1876—1949》，四川大学出版社 1987 年，第 54 页。又，四川的农村基层市场，一般都称为场。嘉庆《梁山县志》卷一：“市井者，场镇也，利之所在，人必趋之，聚民间日用之需，入市交易，谓之赶场。各有定期，辰集午散。盖犹河北之谓集，岭南之谓墟，中原之谓务也。”

② 按照雍正时的解释，“地当孔道者为冲”，“政务纷纭者为繁”，“赋多逋欠者为疲”，“民刁俗悍、命盗案多者为难”。

③ 周询：《蜀海丛谈》，巴蜀书社 1986 年，第 83 页。

无物不宜资生；日用之须，虑无不应有尽有者”，[①]即是对巴县肥沃的土地资源及宜居的自然气候的真实写照。

巴县地貌以丘陵为主，山峦连绵起伏，沟壑纵横交错。“县属多山，中间夹有许多小段平地”。[②] 西里[③]有东山、西山两大山脉；南里的山脉以圣灯山为主峰，东里山脉的主峰则为双寨山。正如乾隆《巴县志》载：“所在无平壤，凡以事诣官，跋山渡涧，兼涉长江，还往经旬，动辍耒耜。”[④]这种多山的地理环境，对巴县的历史人文产生了重要的影响，通过对有利地形的合理利用，巴县等川东丘陵地貌州县，自古便有“结寨自保”的传统。这样一种传统在清中期的地方军事化过程中便得到了淋漓尽致的体现，通过对此种地貌的合理利用，各种形式的“团”得以在巴县地方社会长期存在。

巴县处于嘉陵江与长江的交汇之处，拥有得天独厚的网络化水路交通优势，这种优势是传统社会四川的其他地区所不能比拟的。四川盆地四周高山峻岭环绕，自古便有“蜀道之难，难于上青天”之说。盆地东北为大巴山脉，高自 1000 至 2500 米；东南为武陵山及娄山等山脉，高自 1000 至 1500 米；西为大雪山、大凉山等山脉，高自 2000 至 4500 米；西北为岷山山脉，高自 3000 至 4000 米。[⑤] 陆路交通因此受到极大的限制，正是这种不便，使得四川在很长一段时间形成了较为封闭的地理和人文环境，以致有“少不入蜀”之说，但这并不影响巴县与长江中下游地区的交流。明清以后，随着长江黄金水道逐步得到开发和利用，巴县在区域经济网络中的核心作用得到进一步的加强。时人描述：“巴于蜀为冲要区、为货财薮，千帆蚁聚，百物云屯。大川之利甚溥，外流不竭，内源复裕。”[⑥]

由于巴县所处的特殊地理位置，自古以来商业便十分繁荣，明大学士曹学佺称该地“水土和易，商农会通”。[⑦] 后文所引的刘慈诗句也勾画出了

---

① 民国《巴县志》卷一九《物产》，页一上。

② 重庆海关税务司好博逊的报告，引自周勇、刘景修译编：《近代重庆经济与社会发展，1876—1949》，第 54 页。

③ 清初巴县全境曾一度划为西、南、东三里。

④ 乾隆《巴县志》卷一《幅员》，页十二上。

⑤ 张肖梅：《四川经济参考资料》，上海中国图书杂志公司 1939 年，第十二章“水利”，第1 页。

⑥ 乾隆《巴县志》卷一《疆域》，页五十上。

⑦ 曹学佺：《蜀中广记》，风俗记第三，全书载《钦定四库全书》史部第 591 册。

明末战乱之前巴县商业繁荣的景象。经过清初的短暂沉寂，至乾嘉以后，在两三代移民和土著的努力之下，四川的人口与耕地都超过了明代的峰值，四川与长江中下游地区之间的大规模粮棉贸易开始兴起。四川、陕南、贵州甚至甘肃等地的粮食、山货、药材、生丝、食盐、糖以及滇铜黔铅等商品顺着长江、嘉陵江及其支流源源不断地汇集于此，集中后经长江三峡，进入全国市场；而长江中下游地区的棉花、布匹、广货等商品大部分都在该县朝天门起岸，转运至西南各地。后文将要讨论的八省会馆，其在巴县的兴起与发展，便得力于这种便捷的交通所带来的人流与物流优势。随着重庆等地商业的繁荣，四川经济重心正逐步东移。[①] 到清末，已为"全蜀商务中心点"，[②]"出口货如土丝、蜡、麻□、巴盐、糖、药材、烟叶、皮毛骨角等，进口货如棉花、绸缎、洋纱、□头、广药、海味、洋油、颜料等，皆以本境为中心点，而转输上下游各埠。查洋关出口货及进口补完半税共征收银五十四万余两，老厘征收银八万余两，新厘十六万两，合计约七十余万金之款，于国帑既不无小补矣"。[③] 因此，巴县被称为川东第一大埠。

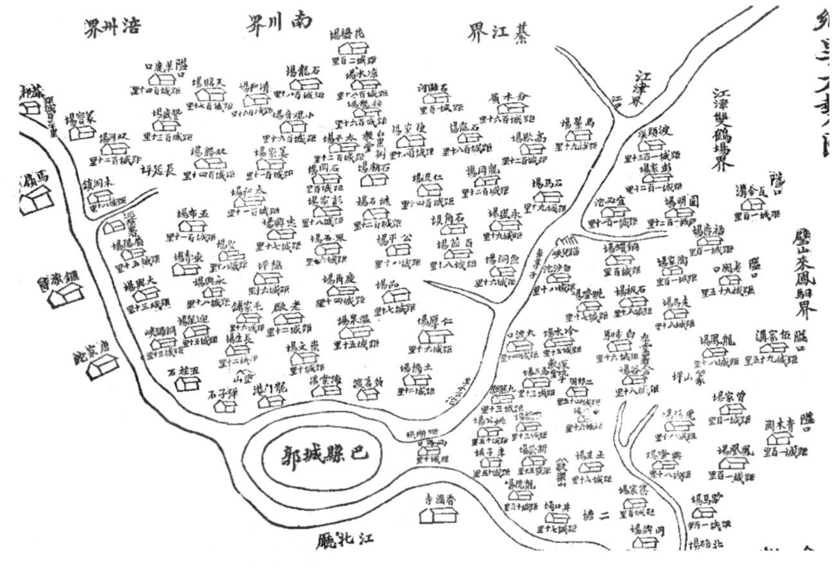

图一：清中后期巴县城乡场镇分布图

---

① 林成西：《清代乾嘉之际四川商业重心的东移》，《清史研究》1994 年第 3 期。

② 巴县劝学所编：《巴县乡土志》上卷，页二十五上，光绪三十三年仲冬月。

③ 巴县劝学所编：《巴县乡土志》下卷，页二十四下。

第二节　巴县的社会重建与发展

一、明清之际战乱的影响

清以前巴县可以说是文风鼎盛，人文蔚起。明以前有关巴县的地方之事，因战乱影响，大都无法考察。至于有明一代的科举情况，据民国《巴县志》所载，明代巴县共产生进士112名，举人468名。这其中包括所谓的明代巴县四大家——蹇氏、刘氏、曹氏、牟氏，它们都可谓科举之家，父子、兄弟接连登科中第。尤以明洪武乙丑进士，官至吏部尚书，历仕六朝的蹇义家族最为有名。巴县“不可谓非文献之邦”。①

但从明代中晚期开始，巴县一带就战火连绵。请看下表（表1—1）。

表1—1：明末清初巴县战乱表

时间	事迹	出处
万历二十五年(1597)	播州宣慰使杨应龙反……流劫江津及南川，临合江。	《明史》卷三一二《列传第二百・四川土司二》
万历二十七年(1599)	应龙乘大兵未集，勒兵犯綦江……綦江陷，应龙杀尽城中人，投尸蔽江，水为赤。	《明史》卷三一二《列传第二百・四川土司二》
天启元年(1621)	九月，四川永宁宣抚使奢崇明及其子奢寅与土目樊龙、樊虎叛，时大吏皆被害，贼虏重庆。	雍正《四川通志》卷一二《武功》。
	永宁宣抚使奢崇明反，遣其婿樊龙部党张彤等据重庆，四川巡抚徐可求及道府总兵等官二十余人死之。	民国《巴县志》卷二一《事纪》
天启二年(1622)	夏五月，川东兵备副使徐如珂与总兵秦良玉、杜文焕等合攻复重庆。	民国《巴县志》卷二一《事纪》
崇祯七年(1634)	摇黄贼起川东北，侵入巴县。	民国《巴县志》卷二一《事纪》
崇祯十三年(1640)	贼（张献忠部）又由川北转掠川西，遂下简（阳）、资（州）、荣（昌）、永（川）。	民国《巴县志》卷二一《事纪》
崇祯十七年(1644)	夏五月，张献忠自忠州上犯重庆……（六月）二十三日，陷重庆。	民国《巴县志》卷二一《事纪》
	八月，达州兵备佥事马乾率兵击贼刘廷举，走之，复重庆。	民国《巴县志》卷二一《事纪》

① 乾隆《巴县志》卷十《风土》，页一下。

续表

时间	事迹	出处
顺治二年(1645)	三月，曾英大破贼于重庆亭溪，贼溃去。	民国《巴县志》卷二一《事纪》
顺治三年(1646)	冬十二月，贼将孙可望等收败卒奔重庆，出曾英不意，英战败，死之。	民国《巴县志》卷二一《事纪》
	袁韬反斗入佛图关，取重庆。	《小腆纪传补遗》卷二
顺治四年(1647)	春正月，清兵入重庆。	民国《巴县志》卷二一《事纪》
	九月，清兵至忠州，复大败，遂离重庆归保宁。	民国《巴县志》卷二一《事纪》
	十月，朱容藩督诸将兵与李乾德、袁韬、王祥等俱入重庆。	民国《巴县志》卷二一《事纪》
	十一月，诸将内讧，袁韬独据重庆。	民国《巴县志》卷二一《事纪》
顺治七年(1650)	秋九月，孙可望遣将白文选据重庆。	民国《巴县志》卷二一《事纪》
顺治九年(1652)	七月，总兵卢光祖亦率师东下至重庆，可望川东诸将悉遁去，尽有其地。八月文选亦取重庆，总兵卢光祖引还。	民国《巴县志》卷二一《事纪》
顺治十四年(1657)	吴三桂征滇、蜀，进至重庆，与张京、刘体元等兵战，俘张京。	民国《巴县志》卷二一《事纪》
	四月，清总督李国英驻节重庆。	民国《巴县志》卷二一《事纪》
顺治十五年(1658)	二月，明桂王将谭洪进据忠州、万县。七月，攻重庆，总兵官陈廷俊败之。	民国《巴县志》卷二一《事纪》
	七月，明督师大学士文安之等以水师袭重庆，三桂还御之。	民国《巴县志》卷二一《事纪》
顺治十六年(1659)	谭洪与李来亨等由水道袭重庆。	民国《巴县志》卷二一《事纪》
康熙十三年(1674)	平西藩吴三桂叛于滇，遣兵寇蜀，全川悉陷。	民国《巴县志》卷二一《事纪》
康熙十九年(1680)	将军乌丹克重庆，彭时亨降。	民国《巴县志》卷二一《事纪》
	八月，吴军将军谭洪等复叛，夔州府民亦变，重庆所属忠州、长寿等县又陷。	民国《巴县志》卷二一《事纪》
康熙二十年(1681)	重庆寇平，善后。	民国《巴县志》卷二一《事纪》

该表主要统计了1597—1681年近一百年间巴县的战乱情况，从表中我们可以看到除了康熙初期短暂的几年外，巴县基本上处于战争状态。长期的战争让老百姓流离失所，人口大量流失。从族谱资料来看，当时巴县民众逃难的主要方向为当时仍属四川管辖的遵义府，以及贵州、云南两省。如明初入籍巴县四大家之一的牟氏，民国时编的《牟氏族谱》称，“恩野公，字禹友，为一世祖普世公子孙，二世祖正伟公之子也。公由明崇祯甲申献贼乱，避难遵义府桐梓县龙里三甲鸳鸯坝”。① 又如同为巴县四大家的刘氏，《渝北刘氏族谱》称，该族“明季遭变，族人东奔西驰，或迁黔省，或徙古滇，纷纷鸟散”。②

人祸往往伴有天灾。崇祯、顺治年间，重庆府属的巴县、长寿、綦江等地都发生过大规模的旱灾，顺治三年（1646），“四川大饥，重庆斗米值银四五十两”。③ 长时间的战乱也严重阻碍了农业生产，各地粮食极为短缺，以致粮价高昂。孙錤在《蜀破镜》中称，“丙戌、丁亥（即顺治三年、四年），四川以流贼兵起，民间耕种失时，连岁洊饥。至是荒旱交迫，赤地千里。籼米一斗价白金二十两，荞麦一斗价七八两。久之，市中并无有粜者”。④ 肆虐的水、旱灾害也给瘟疫提供了大肆流行的机会。顺治二年（1645），重庆一带有相当严重的疫情，四年（1647），四川各地流行“大头瘟”、“马眼瘟”和“马蹄瘟”，疫情流传得非常迅速，造成了人口的大量死亡。《蜀破镜》载：“有大头瘟者，头发肿赤，大如箕斗；有马眼精，双眸黄大，森然挺露；有马蹄瘟，自膝至胫青肿如一，状似马蹄。三者中一，皆不治。”⑤

在长时间战争、自然灾害及瘟疫的共同作用下，四川人口剧减，李世平先生对此有一个现在学界基本认同的估计：清初四川的残留人口相对于明代的人口数而言，约为10%～20%，人口总量在50万人左右。⑥ 巴县同样如此，乾隆《巴县志》称“巴渝自奢献频躏，闬闳旧家，存者益寡；耰锄里氓，亦鲜土著”。⑦ 道光二十六年湖广会馆所刊立的重修楚庙碑亦称，巴县“经

---

① 巴县《牟氏族谱》三房实录，1930年石印本。
② 刘继钧等纂修：《渝北刘氏族谱》祥麟家册序，霍广石印。
③ 民国《巴县志》卷二一《事纪下》，页三十四上。
④ 孙錤：《蜀破镜》，见何锐等校点《张献忠剿四川实录》，巴蜀书社2002年，第403页。
⑤ 孙錤：《蜀破镜》，见何锐等校点《张献忠剿四川实录》，第405页。
⑥ 李世平：《四川人口史》，四川大学出版社1987年，第150—151页。
⑦ 乾隆《巴县志》卷二《建置·乡里》，页十六下。

明末献贼兵燹，一洗而空，土著者绝少”。① 康熙《四川总志》则给出了几个具体的数字，康熙初年，整个重庆府在籍民三千七百三十四户，男妇八千八十八口；田地共一千二百二十一顷六千二亩，载粮六百六十二石一斗二合，应征丁条粮银九百二十七两八钱。② 至乾隆初，巴县在籍的人丁增加到一万四千九百二十六丁。③

明末清初的战乱对巴县破坏极大。康熙四十七年（1708），重庆知府陈邦器在《丰瑞楼记》中说，重庆“自昔兵革以来，虽休养生息者二十余年而诸务缺略。即一府治，颓敝荒凉，不禁有举目萧条之感”。④ 巴县县治毁坏十分严重，不仅重庆府衙门、重庆卫衙门、巴县衙门俱毁，各类地方公共建筑如预备仓、养济院、申明旌善亭、崇因寺、治平寺都被毁坏。⑤ 政府重建地方社会的努力便在这百废待兴的环境中缓慢地进行着。下面即以巴县为例，对这一重建过程略作考述。

二、地方社会的重建与发展

1.地方公共设施的重建

康熙元年（1662），清军攻占重庆，随即开始进行城市的建设。康熙二年（1663），补修重庆城垣。康熙六年（1667）后，重建了部分政府机构，详见下表（表1—2）：

表1—2:康熙初年巴县政府机构重建统计表

机构	毁坏缘由	重/兴建日期	重/兴建人	所处位置
县衙门	毁于明末战火	康熙六年	知县张楠	重庆府治右
川东道署		康熙八年		东水门内
重庆府署	毁于明末战火	康熙八年	知府吕新命	太平门内
重庆镇署	毁于明末战火	康熙八年		金紫门内

资料来源：民国《巴县志》卷二《建置·治城》，页一上—九上。

雍正七年（1729），田地清丈后，鉴于巴县人口众多，幅员辽阔，清政府又在白市驿设置县丞署、在木洞镇设置巡检署，作为巴县县衙的辅助机构。

---

① 转引自窦季良：《同乡组织之研究》，正中书局1943年，第31页。

② 康熙《四川总志》卷一〇《贡赋》。

③ 佚名：清代《四川赋役全书》，乾隆十二年十二月，卷六，页一上。

④ 乾隆《巴县志》卷一二《艺文志·记》，页七十四下—七十五上。

⑤ 康熙《四川总志》卷七《公署》，页九下—十上。

与此同时，清政府也开始重建地方的庙宇系统。兹分地方正祀与非正祀两部分来叙述(表1—3、1—4)。

表1—3：地方正祀祠庙重建统计表

庙名		地址	重建时间	重建人
文庙	府文庙	治西北	康熙三年(1664)	总督李国英
			康熙二十三年(1684)	知府孙世泽、知县焦映汉
	县文庙	治东南	康熙二十四年(1685)	知县焦映汉
文昌宫		神仙口街	康熙三十一年(1692)	
关庙		都邮上街	康熙三年(1664)	总督李国英
城隍庙	府庙	川东道署右	康熙二十四年(1685)	知府孙世泽
	县庙	旧同知署左	康熙三十三年(1694)	知县陈尧智

资料来源：民国《巴县志》卷二《建置·庙宇》，页一上—二下。

表1—4：部分地方非正祀庙宇重建统计表

庙宇	重建时间	重建人
崇因寺	康熙四年(1665)	邑人刘如汉
治平寺	康熙五年(1666)	四川总督李国英
药王庙	康熙七年(1668)	四川总督李国英
金马寺	康熙二十三年(1684)	
八蜡庙	康熙三十八年(1699)	

资料来源：民国《巴县志》卷二《建置·庙宇》，页三上—下。

从上述两表我们发现，对于地方志所载之祠庙，其重建工作基本上是由官方主导完成的。就清初巴县的情况而言，与其说政府在地方社会中处于强势地位，倒不如说此时民众生活艰难，根本没有余力进行如此大规模的重建工作。

地方救济系统如养济院等的重建工作则晚至雍正、乾隆以后才开始正式展开。先讨论官方的救济系统。

养济院。巴县原来并无养济院，遇到需要救济的“孤贫”户，主要由地方官员从自己的俸银中捐出银两来进行救济，换言之，救济工作并没有制度性的保障措施。雍正十三年(1735)，清政府下令各州县都要设立养济院，巴县的养济院即于此年成立，“岁给米布□花，共折银二两四钱九分，于地丁银支销”。[①]

育婴堂。巴县育婴堂明代时就已经在治城千厮门设立，后毁于战火。乾隆十二年(1747)，护川东道宋谔、知府林兴泗、知县张松及合邑绅士，共捐银1400余两，“买置洪崖坊贡生邓雯房一所，前后四层，左右厢房四向，厨房一向”，[②]兴建新的育婴堂。

救生船。长江，时称岷江，俗称大河。长江东西流向横跨巴县，水程上至江津界一百里，下至长寿界一百七十里，大小险滩共七十七处。乾隆三年(1738)，知县王裕疆择最险者十一滩绘图，并设“五板船五支，通融救济”。[③]

嘉陵江，俗称小河，水程上至合州界，大小险滩二十三处。乾隆三年(1738)，知县王裕疆择最险滩四处，设平底快船二只，通融救济。[④]

再看民间的慈善机构方面。在相关文献的检索中，乾隆以前均未有民间发起成立救济机构的记载。巴县最早的民间救济机构——体仁堂，成立于乾隆九年(1744)，由移民韩帝简、周琰龙发起设立。此后成立的敦义堂，则在乾隆十八年(1753)由移民彭元臣、汪子玉发起成立。

综上所述，巴县的重建工作十分缓慢，部分设施持续了六七十年才完成。由于此时政府赋税收入极低，无力完全承担重建经费，不得不借资于官员及民众的捐献。这其中，移民的捐资又占了很大的份额，如体仁堂、敦义堂，均由移民捐资设立。可以这么说，随着移民的到来，巴县地方社会的重建工作有了必要的人力和经费支持，加快了重建的步伐。

2.里甲制度的建立

由于长时间的战乱，四川各州县“陇亩圻墟，田赋档册亦无复存”。[⑤]原有的里甲制度丧失殆尽，根本起不到应有的职责。巴县同样如此，明代巴县推行里甲，“编户八十一里”，[⑥]治城设置八坊二厢。清军占领重庆之后，就开始着手恢复原来的基层制度。

---

① 乾隆《巴县志》卷二《建置·恤典》，页十四上。

② 乾隆《巴县志》卷二《建置·恤典》，页十四下。

③ 乾隆《巴县志》卷二《建置·恤典》，页十三上。

④ 乾隆《巴县志》卷二《建置·恤典》，页十三上—十四下。

⑤ 民国《南川县志》卷一三《前事》，页七上。

⑥ (明)刘大谟、杨慎等纂修：(嘉靖)《四川总志》，辑入《北京图书馆古籍珍本丛刊》第42册，北京图书馆出版社2000年，第167页。

巴县的里甲重建工作大体可分为两个阶段。第一个阶段约在康熙六年(1667)前后。这个时期,由于战乱刚刚结束,在籍的人口不多,清政府不得不将明时所编的八十一里缩编为四里,即西城里、江北里、居义里、怀石里。

第二个阶段在康熙四十六年(1707),经过四十余年的恢复,巴县的人口和土地都渐渐增加到明代时的规模。知县孔毓忠遂将四里扩编为十二里,即忠、孝、廉、节、仁、义、礼、智、慈、祥、正、直等十二里,每里十甲。扩编的方式大致为西城里辖慈、正、直三里;居义里辖节、智、仁三里;怀石里辖忠、孝、廉三里;其余的归江北里管辖。十二里的建制划分在整个有清一代都没有再做改动。

乾隆二十四年(1759),巴县的人口已经恢复到最高水平,为了便于管理巴县嘉陵江以北的区域,清政府将重庆府同知改设为江北厅,将仁里上六甲、义里、礼里划为重庆同知管辖,设立江北厅,巴县的幅员减少了约1/4。

在城区方面,明代巴县县城(亦重庆府城)分为八坊二厢:即太平坊、仁寿坊、壁仙坊、安静坊、通远坊、龙台坊、忠孝坊、宣化坊、内江厢、外江厢。康熙六年(1667)的里甲制度整顿时,对坊厢并未做调整。康熙四十六年(1707)知县孔毓忠鉴于县城人口逐渐增多,商业繁荣,将原来的八坊二厢扩编为二十九坊二十一厢,即城内二十九坊:太平坊、宣化坊、巴字坊、东水坊、翠微坊、朝天坊、金沙坊、西水坊、牵斯坊、治平坊、崇因坊、华光坊、洪崖坊、临江坊、定远坊、杨柳坊、神仙坊、渝中坊、莲花坊、通远坊、金汤坊、双烈坊、太善坊、南纪坊、凤凰坊、灵壁坊、金紫坊、储奇坊、人和坊。

城外十五厢:太平厢、太安厢、东水厢、丰碑厢、朝天厢、西水厢、千斯厢、洪崖厢、临江厢、定远厢、望江厢、南纪厢、金紫厢、储奇厢、人和厢。

以及嘉陵江对面的江北镇六厢:一阳厢、石梁厢、金沙厢、宝盖厢、落伽厢、荧花厢。①

里甲制度在城乡建立推行后,巴县在各里各甲设立乡约、甲长,担负着赋役征发、勾摄公事的职责。地方社会因此也逐步走上了“正常化”的进程。

---

① 乾隆《巴县志》卷二《坊厢》,页二十一上—二十二下。

第三节　巴县经济的复苏与发展

一、雍正六年的“田地清丈”

清军在占领四川的过程中，一直苦于赋税不足、粮饷不继，军队所需给养大部分由清政府从陕西等省外调运、拨给，不仅加重了清政府的困难，同时也不利于清政府对四川的控制。而要改变这样的局面，唯一的方法就是增加在四川的赋税收入，减少对陕西等外省的依赖。要增加赋税，就必须进行土地的清丈，摸清底子，制定赋税的征发额度。同时，土地的清丈也是社会重建的一个很重要的步骤，通过清丈，厘清地方社会各色人等对土地的产权，确定土地的四至边界，不仅有助于减少土著与客民之间的地权纠纷，也是地方社会从混乱走向稳定的一个重要标志。因此，清政府每占领一个地方不久，就陆续开展土地的清丈工作。康熙《四川总志》载：

> 皇清田赋户口，川北久归版籍，于顺治十年已经清丈；上下川南，康熙元年清丈；川西、川东，康熙六年清丈。①

从上面可以看到，清政府在四川的第一次土地清丈并不是同时展开的，而是根据占领的时间先后来进行的。康熙四年（1665），活动在重庆、夔州一带的姚黄十三家为清军所平定，为重庆地区的土地清丈创造了条件。民国《南川县志》对此有详细的记载：

> 圣祖康熙六年初，清查邑中田赋。邑经明季之乱，丁口死亡殆尽，陇亩坵墟，田赋档册亦无复存。康熙初年，逃户来归，及湖广、江西、贵州诸省流氓领照插占。是年，始奉文清查，编里甲、定税则，初具规模。②

从上述记载来看，这次清丈还有几个背景。一、经过明清之际多年的战争，州县政府已经失去了对原有土地田亩、人口数量的精确掌握，明时的黄册和鱼鳞图册都已随战火灰飞烟灭，这已严重影响到政府的赋税征收。

---

① 康熙《四川总志》卷一〇《贡赋》，页四。

② 民国《南川县志》卷一三《前事》，页七上。

二、逃亡户逐渐回归及外来移民响应政府招徕政策，领照开发土地，在此情况之下，有必要确定地权等相关方面的问题。三、重新编排里甲，确定赋税征收额度。

与此同时，通过这次清丈，清政府从减少地方财政开支的角度出发，合并、撤销了部分人口流亡过多的州县。据嘉庆《四川通志》载，就重庆府而言，铜梁县、定远县并入合州，大足县并入荣昌，璧山县并入永川。

由于这时候四川的人口数量实在是太少，这次清丈的主要工作在于摸底，赋税征收的额度非常之低。

康熙四十八年(1709)，时任四川巡抚年羹尧希望上任后在四川开展田地的清丈，增加四川的赋税收入，但没能得到康熙帝的允许。康熙认为"为巡抚者，若一到任，即欲清丈地亩，增加钱粮，即不得民心矣。湖南因丈量地亩，反致生事扰民。当年四川巡抚噶尔图曾奏请清丈，亦未曾清楚"。[①] 康熙的拒绝正是清政府在四川实行积极的移民政策，休养生息的一种表现。

而时间到了雍正五年(1727)，此时四川社会经济已经完全得以恢复。前期实行的积极移民政策中某些弊端开始显现，雍正六年(1728)二月，四川布政使管承泽上奏，"查川省当日地广人稀，招民开垦。一时来川之民，田亩任其插占，广开四至，随意报粮。彼时州县，惟恐招之不来，不行清查，遂因循至今，致日与土著人民互相争讼。又或当时朋名伙垦，原未各分界址，今欲各自立户而互相争讼。甚至始为人佃种，久之，窥视主人荒余田地，私行报垦，交相控告……每逢放告之期，收委词状，其告讦田土者，十有八九。遇有此等词状，即批行各属州县，务往两造田亩，亲身勘丈。其文出余田，即令按亩纳粮增赋，统入自首册内报查。此不独可以理息讼端，亦正以渐次清出隐匿之一法"。[②] 从管的上奏可以探知，移民与土著、移民与移民、地主与佃户之间因地权不清或土地界限不明引起的诉讼纠纷不断。[③]

有鉴于此，四川巡抚马会伯向雍正帝提出八条建议，清查田亩，希望从

① 《圣祖仁皇帝实录》卷二三九，第13—14页。

② 第一历史档案馆编：《雍正朝汉文硃批奏折汇编》第11册，江苏古籍出版社1986年，第606—607页。

③ 梁勇：《清代四川移民社会与客长制度——以巴县为中心》，厦门大学历史系2004年硕士毕业论文，第三章对此有详论。

根本上解决地权不清的问题，同时，也能够增加四川的田赋收入。这八条建议大体可分为两类：①

第一类，是有关土地开发、户籍方面的。

一、朋名纳粮之田，宜分界立户也。查蜀省自兵燹以来，人民稀少，田地在在荒芜。及至底定，规复祖业者，则笼罩一族田土；安插落业者，则广开四至，耕管从未经遇勘丈，是以多所隐匿。迨历年既久，人丁渐次繁衍，田已画开耕种，粮犹一户输将。其祖宗遗产，叔侄弟兄已经分种而纳粮仍是老户姓名。官给一票，一人收执而余人俱无串票可凭。是以奸猾之徒，欺其粮册无名，界畔无据，遂相争讦讼，此皆由得田原无把柄之所致也。今应明白晓谕，令分受产业之叔侄弟兄将所管田亩，会同族邻，分立地界，各报本名立户，载入版籍。每年纳粮，俱获串票为据。此即业户把柄，似与丘号单之法无异。其异姓朋名之户，亦照此各报名立户，以清界址。至于分户，时著其粮首，田粮明载四至入册。草册既定，即令该管头人，各抄管下户民所载粮数四至，传示众民。如有暗中作弊，改抹挪移，本户即赴官呈诉，与之更正。汇造清册既成，又细加磨对，然后缮造册籍，咨送部科。如是，则欺隐忧夺俱无所容矣。

一、粮户宜令认垦荒田也。查从前地广人稀之时，只以招民为事，插占地亩甚宽，钱粮止报升合，多于四边界畔。先开成熟，将荒田包在中央；又或相间开垦，每□夹熟夹荒，以致分拨不开，难以再插户口。此种荒田必须责业户认垦纳粮，一二年间将荒田变为熟田，而田畴日益开辟矣。

一、争告田地宜按名丈量也。川省词讼为田土讦告者，十居八九。今因其彼此互争，即行勘丈，不特以之决两造之曲直，且藉此一丈而田粮之数相符与否昭然可见。如果田浮于粮，即令其增纳，倘官吏人等有徇情蔑法，将丈出弓口私行增减，及受贿曲断者，察出题参，追职治罪。如此，则人心悦服，法令肃清矣。

一、绅衿大户宜令倡先首增也……

① 第一历史档案馆编：《雍正朝汉文硃批奏折汇编》第9册，第673—676页。

从马的建议来看，田地的清丈主要集中于析户、报垦、丈量等三个方面。这三个方面与田赋的征收密切相关。

第二大类是关于田地清丈过程中对清查人员的规定。有如下数条：

一、地棍胁众阻扰，宜从重治罪也……一、道府不善董率，宜严加处分也……一、现任州县卫所之优劣宜加劝惩也……一、委员协理以期成效也。

但不久，马会伯就调任湖北巡抚，上述建议并未立即得以推行。马调任后，湖北按察使宪德续任四川巡抚，他在土地清丈问题上延续了马的观点，请求按照马的方案在四川推行土地清丈。雍正在与川陕总督岳钟琪等人商量后，同意了宪德等人的请求，派遣给事中高维新、马维翰，御史吴鸣虞、吴涛四人前往四川，同松茂、建昌、川东、永宁四道"分往诸州县丈量"。具体分工是，高维新到永宁道，马维翰到建昌道，吴鸣虞到松茂道，吴涛到川东道。① 这次清查，始于雍正六年(1728)九月秋收之后，止于雍正七年四月。

雍正六年(1728)八月二十四日，前往四川丈量的刑科给事中高维新在给雍正的上奏中，说明了他们这次田地清丈工作的几条要点。

一、川省田亩肥瘠不均，影射规避，混争讦告，皆由疆界混淆。请乘此清丈之时，将各地方整理界牌，其田地在某县者，即编入某县纳粮。令两县推收清楚，毋得影射规避。至山坡乡村，各立石定名，毋得仍前混淆。

一、川省按粮计地，并不合算地亩。分晰科则，以致漏脱欺隐。应俟各属地亩清丈之后，即将各户田亩，查明顷亩四至，分别上中下科则，填给印票，令业户收据。其应纳钱粮，悉照科则征收。

一、从前川省差徭繁重，保甲人役，或按月支应，或按里分派。数乡之人，夹杂一处。名为跳甲插花，其弊无穷。今杂办差徭，悉蒙恩免，岂可任其仍沿积习？违者参处，以息扰累……②

从上述几条来看，这次清丈工作不仅要摸清底子，确定粮户田土四至，同时，也要改变原来纳粮程序中的种种弊端。可以说，田地清丈是一项综

① 《清史稿》卷二九四，第10341页。

② 《世宗宪皇帝实录》卷七二，第20—22页。

合的整治工作。

具体丈量过程，各州县选若干人为丈手来丈量土地，这些丈手主要由乡村社会殷实、公正之人来承担。田地的四至确认之后，政府发给各粮户联单丈册，也就是执照，作为田地的"产权证"。

通过这次清丈，四川逐步改变了以前移民招徕工作在土地产权、赋税方面的混乱局面。这表现在两个方面。

一、对移民承垦土地的具体数量有了规定。雍正六年(1728)三月，户部下令："各省入川人民，每户酌给水田三十亩或旱田五十亩。若有子弟及兄弟之子成丁者，每丁水田增十五亩或旱地增二十五亩。一户内实在老少丁多，不能养赡者，临时酌增，除拨给之数外，或有多余三、五亩之地，亦准一并给垦，其奇零不成坵段之地，就近酌量安置，给以照票，收执管业。"[①]这条规定的出台完全改变了康熙时实行的由移民任意报垦的土地政策，对土地实行限量供给，有利于小农经济的发展。

二、制定了四川各州县的田赋额数，同时调整各州县的田赋科则，力求统一。这次田地清丈的结果，据宪德称，共"丈得四十四万余顷"，而旧册所载仅二十三万余顷，"增出殆及半"。[②] 而田税总额仅656426两，是明朝万历年间四川田赋税1616600两的40%左右。清初的四川，虽然田地增加了近一倍，但田赋却不到明代的一半，这正是清政府在四川实行轻徭薄赋政策的表现。四川大部分州县每年的田赋征收额数也通过这次清丈而成定额。

同时，通过这次清丈，部分解决了各州县之间田地科则轻重悬殊的情况。顺治、康熙年间田地清丈时，由于战乱刚刚结束，外逃的人口都还没有回归，移民还没有来。所以那个时候的人口土地数据经过近六十多年的发展，已经完全发生了变化，建立在此基础上的田赋科则和每年征收的赋税总量也有必要做出调整。在雍正初年，各州县的科则差距很大，据宪德所奏，如雅州上田征银一钱三分左右，而川东道所属各县上田每亩征收仅二三分。此次清丈之后，州县之间，特别是相邻州县之间的田赋科则渐趋统一，"原重田地，令与接壤地方相等比照科算；原轻田地，亦应按则加增，不

---

① 《钦定大清会典事例(嘉庆朝)》卷一四一《户部·田赋》，收录于沈云农主编《近代中国史料丛刊》三编，第六十六辑，文海出版社1991年，第6317—6318页。

② 《清史稿》卷二九四，第10341页。

致小民偏枯委曲”。①

巴县方面亦是如此。康熙六年至雍正七年，巴县的赋税分为三类，即粮银、条粮银和丁银。其征收办法：先按土地等级和面积计算税粮，再按税粮数额和赋役的科则计征粮银、条粮银和丁银。具体的折算过程这里不展开论述，就结果来说，巴县每年丁条粮合计共银 7997 两。雍正七年至乾隆十九年(1754)，经过田地的清丈后“丁条粮银合并积算，按亩征银”，丁条粮每年也才 10700 两。② 这是一个很低的数字，从纵向上来看，明代巴县年征粮 60300 余石，折银后达到 86000 余两。横向上来说，上田征粮不满一分，已经是十分低的数字了。雍正八年(1730)，巡抚宪德为此专门上奏，解释为什么巴县田赋科则如此之低：“该地方地脉浅薄，不及他处，照旧征收。”③这个理由并没有多少说服力。两百多年后，有人曾专门为此发表过评论：

> (四川)东北地多膏腴，每田一亩，多者仅征银二分，少或一分；西南地属边瘠，多者每亩征银至五分，少亦四分或三分……盖由明末张献忠由东北入川，所过屠戮，民无孑遗，至成都未久，即败溃死。故西南两路多得保全。④

可见，川东一带田赋科则要低于川西南一带，其原因在于川东所受战祸远大于川西南、川南一带。

伴随着这次土地丈量，大量拥有土地的移民和复归的土著重新被纳入州县的人口统计之内，四川各州县人口也因此大大增加，在康熙六年左右被裁撤的州县得到恢复，如重庆府属的大足、璧山等县。

这次土地清丈过程，也解决了许多地方老百姓围绕土地而产生的纠纷。如江津夏氏，顺治十三年(1656)开始进行祀田的建设，时有田纳粮五升，到雍正五年(1727)的时候，田地增加到了一斗九升，但因为土地较长时间都为佃户夏天福耕种，遂“久放不祀”，霸占祀田。族中其他人不满，借这次土地丈量之机，禀告知县，将祀田从夏天福手中夺回，设立册名夏永祀，

---

① 嘉庆《四川通志》卷六二《食货・田赋》，页二十四上—下。

② 乾隆《巴县志》卷三《赋役・丁粮》，页二十九下—三十上。

③ 彭遵泗：《蜀故》，1876 年刻本，卷三，页二十一上。

④ 周询：《蜀海丛谈》卷一，巴蜀书社 1986 年。

由各房轮流收租管理。[①]

当然，丈量过程中也出现了诸多问题。现有资料来看，可以归纳为两类。首先是负责清丈的官员办理能力不足或借丈量之机贪污受贿。如御史吴涛，在清丈川东道的过程中“治事迂钝”，“万县民诉涛丈量不公，悬旗聚众，垫江、忠州民亦以为言”，后被四川巡抚宪德奏请罢免。[②] 又如重庆府南川知县王国定，接受该县王朝宣的贿赂，将粮民程自玉的已开垦的熟田指称为荒田，判给王朝宣认垦。后经查出，王国定被革职查办。[③]

其次，在具体操作过程中，不依法行事，以致弊端重重。据时人的记载，“丈量初意，止期均赋，非欲增赋也。奉行太过，悉求增以为功”，出现一系列扰民的事情，“愚民易惑，初闻清丈，已觉仓皇……奸胥因乘机吓诈，倡为加赋之言。临丈之时，高下任意，有贿者将多报少”。[④]

由于上述原因，在一些地方，因田地的清丈，而发生民变。据雍正七年(1727)闰七月四川巡抚宪德奏，在川东等地的土地清丈过程中，夔州府万县、重庆府的忠州、垫江等地出现了“扯旗申诉”的事变。[⑤] 雍正八年(1728)，垫江民杨成勋、陈文魁等人也因清丈“科派需索累民”而“群聚为乱”。后经政府派兵弹压，事变并没有闹大，但却引起了雍正的不满。雍正颁布上谕曰：

> 四川清丈之议，始于马会伯，而成于宪德。朕慎选科臣前往料理，诚以剔除积弊，安插善良，并非为加增赋税而起……岂意奸民啸聚，竟以清丈苛虐为言？[⑥]

要求宪德做好清丈的宣传劝导工作。

雍正六年(1726)的田地清丈，可以从下述两个方面来理解。首先，通过这次清丈，确定了有清一代四川各州县的田赋及相应的赋率，保证了清政府在四川的财政收入，也为今后各种临时加派、摊捐提供了基础。其次，

① 江津《夏氏家乘》，民国二十五年修。

② 《清史稿》卷二九四，第10341页。

③ 第一历史档案馆编：《雍正朝汉文硃批奏折汇编》第14册，第937页。

④ 黄辅辰：《营田辑要》，内篇下。转引自鲁子健：《清代四川财政史料》，四川社会科学出版社1984年，第98页。

⑤ 第一历史档案馆编：《雍正朝汉文硃批奏折汇编》第16册，第103、151页。

⑥ 《清史稿》卷二九四，第10342页。

这次清丈为康熙初年以来近六十年的移民招徕政策成果适时地做一总结。通过这次清丈，移民与土著、移民与移民之间围绕着地权的纠纷基本上得到解决，政府通过这一行动解决了移民社会中普遍存在的有关地权不清的现象。雍正六年的田地清丈，是四川移民社会发展过程中一个十分重要的里程碑。

二、移民社会的地方公产及其管理体制

1.地方公产的设立

四川农村各场镇都有一定的公产，“川省风俗，一乡一里同社之人，常有公置田产生息，以为□□(不时)之需”，①这些公置田产主要为各场镇会馆、寺庙、道观、善堂及各神明会、同业会所有。这些公产的设立与移民来川之后的日常生活有着密切的关系。

巴县的地方公产，大都由移民合资设立。如巴县仁里一甲萧公会，乾隆年间，由二十余户江西移民捐资三千余两白银设立。该会成立后，即在该甲买地建房。据同治六年(1867)会首张元顺等人向县令报告，该会置有田产多处，每年收租谷二十余石。同时，也在场镇上买铺面两间，每年收租钱廿余钏。这笔租息，主要用于会内每年的祭祀。②

由于移民早期资产微薄，这些会产也有一个逐渐发展的过程。嘉庆初年，治城南纪坊徐祥发、赖世坤共同出资在土主庙内设立雷祖、水官、清明、中元四会，每年放贷收租，聚集资本，“连年集腋成裘”。直到嘉庆十二年(1807)，才在南纪坊买周姓铺房五间，这才“招佃获租”，并将每年的租息作为祀神、聚会宴席的费用。③

相对于会产等资产，各类由移民发起成立的寺庙财产，则更为雄厚。如乾隆年间，巴县仁里十甲忠兴场来自各省的移民共同募捐，发起兴修庙

① 四川大学历史系、四川省档案馆主编:《清代乾嘉道巴县档案选编》(下)，四川大学出版社1996年，第216页。

② 《巴县档案》6－2－2582。按照四川省档案馆对巴县档案的整理归类，第一个数字6为巴县档案的代码，第二个数字为代码，如顺治、康熙、雍正、乾隆朝编为1，嘉庆朝为2，道光朝为3，咸丰朝为4，同治朝为5，光绪朝为6。第三个数字是该卷档案在某朝的序列号，有的注释有第四个数字，指的是该处引文在该卷档案中的页码(由四川省档案馆所编)。以下凡是这种格式均出自该档案。

③ 6－5－3402。

廊寺,招僧在寺内常住,主持庙内的日常活动。同时还置办庙产多处,每年收租谷四十余石,作为该寺的日常香油、纸钱及每年的祭祀费用。[①]

2.公产管理体制的成熟

这些由移民自发合资设立的祠堂、寺庙及各类神明会、同业会资产,经过一两百年的发展,形成了一套比较完整的管理体系。

施坚雅在研究川西金堂县高店子的庙会时发现,该镇的庙会由一个董事会组织,董事会成员由店铺老板中的头面人物和地主上层人物中最有权力的成员担任。[②] 其实,这些董事会成员的承充具有一定的机制,并不表明在地主上层人物中有权力者即能充任。他们之所以能够承充,更多的原因在于他们继承了其祖辈遗留下来的会员身份。如嘉庆年间,巴县正里四甲兴隆场吴宝清的祖辈捐资银三百二十两,发起成立文昌宫皇经会,后来该场齐、蓝、陈、李四姓也分别捐资入会,至此以后,该会首事由此五姓之后裔承充。会内事务也由五姓成员来管理,如若会内发生各类事件,"应该生等会内之人查究,何容局外人插渎,即如本城各行各会甚多,从无外人干预之理"。[③] 可以看到,会产等地方公产的管理,具有排他性,非会内成员,不能与会,具有典型的"子孙会"色彩。这以具有家族性的祠庙表现得更为明显。巴县跳石场禹王庙,由该场曾、赵两姓于康熙年间创修,庙成之后,招僧焚献,而庙宇的日常管理一直都由两姓后裔负责,直至同治十二年(1873),曾、赵两姓因"管理挟嫌构讼",县令裁断,选场内其他公正的绅士管理该庙,但绅士的选择权还是掌握在曾、赵二姓之手。如是年,他们选得场内文生李绍庚、张钱三"俱系老成谙练,尽可承管庙务,充当会首",报县令批准。[④] 又如仁里七甲麻柳场田家沟,该地老百姓以田姓为主,此前田姓曾创置有自生桥公产三十石,后又联合其他姓的民众,另设观音寺公产八石。此二处公产同为田姓后人管理。同治末以后,先后有田姓族人田魁元、田见义、田平山承充。[⑤]

庙首、会首是乡村社会寺庙及各类会的经管人员,这些公产在形成之初,一般就制定了相应的规则,来规范庙首、会首的职责。我们以巴县节里

---

① 6—2—585。

② 施坚雅:《中国农村的市场和社会结构》,中国社会科学出版社1998年,第48页。

③ 6—6—85—24。

④ 6—5—332—2。

⑤ 6—6—6116。

四甲迎龙场南华胜会为例来对此类地方公产进行分析。南华胜会由该甲文生张世澄、张开基、蒋洪发、张为琛等人的祖父捐资创设，在该场买有街房数间，并定有章程，对该会进行日常管理。

> 计开章程七条：
>
> 一　议首事务签会内殷实二人管理，三年一轮，以上保下，无得滥签；
>
> 一　议每年祀典之期，首事凭众报销零星总帐，务须批明存□并张榜示，免会内疑议；
>
> 一　议会内所有置街放佃租及押银均有定制，永远不得增减；
>
> 一　议会内街房招换佃户以及办会一切，均由首事主持，倘会内阻滞，指名禀究；
>
> 一　议祀典之期，执牌赴席，务要捐主滴（嫡）派子孙，只许一人入坐，无牌者不得冒名顶替；
>
> 一　议凡祀典之期，务具衣冠，以昭诚敬；
>
> 一　议佃租各钱，除祀典培修及整配街房支付外，余则掌放生息，或兴义学以教贫乏，或设宣讲以化愚顽，会内人不得异议，别生枝节。①

上述章程，可以提供以下信息。一、会首选择，从该章程来看，实行"以上保下"的原则，即由上轮会首保举下轮会首，这一方面能够防止有人滥充会首，影响会的发展；另一方面，也可能使会内出现一批利益集团，互为援手，把持会务。二、会员资格的继承，从上面来看，需要嫡系亲属才能继承。但由于日久人杂，一些非嫡系亲属也想蒙混入会，达到占有会产的目的，而这是引起后来诉讼的一个重要原因。更重要的是会首对会产的支配权力。从上面的引文来看，这包含两个方面，首先，是会内的各类日常开支，经费的支出都由会首来掌握，这无疑会给会首带来某种的好处；其次，招佃的权利。因此，对首事位置的争夺是乡村社会的一个主要问题。

庙首位置重要，一个很重要的原因在于，充当庙首不仅能够使充当者进入乡村社会的权力网络之中，同时，庙首职位也能够给充当者施展个人才能提供平台，或许还能带来一定的物质利益。这可从以下几个方面来进

① 6－6－6406。

行简述。

庙首负责庙宇的日常管理。如同治七年(1868),智里四甲冷水场禹庙首事监生陈西山、李绍观、张松乔向县令禀告说,场内有部分民众把庙宇当作堆放木料杂件的地方,“自走廊递积而上,填塞几满”,同时一些乞丐、游民也把该庙当作临时住所,每天都在此聚集。有鉴于此,该庙首事陈西山等人希望县令能够批准他们草拟的禁规,整顿庙宇的管理。①

忠里五甲界石场禹王庙的庙首则通过制定庙规的形式来加强对寺庙及所属财产的管理。禹王庙在场内有街房数所,放佃收租,如同大部分其他乡村会馆一样,每年的春秋祭祀费用也依靠这些租银来维持。由于庙规不振,佃户“每藉修整为名,以少报多,估骗田租”,该庙的经费收入越来越少。而周围的民众也时常在平坝上晾晒豆谷柴草,把整个庙宇弄得污秽不堪。同治七年(1868)十二月,庙首文生朱廷琛、武生彭廷玉等人制定庙规六条:

一庙内理宜肃静,以后永定章程,毋得擅设学馆,庶免往来生徒喧哗闹嚷。

一庙内理宜整洁,前坝两层,毋得亮晒豆谷柴草,两廊并不许堆放木料、棺材等件。如有不遵,惟看司是问,否则另招。

一本省会首、客约,公议殷实老成、秉公正直者充当。每年会期算帐,务要书立报单盟誓,以杜侵蚀之弊。如有私签刻漏等情,凭众议罚,决不徇情,否则禀官跟究。

一佃本庙铺面房屋,孰佃孰坐。倘有客招客者,一概不准,以免推卸佃钱。至于房屋漏滥,该佃户自行整修,庙内并不认给分文,如未整修,退佃之日,仍照原样交还,以杜奸佃借故以少报多,图骗佃钱之弊。

一收本庙佃资,值年首人从九月初二日起至次年九月初二日止,量其佃钱多寡,分腊、五、八月三季催收,以便临期备办祀典,并辉煌庙宇。如有支吾不给者,除另佃外,该上下轮首事协禀逐搬。

一每年办会,是期只许值年首人前夜次早祀神,众人次日午饭,毋得集众夜饮晨餐,庶免虚糜滥费。②

① 6—5—359。

② 6—5—364。

我们可以看到，庙首通过制定庙规，规定了庙地的用途。朱廷琛等人以祠庙需要肃静、整洁为由规定不能在庙内开设学堂，禁止在庙地附近的空坝上晾晒豆谷柴草，而这两方面和周围民众的关系都极为密切，但似乎都不在庙首的考虑范围之内。

上引两份章程或庙规都谈及了庙产的处理办法，这些庙产的催收、管理一般都由首事经办。这些资产不仅提供了每年的祭祀费用，也为寺庙的日常维护和建设提供了资金。而会首或庙首对本会或本庙的财产有一定的处分权。

节里九甲石龙场有一古刹禹王庙，因年久失修，庙宇神像在嘉庆初年时已朽坏不少，经县令批准“募化捐资”。嘉庆四年(1799)，正准备动工的时候，因为当年天旱，收成不好，募捐来的银两都放贷生息去了，庙宇翻修一事直到嘉庆二十二年(1817)才又提出来。该年三月初二日，会首李如山、许荣山手里已经掌握了几百两会银，打算翻修该庙。[①] 从这个故事的上下文来看，这几百两会银平日一直都由会首掌握着。

围绕着庙产、会产的争夺一直是乡村社会中常见的事情。忠里五甲界石场，有江西移民修建的万寿宫会馆一座，在场内有街房九间，每年收租钱八九十钏，作为春秋祀典之费。到了光绪年间，会内民众住居星散，同乡感情也不及创办之初那么强烈。会内每年两次的祀典因此也停办多年。祀典既然停办，每年也就省下了为数不少的房产租息，光绪十九年(1893)六月，会内民众卢联升、许恒发等人向县令告状说，卢希之自同治年间管理会务以来，已经二十多年，每年的房租都被他挪为私用，会产被他贪污不少。因此，请求县令下令让卢希之将历年的帐本拿出来当面算帐，清理庙产。[②]

在庙产的管理中，寺僧的地位比较突出也比较重要。巴县乡村场镇的寺庙，除了少部分由僧人化缘募集资本创设之外，大部分居住在庙里的僧人，都是由庙首请来的，一是负责庙宇的日常管理，如每日的清洁卫生，防止游民、乞丐占据寺庙，另外就是负责筹备每次的祭祀活动。有的也负责对庙产的管理，如廉里七甲老君洞，金厚初祖上曾捐田业三十二石给该道观作为产业，并从中每年出钱二十串兴设敦本义学，这三十二石田产每年

---

① 6—2—189。

② 6—6—2257—3。

的田租即由该道观住持代为催收。[①] 寺庙每年的开销及寺僧的生活费用也从庙产中开销。

综上所论，可知乡村社会的祠庙管理体系由两部分组成，一是各庙庙首，他们能够参与寺庙的管理，一是因为他们是该庙捐资人的后裔，二是因为他们在场镇中的地位。其次是寺僧，虽然寺僧最初是作为寺庙的日常管理人员由庙首招聘入住庙宇之中的，由于经过多年的管理，同时，他们是庙产直接的经管人，他们也享有部分对庙宇的管理权限。这两个群体构成了民间祠庙的直接管理者。

第四节　小结

明末清初的多年战争，对巴县的社会经济影响极大，原有的地方行政管理系统及城市公共建筑，均遭到毁灭性的破坏。乱平之后，清政府采取一系列措施进行社会的重建，包括在城镇乡村重建里甲制度、坊厢制度，在城市修建正祀之列的庙宇以及重建养济院、育婴堂等救济机构。

雍正六年的田地清丈则是地方社会重建的里程碑，通过清丈，一方面增加了政府的税收；另一方面，则规定了田地的归属，这不仅解决了长久以来困扰民间的各类田产纠纷，更重要的是，移民通过获得土地，而慢慢地开始迈向定居化的过程。

地方公产的建立则是移民定居化过程中一个十分重要的方面。这些公产归属各类神明会、行业团体、同乡团体所有，它们的建立让移民在地方社会中有了认同感，强化其地方认同。同时，地方公产的建立，也为清中期以后巴县地方社会各势力为争夺对公产的控制权而诉讼不断埋下了伏笔。

---

① 6—6—6128。

第二章　移民的宗族构造及历史记忆

明中晚期，四川与长江中下游地区的商业贸易往来十分频繁，两江汇合之地的朝天门每天人流如梭，巴县的经济呈现出较为繁荣的景象。清康熙年间，邑人刘慈[①]在忆及明末巴县时，有下述诗篇。

渝州杂感

大州名胜蜀江边，楚客吴商满市廛。

蓬旅篁成难计日，堕林粉出不胜钱。

花边画舫洪崖下，郭外青楼大道前。

回首可怜消灭尽，只今惟有旧山川。[②]

刘慈生活于明清交替之际，刘氏家族为明代巴县四大家之首。从刘氏的诗中我们可以了解到，清初的巴县，受战乱的影响已经千疮百孔。原有的居民或死于战火，或流亡他乡。在重建包括巴县在内的四川地方社会的过程中，清政府在较长的一段时间内实行了较为积极的移民政策和土著招抚政策。大量外省移民的到来无疑让巴县具有鲜明的移民社会特征，这既表现在宗族的建构过程，也表现在这些移民对祖源地的历史记忆之中。本章将着重考察移民来川的过程、移民的相关活动，并对“麻城孝感乡”的移民原籍传说进行分析。

第一节　清政府移民政策的演变

清政府的四川移民政策，是从更好地争夺与统治四川的角度，即从赋税与治安的角度来制定的。从顺治三年（1646）清军第一次进入四川至乾隆中后期四川成为全国最大的粮食输出基地止，清政府在四川的移民政策经历了一个从鼓励移民到有效管理的过程。

---

① 刘慈，字康成，号鹭溪，乡贤，康熙四十一年举人，将乐令。

② 彭伯通编：《重庆题咏录》，重庆出版社1985年，第143页。

一、积极鼓励移民阶段

顺治三年(1646),肃亲王豪格率清军由陕西汉中入川,十二月在西充凤凰山射杀大西军领袖张献忠,拉开了与南明残余势力及大西军余部争夺四川的过程,这一过程至康熙三年(1664)年底四川总督李国英完全平定夔东十三家在川东一带的反抗势力为止,耗时竟达18年之久。而康熙十年(1671)平西王吴三桂反清,遣吴之茂、王屏藩等入川,四川又成了清吴战争的一个主战场,双方的拉锯战至康熙十九年(1680)才完全结束,清政府完全控制四川竟然花费了35年左右的时间。其实,四川百姓所经历的战乱则远不止35年。如果从崇祯六年(1633)张献忠第一次入川算起,四川经历的战火则长达48年。其间有多少家庭因战乱而妻离子散、家破人亡,具体数目可能永远都无法考实。总之,至清政府完全控制四川的时候,四川的社会经济可以说已经完全崩溃。[①]

同时,由于清政府与南明政权和张献忠余部进行长时间的战争,驻军军饷开支巨大,本地不能提供多少钱粮,"一切粮饷俱从秦省略阳运发入川",[②]增加了清政府的财政开支。不仅如此,由于供应四川的军粮主要依靠陕西方面提供,军粮供应的安全和稳定得不到保障,"倘秦中万一水旱见告,挽运不给,其为隐忧可胜道哉"。[③] 顺治四年(1647),豪格所率之清军曾经控制了四川大部分地区,将明督师大学士王应熊赶到赤水卫,但却不能向贵州、云南乘胜追击,追歼大西军,不得已中途回师,其主要原因便是"无法解决粮饷供应"。[④] 豪格的回师无形中使四川完全纳入清政府的版图推迟了18年。

此后,清军的有效控制范围便一直局限于川北的保宁、顺庆、龙安、潼川一带,也就是所谓的"保宁政权"控制区域,形成与大西军、南明地方军阀鼎立的局面。而保宁政权辖区多属秦岭、大巴山余麓,山高水险,田土贫瘠,赋税收入有限,"每年总共起征条粮钱两仅五千有奇",仅有的这些赋税收入作为

---

① 关于明末清初四川各州县因战乱而残破不堪的景象见之于各类不同性质的史料。这方面的研究也很多,如王纲《清代四川史》(成都科技大学出版社1991年)第六章即有专文讨论。笔者在此不赘述。

② 中国第一历史档案馆编:《清代档案史料丛编》第六辑,第349页。

③ 《清代钞档》,地丁题本50,四川2。转引自鲁子健:《清代四川财政史料》,第49页。

④ 顾诚:《南明史》,中国青年出版社2003年,第623页。

地方政府官员的薪俸、科场经费都"尚苦不足",更不用说筹备军粮了。[①]

康熙四年(1665),清军终于平定四川,由于土地抛荒严重,清政府的财政压力不但没有得到舒缓,反而加大。地方官员想尽办法增加收入、筹备军饷。康熙六年(1667)四川总督苗澄曾上"抽兵屯田疏",建议调拨部分在川兵力实施军屯。他说:"盖蜀省额兵四万名,每岁约需口粮米十二三万石,及查蜀省每年本色征需粮米可支兵食者,通计不及二万石,其余非系发银召买,即系以四钱三京斗折给。"[②]这些银两此前每年都是由户部直接划拨,给政府造成了很大的负担。

与此同时,清政府从中央财政中调拨大量银两济川。如康熙十一年(1672)调入岁银达80万余两。康熙七年(1668),四川巡抚张德地在一份奏本指出了清初四川财政紧张的状况,"朝廷辟此残疆,剿除巨寇,不知费尽内帑数千百万金,方能有此荒土也。及至开辟之后,每岁俸饷、驿站等项又在外省协济,计百万金不止,而蜀省之所出产者仅数万金而已"。[③] 四川直至咸丰年间才从"受协"省份变为"协济"省份。

基于此,招集流亡、开荒增赋便成了地方官的首要考虑。移民招徕"以实残疆、以裕国赋",因为"舍招集流移之外,别无可为裕国之方"。[④] 可以说,招集流亡是清政府从进入四川的最初时刻起,便开始实行。如顺治三年(1646),首任四川巡抚王遵坦"披荆榛,坐戎幕,招辑流亡,极意抚恤,民气渐苏"。[⑤] 巴州第一任知州许广大,陕西汉中人,顺治五年(1648)知巴州,"时献逆寇乱之后,疆宇初定,城郭未完,民户寥落……广大竭力抚绥,保养遗黎,招复流亡,甚有政绩"。[⑥]

顺治十二年(1655)九月,川北道薛良朋提出了较为详细的招抚流亡的办法,"凡有蜀民在彼,尽将姓名、家口造册咨送过臣。如资斧自具者给与引照,促令起程。若贫乏缺费,注明册内。俟臣捐描口粮,另发舟车,差官搬取。此以川民而实川户"。[⑦]

① 《清代钞档》,地丁题本50,四川2。转引自鲁子健:《清代四川财政史料》,第44页。
② 康熙《四川总志》卷二七《屯田》。
③ 《明清史料》丙编第十本,页一千上。
④ 《明清史料》丙编第十本,页一千上。
⑤ 嘉庆《四川通志》卷一一五《职官志·政绩》,页一上。
⑥ 道光《巴州志》卷五《职官志·文职》,页十七上,道光十三年刻本。
⑦ 康熙《四川总志》卷一〇《贡赋》。

由于此时清军正与南明军队、大西军处于拉锯阶段，慑于战火，老百姓并不敢贸然回乡。同时由于清的有效统治范围也基本上局限于川北保宁府一带，这段时间的招抚效果并不明显。顺治十三年(1656)六月，四川巡按高民瞻上书，虽然已经命令地方官设法招徕了，“迄今数月有余，而复业垦荒者犹是寥寥然，未有成效可观”。①

随着清军在四川军事上的节节胜利，清的有效统治范围也逐步从川北扩展至整个四川。顺治十六年(1659)八月，四川巡按高民瞻取成都，“川西底定”。康熙三年(1664)，“下东(下川东)底定”。② 康熙四年(1665)四月二十三日，四川总督李国英上疏，“全川已经恢复”。③

战火稍一停息，清政府便开始紧锣密鼓地实行土著招抚及移民招徕政策。康熙三年(1664)，四川巡抚张德地建议招徕流亡蜀民回川，“以川民而实川户”。他说：“前者臣过秦境，闻有川民避难汉中，即出示招徕，遂有杜文秀等一百一十五名口见臣告示，赴臣禀控，皆愿归还故里。臣悉给以口粮、脚力随带回川，分发原籍州县安置乐业。取有收管在卷，可见流民之不忘故土矣。备察流移之众，秦中最多，楚、滇、黔亦有，或阻于关隘盘诘，或苦于途费之艰难，欲归不得者当不下数万人。”④

同年十一月，张德地又上《题发蜀绅回籍疏》，建议将因战乱流落于秦、楚、滇、黔、江、豫等处的士绅招抚回川，这样不仅“上可为朝廷开土输赋，下可为祖宗扫墓封坟，矢忠矢孝，克全臣子之谊……士绅归而流移少，民亦将向风川口崖边凋□，何难于数年而起色之也”。⑤ 士绅家族，人口庞多，招抚士绅不仅会有更多的人口回川，同时由于士绅在乡里的“风向球”作用，能够吸引更多的平民回川。因此，张德地才把招抚的重点放在士绅身上。但此时，其他各省也是战火刚刚熄灭，都需要人口来进行土地的开垦，张氏的士绅招徕政策颇为不顺。

康熙六年(1667)，张德地再次提出士绅招徕政策，鉴于前次招徕效果不彰的教训，张氏这次建议采取强硬的行政手段来招徕流亡的士绅回川。

① 《清代钞档》，地丁题本50，四川2。转引自鲁子健：《清代四川财政史料》，第49页。

② 《圣祖仁皇帝实录》卷一四，第10页。

③ 《圣祖仁皇帝实录》卷一五，第8页。

④ 康熙《四川总志》卷一〇《贡赋》。

⑤ 康熙《四川总志》卷一〇《贡赋》。

他向康熙上奏："恳祈天语敕下各省督抚，于各属郡邑挨查，凡有川绅，尽令起程回籍……敢有抗拒不归者，即以违旨悖祖论；地方官仍敢隐匿容留者，亦以违旨例处分。如是，则外省不敢姑留，将见旋里者恐后，而从之者亦如归市矣。"①

为此，张氏提出了更为具体的移民措施，"各州县人民，虽册籍有名，而家无恒产，出外佣工度日之人，准令彼地方查出汇造册籍，呈报本省督抚，移咨到臣，臣即措处盘费，乡官接来安插"。② 此一措施得到了有效实施。如内江县，顺治十六年(1659)开始"奉文招还流移士庶，先于流寓处领牒，报明里籍，有无科名。士子归里定业后，送学道考复，原名乡里庐墓听旧主据认。于是风闻爱戴，陆续归来"。③

在招抚流亡回川复业的同时，清政府也开始实行一系列切实可行的移民政策，吸纳各省民众来川承垦田土。关于清政府在这一阶段的招民政策，下面依据嘉庆《四川通志》所载，从两个方面来进行考察。

1.户籍

移民能否获得入籍地的户籍，是决定民众能否在"体制内"生存的重要标志，它所延伸的意义包括民众能否取得其他若干权利，如参加科举、参与地方赋税科则的制定与征收等等。江西、湖南等地移民社会的研究经验表明，围绕着户籍的取得，土著与客民曾经发生过激烈的冲突和矛盾。因此，与户籍相关的里甲组织，除了税收上应起的作用外，也是一套划分社会界限、表明权利及身份的机制。④ 同样面临着移民的进入，他处土著与移民之间围绕着地权的纠纷持续不断，但四川移民社会却呈现出不同的场景。我们需要先从制度上对造成这一现象的政策背景做一考察。嘉庆《四川通志》卷六四《食货・户口》载：

> 康熙十年，定各省贫民携带妻子入蜀开垦者，准其入籍。
>
> (康熙)二十九年，定入籍四川例，时川省民少而多荒地。凡他省民人在川垦荒居住者，即准其子弟入籍考试。⑤

---

① 康熙《四川总志》卷一〇《贡赋》，页二十四。

② 《明清史料丙编》第十本《户部题本》，页一千上。

③ 民国《内江县志》卷一二《外纪》，页十一上。

④ 郑锐达：《移民、户籍与宗族：清代至民国时期江西袁州府地区研究》，三联书店2008年。

⑤ 嘉庆《四川通志》卷六四《食货・户口》，页十一上—十二下。

对于驻川士兵子弟，同样实行此一政策，"康熙十一年(1672)壬子九月二十日礼部议覆：四川、湖广总督蔡毓荣疏言，川湖二省移驻弁兵，既经安插，即同土著，伊等子弟有读书者，似应准其入籍考试。应如所请。从之"。[1]

清政府实行宽松入籍的目的，在于吸引更多的外省民人入川开垦土地。但这一政策对四川移民社会的发展无疑有更为深刻的影响。

2.田赋科则及地权归属

清政府在田赋方面的优惠措施，主要表现在推迟开垦土地的起科年限以及较低的田赋税率两方面。顺治元年(1644)，清定开垦荒地之例，"州县卫所，荒地无主者，分给流民及官兵屯种，有主者官给牛种，三年起科"。[2]这是对全国范围而言，对四川来说，三年时间对民众恢复生计还远远不够。顺治十三年(1656)，四川巡按高民瞻上书，"凡其复业者，暂准五年之后当差；开荒者，暂准五年之后起科"，[3]将起科的年限延长了两年。这一政策仅针对复业的土著，并不包括移民在内。康熙十年(1671)，川湖总督蔡毓荣上书希望对移民"宽其起科之限……其开垦地亩，准令五年起科"，而对某些山区，起科年限则延长到了十年。[4] 这些税赋减免政策，对于外省民人来讲，无疑具有很大的吸引力。

在土地的所有权方面，对于那些抛荒已久的荒地，清政府采取的措施是，"凡抛荒田地，无论有主无主，任人尽力开垦，永给为业"，[5]这对恢复田耕、发展经济有重大帮助。康熙二十九年(1690)，这一政策被以命令的形式宣告全川，"凡流寓愿垦荒居住者，将地亩给为永业"，[6]规定移民对荒地开发的所有权，可以说完全解决了移民的后顾之忧，也是吸引移民来川的重要砝码。同时，对于那些没有条件进行农业耕种的移民，地方政府还采取一系列具体的帮助措施，如提供粮种、耕牛，[7]甚至还有代为照顾婴幼儿童的。清政府招徕移民之急切，可见一斑。

---

① 《圣祖仁皇帝实录》卷三三，第1页。

② 蒋廷锡等纂：《古今图书集成》，《经济汇编·食货典》第五十一卷《田制部》，第六八一册，中华书局1934年，第7页。

③ 《清代钞档》，地丁题本50，四川2。转引自鲁子健：《清代四川财政史料》，第50页。

④ 《圣祖仁皇帝实录》卷三六，第7页。

⑤ 《清代钞档》，地丁题本50，四川2。转引自鲁子健：《清代四川财政史料》，第50页。

⑥ 嘉庆《四川通志》卷六二《食货·田赋》，页十二下。

⑦ 嘉庆《大清会典事例》卷一三四，页十二。

对于招徕回归的土著来说，如果他们能够提供合法的契约，则可以继续耕种他们逃荒之前的土地。康熙二十年(1681)七月九日，清廷刚平定吴三桂之乱，四川巡抚杭爱上疏：

> 查四川通省地方，向系肥饶，而所征钱粮甚少，良由文武官员兵丁占种民田。今逃亡渐归，如有承认原田者，应令退还给民；如仍行强占者，照例治罪。惟开垦年久，无主承认者，许令自首输课，免其从前隐漏之罪。①

上述请求后来得到了康熙皇帝的允许。这份奏折主要针对兵丁强占民田而上奏的，这和当时四川的具体情况有关。由于老百姓大量逃亡，军队乏食是南明军、大西军及清军共同存在的现象。有远见的将领就组织部队屯田，自行解决部队的粮饷问题。南明方面如杨展，就在嘉定(今乐山)一带实行军屯。但更多的军队是四处榨取残存百姓钱粮，继而发展到抢占耕田、耕牛的地步。

同时，清政府在徭役等方面，对移民也采取十分优厚的措施。嘉庆《四川通志》曰：

> 顺治十一年，部臣议奏凡外省新旧流民俱编入册籍，与土著一体当差。新来者五年当差。从之。②

为了鼓励地方官员积极地投入到移民招徕政策之中，清政府将招集的人口数量与官员的升迁考成联系起来，也就是所谓的“招民议叙”政策。顺治十四年(1657)四月，福临根据户科给事中粘本盛的疏奏，批准“督垦荒地，应定劝惩则例”。③ 至于四川方面，康熙七年，张德地建议，“本省文武各官有能招民三十家入川安插成都各州县者，量与纪录一次；有□□六十家者，量与纪录二次；或至百家者，不论俸满，即准升转”。④ 虽然此时全国范围内的“招民授职”之例已经停止，但因为四川的特殊情况，“招民议叙”非但没有停止，还得到了加强。康熙十年(1671)七月，川湖总督蔡毓荣上奏，“嗣后蜀省见在文武大小各官，如有三百户以上招徕安插，尽数开垦，五

---

① 《圣祖仁皇帝实录》卷九六，第20—21页。
② 嘉庆《四川通志》卷六六《食货・徭役》，页六下。
③ 《世祖章皇帝实录》卷一〇九，第6—7页。
④ 《明清史料》丙编第十本，页一千上。

年起科之后，该督抚取具印结，具题到日，准其不论俸满即升”。[1] 此建议后来得到康熙帝的批准而在四川推行。

康熙二十年(1681)，清政府完全平定了吴三桂在四川等西南省份的反叛势力，针对四川等地土满民少的情况，康熙帝又颁布谕旨，继续对招民有功的官员进行奖励，“前因用兵之际，故招徕流移，准令议叙。今湖广、江西、福建、广东、广西，既已荡平，俱属内地，其招民议叙，不准行。惟四川、云、贵，招徕流移者，仍准照例议叙”。[2]

清政府实行的“招民议叙”政策，提高了地方官员招抚流亡的积极性，我们可以从相关资料对地方官员评价的字里行间感受到官员的努力。如：

何毓秀，辽东副榜。顺治十七年(1660)知重庆府，“时渝甫平，招集流移，劳心抚字，郡邑赖有起色”。[3]

张松龄，字鹤生，福建莆田人。康熙元年(1662)任四川下南道参议，“四川承凋敝后，民多逃串，松龄为之赎田，招来复业，给予牛种，加意抚绥，流亡渐集”。[4]

郎廷相，字钧衡，汉军镶黄旗人。康熙三年(1664)任四川布政司，任内“招抚流移，广为安插，措置牛种，劝谕耕凿”。[5]

于成龙，康熙七年(1668)，由广东罗城令升合州知州。此时合州“民多流亡，往时新归流户便既力役，而垦田既熟，土著讼而争之，以故集者复散。成龙为区画田庐、牛种，官立册籍，复三年而后升科应役。新集者既知田业可恃为己有，而复无征发仓卒之忧，远近争赴，旬日之间，户以千计”。[6]

姚缔虞，湖广黄陂人，康熙二十四年(1685)四川巡抚，曾请求将流寓外地的士绅“迁籍以实地方，并履勘田亩，令民自首粮赋、户口”。[7]

由于此一阶段四川战争连年，清军与南明、大西军余部的战争直至康熙四年(1665)夔东十三家完全平定后才宣告结束。休养生息仅过六年，平西王吴三桂反清，以王屏藩为将军率军攻入四川，不到一年“全川悉陷”。

---

① 康熙《四川总志》卷一〇《贡赋》。

② 《圣祖仁皇帝实录》卷九六，第27—28页。

③ 嘉庆《四川通志》卷一一六《职官・政绩》，页十一上。

④ 嘉庆《四川通志》卷一一五《职官・政绩》，页二十四上。

⑤ 嘉庆《四川通志》卷一一五《职官・政绩》，页十八上。

⑥ 嘉庆《四川通志》卷一一六《职官・政绩》，页十七—十八。

⑦ 嘉庆《四川通志》卷一一五《职官・政绩》，页五下。

清吴在四川的战事直至康熙二十年(1681)才完全结束。康熙六年(1667),四川巡抚张德地上"复生聚拯救遗流疏",内称"虽年来招垦屡督,劝课屡申,究竟财困民贫,元气难复,生齿处处凋零,榛莽在在极目",[①]可见此一阶段的移民招徕政策成效并不显著。

随着战事的结束,四川进入和平稳定的时期,清政府在四川的移民招垦政策开始"发酵",各省移民陆续踏上前往四川的旅途。

二、有效管理控制阶段

清政府的积极招徕政策,在康熙的中晚期,都得到了认真的执行。至康熙六十一年(1722),四川全省人口已经达到579309户,基本恢复到明代的水平。[②] 到雍正时,"蜀中元气既复,民数日增,人浮八口之家,邑登万户之众"。[③] 而到乾隆五十年,四川人口达到了950万。[④] 一些地理位置好、土壤肥沃之地已经得到了先期回籍的土著及移民的承垦和复耕。而从田土复垦的数额来看,据学者估计,康熙年间的年均垦殖速度高达17%,[⑤]在康熙末年,便已经超过明末的水平。

与此同时,来自各省的移民潮仍然源源不断地涌进四川,四川的人地关系开始呈现出紧张的局面。四川政府逐步改变了原有的积极移民政策,加强对移民的管理,不仅希望从总量上进行控制,同时也希望维护四川地方社会的稳定。

此前的积极移民政策,集中于招徕人口上,忽视了对移民的清查与管理。移民入川后,在实际生活中引发了很多问题,如隐匿田亩、侵占有主田地,特别是与土著争夺田土,引起了本地民众的强烈不满。康熙三十八年(1699)左右,保宁府人李先复上"楚民寓蜀疏",从中可见四川籍官员对大规模移民入川所引起的土客矛盾及对移民管理的无序状况所引发的不满:

> 伏念巴蜀,界连秦楚,地既辽阔,两省失业之民,就近入籍垦田填实,地方渐增赋税,国计民生岂不两有攸赖。乃近有楚省宝庆、武冈、

① 康熙《四川总志》卷一〇《贡赋》。

② 彭朝贵、王炎主编:《清代四川农村社会经济史》,天地出版社2001年,第86页。

③ 雍正《四川通志》卷五《户口》,页一。

④ 吕实强:《近代四川的移民及其所发生的影响》,《中研院近代史研究所集刊》第6期。

⑤ 郭声波:《四川历史农业地理》,四川人民出版社1993年,第108页。

沔阳等处人民，或以罪逃，或以欠粮惧比，托名开荒，携家入蜀者不下数十万。其间果以开垦为业，固不乏人。而奸徒匪类扰害地方，则有占人已熟田地者；掘人祖宗坟墓者；纠伙为窃为盗，肆行行劫者，结党凶殴，倚强健讼。又有私立会馆，凡一家有事，率楚中群凶，横行无忌，此告彼证，挟制官府者。凡此臣皆得之传闻，未敢入告。①

李氏并举例说，沔阳人郑允文因盗窃，逃亡四川两年后才被缉拿到案，据此判断，不知道移民四川的人口中会有多少这样的案犯。李氏在这份上书中的不满，大致可以归纳为以下两类：

一、入川的移民很多是在原籍有犯罪前科的人，他们来四川的目的并不是为了开荒纳粮，而是逃避官府的追查，这些人来到四川之后，对四川的治安稳定有极大的破坏作用。

二、移民与土著的地权纠纷。造成这方面的原因，首先是原有的土地"四至"并不清楚，没有明确的界限；其次是地方官因"招民议叙"，为求自己能够升官，而对移民的种种不法或不规范的举动采取了默认的方式。

针对第一条，李先复建议："将楚民流寓蜀省开垦者，各州县逐户确查，实系楚省何处人民，妻子亲戚同居若干人，开明籍贯"后，造表移送给湖广的官员"查明原籍，因何事逃出，或系只身，或有妻子弟兄，共几名口"，有无犯罪的前科。然后将审查结果传给四川的地方官员，经过这样的程序"方准开垦入籍当差"、"一体抚恤"；如因犯罪或欠粮避差，则"即行逐一清查，递解回籍"。

李先复的这份上书，为后来修四川省志及部分府志、县志的纂者广为引用，可见它所表述的事情在当时有着巨大的影响。而此后清政府的四川移民政策也基本上是循着此一基调进行的。

康熙五十一年（1712）五月，玄烨针对四川的移民政策，有如下谕旨：

湖广民往四川垦地者甚多。伊等去时，将原籍房产地亩悉行变卖，往四川垦地至满五年起征之时，复回湖广，将原卖房产地亩争告者甚多。潘宗洛（湖南巡抚——引者注）以此情由，曾缮折启奏。嗣后湖

① 雍正《四川通志》卷四七《疏》，页五十二上。又见黎学锦修：道光《保宁府志》卷五七《艺文》，页三十四上—下。李先复，字曲江，保宁府南部县人。康熙壬子举人，先后任山东曹县令、浙江道御史、湖广大冶县令、兵部左侍郎等职。

广民人，有往四川种地者，该抚将往种地民人年貌、姓名、籍贯，查明造册，移送四川巡抚，令其查明。其自四川复回湖广者，四川巡抚亦照此造册，移送湖广巡抚，两相照应查验，则民人不得任意往返，而事亦得清厘，争讼可以止息。①

其愿在川开垦者，量人多寡，分给荒地五六十亩或三四十亩，给以牛种、口粮。各府州县稽其姓名、籍贯，造册申报督抚。咨查原籍，合将本户居址，造册报覆。②

如果说李先复的上书主要是基于治安管理的目的，提出要加强对移民的管理，那么康熙的上谕则表明，从顺治年间就开始实行的积极移民政策到此时已经有所改变，招徕人口并不处于移民工作的核心地位，取而代之的是对移民的管理。这改变了此前移民工作中的混乱局面。

这一政策在最初的几年中，得到了比较严格的实施。康熙五十三年(1714)，乐山县令郑吉士在《创建义学记》中描绘了他安插移民的详细过程：

是时，奉行安插新民，千有余户。余逐户审察，良者安之，强者去之，民皆贴然。③

可以看到，此时对移民的管理是非常严格的，县令当场对每个移民进行询问、造册，对那些不以开垦为目的或所谓的“强者”，都不允许安插落户。但同时，他对那些真正要来入籍的移民仍旧采取了一些优惠措施，如给予某些“补贴”。同时，对移民插占开垦土地的规模也规定了上限，雍正六年(1728)，清政府规定：

各省入川民人，每户酌给水田三十亩，或旱田五十亩。若有子弟及兄弟之子成丁者，每丁水田增十五亩，或旱地增二十五亩。④

上述措施表明，至迟在雍正初年，政府已经告别了此前任由移民插占土地的政策。

---

① 《圣祖仁皇帝实录》卷二五〇，第17页。

② 嘉庆《四川通志》，卷六四《食货·户口》，页十一上—十二下。

③ 道光《安岳县志》卷四《学校下》，页十上。郑吉士，浙江人，康熙五十三年任乐山县令，兼知安岳。

④ 光绪《大清会典事例》卷一六六，《户部·田赋·开垦一》。

雍正七年(1729),清政府在四川的土地清丈基本上告一段落,此时各省的移民仍然不停地涌入四川,而可供开发的田地数量毕竟有限,长久下去,势必出现人多地少的情况。有鉴于此,雍正皇帝发出了如此上谕:

> 各省入川民户,向经一面造册呈报,一面咨查原籍在案。但愚民风闻给资招垦,往往轻于转徙。况川省田地,多经业主承丈自首,将来余荒多寡,尚未可知,不可不定以长策。请嗣后各省续到流民,自雍正七年为始,停其造册咨查。行令各省,将实在无业穷民,愿往川省开垦者,给与印照,与先经查验覆到之各户,一体安插。如无照之人,除在川各有生业,准其编入保甲外,所有游手之民,着即查明,令回原籍。①

从这份上谕中我们可以感觉到,雍正开始担心由于移民的大量涌入可能造成的人地紧张关系,对那些在四川没有正当职业的游民,要遣送回原籍。

同时,清政府还令各移民输出地省份,在通往四川的交通要道、关卡隘口设站检查,对欲前往四川"打工"的民众,进行劝阻。广东肇罗道杨锡绂在其《四知堂文集》中载,作为地方官他们年年都要拦回去四川寻找生计的移民,并在长乐、兴宁、龙川、永安、镇平、河源、平远、连平、和平、大埔、揭阳等县"挨村逐户"进行摸底,调查民众是否有移民四川或江楚的意愿。②

这股移民四川的浪潮,至雍正时已在全国大部分省区中蔚为风气,此时政府已经没有多少能力能够阻止了。如雍正五年(1727),因自然灾害的影响,湖广、江西、广东、广西等省逃荒入川的民人,不下数万户。雍正不得不谕令四川地方官员设法安插,"再备造细册,咨查原籍"。但又希望地方官加强稽查这些移民,"将雍正四年秋冬以后,各省入川人户,逐一稽查姓名、籍贯"。③

将移民编入保甲,依靠保甲制度来管理,成为清政府的首选管理方式。雍正四年(1726),户部覆准,移民"散住各府州县佃种者,责令佃主出结;贸易者,市邻者出结;依附亲故者,亲故者出结;寄宿寺庙者,留宿地主出结。

---

① 《世宗宪皇帝实录》卷七九,第12页。

② 杨锡绂:《四知堂文集》卷一七,页十七上—二十下。

③ 《世宗宪皇帝实录》卷六一,第29—30页。

仍与土著同编入保甲，互相觉察”。[①] 这个方针在雍正八年得到全面的实施。

虽然保甲制度在四川城乡各地建立起来，地方治安并没有得到多大的改善，由于移民的不断进入，治安反而更加恶化。到了乾隆年间，四川各地嘓噜[②]倡乱，而嘓噜最初大多由外省移民，特别是湖南一带的移民组成。如邱仰文《论蜀嘓噜状》称：“查嘓噜来自黔粤，十无一二，率楚省流寓为多。”[③]后文也将对保甲制度的实施与嘓噜泛滥的关系进行讨论。

这些移民之所以成为为非作歹的嘓噜，是因为此时四川已经“居民密比，几于土满。流来如故，无业可栖。一经失所，同乡同类，相聚为匪，势所必至”。因此，从维护地方治安的角度考虑，清政府对移民的管理和稽查力度大大加强。这在乾隆皇帝的谕旨中经常提到。如乾隆十五年(1750)六月十七日，永兴、唐绥祖等禀奏，建议：“入川民人，无本籍印票阻回者，递交原籍安插。其不法奸民，在川递回，若不加管束，又潜行入川。一经察出，本犯按例究拟，地方官一并参处。”乾隆批示：“此等搬移入川民人，其不法奸徒，及往为嘓噜子等类，固应尽法究治，并饬一切卡隘加意稽查……嗣后入川民人，给照查察之处。如系奸拐兴贩匪，断宜严行究处。”[④]

为了更好地处理各省人民入川开垦之事，户部还专门制定了条例，令地方官照“例”执行。该条例称：

> 凡入川开垦之民，令原籍地方官给与印照，至川缴送该管地方官，以便稽查。其有久住川省之人欲往他省探亲，或他省之人欲至川省探亲者，俱令禀明该地方官给照前往，回日取所往之地方官回文销照。其沿途经过地方官失于稽查，以致混行出入者，照失察无票出口例，降一级调用；其或得贿纵放，或借盘查名色，肆行需索，贻累平民者，俱革

① 《钦定大清会典事例(嘉庆朝)》卷一三四《户部·户口》，页十二上—下。

② 湖广总督舒常认为，嘓噜“即各处所谓光棍、泥腿之类”(《乾隆四十六年清政府镇压嘓噜史料选编》，《历史档案》1991年第1期)。关于嘓噜兴起的原因，张力认为“客民与土著豪绅的矛盾，是嘓噜产生的特定原因；农民与地主的矛盾，是嘓噜活动长期存在的社会原因”(《嘓噜试探》，《社会科学研究》1980年第2期)。本文第三章有详论。

③ 邱仰文：《论蜀嘓噜状》，《皇朝经世文编》卷七五，页十下。

④ 《高宗纯皇帝实录》卷三六七，第5页。

职治罪。[①]

在具体的管理过程中,清政府对流寓的移民有具体的管理措施,如户口的编审,移民入川开垦,在政府的户口名册中,以"流寓户"之名对其进行独立编查,以此来区别与土著和已入籍多年的移民的区别。下表(表2—1)即是乾隆元年(1736)四川五道的户口编查情况。

表2—1:乾隆时期四川各道人口统计表[②]

	户数	流寓户数
松茂道	十万六千六百十户	一万三千二十六户
川东道	十五万九千三百九十九户	八千八十九户
永宁道	八万九千三百五户	五千八十三户
建昌道	十二万四千五百二十九户	五千一百七十八户
川北道	十三万二千三百五十七户	九千八百五十四户

资料来源:嘉庆《四川通志》卷六四《食货·户口》。

流寓户,就是新来的移民户,因移民土地开发还未到五年的起科年限,不纳田赋,因此暂不归于正册之列,而以流寓户为名单列。[③] 流寓户名目的出现,其实反映了清代保甲户口编审制度与清政府四川移民政策的有机结合。按清制,"滋生户口,每逢五年,务须据实造报"。[④] 移民开垦土地,要五年以后才起科纳赋,有此政策优惠,有些移民往往在土地开发四年后,就抛弃已垦土地,往他处寻找土地来重新开垦,借此继续享受此一优惠政策。这在康熙五十二年(1713)的一份上谕中有提到,"或有将田地开垦至三年后,躲避纳粮,而又往他者"。[⑤] 所以,在开垦到起科的五年,往往就是户口管理、编审的盲点,以流寓户为名的管理,恰到好处地弥补了这个管理制度上的漏洞。

从上表中,我们可以看到,乾隆元年(1736)流寓户的比重为7%,可见

① 文孚纂修:《钦定六部处分则例》卷一九《户部·入川开垦》,收录于沈云龙主编《近代中国史料丛刊》第三十四辑,文海出版社,第432页。

② 嘉庆《四川通志》卷六四《食货·户口》,页十七下—十八下。

③ 彭朝贵、王炎:《清代四川农村社会经济史》,第87页。

④ 嘉庆《大清会典事例》卷一三三《户部·户口·编审》。转引自鲁子健:《清代四川财政史料》,第3页。

⑤ 《圣祖仁皇帝实录》卷二五六,第15页。

近五年进入四川的人口之多。同时,移民在各地也呈现出地域性差别,从上表可以看到,成都平原所在的松茂道外来流寓户最多,说明地理区位极好的农耕条件是最吸引移民的地方。而重庆府所属的川东道流寓户所占比例仅有5%,这可能与川东地区移民较早进入,开发较早有关。这仅是一推测,需要更多的材料支持。总之,将流寓户单列编查,体现了政府加强移民管理的努力。

而雍乾之际,正是广东、福建、江南等省的移民进入四川的高潮阶段。[①] 政府的"宏观调控"无疑和老百姓的入川热情发生冲突,引起入川民众的强烈不满。我们可以从雍正十一年(1733)九月九日,广东龙川县的一份《往川人民告贴》窥见一二:

> 我等前去四川耕种纳粮,都想成家立业,发迹兴旺,各带盘费,携带妻子兄弟安分前行,实非匪类,并无生事之处……近来不知何故,官府要阻绝我等生路,不许前去。目下龙川县地方处处拦绝,不容我等行走……我们今朝移家去四川,都是几年前经营停留,田土、房屋件件都齐,才敢前去落业……我等原是良民,今地方官把我等当不好人追赶,我等在本省地方自然遵法,惟有磕头哀求放走。若到江西隔省拦阻我们,我等要拼死齐拌一死……总之,我等众人都是一样心肠,进得退不得。[②]

远在广东龙川的普通老百姓当然不知道为何以前政府鼓励他们到四川,而现在又处处拦住他们,不让他们去四川。在他们眼里,可能会觉得是本地政府官员在作梗,故意为难。这群移民不得已通过散发传单的形式来宣泄心中的不满,希望能够引起政府的重视。

通过上述的分析,可以得出,到康熙中晚期以后,清政府在四川的移民政策开始陷入两难的境地,一方面由于此前实行的积极移民政策,通过各种方式传入其他省区。在上引告贴中,我们也可以发现,那群移民中此前已经有人到了四川,并且在那里发展得不错,属于"有田有房"一族。他们回乡现身说法,是导致此一阶段移民大规模入川的重要原因。另一方面,大规模移民的到来又引起许多事先没考虑到的问题,如流民的管理、地权

① 曹树基:《中国移民史》第六卷,第83页。

② 台北"故宫博物院":《宫中档雍正朝奏折》第22辑,1979年影印本,第101页。

的纷争。

总的来说，清初在四川实行了较为宽松的休养生息政策。正如康熙二十四年(1685)九月十七日，四川巡抚姚缔虞陛辞时，康熙帝所说的：

> 四川省当明末时，遭张献忠之乱，百姓凋敝，地亦荒残。后又屡经贼变，人民愈加疲耗，尔宜正己率属，爱养抚绥，俾远方之人，遂生乐业，以副朕简用至意。①

在康熙中前期，清政府在四川实行的是休养生息政策，而招民政策即是休养生息政策的具体体现，即使到了乾隆时期，四川的人地关系十分紧张的情况下，弘历对那些因衣食无着，被迫来川就食的普通民众也采取了特殊处理的办法，让他们在四川开垦土地。如乾隆六年(1741)三月十三日，两广总督马尔泰奏称，"广东惠、潮、嘉二府一州，所属无业贫民，携眷入川，不必强禁，许其开明眷属名口、年貌，报本地方官查明，给票听往，不必候川省关移。并饬知沿途营、县，验明人票相符，即予放行。到川，编入烟册。移知原籍存案。应照所请。至在川粤民，立有产业，呈请关移亲族者，听其自便。"乾隆皇帝批：从之。同意了马尔泰的请求。②

从顺治三年(1646)开始实施的移民政策至乾隆时期为止，取得了十分积极的成果。土地开发方面，据康熙五十一年(1786)二月的上谕：

> 前云南、贵州、广西、四川等省……自平定以来，人民渐增，开垦无遗。或沙石堆积，难于耕种者，亦间有之。而山谷崎岖之地，已无弃土，尽皆耕种矣。由此观之，民之生齿实繁。③

各州县人口也开始增加，如光绪《永川县志》曰：

> 国朝深仁厚泽，汇沛棠乡。戡乱初，流亡甫集，烟火尚稀，其后休养生息，日益繁滋。除编审复业外，他省来附之家亦趾踵相接。④

至于具体的人口数字，及移民、土著在清代四川人口中所占的比例，这里可以引用曹树基先生的研究成果，至乾隆四十一年(1776)，土著占四川

① 《圣祖仁皇帝实录》卷一二二，第7页。

② 《高宗纯皇帝实录》卷一三八，第19—20页。

③ 《圣祖仁皇帝实录》卷二四九，第14—15页。

④ 光绪《永川县志》卷四《赋役·户口》，页二上—三上。

总人口的38%,移民占总人口的62%,移民及其后裔数约为617万。[①] 可以看到,以移民为人口主体的移民社会业已形成,独特的人口结构给清政府的地方管理制度的效能提出了挑战。移民、土著及政府三方面会经历怎样的互动,这在后续章节中将会进行讨论。

第二节 土著的回归与移民进入

上节从宏观角度对清代四川移民政策及其演变做了一粗浅的梳理,使我们对清初四川社会的发展有一总体性了解。本节主要以家谱资料为主,从个人生命史的角度,来理解清初那场移民运动。

一、土著的回归

明末清初的多年战争,对四川地区民众的家庭生活造成了极大的破坏,上自世家大族,下至平民百姓,都因为战火延烧,不得不远离故土,亡命他乡。来看家谱的相关记载。

巴县牟氏,为明代巴县四大家之一(另三家为蹇氏、刘氏、曹氏),该族在明代官宦迭出,如牟俸,景泰辛未进士,曾官拜御史、云南巡按、山东巡按,"有铁面称",入祀乡贤祠。[②] 明末清初,牟氏族人随逃难人潮避难遵义。《牟氏族谱》载:

> 惟传至恩野祖,当明末之乱,巴邑被献贼屠毒尤甚,爰避难遵义。迄我朝还定安集,恩野公于顺治年间,还居云篆山下石马场三角箐。[③]

隆昌郭氏家族,为隆邑巨族。宣统《郭氏族谱》称该族"明盛时丁男满千,子衿百余,科甲十有四人……为蜀南望族"。明清之乱时,该族成员或被杀:

> 十世祖时享公,公字靖海。甲申寇乱,掳时享欲用之。时享曰,吾族世号忠良,岂与贼党为徒耶,遂被杀。
>
> 珏公,字世安,邑名诸生。献贼入蜀,被执,大骂不屈。其女同行亦被执,欲犯之,骂贼亦厉,俱遇害。同时也平、也彦公俱被贼掳,不

① 曹树基:《中国移民史》第六卷,第96页。

② 乾隆《巴县志》卷九《人物》,页四下。

③ 巴县《牟氏族谱》,牟氏谱图序,1930年石印本。

屈。贼令负米至营，死不从贼，击以所佩刀，强之行至西湾河之辽叶潭，兄弟并投水死。[①]

或逃亡他乡，如：

十一世祖尔且公，岁贡生，遭甲申（1644）寇乱，避难永宁之凤凰里，居心仁厚，制事明敏，永人咸敬重之……壬寅（康熙元年，1662）冬，仍回富邑金家塆，居住约十载，始徙龙桥为定业。[②]

到清完全平定四川，该族成员生还回乡的已为数不多。

迨遭明末张寇屠戮，百死一生，中者避难遵黔。幸皇清定鼎，先后归宗复业者，止叔祖大理公、伯父翠愚公、叔父贵□公、□□仁仲公、尔且公、长兄巍若公、尔若公、宏毓公与余父先府君九人而已。盛衰之感，可胜言哉。[③]

除了上述世家大族外，普通老百姓同样也被迫远离家乡。内江《晏氏家乘》载：

献贼乱，袁孺人随夫、子避贼洪雅。及归，时祖屋嘴庭中树已合抱，想见乱离后人烟稀少，荆棘丛生，景象凄凉也。[④]

随着人口的大量流亡，祠堂、墓地、祀田等宗族公共资源也随之被破坏殆尽。如江津夏氏，"余先人自洪武初年来津，二世祖考妣合葬县西南关外斗口穴。三世各房祖墓亦相去不数里，旧有祀田在城内外水车塘。因兵燹后，遂尽废弃"。[⑤]

下面从个人生命史的角度来看战乱时期民众的逃难生活。

流亡在外的民众，常被军队拉丁从军，不得不随之四处转战。隆昌《王氏族谱》所载的《鼎泰公序》，以自传的形式记述了一位明末清初四川人几十年的生活。该序作于康熙四年（1665），也就是四川刚刚平定夔东十三家，清政府完全占据四川的那一年。

---

① 郭光埙等续修：宣统隆昌《郭氏族谱》，页二十八上。

② 郭光埙等续修：宣统隆昌《郭氏族谱》，页二十八下—二十九上。

③ 郭光埙等续修：宣统隆昌《郭氏族谱》后序，页三上—四上。

④ 内江《晏氏家乘》卷二，页五十九上，民国石印本

⑤ 江津《夏氏家乘》，民国二十五年修。

王鼎泰，四川隆昌人，生于万历三十四年（1606）。隆昌王氏是明初由湖广迁往四川的，经过有明一代两百多年的耕耘、发展，在明代中后期，王氏家族已成为当地的巨族，有“烟火数百家，丁男数千口”，并置有大量的田土和房产。在科举仕途上，该族也很兴旺，“宗族叨仕禄者若而人，登科第者若而人”。崇祯十六年（1643），王开始了他的军旅生涯，时间长达19年，（根据该序，还不清楚王最初是参加明、清及大西军哪一方，但可以肯定的是，王最后是以清军一方的中层指挥员身份退役的），先后跟随军队到过贵州、云南、越南、缅甸。这19年的日子每天过得都很艰难，用王的话说，是“历尽人世艰难险阻，变乱兵戈，几乎有死无生”。到顺治十八年（1661）六月，[①]由于思乡心切，经过云南分守金沧道王宗师的同意，王鼎泰一家才“一步一趋，纥迄年累月得返故乡，仍归故土”。王回到家时，嚎啕大哭，“自不觉惨然泪下”，家乡此时已是“满目萧条”，以前熟悉的华丽屋舍早已变成了乱草一堆，亲邻好友都没了踪影。过了好几年，才有几个堂兄弟、侄子陆续回来，但家族的大部分成员都因战乱而客死他乡，以至“各归祖地者，存千百于十一”。[②]

再看看一位明末官员的逃难经历。

前引隆昌《郭氏族谱》中有一篇写于康熙四年（1665），关于该族十世祖运暄公在战乱期间的逃亡生活经历的记载。和王鼎泰跟随清军转战四方不同，郭运暄在明政府垮台后，却一直没有效忠大西军及清政府，并曾在流亡的一段时间里受到过永历皇帝的接见，出任过南明的官职。我们来看看郭运暄的故事。[③]

郭运暄，号献君，“其先湖广麻城人，明洪武初有孟四者避乱入蜀，始居（四川）富顺”。崇祯十二年（1639）中乡试，1643年任浙江丽水县知县，任内有政绩，“额减羡余”，有上司准备推荐他入朝中任职。不料清兵南下，断了郭的升官梦，不得已，“公遂解印绶弃官归”。但因为当时战乱，随身所带的钱财也陆续耗费殆尽，没钱回家。一路流转颠簸，到了贵州湄潭，就暂时

① 顺治十八年，吴三桂俘杀南明永历皇帝朱由榔，康熙元年李定国病死景线，从这段历史来推断（见顾城：《南明史》，中国青年出版社2003年，第968—1020页），王鼎泰可能是在清大局已定的情况下，作为军中的老弱病残加以裁撤的。

② 隆昌《王氏族谱》卷一，民国二年修。

③ 郭光埙等续修：宣统隆昌《郭氏族谱》，页二十六下—二十七上。

住在那里。当时贵州为大西军孙可望部所控制，孙派人叫郭出来任职，为郭所拒。郭看贵州待不了，又亡命到四川万县。但这次，郭又选错了逃命的地方，夔东十三家之一的张虎不久带兵攻下了万县，将郭抓至军中，送到贵州孙可望那里，“可望百端协降，公终不能屈，乃释之”。这次郭一家人受到了很大的冲击，其长子在逃跑途中，淹死在长江里，给他很大的打击。

永历皇帝朱由榔在云南称帝，念郭“为先朝旧臣，不污于贼，擢公大理寺评事”。郭这批明朝旧臣与李定国等大西军旧部同床异梦，关系极为不好。特别是李定国与郭关系很紧张，“定国数衔之”。

顺治十四年(1657)，清军进军云南，俘虏了郭。经略洪承畴是郭运暄季父郭继开的同年，劝郭投降清朝，洪承畴对他说：“以子之才，当富贵老……子能屈节，监司可得也。”为郭所拒，“公泣曰：某家自御史以来，世受国恩，公所知也。某幸列仕版，奉先人遗训，数十年砥砺自好，宁可一旦轻出”。弄得洪承畴“始而□，又继而忿且怒”。最后，洪念旧情，没有杀郭。郭回到家乡，“肆力著书，足迹不入城市，家故贫至益落”，直至康熙六年(1667)二月亡于老家，时年64岁。

巴县刘氏，为明代巴县四大家之首，“科第绵衍不绝，巴渝世族，首推刘氏”。[①]《刘氏族谱》里保存了一份写于乾隆四十四年由刘元俊(1779)写的《自撰寿藏序》，[②]刘元俊在序中详细叙述了他祖父及父亲在明末清初的逃难经历。

顺治三年(1646)，刘元俊的祖父刘俸钟一家(同行的有刘俸钟的父母等人)逃兵灾至贵州安顺府，并在那里居住了十二年。顺治十五年(1655)一家人踏上了回家的旅途，他们在半路上听说重庆一带清军和南明军队正在激战，遂改变路线，往清军控制的川北一带逃难。在川北遥大山(即川北保宁府西充县清狮垭)，生下了刘元俊的父亲刘相辅，并在西充县寄居了7年。在这7年里面，刘俸钟的父母先后亡故，这让他十分难过，“欲归不果，欲葬无地，不得已乃瘗双椋于山麓”。康熙元年(1662)，清四川总督李国英攻占重庆，刘俸钟一家也跟着回到老家——刘家漕大屋嘴，并在老家又生了三个儿子。

---

① 乾隆《巴县志》卷九《人物》，页五下。该家族先后有刘规等七人在明中后期中进士。

② 刘继钧等纂修：《渝北刘氏族谱》，页十六上，霍广石印。刘元俊，字特生。刘氏由元末明初由江西入川后，世居重庆府巴县礼里三甲，刘家漕大屋嘴。

上述三个个案，可以说是明末清初四川逃难人群中很普通的事例。从中我们看到，逃亡的生活是多么的艰辛，很多老百姓经受不住风霜日晒、胆颤心惊的流亡生活而客死他乡。王鼎泰的资料不全，我们很难全面了解他的军旅生涯。但从他的家世和最后从清军退役的结果来看，可能是以被俘的明军中下层军官投降清军的。从郭运暄的经历，我们能够看到清初忠于明王朝遗民的悲惨生活。更有代表性的是刘俸钟一家的逃难经历，从中我们可以感觉到，在逃难的过程中，有多少老幼病残死于艰苦的逃难生活。这应该是明清之际四川人口锐减的重要原因之一。

二、"奉旨入川"

前节已谈及清政府在清初的很长一段时间都实行积极的移民政策，招徕外省民人入川开垦。但族谱资料对这一历史过程的反映却呈现出多样的特征，反映了不同地区、不同阶段移民对入川这一历史过程的不同看法。[①]

下面就笔者所阅之族谱，从族谱所载入川的缘由出发，将此一时期移民入川的心态进行分类叙述，或许能从底层的角度来理解清初移民政策的另外一个侧面。

部分家谱认为清初入川的原因，是因为朝廷有旨，才"奉旨填川"或"奉旨实川"。这样的家谱很多，如重庆铜梁《杨氏族谱》在记载其祖先来川的过程时说：

> 闻圣主（祖）传旨填蜀，我母蒋氏七人，于康熙三十五年腊月初一起身（入川）。[②]

又如蓬安《李氏族谱》载："我祖自江西始脉，以至南京，后迁湖广永州府首邑零陵县，于康熙三十一年（1692）奉旨开垦招民入川。有先祖于康熙三十六年（1697）丁丑岁来川，于四十二年具垦承粮册名。"[③]

上述族谱没有提供"圣旨"的全文内容，陈彰模所撰的《陈氏家乘记》提供了该份"圣旨"全文。为了分析的方便，现全文抄录如下。

---

① 对清代各省移民四川原因及过程的研究，前辈时贤多有论述，举其要者如胡昭曦：《张献忠屠蜀考辨——兼析湖广填四川》，四川人民出版社 1980 年；谭红主编：《巴蜀移民史》，四川出版集团 2006 年等等。

② 铜梁《杨氏族谱》第 6 页，1997 年印。

③ 崔荣昌：《四川境内的湘方言》，台北中研院历史语言研究所 1996 年，第 195 页。

清圣祖仁皇帝招民徙蜀诏

奉天承运皇帝诏曰：

朕承先帝遗统，称制中国，自愧无能，守成自惕。今幸四海风同，八荒底定，贡赋维固，适朕愿也。独痛西蜀一隅，自献贼蹂躏以来，土地未辟，田野未治，荒抚（芜）有年，贡赋维艰。虽征毫末，不能供在位之费，倘起江西、江南助解应用，朕甚悯焉。兹据御使温、卢等奏称：湖南民有毂击肩摩之风，地有一粟难加之势。即著该部，饬行川省、湖南等处文武官员知悉，招民徙蜀。凡有开垦百姓，任从通往，毋得关隘阻扰。俟六年外奉旨起科。凡在事官员招抚有功，另行嘉奖。钦此。

清康熙三十三年岁次甲戌正月元日[①]

类似的"圣旨"还见于其他族谱中。这里姑且不论诏书的真伪，但从上引文字中，有这样几个问题可以提出来讨论。

第一，圣旨所提及的移民只有湖南省，这是一个值得玩味的事情。从前面的论述我们可以看到，清政府的移民招徕政策，并没有省份之别，在最初阶段，凡是愿意来川的移民清政府都一律欢迎，大开绿灯。我们从其他族谱资料也可以看到，这个时期，来自陕西、贵州、广东甚至福建的移民都有入川开荒的。康熙皇帝似乎不可能单独给湖南入川开荒的民人颁以圣旨，而对其他省区的入川民人不闻不问。这应该与湖南移民在四川的心理优势有关。湖南临近川东，来往四川相较之于他省，更为便利。川东地区，移民也以湖南人为主，如重庆府《定远县志》（今四川武胜县）载："土著绝少，嗣后广为招集，民多自楚来徙，垦荒占田，遂为永业。"[②]将该份圣旨载入族谱则更加突显湖南籍移民在川东乃至四川地区的优势。

第二，我们从它所反映的内容来看，当时移居四川的外省人，他们在政策上是得到官方的支持的，虽然在个别地方，移民有被官方强迫入川的传说。[③] 移民通过该圣旨表达了在入川过程中，希望不被原籍或途中地方官

① 据少云《沈氏族谱》引自陈彰模撰：《陈氏家乘记》重庆图书馆藏。相似内容的记载亦可参见：大足县《万安龙氏族谱》，转引自大足县志编纂委员会编：《大足县志·附录》第一版，北京方言出版社 1995 年；川西金堂县淮州同兴场《孙氏族谱》，载孙晓芬：《四川的客家人与客家文化》，四川大学出版社 2000 年，第 18 页。

② 光绪《定远县志》卷一，页四十三上。

③ 比如四川人说上厕所为"解手"。当初湖广民人被政府五花大绑押入四川，途中，某人借口上厕所，趁士兵解开绳索之际逃跑。

员阻扰，最终顺利达到四川的愿望。同时，这也是入川的外省民人将来取得入籍资格的一个合法凭证。移民可以跟移入地的地方官员说，他们是皇帝派来的，理所当然有入籍的资格。

从族谱资料来看，移民“奉旨入川”这样的传说在明初的四川移民运动中就已存在。如合阳《刁氏族谱》记：

> 吾合阳刁氏，原籍麻城，元季之乱，明太祖定鼎金陵。蜀平，奉诏迁徙，遂卜宅于重庆属之江津，离城三十余里，地名观子溪，其始祖时范公之所托业也。①

这份自撰谱叙作于洪武二十五年(1392)，距他们迁徙到四川仅20年，可信度比较高。地方志也有这样的记载，如咸丰《云阳县志》云：

> 邑分南北两岸，南岸民皆明洪武时由湖广麻城孝感乡奉敕徙来者；北岸民则康熙、雍正间外来寄籍者，亦惟湖南、(湖)北人较多。②

与湖南移民“奉旨入川”不同，其他各省移民来川的缘由就很多了。有通过贸易来川的。胡运正，康熙四年出生于江西吉安府庐陵县儒林乡，成年后随乡人来川贸易，后安家于井研县城内北街。③ 有由已经在川立业的家乡人带领入川的，如前引广东龙川县《往川人民告贴》中的诸多民户。这些移民举家迁往四川之前，已有家族成员或亲邻好友来过四川，正如道光《安岳县志》所载，“四方侨寓，复多秦粤吴楚之人，始则佃地而耕，继则携家落业”。④ 对大部分移民来说，入川开垦并不是很盲目的事情。

但也有很奇特的原因入川的。如隆昌蓝氏家族，居然是因为风水的原因入川的。隆昌《蓝氏族谱》载：

> 四川始祖仲荣公……生长福建省汀州府上杭县胜运里卢丰村人氏，性敏刚直，才学过人，无心功名，素有远志，深明地理，兼精相命。常言己命己相，六十已上大利西方，人财久远，故于大清康熙六十年辛丑之冬，公年五十八岁，携金千余，统子率孙入四川省，遍寻吉地。⑤

---

① 转引自谭红主编：《巴蜀移民史》，第283—284页。

② 咸丰《云阳县志》卷二《风俗》，页五十五下。

③ 内江井研《胡氏族谱》，页三十九上，民国二十五年修。

④ 道光《安岳县志》卷二《风俗》页二十六下。

⑤ 隆昌《蓝氏族谱》第二册蜀集卷上，页六上—七上，清光绪二十四年刻本。

蓝仲荣在四川又生活了二十八年，八十五岁时去世。

至于移民入川的时间选择，一般选在农闲时间，如秋收后的冬月、腊月至来年的正月、二月等月份，“若过此两月，一则到彼不及耕种，二则山坑水涨，道路有阻”。[①] 在族谱资料里我们也可以看到，如前引隆昌《蓝氏族谱》在谈及他们入川的时间时，说是“于大清康熙六十年辛丑之冬”时起程前往四川的。选择这个季节入川，到了四川刚好赶上来年开春，而不至于因为几个月的行程而误了一年的收成。

在雍正以前，前往四川从事农业开发的移民所占比例较高，移民家谱里面因此保留了较多有关土地产权的契约或执照，借此来表明他们对土地的合法占有。下面的这份徐值的垦地执照即是移民梦寐以求的拥有土地的凭据：

值公垦地执照

成都府资阳县正堂，纪录二次涂为首状事。本年十一月十七日，据贡生徐值具呈前事，呈称：四十六年报粮田一份，坐落玉河沟，成熟田六十块、地十块，东至唐时茂地界，南至周玉鸣官山分水界，西至三教庵界，北至徐翔云界，中下地共五十一亩，共载粮三斗五升三合一勺六抄六撮，四至分明。具给乡约朱可至、徐翔云等情前来。据此，合行给照。为此，照给贡生徐值，前去东乡玉河沟，依所首亩粮管业，毋得籍以所首界限影占，希图广阔，致人力不及，徒两抛荒国土，预伏衅端。倘敢故违，查出定行重咎，宜恪守。须至照票者。

右照给贡生徐值收执

康熙四十九年十一月二十八日县行[②]

这份执照有两点值得讨论。第一，贡生徐值报粮开垦是在康熙四十六年（1707），最后完全拥有土地的产权是在康熙四十九年（1710），换言之，即三年就开始起科纳粮，这又改变了康熙中前期实行的五年起科纳粮的规定，取消了对四川地区的优惠措施。

第二，在土地的报垦及最后取得执照的过程中，地方乡约作为中介者在其中扮演了较为重要的作用。这里面也包含了几个信息，首先，到康熙

① 杨锡绂：《四知堂文集》卷十七，页十七下。

② 资阳《徐氏族谱》，光绪元年修，民国六年重刊。

四十九年(1710),清政府在四川的基层社会制度建设基本上已经完成,并开始在发挥着作用;其次,由土著充任的乡约对移民报垦的态度,从这份执照来看,并不持抵制的态度,此一阶段移民与土著围绕着地权的纠纷并不在社会生活中居于主导地位。

如果说康熙年间移民入川,获得土地是最大的诱因,那么雍正以后,入川的移民中自发性商业性移民比例开始加大。作为后来者,原有适合开发的土地基本上已经被前人承垦完毕,地价也已不像此前那么便宜,雍正五年(1727)的一份上谕中说,现在还有这么多湖广、广东、江西的移民来到四川,最主要的原因是他们被人骗了,以为“川省旷土本宽,米多价贱……又有传说者,谓川省之米,三钱可买一石”。[①] 这些急着想来四川开垦土地、梦想发财的人显然不了解实情。

随着人口的增加、土地的开发,新的商机便不断呈现出来。我们可以从一位终老于重庆的福建籍商人的墓志铭来看嘉庆以后移民的一些状况。主人公邱导岷,号济若,世居福建上杭县来苏里中都林塘乡。邱在他父亲辈时整个家族就经常外出做生意,“为里之巨室”,他曾经在湖南、江浙一带做了三十多年的买卖,积累了大量的财富,可谓经历了很多风风雨雨,“尤可异者,公客江南累年,逮去,而江南城陷;客豫章亦累年,逮去,而豫章被围”。后来他因生意上的事情来到重庆,不知为什么,就不想走了,“独于蜀盘桓无去志”,并把整个家庭也接到重庆来安家,“终寓蜀之渝,江货益聚,而家业益丰”。最后于咸丰十一年(1861)终老于重庆,享年79岁。[②]

葛剑雄先生认为移民是“迁入一个地方住下后直至终老没有再迁移;对于迁移对象的后来来说,至少居留了一代人”。[③] 此一说法似乎较难完整地概括清代四川的移民。因为有些移民来川,特别是经济性或商业性的移民,他们中部分人并不以定居为目的,他们在四川待了一段时间或老家有事,就离开四川回到了家乡。巴县档案中保留了大量的移民在川经营多年后回乡的材料。试举两例如下:

陈双和,江西人,父母约七十岁,均在江西老家。陈在巴县智里六甲民

① 《世宗宪皇帝实录》卷六六,第23—25页。

② 中国文物研究所、重庆市博物馆编:《新中国出土墓志》(重庆),文物出版社2002年,第309—310页。

③ 葛剑雄:《中国移民史》第一卷导论,福建人民出版社1997年,第19页。

跳墩场做买卖生意，并曾担任该场客长，“稽查场内事务，毫无妄为”。嘉庆十年(1805)九月，老家托人寄来家书，“始知迈父衰母久病难愈，无人祀(侍)奉汤药”，叫陈早点回去。陈接到家书后，归心似箭，一边向县令请辞客长，一边处理完自己在跳墩场的事务，“回籍养亲，以尽子道”。①

直里一甲龙隐镇客长陈明初，江西人，早年来镇“经贸生理”，父母都在老家。嘉庆二十年(1815)十月，陈考虑到父母“年迈在籍，无人伺候”，决定“搬回养亲”。因为他也担任该场的客长职务，所以向县令辞职，希望能够得到批准。②

上述两个案例提供了另外一个视角来理解清代移民四川的运动，即在这场大规模的移民运动中，也有部分前往四川开垦或“生贸”的人并不以定居为目的，他们去四川，主要就是为了寻找更好的发展机会。如果老家有变故或在移入地的生活境遇并不是很理想，他们则又可能回原籍或去其他地方。但要研究移入地的社会情况，这些人都是应该包括在里面的。如上述两位客长，他们在各自的集镇上依靠自身的经济实力，在一段时间内，对该镇的各项事务有着一定的影响。

同时，第一代移民回乡安葬的情况比较普遍，如渝北《邓氏族谱》载：邓成梓，为该族入川的第一代始祖之一，“生于清顺治十五戊戌年十月十二，在蜀七年，回楚没于雍正八年”。③ 这一现象表明移民的原乡认同远强于客居地认同，同时也间接反映出移民并没有完全融入地方文化网络。这给会馆的兴起和宗族的构建提供了心理和生活上的前提。

第三节　移民的宗族构造

业师郑振满教授认为：“福建历史上宗族组织的发展，一般是由继承式宗族逐渐演变为依附式宗族和合同式宗族。但是，在移民、战乱等特殊环境中，宗族组织的发展也会背离正常的轨道，呈现出某些变异的形态。”④以此为理论出发点，我们来看看清代巴县移民宗族组织的发展情况。

---

① 巴县档案6—2—52—2。

② 6—2—62—3。

③ 邓步矩编辑：重庆渝北《邓氏族谱》寅集，页十四上，民国十七年刊本。

④ 郑振满：《明清福建家族组织与社会变迁》，中国人民大学出版社2009年，第91页。

据重庆《江北厅乡土志》的调查，清末在江北大族共有31姓，其中仅有冉氏、江氏、蹇氏为明代旧族，其余28姓都是清初由外省，主要是湖广移入。[①] 而这些新迁入的外省移民是如何进行家族建设的呢？本节即对此进行粗浅的考察。

一、移民的生存模式

1.移民定居形式

和华南村落聚族而居、华北村落以屯、堡聚落形态不同，四川盆地的乡里农舍并不形成聚落，而是散点式分布的，只在几十里的间隔里有些作为经济文化中心的场镇。乾隆《巴县志》称该县"倚岩傍峪，星散离居，既少村落聚族，兼之编竹为篱，墙垣不备，狗偷鼠窃，易扰蔀屋"，[②]"川民并不聚族而居"，[③]表明巴县的宗族组织具有鲜明的移民社会特色。

其实，移民的这种居住形态，一开始就与移民在定居过程中的选择有很大的关系。如重庆府江北厅[④]邓氏始迁祖登胜公共有五子，即长子三弼、次子三文、三子三柏、四子三廉、五子三成。雍正十年(1732)，除了长子三弼留在湖南永州府祁阳县外，其余四子随登胜公入川，落业于重庆府江北厅，其中"三文公肇基义里一甲，地名悦来场朱家铺；三柏公肇基礼里六甲，地名复兴场沙河坝；三廉公肇基礼里四甲，地名水东溪大湾。惟三成公早故，子孙亦未落业"。[⑤] 在江北成家的三个儿子都未能定居在一起。

登胜公带四子来江北厅后，最初居住在其兄登班公家中(从族谱资料来看，登班公于雍正元年来川)。如何来解释登胜公三子分居不同地方这样的情况呢？可以做这样的推测，登胜公来江北之时，时间为雍正十年(1732)，此时江北适宜开垦的土地已经被前期到来的移民承垦完毕，登胜公一家只能佃田营生。他三个儿子长大成人之后，当然也只能各谋出路。这样的情况其实不仅存在于邓氏家族，江北厅的大部分家族基本上都存在这样的情况。

---

① 王佩如抄：《江北厅乡土志》，稿本，全书无页码，存四川省图书馆。

② 乾隆《巴县志》卷二《建置・乡里》，页十六下—十七上。

③ 《清代乾嘉道巴县档案选编》下，第355页。

④ 乾隆年间从巴县分割出来的江北厅，与巴县一样，在清代"既鲜旧家大族"，见王佩如抄：《江北厅乡土志》(全书无页码)。

⑤ 邓步矩编辑：重庆渝北《邓氏族谱》寅集，页五十二上，民国十七年刊本。

光绪末年,《江北厅乡土志》的纂者曾对该厅各移民家族的定居时间、人口规模及居住形态做了一个简单的调查。下表(表2—2)即对这一调查的一个粗浅整理。

表2—2:重庆府江北厅移民家族调查表

姓氏	迁入时间	人口规模	居住形式	姓氏	迁入时间	人口规模	居住形式
童氏	康熙初	3000余		段氏	康熙初	2000余	义里等场
曾氏	"国初"			艾氏	康熙初	1000余	义里等场、邻水县
罗氏	康熙初	族尚繁盛		王氏	"国初"		义里等场
刘氏	"国初"	族尚繁盛		陈氏	"国初"	1000余	
黄氏	"国初"			李氏	"国初"		
徐氏	"国初"			唐氏	"国初"	2000余	族多散处
朱氏	"国初"	1000余	义里、仁里	张氏	"国初"	1000余	族多散处
何氏	康雍间	1000余	义里	蹇氏	土著	数百人	
高氏	"国初"	300余	人皆散处	江氏	土著	800余	
尹氏	"国初"	支族尚繁	本城及沙坪场	贺氏	"国初"	支族尚繁	仁里、礼里
周氏	"国初"	支派不少	散处各里	冉氏	土著		永兴场
曹氏	"国初"	族甚繁庶	悦来场	吴氏	"国初"	族支繁衍	礼里石柱场
邓氏	康雍间		近亦散处	林氏	"国初"	族甚繁	义里寸滩石柱场等处
戴氏	"国初"	族尚盛	义里悦来场等处	胡氏	"国初"	族尚繁衍	礼里石坝场
彭氏	"国初"		近亦散处	石氏	"国初"	族繁	义里茨竹场
杜氏	"国初"	雍乾间	族繁散处				

注:人口规模指的是当时调查时的男女人口,表中空白为原书对此项并没有做出说明。
资料来源:王佩如抄《江北厅乡土志》,全书无页码。

从上表可以看到,自"国初"移入江北厅的移民家族基本上处于散居状态。对于此一现象,笔者认为可以从下面几个角度来进行思考。首先,经过明末清初多年的战争破坏,原有的场镇、村落荡然无存,世家大族也"渐即式微",而新兴的村落基本上都是在清以后才开始兴起。这可以从地名录中得以辅证。我们以本文叙及较多的虎溪场为例来看地名与年代之间的关系(表2—3)。

表2—3:1982年巴县虎溪公社地名与年代关系表:

年代	明	清	民国	建国后	不明
数目	1	12	7	1	12

资料来源:四川省巴县地名领导小组编印:《四川省巴县地名录》,第86—87页。

在上表不明一栏所列的12项地名,主要是以地势形状命名的地名,如虎溪河、牛老滩、沙井之类。除此之外,基本上都是以姓氏命名的地名,如刘家院、杨家沟。在这些以姓氏命名的地名中,清代所占比例最大,达到了12个;而明代遗留下来的老地名只有明末的郑家塆。从虎溪场的例子可以得出,现有的四川农村村落基本上都是在清代兴起并成长起来的。

其次,清代的"湖广填四川"主要是趋利性的经济移民,没有政府有组织的设点安插。移民来到四川后,或承垦田地或佃田住居,各就所种田地附近建房居住,以致在地理景观上形成了星散的局面。

2.移民的生计

移民进川开垦,对土地占有的渴望是最大的动力。前已述及,雍正以前,对土地的承垦并没有具体的数额限制,任由移民报垦。雍正七年(1729)田地清丈以后,实行了定额的土地配给政策,其意在于限制拥有大量土地的地主,而鼓励田赋的主要承担者——自耕农的发展。乾隆以后,四川适宜开垦的土地基本上已开辟完成。新来的移民主要以佃垦土地为生,由于对土地并没有产权,往往过着"迁徙靡定"的生活。巴县《唐氏族谱》记载了一个移民家族数辈的生活经历,从中我们能够看到移民颠沛流离的生活。

唐氏始祖于乾隆二年(1737),由湖广"卖业上川",一路走走停停,直到乾隆十八年(1753)才到江北理民府义里七甲董家坝,开始了他们在巴县的辛苦生活。三年后(1756),"移居在龙王洞上水竹坪汪家台耕田业";二十一年后(1777),"迁移重庆府巴县廉里八甲,地名忠分,耕种田业";乾隆庚子年(1780),移居于地名为鞍子边的村落。1790年,他们又搬到刘家冲居住了三十年。

在这里家族发生了一次分家。始迁祖长孙于"嘉庆十九年(1814)搬到地名余家岩,耕种田业住居二十二年,在于道光十六年(1836)丙申,移居地名石坝塆，耕种田业”。次孙一德公茂盛于道光二年(1822)“移居住地名雷家桥，耕田业四载，移居住地名龙门塆耕田业”。三孙一富公正乾，于道光元年(1821)移居地名田坎沟，佃耕两年。道光三年(1823)，又迁移至地名古老户的地方佃耕。道光十二年(1832)，又迁居于地名柏林堂的地方，并在那里买田、置房，有了自己的土地。咸丰五年(1855)，不知为何，又搬家到地名上塆耕的地方居住十六年。在民国五年修定族谱时，又如此反复搬家八次。①

唐氏一家从来到巴县，整个家族就在不断地迁移，虽然他们曾短暂地拥有过土地。从唐氏数辈人的迁徙流离生活中，能够感觉到唐氏可能是作为佃客而不断地四处辗转谋生。民国时期有学者对四川地区的佃农、自耕农的比例曾做了简单的统计。请看下表(表2—4)：

表2—4:晚清民国四川农民构成表

四川农民分类	所占比例(%)	占全国位数	全国平均数(%)
佃农	51	2	31
自耕农	30	15	49
半自耕农	19	18	23

资料来源:张肖梅:《四川经济参考资料》,上海工读出版社1939年,第16页。

像唐氏家族这样多次搬迁应该是移民社会中的普遍现象。我们通过移民地区的地租形态来推论移民的生活方式。学者对巴县农田租佃关系的研究表明，在清代，押租制十分流行，押租与正租的比例，多者高达一百多倍，少者也有一到三倍。② 佃农在社会成员中的绝对多数及高额押租制的流行，反过来加速了移民在社会中的流动，由于佃不到田或者其他地方有更好“性价比”的田地，移民在利益的驱动下，不断地迁移。

早期的移民日子过得十分艰辛，因此族谱纂修者往往对入川第一、二代移民的日常生活描述得较为生动，在感念祖先创业艰难的同时，也有不忘提醒后代子孙现有家业来之不易的意味。修于民国三年的巴县《陇西李氏续修族谱》记载了入川始迁祖敏葵公夫妇的艰苦创业生活。雍正四年(1726)，广东嘉应州一带发生旱灾，敏葵公将田宅交给长兄代为耕种，自己

① 巴县《唐氏族谱》，道光二十六年抄本，原件存重庆江北区刘家台肖家坪唐应书家。

② 李映发:《清代重庆地区农田租佃关系中的几个问题》,《历史档案》1985年第1期。

带着妻子彭氏及三子一女和仲兄一家三口入川，时年 34 岁。他们一大家人在巴县龙凤场一带以佃耕他人田地为生。在巴县期间，敏葵公又生了三个儿子。土地上的产出完全不够一家人的生活开销。农闲时间，敏葵公夫妇还做点小买卖：

> 每于农隙日，常购市米二斗。鸡初鸣即挑渝出售，彭妣肩送二郎关亮风垭等处，黎明时始至归。

这样辛苦到他 71 岁的时候，终于攒了 1600 多两白银，在智里二甲地名官庄的地方买田 190 石。六子各分 30 石，余下 10 石作为他们百年之后的蒸尝田。[①]

当然，并不是所有的移民都靠耕田为生，有些移民就靠贸易积聚了大量钱财。如重庆巴县《续修徐氏族谱》对入川三世祖载道公的记载：

> (公)生于长沙府湘乡县官塘土地，随祖来川，幼习书史，长务农业，耕读之余，继以商贸，尝闻诸前辈而得其端焉。公父束诸子甚严，公以农隙微贸綦江，见铁矿苗盛，可得意。归请父与资本贸铁厂，父弗与，虑未经商务，耗其本也。公私贷于戚以开贸，岁获利息，奚啻倍蓰。后复开立数厂，利更繁息，创治产业，号巨富焉。公怜子侄辈无业，率往同贸，俱得厚利，族内因此起家者皆公之赐也。[②]

又如四川内江邱氏，由福建武平入籍四川。《汉安邱氏家乘》对该族始迁祖在川的贸易经历有详细的记载：

> 乾隆奇玉公方弱冠，与本族肩[illegible]椂，由闽入蜀，览川地之名胜，察汉安之膏腴，见邑东三十里许便民场，土沃风醇，人熙物阜，谓是爰得我所也。公具货殖才，权子母计，买山贩木，数载经营，继与黄姓伙贸杂货，稍获微利，遂鼓刀于市，复赚多金。[③]

移民积极的商贸活动不仅为其自身的发展赚取了大量资金，客观上恢复和发展了因战争而破坏的商业网络。而农村的集镇也在这个过程中复

---

① 李春蓉修：《陇西李氏续修族谱》，民国三年刻本，中国社会科学院历史所藏，卷一，页三十五上—下。该族谱还提到，他们最初佃田的押佃钱是敏葵公一次打鱼时从河里“拾得数十串黄钱”，充满了传奇味道。

② 渝北《续修徐氏族谱》卷七《载道公纪略》，宣统三年铅印本。

③ 四川内江《汉安邱氏家乘》卷二，页十五下—十六上，内江仁义永铅石印刷局印 1935 年。

兴,这将在后面的章节中详细讨论。

二、移民的宗族构造

1.族谱的修订

对移民迁入四川以后的发展情况,原籍族谱往往不载。如四川隆昌陈氏,据同治五年本恩公所做的"序",陈氏是康熙四十八年(1709)迁来四川的,此后湖南老家的族谱在乾隆五十年(1785)、道光十八年(1838)两次重修,但都没有载入四川的支脉,"虽旧谱中所载甚详,然特详其本地宗支,至乔迁别省者,皆所不及详也"。[①] 这引起了他们的不满。陈氏入川支脉,已在隆昌繁衍了两百多年,人丁甚众。因此,他们认为有必要另立蜀谱。

虽然原籍老谱对迁出的族众不载,但移民在新修族谱时往往回原籍找到老谱,在老谱的基础上修纂新的蜀谱。如四川内江《汉安邱氏家乘》载:

> 忆我高祖荣怀公,以无谱为恨,回闽抄录旧谱,时嘉庆元年也。但旧谱所载仅闽籍宗系,而汉安支派无与,每欲修之未果。[②]

同时,在修纂过程中蜀谱多参考原籍老谱的格式。隆昌《吕氏族谱》记:

> 至我朝康熙年间,先祖自楚入川。李坪讳元尔公倡修宗祠于荣隆场时,虽未瑕(暇)及谱,而乾隆癸未年,凤来讳贡仪公、香山讳开芳公,又仿楚南旧谱而续修之。[③]

能够在清中前期修谱的移民,往往是在四川发展得比较好的家族,这和几百万移民群体比较起来,是沧海一粟。大多数移民还是忙碌于每天的辛苦劳动之中,家族的发展还没有达到修谱的时候。但敬宗收族,祭祀先祖,是人之常情。因此有的移民,在原籍虽同姓但并不同宗,在新的环境之下,联合起来共修族谱。

重庆合川、江津、巴县吴氏于清初由闽西迁来,乾隆初年,"各携缮写谱系,联聚族属,建祠于津邑(江津)之小十字",但参与修谱建祠的千一郎、千二郎、千七郎公后代并不是同一直系家族的。从族谱内容来看,千一支入川

① 陈忠桐纂修:四川隆昌《陈氏族谱》,页七上—八下,内江小东街源生昌铅石印刷所1936年。

② 四川内江《汉安邱氏家乘》卷一,页十二上,内江仁义永铅石印刷局印1935年。

③ 隆昌《吕氏族谱》"续修吕氏世谱序",民国石印本。

始祖，原居于福建汀州府永定县太平里平寨村，在雍正四年(1726)入川到重庆府合州青草坝，“耕读为业”；千二支原籍福建永定县太平里北山祠，康熙三十五年(1696)十月廿八，“随父由闽迁蜀重庆府合州，后迁至巴县北碚场袁家坝杉树塆”；千七支原居永定县平寨村，乾隆二年(1737)，由闽入蜀江津县。他们这样做的缘由，“一以展报本追远之诚，一以广敬宗收族之义”。[①]

这种以同姓、同原籍为纽带的跨州县的联宗修谱活动在四川较为常见，表明在清初的四川，“以原籍的地缘意识为中心，将所有原籍入川的同姓联合起来，使血缘与地缘关系混合为一”，[②]通过这种“合同式”家族，无形中扩大了家族成员，也为他们在四川的发展扩充了人际网络。

四川移民家族的族谱普遍比较单薄，可能是修谱的时候，距离始迁祖的时间也不过一二百年，所载又主要是入川以来家族的发展情况，因此显得信息量不是很充足。

2.设祭田、建祠堂

移民来川之后，发展得比较好的家族，在二三代之间，就开始进行宗族公共设施的建设。如前引的巴县《陇西李氏续修族谱》，第一代始迁祖纯益公，生前就立下遗嘱，自己百年之后，把养膳田改为宗族的蒸尝祭祀田。

其实，大部分家族的宗族建设，不是依靠少数家族成员个人的力量建设起来的，而是合整个家族之力，一点一滴地累积起来。

巴县邓氏，清初康熙末年，由湖南迁入。到同治年间，进行家族建设。该族的宗族建设分祠堂和祀田两部分。祠堂方面，在族人邓炳扬“善继父志”，“会同族众”的情况下，费时数年在巴县通树坪坎下凤凰山建立家庙。家庙地基系“炳江之祖母曹太孺人捐出”，“先远之母袁太孺人捐出殿下墙垣”，“光义捐熟土一幅在祠两边，以为蒸尝之助”。

祀田方面。家族成员延坤公带头捐田谷八石，其他家族成员在延坤公的鼓励下，“俱各量力输将，计八百金有奇”。他们用这笔钱买了“巨木沟陈家湾田业二契，房屋各院”。祀田合计有四十石左右，实载条粮二钱二分零五毫四丝，田价银五百二十两。这些祭田每年由族长“主其计时出纳，以昭

---

① 江津《吴氏族谱》卷一《谱序》。

② 刘正刚：《东渡西进——清代闽粤移民台湾与四川的比较》，江西高校出版社2004年，第59页。

画一”。[1]

巴县正里十甲监生陈永新同其三婶陈丁氏的案子，对了解家族祭田的运转有些帮助。[2] 同治十年（1871），陈永新时年五十四岁，为家族祭田的管理和租谷的分配与其三婶陈丁氏（时年七十六岁）发生诉讼案。陈永新的爷爷共生三子，即仕虞、仕相、仕玉，其父为长房，陈为长孙。到陈永新这辈时，家族中男丁已有十一人。这个案子的大体情况是：陈永新的爷爷陈□□在嘉庆二十四年（1819）的时候，将家中的田业一千余石与三个儿子均分，各立家业。分家之后，陈□□又费银一千多两买了大磨滩周宏仁弟兄叔侄等田业一坋，并在遗嘱中说明，此份产业子孙后代不能分割，而只能由三房平分所获租谷，三房并为此立有合同，“永远为据”。陈□□及其三个儿子过世后，这份家族祭田一直都为陈永新掌管，每年租谷的分配便由第二代的三房均分改为由第三代十一家来共同分配（档案资料里没有提供三房各有多少男丁，但从资料推测来看，第三房的男丁数可能比其他两房少），这引起了三房后人陈永煜的不满，在同治七年的家族清明会上，几位堂兄弟为祭田的事情终于闹翻，陈永煜“迭要生等售业承分”，并没有得到其他族人的支持，“伊恃横恶掀倒桌席，毁坏碗盏，并执菜刀寻众拼命”，陈永新连忙叫来团丁，将永煜捆绑起来关到了团防公所。当天半夜陈永煜的弟弟乘天黑又将他救了出去。双方为此事告到了县衙，陈永煜的母亲陈丁氏递交“具禀状”，称这份公业一直为“逆侄永昌、永新等权管”，并且“灭族忘本，霸吞租谷，握账不算”，她多次找人评理也置之不理，仅交出部分田业，绝大部分田业都被陈永新“与二房陈维树、维盛等分吞”，他们三房吃了大亏，所以要求将祭田分了。

但陈丁氏的主张并没有得到县令的支持，县令要求他们“只许分租，不允分业”。

再看慈里一甲王天爵家族祀田发展情况。王天爵祖上由江西迁到湖广继到四川，明末清初避难遵义桐梓县，清初回迁巴县。经过数代的发展，到光绪年间家族已拥有田产数千石，并曾经四修族谱。但家族并未建立祠堂，设祀田。王天爵一直以为心病，因此在去世前，将祖传田产二十四石、

---

① 邓步矩编辑：重庆渝北《邓氏族谱》子集，页四十三上—下，民国十七年刊本。

② 6—5—2627。

草房数间兴建继述祠。王担心自己逝世以后，家族成员会为田祀的收益而发生争执，特以遗嘱的形式制定了祀田的管理办法，下面择几条以分析之。

一　继述祠内租谷廿四石，以四石作祠内清明祭扫中元袱包，以廿石作每岁赈济贫民，永垂不朽。

一　继述祠赈济定于二三四五月，应管首人将谷碾米出售，每升米较市值减红钱三十文发卖。务期廿石之数，悉行减完，毫无存留，方完其事。抑或年岁丰稔，此谷仍存仓内，可另改陈易新，不得藉他支消，以备来年不虞之患。

一　继述祠内每年经手均在四房内选择殷实老成之人经管，不得挨房轮签，不得独霸独管，恐有不肖之辈亏吞善举，定于上保下接，如下接之人侵吞，该上轮所保交签之人承赔，断不可徇情姑宽。

一　继述祠内人齿浩然，不得以谷四石之少，在赈济谷中减削，所有赈济之谷，只准添多，不得移少。①

可以看到，继述祠的廿石田产具有族内公产的性质，它的管理均在族内完成，这在一定程度上加强了宗族的内聚力。

3.与原籍的联系

移民离家来川，对家乡的思念十分强烈，最初的几代移民，一有机会都会回家乡看看，处理一些事情。其中，省亲和省墓是移民常见的与原籍联系的两类方式。② 其实，移民和原籍的联系方式还有很多。如中江罗氏入川始祖罗英梅于康熙五十七年（1718）四十一岁时一个人来到四川，做了十年的生意，到了五十一岁的时候，“自思无后为大”，就于那年回到故乡广东省嘉应州长乐县，取曾氏为妻。在家乡刚过完年，罗英梅就带着新婚的妻子，又到了四川中江，佃地耕种为生。到了雍正十一年（1733），“保买徐见安之业，瓦房一院，山林竹木田地七十亩，俱全载粮二斗一升□勺”。

罗英梅的长子罗纹秀，生于雍正七年（1729），罗英梅逝世的时候仅有十二岁，长大成人之后，“公习百艺，犹精于堪舆”，虽然从小就在四川长大，也没去过广东，但“思祖考祖妣等葬于粤东，无人挂祭”，于是就在乾隆二十七年（1762）回广东老家，“启迁祖考天玉公、祖妣江卢二氏、前母古氏、叔父

① 6—6—2020。

② 谭红主编：《巴蜀移民史》，第697页。

英林公、叔母陈氏六棺金骸”，一个人挑运回中江，逐一安葬，立石刊碑。[①]

有些移民家庭在四川出了问题，往往也依靠家乡的人过来帮忙解决。嘉庆十年(1805)十月，胡王氏时年五十岁，住在巴县直里一甲，她在给县令请求将其田产备案的具禀状中称，乾隆中期，丈夫胡伟儒带着她一家与侄子胡安业一家来到巴县做生意，经过多年的发展，两房人“伙买业一分，又伙买渝杨柳坊香水桥总土地、五福街房屋四院”，事业发展得不错。但两房的家庭却一点也不顺利，来川不久，胡王氏唯一的儿子因故病亡，乾隆五十九年(1794)，其丈夫胡伟儒也病亡，此时家里就只剩下一个女儿及女婿董起孺，没有了男性后代来继承家业。胡安业家也是这种情况，嘉庆十年胡安业过世后，家里就只剩下他的寡母莫氏。再加上其他在渝死亡的人口，总共达到了11人。在此情况下，胡王氏给家乡的亲人去信，叫侄孙胡丰业之子胡祖寿来川应继，来渝帮忙处理变卖胡家两房的田产，将已亡人的灵柩护送回原籍，“先灵无嗣而有嗣，灵柩无归而有归”。[②]

其实，在某种情况下，移民在川的事业和原籍是融为一体的。下面这个案子，我们可以看到移民是如何处理这一情况的。

同治六年(1867)，福建人陈益兆，时年已达八十三岁，想到自己来日无多，陈在巴县众乡亲和子孙面前立下遗嘱，回忆了他几十年来在巴县的创业历程，并对身后家产的划分作了安排。陈的父亲大概在雍正年间就来到巴县做生意，他成人后也从家乡来到巴县帮忙，经过几十年的辛苦经营，“集腋成裘”，在巴县买有田产、房屋、铺面数处，并在咸丰六年(1856)，将他在巴县的所有田产房屋算清后，与两个儿子分了家，并分别立有分关文约，对他名下的产业作了如下的安排：

> 一议东岳庙街坐放全院立陈氏家祠，龛设历代神主牌位，两房子孙不准入祠居住，违者逐出。
>
> 一议朝天门二门硐一连铺面二大间，每年所收佃银积存生息，两房子孙，一概寄回家乡，作亮臣公、瑞亭公二代蒸尝清明、中元、冬至费用，倘有私吞，禀官惩治。
>
> 一议南城坪租谷一百一十石，千厮门城墙边坐房一院，及乡礼春

---

① 中江《罗氏家传》，民国二年。

② 6—2—4581。

秋祀典胙钱，并年胙钱文，公同所卖租谷所收佃银，立簿逐款登明，以作四川祠堂每年清明祭扫，中元焚包、寄簧，冬至祀祖并花红费用。祠中房屋只准佃半边，留半边放灯彩、几桌、板凳等件。所佃半边租银□□□中公项，每年冬至后凭众结算，拟请老成看司一人，经理香灯扫洁，以昭诚敬。

一议两房子孙有入学者给银十二两，赴乡试给银十两，中举给银三十二两，拔贡给银三十二两，中进士给银四十两，殿翰林给银八十两，如家乡列科甲者来四川及四川回家乡者，同然，以示鼓励。

一议田产坐房铺面红契，益祖置小木厢一个，封固亲手点交，存闽省公所执掌，子孙不得私取估索，违者禀官究治。

一议乡祠祀典有功名者，□领功名胙，遇有轮班，胙肉两房均分，不在公项论。

以上六条，永定章程，□两房子孙，各宜恪守。将见血食有赖，灵异是凭，堂构维新，簪缨不替，克绳祖武，光大门间，予实有厚望焉。[①]

上述遗嘱，对原籍祖先的祭祀、入川始祖的祭祀及祠堂的日常维护、科名鼓励等各项费用都作了明确的分配。从上述几条来看，陈的家乡观念还是十分强烈的，不仅立有专门的产业来作为原籍先辈亮臣公、瑞亭公每年的蒸尝及清明、中元、冬至三节的祭祀费用，同时对参与科举者的奖励，原籍的子孙与在渝子孙秉持一个标准。

综而言之，虽然身在四川，最初几代移民的生活并没有和原籍脱离联系，不管是分家析产、婚姻等个人大事，还是省亲、省墓等情感寄托，都需要经常回原籍，从家乡获得支持或援助。

4.移民的原籍认同与政府的户口管理

在巴县档案中，有些被告或原告在报告自己的籍贯时都以原籍为自己的籍贯，这样的例子很多。如乾隆三十七年(1772)十二月十二日，胡起麟因为与人合谋私自制造骨骰被官差拿获，他在供词中对自己的情况是这样描述的，“小的年三十五岁，原籍湖广汉阳县人。来川多年，在本城金沙岗住，父母俱在，弟兄二人。小的向来做骨钮扣生理”。[②] 但官方对胡起麟的

① 6—5—6919。

② 四川省档案馆编：《清代巴县档案汇编》乾隆卷，档案出版社1991年，第159页。

籍贯看法和胡就不完全一样。巴县县衙在最后的审判书中对胡的描述称，“胡起麟，扭锁镣灌铅，年三十五岁，……系巴县人”。[①]

胡应该是和父母一起来巴县寻求生理的第一代移民，将籍贯报称原籍也在情理之中。胡在巴县有自己的关系网络，要好的朋友。这次共同犯案的几个人，傅宗荣，年二十六岁，巴县人，和他以前在一个店里做过牛角鞋拔骨生意的手艺，关系很好；石如信，巴县人，年三十六岁，住在江北杨家溪，平日“驾船生理”，和他的私人关系也很好。他们这次合伙做骰子来卖，具体分工是石负责找偏僻的房子作为做工的地方，由胡和傅来负责做。可以看到，胡在巴县已经有了自己的关系网络，融入到了巴县的地方社会之中。

政府的态度和移民政策有关，清政府对外来移民实行的是准予入籍的政策。胡起麟一家来巴县多年，应该已经是“载册粮民”，入了政府的烟户册中，所以政府将他归为巴县人，也不为过。

第四节　“麻城孝感乡”：一个历史记忆的解读

一、“麻城孝感乡”的祖源地传说

康熙七年(1668)，四川巡抚张德地在提议迁湖广民众来川时，曾对战乱之后的四川人口籍贯作了简单的调查，张氏称：

> 查川省孑遗，祖籍多系湖广人士……访问乡老，俱言川中自昔每遭劫难，亦必至有土无人，无奈迁外省人民填实地方。所以见存之民，祖籍湖广麻城者更多。[②]

二百年后，魏源在《湖广水利论》也说：“当明之季世，张贼屠蜀民殆尽，楚次之，而江西少受其害。事定之后，江西人入楚，楚人入蜀，故当时有江西填湖广，湖广填四川之谣。”[③]

张、魏二人的说法见之于地方志、族谱、文集等资料中，同时也为现今的四川人(含重庆)所津津乐道。在人们的闲谈中，“麻城孝感乡”这一移民

---

① 四川省档案馆编：《清代巴县档案汇编》乾隆卷，第161—162页。

② 《明清史料丙编》第十本《户部题本》(康熙七年十一月十六日)。

③ 《魏源集》，中华书局1976年，第388页。

来源传说的大概过程是这样的，明末清初，“八大王”张献忠入川，肆意屠杀川人，清朝占据四川后，从湖广，特别是麻城县孝感乡迁移了大量民众来川，以至现今大部分四川人的祖籍都来自孝感乡。

如果我们检视一下明以来中国移民祖源地传说，与麻城孝感乡齐名的还有山西洪洞大槐树、广东南雄珠玑巷、福建宁化石壁等地。这些移民传说的背后有着不同的历史意义，业师赵世瑜教授在对山西洪洞大槐树的解析中发现了蕴藏其后的北方族群关系变化的历史、卫所制度等地方基层制度的历史，[①]而刘志伟教授则从南雄珠玑巷传说中读出了明初在广东的地方社会中，由于政府编排里甲，面临入籍困境的土著、贱民为了能够被纳入王朝的户籍之中，而附会出来一个祖源地的传说。[②] 那么，“湖广填四川”、“麻城孝感乡”背后又蕴涵着什么样的历史深意呢？它是历史事实还是由地方精英建构出来的历史过程？它反映了老百姓怎样的期望与诉求？

虽然有学者认为与麻城县孝感乡类似的祖源记忆“大多都是虚构的家族起源记忆”，[③]但此一记忆是如何来的，人们为何要构造出这样一个传说？就现在学界来说，至少已有三种很有代表性的观点对此现象提出了自己的解释。早在上个世纪30年代，民国《南溪县志》的作者在谈及“湖广填四川”、“麻城孝感乡”时说：

> 今蜀南来自湖广之家族，溯其往始，多言麻城孝感乡。核其人数，即使尽乡以行，亦不应有若是之夥。且湘楚州县与蜀邻比者，尽人皆可移住，何以独迁孝感一乡？岂若大之川南，仅为一孝感乡人殖民之地乎？

因此他认为，这里面可能有“冒其籍求荫以自庇”者，[④]也就是从其他省籍移民冒籍的角度来思考这个问题。这一观点得到了大部分学者的认可，如有学者认为，当大批外省移民涌入四川时，在身处异地的他乡，基于生存竞争的需要，选择一个合适的身份无疑是一个较为明智的选择。而当

① 赵世瑜：《祖先记忆、家园象征与族群历史——山西洪洞大槐树传说解析》，《历史研究》2006年第1期。

② 刘志伟：《附会、传说与历史真实——珠江三角洲族谱中宗族历史传说的叙事结构及其意义》，上海图书馆编《中国谱牒研究》，上海古籍出版社1999年。

③ 王明珂：《根基历史：羌族的弟兄故事》，收于黄应贵主编：《时间、历史与记忆》，台北中研院民族学研究所1999年，第289页。

④ 民国《南溪县志》卷四《礼俗下》，页二下。

时在所有移民中，来自湖广两省的移民占了人口的主要部分。其他省份的移民可能隐瞒了自己的原籍，冒籍为湖广麻城人，以求得到所谓同乡的庇护和支持，这种附会湖广籍的移民无疑在数量加强了“湖广填四川”的影响力。[①] 这样的解释对理解移民为何宣称自己来自“麻城孝感乡”，无疑会有帮助。但它不能解释，为何那些湖广的人总是自称为孝感乡人，而不称是随州人、武昌人或长沙府人。换言之，冒籍论能够解释非湖广人宣称自己是湖广人的问题，但不能解决湖广人自己为何宣称是孝感人的问题。同时我们更应该看到，如果冒籍论要成立，得有一个值得大家改变籍贯的理由存在。即原籍麻城孝感的人一开始就在四川拥有很强势的地位，这样才使得后来者或其他人愿意改变原籍而冒籍。历史事实表明，并不存在原籍为麻城这样的人群。

葛剑雄在“冒籍论”的基础上提出了移民“从众心理”的解释，他认为这个故事盛行有以下两个原因，一是由于移民中的绝大多数是没有文化的贫民，经过在战乱中的辗转迁移，几代、十几代后的后裔已经不知道祖籍的确切地点了。二是明夏政权的文武官员或军人的后代，或系被征入伍，或系犯罪充军，即使子孙明白，也不想多加宣扬。等到子孙发迹，或家族繁衍，需要编造家谱，往往不知如何下笔，或者不便再写上祖宗低微的身份，所以其他家庭也都称自己是麻城孝感人。[②] 这个观点的问题在于，如果四川的绝大部分移民都宣称自己是麻城孝感乡人的话，那倒可以解释得过去，但是在四川各州县中，湖广籍移民并不占绝对的多数，只是相对的多数，而且还有地域之分，川东较川西、川南为多，而川北等地是陕西人的后裔占主导地位。

张国雄先生则从另外一个角度提出了他的看法，他认为，这与元末和明末麻城均有军事强人路过有关。元末红巾军首倡者之一的邹普胜，为麻城人，徐寿辉在蕲水（今浠水）称帝后，邹普胜以军功被任命为太师。麻城作为他们的首义之地，给他们的记忆便是元末战乱从麻城始，对他们的记忆影响深刻，独特的战争经历对老百姓的日常生活有很大的影响，以致后来被视为故乡的标志。[③] 这样的解释在很多情面上都说不通，如果因为邹普胜是麻城人，大家就以麻城为记忆故乡的标志，那明玉珍作为堂堂大夏国的皇

① 谭红主编：《巴蜀移民史》，第 473 页。

② 葛剑雄：《麻城孝感乡》，《寻根》1997 年第 1 期。

③ 张国雄：《明清时期的两湖移民》，陕西教育出版社 1995 年，第 71—73 页。

帝,应该有更多的人来以明玉珍的籍贯随州作为自己的祖籍地才更有道理。

总的来说,上述三家观点可以说是见仁见智,虽不能完全解释"麻城孝感乡"现象,但也都有自己的部分合理性。笔者在这里试着从文本的考察和移民历史传说的考订角度入手,来看看这个故事是怎么流传开来的,并分时期地来看这个故事在明清时代所具有的不同意义及其内涵。

在张德地给康熙的奏折中,他也对这么多明代"孑遗"宣称自己的祖籍是湖广麻城感到纳闷,"然无可稽考,亦不敢仿此妄请"。① 从中可以看出,关于麻城孝感乡的记载,在明时就很流行,这也得到族谱资料的证实。列举几例如下:

宣统隆昌《郭氏族谱》始祖本传载:

> 公讳孟四,湖广麻城县孝感乡人,明洪武初年避乱入蜀。至富顺赵阳乡居之,是为本族始祖。②

仁寿《李氏六修宗谱》中保存了一份大概在康熙四十四年(1705),由该族后裔李如薄所做的"序",内称:

> 窃闻李氏之先,原籍麻城县孝感乡青山下。于有明洪武时,上川入籍仁寿县,置业大屋新屋。③

如果上述两份族谱关于原籍的传说记载还是口耳相传的,下面这一份族谱所载则来自当事人的回忆。隆昌《王氏族谱》中有明景泰七年(1456)王氏三世祖王仁义所写的谱序,该序详细记载了该族移居四川的经过:

> 予思我父讳(保)九、母雷氏,亦历风尘跋涉之苦。先由河南地区随祖讳久禄,于洪武元年戊申十月内,至湖广黄州府麻城县孝感乡复阳村居住。新旧未满三年,奉旨入蜀,填籍四川,有凭可据。由陕西至川北,洪武四年辛亥岁八月十四日,至泸州安贤乡安十四[illegible]大佛坎下居住。共计老幼男妇二十二名。④

景泰七年距离明初只有八十余年,其可信度应该是很高的。这份族谱

---

①、《明清史料》丙编第十本,页一千上。

② 郭光埙等续修:宣统隆昌《郭氏族谱》,页二十二上。

③ 李光钰纂修:仁寿《李氏六修宗谱》原序,光绪二十五年刻本。

④ 隆昌《王氏族谱》卷一,民国二年修。

提供了几个有价值的信息值得重视。一、王氏并不是麻城县孝感乡人，族谱清楚地表明他们是河南省汝宁府信阳州罗山县崎岖乡木斗管第五都人，不知道是何原因他们“挈家游至”麻城孝感乡，“喜其风土”，居住了三年。从他们起身入川到八月十四日正式到泸州的日期表明，他们是随傅友德讨伐明夏政权的军队从陕西进川的，“孝感乡人尽搬入四川”。从这些资料可以推知，王氏入川始祖可能是军人，也就是说王家是军户。他们随大明军队在麻城一带进行了为期三年的入川准备后进军四川的。二、这次迁徙，共有“老幼男妇二十二名”，族谱资料表明，王久禄共带有遂九、成九、永九、保九、年九等九个儿子一同入川，说明王氏的这次迁徙是合家的、规模较大的迁徙，同时本人则可能是有功名或官职的。王氏家族以占领者或胜利者的姿态定居隆昌后，整个明清两代，都是当地巨族，“烟火数百家，丁男数千口”。

从上述三个明代移民家族的个案可以看到，“湖广填四川”与“麻城孝感乡”这样的民谣在明代的中晚期已经在四川各地流传。

二、明代“麻城孝感乡”的象征

明代湖广人移居四川的原因，胡昭曦先生认为大概有四类，一是元末因徐寿辉部红巾军在湖北争战而避乱入川的；二是随明玉珍部入川的；三是随明军入川的；四是明初因四川人口稀少而自发迁徙，来川寻求生计者。[①] 这样的划分大体不错，也得到了族谱资料的证实。如第一类：

据江津《周氏家乘》载，周氏原籍江西，后迁湖北，“世居黄州之麻城孝感等处”。迁蜀始祖周经世，幼名绳九公。元末，刘福通、徐寿辉、陈友谅等起兵反元，“蔓延各省，江西、湖广蹂躏几遍”。元至正十四年(1354)，周经世同妻子徐氏一道，率领五个儿子从湖北迁到了四川忠州。[②]

第二类：如黄陂《周氏族谱》提到，元至正二十二年(1362)，明玉珍在四川建立大夏政权后，“保境安民，开科取士，兴学校，制礼乐，境内不见兵革几十余年”，不少湖广人“以随州明玉珍、黄陂万胜在蜀有治行，凭借乡谊，襁负从者如归市。以故蜀人至今多湖北籍者”。[③]

---

① 胡昭曦：《张献忠屠蜀考辩》，收录于《巴蜀历史文化论集》，巴蜀书社2002年。

② 民国周绍信续修：江津《周氏家乘》卷一《入蜀世系》。

③ 《黄陂周氏族谱》卷十《跋》，转引自张国雄：《明清时期的两湖移民》，陕西教育出版社1995年，第23—24页。

类似的记载也见之于四川地区的族谱，如重庆《明氏族谱》，该份族谱保留了一份明隆庆六年(1572)，明氏二十代孙明守仪写的序言，称元顺帝时，“因闻族人蜀川，玉珍称帝可以避乱而往四川依焉……祥和公见真主帝业无成，蜀川既平，遂卜重庆家焉”。[①]

至于第三、第四类，前引族谱中已多次提到，如隆昌《王氏族谱》即为明证，这里就不再多举例。

但这样的划分只是一个粗略的轮廓，它掩盖了不同性质入川移民对于各自家族记忆所持有的观点。据族谱所载的入川时间，洪武二年(1369)是个有趣的现象。罗江《罗氏族谱》曰：

> 罗氏谱亡久矣，其原籍由江西迁移湖广黄州府麻城县孝感乡，于明之洪武二年从高河坎入蜀，插占简东仁乡，世居东岳山玉皇庙丙灵殿罗家沟等处。[②]

又如内江《黄氏家乘》载：

> 我祖一支于明初洪武二年由楚入蜀，落业内江邑西黄石坎。[③]

明洪武二年(1369)，从移民家谱的记载上来看，是一个很特殊的年份。该年按明夏政权的历法，为开熙五年，此时四川尚不在明太祖的控制范围之内(洪武四年，明派傅友德、廖永忠等人灭明夏政权)。民国资阳《陈氏家谱》所辑的严正相《湖广填四川说》称，“蜀人楚籍者，动称明太祖定鼎之二年，由麻城孝感乡入川，言人人然”。至于为何如此，他继续解释道：当时明太祖“已谕昇(明玉珍子，时大夏国皇帝)归命，遂各占田土”，待到洪武四年(1371)六月明昇降服后，乃“令编户册，先占籍者，辄署为洪武二年，后占籍者，遂署为洪武四年”。该族谱还屡次改动入川的日期，如在清雍正五年(1726)的《陈氏族谱原序》上，原本写道：陈氏乃“湖广麻城孝感乡居民坝人氏，自洪武十八年(1385)入川是实”，但是，到嘉庆十四年(1809)的《陈氏族规序》上，却改为自洪武二年己酉二月十四日入川。到了同治年间，又把入川时间改为“明

① 重庆《明氏族谱》，清末丁巳年冬月重修，重庆市北碚区图书馆复印本。
② 罗江《罗氏族谱》罗氏家谱序，页四上。
③ 内江《黄氏家乘》，咸丰四年修。

初”。① 从陈氏的个案来看，由于朱元璋在明初实行的编户齐民政策，不同时间段的移民后来在选择填写入川时间时，都选择两个有意思的年份：洪武二年和洪武四年。而这两个年份，其后面却有不同的内涵，即先占籍署洪武二年，后占籍署洪武四年。这两个年份包含着的是对两个不同政权的认同态度，即明夏政权与朱元璋的大明帝国。为何如此，内江《晏氏家乘》称：

> 内邑旧户，多称祖籍系楚麻城，沿明洪武二年奉诏徙麻城，实蜀语故也。今考《明史》，太祖平蜀在洪武四年，先尚为伪夏明玉珍所据，何由有此诏？且咏化等书于明事□微毕注，亦无徙楚事。后阅升庵谱注，及本邑王侍御墓志，皆云先世籍楚麻城，元末避红巾乱来此，余书类此甚多。始元季，大江南北，干戈猬起，明玉珍以至正乙未入蜀，据有诸郡。东人避乱者归之，玉珍又楚北随州人，招乡人以自固其势，然也。迄明平蜀革伪号，人讳称之，故咸谓洪武初迁蜀，即吾族中人向来修谱亦有此语者，今时澄也。②

从这份族谱的解释来看，在明中后期有关“麻城孝感乡”的记忆更多地是对于明夏政权的一种怀念与记忆。“个人通过这类记忆，就有了特别的途径来获知有关他们自己过去历史的事实以及他们自己的身份。”③而这份怀念便逐渐表现为对“麻城孝感乡”的记忆。该书族谱指出，“麻城孝感乡”其来源则在于洪武二年的“奉诏徙麻城”。作者经过考证发现，此时的诏书不可能是洪武皇帝下的，因为当时四川还不在明朝的统治范围之内，而只有可能是明夏政权的诏书。这给我们一个提示，明中后期流行开来的这个移民祖籍地的故事可能是明夏政权旧部遗民和在明夏政权期间移民到四川的湖广人对于祖籍地的一个认同。

三、清代传说内涵的转变

这份记忆随着明末清初的战争，其内涵逐渐也在发生变化。

由于明末清初的战乱，明代所修的谱牒大都散佚，清代的后人在重修

① 陈子敦：民国资阳《陈氏宗谱》卷一。转引自陈世松：《“解手”的传说与明清“湖广填四川”》，《中华文化论坛》2003 年第 3 期。

② 内江《晏氏家乘》卷二，页五十八上，民国石印本。

③ 保罗·康纳顿：《社会如何记忆》，上海人民出版社 2000 年，第 20 页。

族谱时都会提及由于不见了旧谱，所以对明代的往事无法考证的遗憾。如明代巴县四大家之一的刘氏，据民国《刘氏族谱》称：

> 吾族谱帖创自省斋公，至明季遭变，族人东奔西驰，或迁黔省，或徙古滇，纷纷鸟散，而谱帖遂因之失。洎国朝定鼎，携眷回川者，仅存宗派图一轴。①

同为明代巴县四大家之一的牟氏，也遇到了类似的情形，据民国《牟氏族谱》载：

> 惟传至恩野祖，当明末之乱，巴邑被献贼屠毒尤甚，爰避难遵义。迄我朝还定安集，恩野公于顺治年间，还居云篆山下石马场三角箐，斯时谋生不暇，何暇及谱，以故明代之世次，皆不可考焉。②

由于明朝的前事湮没不可闻，不得不以大难不死、幸存回乡的人为始迁祖，“今墓下子孙繁衍约千余，皆以恩野祖避难回籍为迁徙始祖”③。

我们从上述文字中除了能够感觉战争对百姓日常生活的巨大破坏外，也可以感觉得到清代牟氏族人对祖先“失忆”的无奈。明时的世系因战争的破坏，已经完全无法考证，所以新的世系表只能从清初开始计算。同样的道理，对祖籍地的认识也失去了具体的指称，而只能通过传闻来判断了。

内江黄氏家族六世孙黄典，生于康熙乙未年（康熙五十四年，1715），殁于乾隆乙卯年（乾隆六十年，1795），他在临终之前曾对自己家族在明清之际的发展情况有专门的回忆：

> 吾成童时，闻父口传，先世由楚麻城县孝感乡，自洪武年间入蜀，占籍内江西乡贤良二里人筑黄金桥、黄石坎、黄鹤镇等处，当时世系由来载之谱者详矣。崇祯十七年，张逆叛蜀，邑境糜烂，人民逃亡者殆尽。先祖讳学瑞，携吾祖兄弟二人，逃至贵州仁怀县。大清定鼎，复垦旧业，其时仓促往还，遗失旧谱矣。今欲修刊，将何自而始哉。惟知我太高祖讳佳令，以至于典确而不紊耳。其前有未祥（详）者，俟后之来者博访参稽，据实而序之，以补其遗恨焉。是则吾之至望也矣。④

---

① 刘继钧等纂修：《渝北刘氏族谱》祥麟家册序，霍广石印。

② 巴县《牟氏族谱》，牟氏谱图序，1930年石印本。

③ 巴县《牟氏族谱》，三房实录，1930年石印本。

④ 内江《黄氏族谱》卷一，页十八上—下，1913年刻本

黄典的曾祖黄学瑞带着两个孩子避乱逃到贵州，逃难途中不仅丢失了族谱，同样也丢失了对家族祖先的记忆，到康熙中后期重修族谱时，对明中前期的很多事情就茫然无知了。他对祖籍地的认识也只能“闻父口传”。

重庆涪陵《徐氏家谱》在明代谱牒不传的情况之下，解释了不传的原因及理由，“明清交际，世运否极，由楚达蜀，道途遥遥，仓皇奔走，或彼时未暇携谱，或携谱而失于中途，亦乱世人民之常识”。[①] 这样的情况应该不单独存于涪陵徐氏。于是，清初的土著在记忆明时的情况时往往就一问三不知，只有人云亦云了。

内江《段氏族谱》里保留了一份咸丰四年（1854）七世孙段朝良的序，从这份序里我们大概可以看到当时他们重修族谱时由于祖籍地模糊不清所带来的困惑局面：

> （段氏）始居河南，继迁金陵，复迁江西，后迁湖广，……素闻吾祖自湖广麻城县孝感乡入川，卜居内邑西乡安良里，落业四处，一段家冲、一段家坝、一段家岩、一段千子冲。……由洪武至崇祯历居二百数十载。冤遭献逆屠川，流毒几尽，吾家独幸，有太高祖成文公与堂侄应宏公避难至贵州遵义府，厥后娶祖妣杨氏，生伯高祖应荣公。迄国朝定鼎后，不忘祖业，仍旋故乡，始生高祖应华公。归里时仅寻得子顺祖公阴氏祖妣二老枯骸，合葬于周家坡。至子顺以上之祖均不能记忆，非成文祖止知有父母，忍置列祖而不顾念也。盖因避难时年甫十二岁，兼之家谱遗亡，所以洪武二年入川之祖并中间数世列祖，尽被献贼蹂躏，直令数世列祖屋宇、坟茔概归湮没，无从深考。[②]

段成文逃难时，年仅12岁，父辈可能都死于逃难过程中，由于年龄太小，对家族的来源情况当然记不清楚，再加之家谱也在逃难过程中丢了，更不能记清楚明以前的情况了。在此困境下，他们一会说自己是麻城孝感乡，一会又听上辈传说好像是湘水麻城。问题实在是很困惑，他们也解决不了。干脆把这些困惑都写下来，希望后人找到新的资料后再来解决。这样的困惑不仅仅内江段氏有，巴县牟氏在谈及其入川前祖籍地时同样如此：

> 吾祖讳夷，生三子，长九章、仲万章、季宪章。万章、宪章子孙无

① 涪陵《徐氏家谱》，涪陵徐氏家谱补修序，1935年石印本。
② 内江《段氏族谱》原序，页一上—四下，清光绪二十九年刻本。

> 考，惟九章祖牵楚荆州府公安县牟家坪，一名黄州府麻城孝感乡，娶祖母陈氏，乃黄州府麻城县孝感乡陈世恺尚书之女也。[①]

牟氏是明时巴县四大家之一，“科甲联第”，在明代其对祖先的记忆应该十分清楚，可是在清代再修族谱时，却对自己的祖籍地不甚清楚。从这里我们可以看到，清中前期四川原有的土著对明代及明代以前的情况已经丧失了“记忆”，而人云亦云地说自己家族是“湖广填四川”，祖籍地是“麻城孝感乡”，这可能就是葛剑雄先生所说的“从众心理”吧。

从上述记述中我们可以看到，对于土著来说，明代的事情成了不可考证的历史记忆，他们只记得本家族是从湖广麻城孝感乡而来的。“湖广填四川”、“麻城孝感乡”这个在明中晚期流行于部分移民家族的传说，到了清初便成为张德地所见到的所有残余土著对自己祖籍地的认同的标志。如《新津县乡土志》称：

> 新邑自遭献贼之难，土著仅余数姓，……国初始还旧籍，其后插业之家，多自洪雅，询其原籍，概系湖广麻城孝感乡，是以湖广籍邑人几十居八九。[②]

前已论及，经过长达四五十年的战乱影响，入清以后的四川人口损失殆尽，耕地从明万历时的十三万顷降到了顺治时的一万多顷。[③]“移民实川”成了清初很长一段时间清政府在四川实行的政策。大量移民的到来，为此一故事的传播又添加了新的内涵。

由于地利及交通的便宜，湖广籍移民占据了这股移民潮的先机，并成为这股移民潮的主流。有研究者根据族谱、地方志资料指出，在川东、川中地区，湖广籍移民的比例占到了 70%～80%，在比例相对较少的川西地区，也有 1/3 左右，总量占移民总数的 60%。[④] 大量湖广籍移民的到来也为清政府在四川的治理增加了难度，为此，康熙认为应采取特别的措施来约束在川的湖广移民，“嗣后湖广民人，有往四川种地者，该抚将往种地民

---

① 巴县《牟氏族谱》，牟氏源流旧谱序，1930 年石印本。

② 《新津县乡土志・人类》，第 19 页。

③ 谭红主编：《巴蜀移民史》，第 459 页。

④ 曹树基：《中国移民史》第六卷，第 91、100 页。

人年貌、姓名、籍贯,查明造册,移送四川巡抚,令其查明”。[①] “湖广填四川”、“麻城孝感乡”的故事继续在家谱中得到书写。

华阳、新繁《陶氏族谱》载:

> 一世,明晓公,原籍湖广省黄州府麻城县孝感乡人氏。明末由楚入蜀,卜居华阳县太平镇,距场数里,地名石隼偏,插业居住。[②]

这批新来的湖广人再加上此前一直宣称为孝感乡的明时四川人后裔,使得自称为麻城的人在四川部分州县人口成为相对多数。地方志也有这样的记载,如咸丰《云阳县志》云:

> 邑分南北两岸,南岸民皆明洪武时由湖广麻城孝感乡奉敕徙来者;北岸民则康熙、雍正间外来寄籍者,亦惟湖南、(湖)北人较多。[③]

在这样的情况之下,麻城孝感人成为了当时四川老百姓最重要的祖籍地认同标志。可以说,麻城孝感乡成了湖广籍民众共同的族源记忆。

对于那些清代来川的移民来说,正如有学者认为的,“多为下层民众,因此,大部分家族最初并无族谱之类,现存族谱中不少是后来的追忆”。[④] 这样的认同直至今天还在进行着。许多此前并不是湖广麻城籍的移民后裔通过这个不断传播的移民祖籍地传说,也开始相信并认为自己的祖先来自于麻城孝感乡了。

如重庆府永川县五间铺吴家坝,为吴氏所聚居之地。道光十年(1830),吴氏九十七世孙,同时也是入川十七世孙吴正瑶在碑刻资料的基础上纂写的入川始祖妣《王孺人墓志》中称,“孺人原迹(籍)湖广黄州府蕲水县……大明洪武五年迁蜀”。[⑤] 表明该族并不是孝感乡人,但笔者现在访谈吴氏后人时,他们无一不宣称自己的家族是“湖广填四川”时,由麻城孝感乡迁徙而来的。类似的例子还有很多,如《龙门阵》就记载了荣昌县一位原籍湖南宝庆(今邵阳)的移民后裔,称他的祖籍有两个说法:概言之,湖

---

① 《圣祖仁皇帝实录》卷二五〇,第 17 页。

② 华阳、新繁《陶氏族谱》卷之一,民国二十一年石印本。

③ 咸丰《云阳县志》卷二《风俗》,页五十五下。

④ 谭红主编:《巴蜀移民史》,第 702 页。

⑤ 重庆永川《吴氏家乘》墓志,页三十二上。谱存重庆市永川区五间镇吴平桂家。

北麻城孝感乡；细言之，湖南宝庆府桃花坪。[①]

可以这么说，在清初，“湖广填四川”成了四川土著自身身份的一种标志。“湖广填四川”、“麻城孝感乡”在明清之际的认同内涵已经完全发生了转移，即从对明夏政权的认同到清代转变为四川土著的认同。在清代，那些新从湖广入川的民人和“失忆”的明代移民后裔都把“麻城孝感乡”作为自己的祖籍地，这不仅仅是一个“从众”的过程，同时，也是一个身份选择的过程。当大批外省移民涌入四川时，在身处异地的他乡，基于生存竞争的需要，选择一个合适的身份无疑是一个较为明智的选择。

这正如实验心理学家所认为的，“记忆不是一个复制问题，而是一个建构问题”。[②] 对同一事物的历史记忆，随着时空环境的改变和人们的利益诉求变化而有所变化。从明清两代“湖广填四川”、“麻城孝感乡”的不同内涵我们可以看到，明时湖广人宣称自己来源于“麻城孝感乡”时，更多地是对于明夏政权的一种记忆。而到了清代，“麻城孝感乡”则成了老民和新近某些湖广人的自身认同标志。这里面不仅有某种对祖先历史的集体记忆，同时也含有现实利益的考虑。当然这个故事的产生，和族谱的编纂原则有关，正如业师赵世瑜教授在研究华北移民有关山西洪洞大槐树传说时所指出的，“越是晚近修的族谱，吸收传说的内容越多。传说进入族谱，便成为可信的史料，族谱所说再被采择进入正史或者学术性著作，历史就这样被亦真亦幻地建构起来了”。[③]

第五节 小结

本章主要从上层和底层两个角度考察了清初一百多年的时间里，政府政策的演变过程及普通老百姓的活动轨迹。本章认为，清政府在四川的移民政策经历了一个从积极招徕到有效管理的一个演变过程，导致这一演变过程的主要原因在于移民的大量到来，引起了诸多此前统治者未曾料到的问题，如移民与土著围绕地权方面的纠纷，移民的管理失控所引起的社会

① 庚国琼：《“湖广填四川”三百年后闻见录》，《龙门阵》1981年第3辑。

② 保罗·康纳顿：《社会如何记忆》，第25页。

③ 赵世瑜：《祖先记忆、家园象征与族群历史——山西洪洞大槐树传说解析》，《历史研究》2006年第1期。

动荡等等。

移民来到四川以后，有条件的家庭逐渐模仿原籍进行家族建设，修订族谱、设立祠堂、祀田。与非移民地区的家族建设不同，移民地区的家族一般还和原籍保留了较多的联系，不仅体现在情感上，也体现在族产的分配上。

有关“麻城孝感乡”的移民祖籍地认同，笔者认为，在明清两代有着不同的内涵。在明代此传说更多地反映了洪武四年以前入籍的移民对明夏政权的一种怀念。在清代更多地表现为“老民”对自身身份的一种追忆和认同。随着新的移民不断进入四川，“冒籍”现象、“从众心理”则加强了这一传说在四川地区的流传，以至于今。

第三章　保甲制度的建立与嘓嚕的泛滥

清政权问鼎中原后，很注重地方基层制度的建设。顺治元年（1644）八月，颁布"总甲法"，将盗贼、逃人等纳入地方的监管范围之内。顺治六年（1649），明令"凡各处逃亡民人，不论原籍、别籍，必广加招徕，编入保甲"。①

就四川来说，雍正三年（1725）开始实行保甲法，将移民与土著一并纳入保甲制度之内。而乾隆二十二年的保甲法规定："外省入川民人同土著一例编查，如系依亲佃种者，即附于田主户内。倘有不安本分及来历不明者，报官递回原籍。"②从巴县档案来看，乾隆二十二年的保甲法得到认真执行。本章对保甲的研究也是从此一时期开始。

与此同时，在清代巴县的地域社会中，嘓嚕现象连绵不绝。嘓嚕的产生既与大量的移民有关，更与清代地方管理体制有密切关系。为了防范嘓嚕，清政府和民间社会都做了大量努力，但效果不彰。

第一节　保甲制度建立

一、保甲制度的实施

1.保甲的编排

经过一系列的赋役制度改革，清代地方基层组织及其管理体制也相应地发生了变革。相对于此前里甲组织对赋税征收的关注，进而对编户人口的重视，清代的保甲组织则将注意力放在了乡村中实际居住的人户，在此基础上，强化对乡村的控制。

孙海泉认为，清代地方的基层制度经历了总甲（保甲）——→里甲（重建）——→里甲均田均役（及一系列改革措施，征粮截票、滚单）——→滋生人丁、永

---

① 《清世祖实录》卷四三，顺治六年六月壬子。

② 《清朝文献通考》卷一九《户口一》，第5031页。

不加赋——→摊丁入地和(保甲)顺庄——→停止编审——→保甲组织承担地方公务——→保甲专管弭盗(甄别保甲公务)、另设“地方”承担催粮公务,这样一个发展脉络。[①] 此一发展序列大体反映了清代地方基层制度的演变,但若放在一具体的区域,则有可能并不完全如此,清代巴县等西南移民地区地方制度的演变轨迹有着自己的特点。四川完全纳入清政府的版图较直隶等北方省份要晚得多,也就没有经过所谓的总甲阶段。清政府在占领巴县后,首先从赋税的角度考虑,恢复了里甲制度。经过雍正六年(1728)的田地清丈,强化了里甲组织作为地方行政区划的概念。

清代巴县的保甲制度为牌、甲、保三级体制,以户为单位,十家为一牌,设一牌头;十牌为一甲,立一甲长,“十甲八甲或三五甲为一保”,立一保正。“城乡市镇,设立保甲,编连烟户,十户为一牌,分别男妇户口”。[②] 保甲的编排,具体由衙门书吏负责,同时将“畸零独户及腰店等类,亦不必拘定十家一牌之数,即三五家、七八家,俱可各自为一牌,附于就近甲长兼统之”[③]。这是保甲编排的一般原则。就管理体系来说,“各牌头属甲长管束,各甲长属保正管束。牌头不妥,甲长禀官另换;甲长不妥,保正禀官另换”,在编排过程中,须填注牌册。[④]

由于巴县的丘陵地貌特征及民众散居的居住习惯,保甲的行政区域划分在兼顾里甲这个较大的地理单位下,更多地考虑地势及民众的居住特点。我们从乾隆四十五年(1780)巴县的一份十家牌中可以看到这样的一种划分原则。

十家牌[⑤]

为编联牌甲,以清(靖)地方事。

照得弭盗安良,须清牌甲,城乡市镇,挨户联牌,不必拘定甲里,只就方隅次第,十户立一牌,十牌立一甲长,互相联络,轮流稽查。遇有娼妓赌博、私宰私铸、邪教端公等类,倘一家犯罪,执牌具禀。如隐匿

① 孙海泉:《清代地方基层组织研究》,中国社会科学院研究生院2002年博士学位论文,第16页。

② 6—2—40。

③ 四川大学历史系、四川省档案馆主编:《清代乾嘉道巴县档案选编》(下),第290页。

④ 四川大学历史系、四川省档案馆主编:《清代乾嘉道巴县档案选编》(下),第290页。

⑤ 6—1—51—1。

不首，罪坐九家。慎毋徇情容隐，务使地方宁谧，各宜凛遵毋违。须至牌者

牌头一户　焦仲选
二户　鞠连提
三户　鞠连榜
四户　周伦章
五户　熊正杰
六户　熊国顺
七户　李伯富
八户　谢以政
九户　熊在周
十户　王正伦

乾隆四十五年九月　日给

轮流悬立门首，晓谕勿损

虽然我们对焦仲选等十户居民的具体居住位置无从了解，从该牌的编制原则“挨户联牌，不必拘定甲里，只就方隅次第”来看，许多不同里甲、坊厢下的居民可能因为居住地点靠近而编联在一起。

后文将讨论到保甲职责主要为维护治安，因此保甲的编排原则可以概括为方便地方秩序的维护，不同里甲、坊厢居民就近编排也是这一原则的体现。不同层级的保甲编排过程中，地方的安危往往成了主要的考虑因素。如巴县廉里三、四甲，“地连津綦，尤为痞匪出入之所”，地方治安环境较为恶劣。此二甲此前分别编排有若干牌，因为缺乏有效的统率，防范的效果并不是很理想。嘉庆二十四年(1819)七月，据廉里三、四甲耆约岑南斗、刘宗受、王异先、廖楚玉等人的“具禀状”内称，由于分属两甲，缺乏统一有效的指挥，因此两甲民众于嘉庆十八年联合设一总牌首，希望通过这样的方式增加保甲维护地方治安的能力，更加有效地震慑匪徒。①

2.保长的选任与职责

保甲长的承充秉持着这样一个程序，首先由本甲绅士或合甲公议出候

① 6—2—612—2。

选人报县令，“四乡公正绅耆，各使举报诚笃之人，验充保正甲长”。[①] 县令派差传唤候选人进行考察，如有必要还可能“点卯”面谕。之后，候任者向县令提交“具认状”，县令颁给委任执照，保甲长的任免程序就算完成了。如乾隆二十四年(1759)二月初八日，巴县某甲民罗开基报签李国鼎为该甲的保长，得到了县令的批准，随后不久，李国鼎向县令递交了“具认状”，县令批：准给照。[②] 同时，保甲长的承充依照“上清下保”的原则，也就是由现任保甲长推荐继任保甲长。乾隆二十四年八月，保长李国鼎因病不能继续办公，举荐李文□充当。[③]

从档案资料来看，也存在着同甲乡约举荐保长或保长举荐乡约的情况。如乾隆二十三年，直里一甲乡约龙玉锦举荐该甲差役刘玉振承充保长。[④]

保长的身份一般为土著或者是所谓的“载册粮民”。道光四年巴县保甲烟户男丁女口花名总册说，“土著名”某某充当保正。[⑤] 又如乾隆二十四年孝里三甲保长简子书说，他同本甲绅士“议得载册粮民陶麟瑞，老成谙练”，可以充任保长，承办公务，得到县令的认可。[⑥]

保甲长任期到了之后，由自已提出申请，请求签换。乾隆二十四年十二月初二日，□□甲保长罗开基说，他在充当保长任内，催督粮务及采买仓谷等事已经告毕，“理应签换”，并合甲公议□□□为保长，请求县令同意，得到了批准。[⑦]

保甲长的任期，乾隆二十二年公布的保甲法规定，甲长“三年更代”，保长“一年更代”。[⑧] 但从档案资料来看，这一原则并不完全符合实际情况。后文将要提到的孝里四甲保长王星一，从乾隆十七年一直担任该保保长到乾隆二十四年，时间长达七年，后因年老才举荐本保王文仲接替其职务。[⑨] 乾隆二十四年，直七甲保长梁凤羽也称，他“承充本甲保长，已经五年”。[⑩]

① 6—3—145—1。
② 6—1—36—10。
③ 6—1—36—11。
④ 四川省档案馆编:《清代巴县档案汇编》乾隆卷，第195页。
⑤ 四川大学历史系、四川省档案馆主编:《清代乾嘉道巴县档案选编》(下)，第340页。
⑥ 6—1—35。
⑦ 6—1—36—9。
⑧ 《清朝文献通考》卷一九《户口一》，第5029页。
⑨ 四川省档案馆编:《清代巴县档案汇编》乾隆卷，第194页。
⑩ 四川省档案馆编:《清代巴县档案汇编》乾隆卷，第196页。

而乾隆三十四年，何洪卿说，他承充保长从乾隆十七年开始，已经当了十七年了。[①]

保正甲长所承担的职责，清人方观承曾言，“身充保甲，即属在官人役。其所辖村庄一切事件，地方官悉惟该役是问”。[②] 保长等在官人役的职责，我们可以通过下述保长的委任执照来分析。

乾隆十七年(1752)三月二十六日，巴县正堂发给孝里四甲王星一承充保长的执照。

为给照事。

乾隆十七年三月二十五日，据孝里四甲民王星一认充保长前来。据此，合行给照。为此，照给王星一收执。凡有甲内事理，催督粮务并外来啯噜匪类、酗酒赌博以及私宰，一切不法之徒，许尔扭禀本县，以凭究治，不得受贿容隐。如一经查出，或被人首告，一体重究，凛遵，慎之毋违。须至执照者。

右照给孝里四甲民保长

王星一准此[③]

委任执照不仅是各保甲长在甲内行使权力、承办公务的权力来源，同时，也对保甲长的职责进行了规定。上述委任执照表明，保长的日常职责中最主要的是催督粮务，也就是稽征赋税。同时，也要对保内的民众加强稽查，“于甲内户口或良或否，得以微窥于平素；一出一入，得以隐察其行踪”。[④] 嘉庆以后，维持地方治安是保甲长主要的职责。道光十三年巴县的《编查保甲条规》有数条规定保正、甲长、牌头在地方治安中的职责。保长的职务主要是“催督粮务以及承办仓谷”。[⑤]

保长的职责除了督催钱粮外，还要会同乡约处理甲内公务。乾隆二十三年(1758)四月十二日，县令在给直里一甲民骆联芳保长委任执照中称，

---

① 6—1—107。

② 硃批奏折，乾隆二十二年十月二十七日方观承奏，转引自王晓琳、吴吉远：《清代保甲制度探论》，《社会科学辑刊》2000年第3期。

③ 四川省档案馆编：《清代巴县档案汇编》乾隆卷，第193—194页。

④ 四川大学历史系、四川省档案馆主编：《清代乾嘉道巴县档案选编》(下)，第278页。

⑤ 6—1—35。

"照给保长骆联芳收执。凡甲内钱粮，协同乡约，实力办理，不得懈怠"。[①]保甲的日常稽查由衙门的刑房负责，每年都要点卯一次。

每甲所设置的保长、乡约数目不定，充满了灵活性。如乾隆二十四年，直七甲保长梁凤羽因举荐该甲冯尚臣幼子充当保长不成，该甲遂少了一保长，仅"一乡一保承充公务"，[②]后来也没有进行补充。

有些事务繁忙的场镇还在保长下面专设小甲若干，[③]协助处理公务。如咸丰五年(1855)十一月廿六日，慈里三甲石桥铺保正张万兴、铺民贺仁一等人向县令禀称："情蚁等石桥铺，路当孔道公繁，蚁等商议，选得该场铺民瞿洪顺充当小甲，协办公务，伊应诺无辞，虽议如此，未敢擅专。是以协禀仁恩，赏准承充办公，以专责成。"[④]乾隆二十四年，直七甲保长梁凤羽也称，因"本甲花户零星，每逢公事，督各小甲催办"[⑤]。

3."免充保长"

乾隆二十二年的保甲法规定，绅衿之家可以免充保甲长之役。虽然地方州县或宗族组织往往会给保长一定的物质或精神方面的奖励，[⑥]但鉴于保甲长责任繁重，属"在官人役"，某种程度上说是一种劳役负担，一般的庶民地主都不屑于担任。[⑦] 同样的，普通百姓往往也不愿意充任。

在众多"免充保长"的案卷中，"一身二役"是候任保长、乡约给出的重要理由。如孝里四甲的王介凡，当被举充为乡约时，以其兄弟王万清曾经充当过乡约为由，希望能够免于充任。[⑧] 也存在这样的情况，某人被签举为保长后，为了免充，而又特意去充当衙门差役。乾隆二十三年九月，直里七甲乡约刘希武的"禀状"称，今年二月他签举石璧充当乡约，石璧领照后于当年七月又去巴县刑房充当书役，借此免充乡约，刘认为"石璧充乡约在

---

① 6—1—36—1。

② 四川省档案馆编:《清代巴县档案汇编》乾隆卷，第197页。

③ 据民国《阌乡县志》载:"保甲旧制，各里每年例选一人或二人经理全里之事，名曰保长。各村每月亦有值事之人供乡约之驱使，名曰小甲。玩其名称，似与保甲之制符合。惟其所办之事，则不仅于稽查匪类、团聚民力诸务，凡县属军队之使令，皆代为之宣讲执行。"见黄觉修、韩嘉会等纂:民国《阌乡县志》卷六《民政·保甲》，第11页，民国二十一年铅印本。

④ 6—4—110—1。

⑤ 四川省档案馆编:《清代巴县档案汇编》乾隆卷，第197页。

⑥ 陈瑞:《徽商与明清徽州保甲差役的承充》，《中国社会经济史研究》2011年第3期。

⑦ 从翰香:《近代冀鲁豫乡村》，中国社会科学出版社1995年，第37页。

⑧ 四川省档案馆编:《清代巴县档案汇编》乾隆卷，第195页。

先,充书办在后。赏着石璧仍充乡约之任”。[①]

当然,有些情况是可以不用充当保长的,如年幼、身患残疾。乾隆二十四年,直里七甲孀妇冯都氏给县令的“禀状”中说,其独子年仅十五岁,本年三月初三,被本甲的保长梁凤羽挟仇签充为保长,希望县令能够“垂怀寡幼,赏饬另签”,县正堂批:“冯尚臣年未及岁,该保长辄因微嫌混报,竟不顾贻误公事,殊属不合。抄批着梁凤羽明白禀复。倘再捏混,定行重处。”[②]后来冯得以免充。

在巴县的保长、乡约承充的具体实践中,有人甚至花钱贿赂前任保长、乡约,希望不要举荐自己为继任者。乾隆二十三年十一月,孝里十甲郭瑞先在给县令的“禀状”内称,他“家穷无措,家务难持”,为了能够不承充乡约,他给本甲在任乡约赵茂连等人钱一千五百文,希望赵能找其他人来充任。但赵收钱后,仍然于该年七月举签他仍为乡约。双方由此发生诉讼,最后县令裁断,郭仍然要充任乡约。

二、保甲与里甲

一般认为,清代的地方基层组织有里甲制和保甲制,里甲重在赋税的征收,保甲责在治安的管理。康熙五十年,“滋生人丁,永不加赋”,将丁银税固定,不再增收。至雍正年间,“摊丁入地”,改革赋税征收方式,取消人头税,人丁的编审失去了既有的意义,最终于乾隆三十七年(1772),“嗣后编审之例,着永行停止”,[③]里甲制度逐渐废弛。[④] 保甲制是清代对基层社会进行有效管理最基本和普遍的制度设计。[⑤]

清政府每占领一州县,就开始着手清查户口、招徕移民,恢复明时的里甲制度。巴县在明时编户八十一里,康熙六年仅编为西城、江北、居义、怀

① 6—1—36—53。类似的案例还可参见直里七甲的陈占鳌免充保长案,见四川省档案馆编:《清代巴县档案汇编》乾隆卷,第196页。

② 6—1—36—8。

③ 《清高宗实录》卷九一一,乾隆三十七年六月壬午。

④ 对于清代里甲制是否消亡,学界存在着截然不同的认识,有的认为已经消亡或并入保甲之中,也有的认为一直存在。据勾德仪利用清代南部档案的研究,清代南部里甲和保甲并存,各司其职(蔡东洲等著:《清代南部县衙档案研究》,中华书局2012年,第239页)。

⑤ 可参见魏光奇:《清代直隶的里社与乡地》,《中国史研究》2000年第1期;孙海泉:《清代中叶直隶地区乡村管理体制——兼论清代国家与基层社会的关系》,《中国社会科学》2003年第3期;李怀印:《晚清及民国时期华北村庄中的乡地制——以河北获鹿县为例》,《历史研究》2001年第6期。

石四里。康熙四十六年(1707),知县孔毓忠改编为忠、孝、廉、节、仁、义、礼、智、慈、祥、正、直等十二里,每里十甲。

由于整个巴县才划分为十二里,某一里甲所对应的行政区划面积是相当大的。一般情况下,保甲体制下的“甲”从面积上说要小于里甲体制下的“甲”。

清中前期,巴县的里甲制度虽然还存在,但仅有名目,并不是一个实体,也就是所谓的已“成为人文地理概念”。[1] 换言之,此前按照里甲制度划分的行政区域十二里一百二十甲仍然存在,但在这个壳下运作的却是保甲体制。我们从乾隆三十八年七月巴县一张关于催征钱粮的告示中就能看到里甲与保甲制度之间的微妙关系。

> 为查追抗延,以均苦乐,以重军务事。
>
> ……正当军兴傍午之时,首以□□要,务使里民苦乐均平,庶于军务有裨。查阅军需卷宗,巴邑共派四次,各里□未全完纳。究根源盖缘道府万县□□□延,而间有刁玩之粮户,因见书役未曾上纳,遂尔效尤观望。甚或约保催着,□意肥囊,以致军需积疲成习……为此□□里甲应纳军需粮户人等知悉,本署□□□将各里甲征收钱粮廒册发局,比对存局硃册,按名查核。毋论道府厅县□粮户,如有四次全未完纳者列为首催,有□□不完者列为二催,务期刻日扫数全完,立等解办夫米,并使全次完纳,粮户苦乐相均。自示之后,倘敢仍前抗违,该约保□□严拿比追。[2]

上述事情发生在乾隆中期金川之役时期,因为军粮所需甚多,四川各州县都先后派粮数次。从上引资料来看,巴县部分粮户,因种种原因,军粮并没有完全缴清,欠粮不少。材料表明,为了追缴欠粮,巴县县令叫各甲的约保(即乡约保长之简称)要负起责任来,严拿比追。这说明保长已经担负了催征钱粮的责任。不仅征粮如此,各类差役同样如此。乾隆四十一年(1776),清政府已经完全取得了金川战役的胜利,参与围剿的各路军队开始起程返回。由海公爷率领的索伦兵一队由成都沿水陆经重庆到湖南,巴县县令为了做好这次军队过境的接待工作,命令将沿江各塘房培修、粉饰,

---

① 从翰香主编:《近代冀鲁豫乡村》,第11页。

② 四川省档案馆编:《清代巴县档案汇编》乾隆卷,第40页。

"以壮观瞻"。这项任务的就由各里甲的约保来做。具体为:佛图铺双塘,由节里三至十甲修;石桥铺,智里上五甲修;二郎关旱塘,智里下五甲修;白市驿旱塘,直里下五甲修;顺山铺旱塘,慈里上五甲修;走马岗旱塘,慈里下五甲修。①

从上述两个例子可以看到,巴县基层社会已经成功地完成了从里甲到保甲的过渡。此时的保甲制,已不再像明末时只负责地方治安,也不是完全按照《大清律例》的规定,其主要职能为维护地方社会治安、调解词讼纷争。② 而是同时承担了原来里甲组织的职能,如催征钱粮、勾摄公事、调解乡里纠纷等项。巴县档案里有大量保、甲长的"委命状"、"具认状"、"具诉状",如乾隆二十四年(1759)五月保长徐以仁的"具诉状":

> 具诉状保长徐以仁,系本县人,孝里六甲,距城一百里,年三十七岁……情蚁去年四月,认充保长,领照办公在案。至今催督粮务,毫无疏忽□延……③

从上述材料来看,就保长徐以仁来说,催督粮务是其很重要的一个职责。徐是孝里六甲人,"甲"已任命"职役"了,但"里"这个地方行政单位却没有任命,翻遍所有的巴县档案,都找不到对里长的任何任命。换言之,这个过程是以原有的基层行政划分为基础,保甲人员并没有另起炉灶,而是在原有的组织之上展开自己的活动。

简言之,"摊丁入地"后,里甲体制已名存实亡,里甲体制下的行政区划已为一观念性的东西,里甲体系下的催征钱粮、勾摄公事的职责逐渐由保甲承担。④ 我们看到,巴县的保甲职能比较全面,既承办公粮,也负责地方

① 四川省档案馆编:《清代巴县档案汇编》乾隆卷,第48—49页。

② 文渊阁《四库全书》史部第673册,《大清律例》卷三〇《诉讼》,第40—41页。

③ 6—1—35—10。

④ 杨国安通过对两湖地区的里甲制与保甲制的相互关系的研究发现,清代两湖地区的里甲制已经收缩蜕变为单一的赋税征收单位而保留在册籍之中,认为里甲演变为赋税征收单位和征税系统是理解里甲向保甲转化的关键(见杨国安:《主客之间:明清两湖地区土著和流寓的矛盾与冲突》,《中国农史》2004年第1期)。据杨的观点,可以这么说,巴县的十二里只是一个存在于百姓观念中的缴税单位,而没有任何实在的人员配备。其实,同样的情况还存在于巴县最初所编制的西城、怀石、居义、江北四里(后江北里单列出去成了江北厅,乾隆二十五年后,巴县所辖为三里,所以巴县土著也自称为三里百姓),不过和康熙四十六年的十二里不一样,这三里在整个有清一代成了巴县在司法办案中的划分单位,相应地,衙役也分为西城、怀石、居义、江北四班,"其各里甲公务各里各班承办"(四川省档案馆编:《清代巴县档案选编》乾隆卷,第226页)。

治安，同时还介入邻里纠纷的调处，可以说承担了地方社会上的种种事务。完全可以说，保甲制度已是清中前期巴县的基本地方制度，而不是处于所谓的“辅助地位”。

三、保甲与乡约

乡约是为宣讲圣谕而设，通过定期（每月初一、十五）宣讲圣谕和相关法律条文，加强封建纲常礼教、法制教育，也就是所谓的“责在化民善俗”。按制，乡约一般由绅士担任，公选诚实、有信誉且素无过犯的绅士充当。《刑部则例》载：“凡各处人民合设耆老，须于本乡年高有德，众所推服人内选充。”[①]

如果说保甲制度的设立是由政府强制推行的，乡约在巴县城乡社会的设立却有个逐步建立的过程，巴县有些地方直到乾隆中期都还没有乡约。乾隆二十八年（1763）四月十三日，陶家场民刘硕甫、王彩如向巴县县令报告说，他们场现已有铺户二百余家，并在场内设置了场头、客长，但未有乡约之设，由于陶家场“东通南川、綦江，西达江津、璧山”，每逢场期，往来客商络绎不绝。由于没有乡约，“屡次凶闹，无有乡约，理难化奸”，故向县令请求设立乡约，并推荐该场“家道殷实”的熊孔文为乡约，得到了县令的允许。[②]

与保长相比，乡约的候任者一般家境都要更为殷实，而且乡约的候任者比较强调其粮户的身份，乾隆三十六年，廉里三甲胡国钦“虽有田粮载册”，但家早已赤贫，田地房屋都已佃给他人，再加之他本人身患疾病，不愿意承充乡约。[③] 可以看出当时老百姓对乡约承充者的身份要求。但有意思的是，巴县乡约的身份很少有“年高有德，为众所服”等字样，这似乎又说明乡约的承充者可能并不一定是乡村的道德领袖。

乾隆三十三年（1768）六月十五日，巴县正堂给孝里三甲殷仕洪发了乡约的承充执照。从这个执照中我们对乡约的职能会有一大概的了解。

为给照事。

乾隆三十三年六月初九日，据孝里三甲民殷仕洪认充乡约前来。

---

① 徐栋辑：《保甲书》卷一《定例》，页十二下。见《续修四库全书》第859册《史部·政书类》，上海古籍出版社2003年，第68页。

② 四川省档案馆编：《清代巴县档案汇编》乾隆卷，第199页。

③ 四川省档案馆编：《清代巴县档案汇编》乾隆卷，第205页。

据此，合行给照。为此，照给乡约殷仕洪收执。嗣后凡遇甲内公事，必须勤慎办理，每逢朔望，齐集公所，宣讲圣谕，化导愚玩，永敦和睦，以正人伦。仍不时稽查啯噜匪类，窝娼窝赌，私铸私宰，邪教端公，以及外来面生可疑之人，许尔密禀本县，以凭重究。倘敢徇情容隐，一经查出，或被告发，加倍重惩。尔宜凛遵毋违。须至执照者。

右照给乡约殷仕洪准此[①]

从上述承充执照来看，乡约的职能集中在教化，以及调解乡间矛盾，如孝里四甲乡约候选人王介凡称“凡吾乡雀角微嫌，遇伊在场排解，莫不□□加额”。[②]

同时，我们还看到乡约的职能并不止于上述所称，巴县乡约的职能涵盖了多个方面，如“协办甲务”，[③]催征地丁钱粮、契税及清中晚期以后的各类地方摊派，代为垫交赋税。乾隆二十四年孝里七甲陈元魁给县令的“禀状”称，其父亲被乡约胡华安签充为继任乡约，但其父亲年事已高，疾病缠身，“致于催督粮务，实难办理”，[④]可见催办粮差，也是乡约的一项重要的职责。咸丰六年(1856)五月廉里四、五、八甲乡约徐世泰、余正发、张秀芳向县令呈告，他们各甲去年收成不好，今年应缴钱粮看样子很难按时收齐。为此，他们事先交了二十四两白银在户房书吏手中，并嘱托，“于扫数时，凡甲内未上者，约等垫纳”，也就是用这笔钱来支付未交纳的赋税。[⑤]

又如乾隆三十六年(1771)，金川战役期间，巴县各花户都要缴纳一定银两作为军需，具体为每两钱粮收钱八百文，王甫章为廉里七甲乡约，在征收军需的同时，私自提高捐税额度，每两钱粮征收钱一千文。[⑥]可见乡约不仅有征收军需之责，同时还利用手中的职权，为己牟利。对于治城的乡约来说，同样有雇用夫差的责任。乾隆五十九年(1794)，因为搬运军装及为来往军队的后勤供应，朝天党乡约向该党各铺征收银两作为夫差费用。具体标准：大街铺面每家收钱一百六十文，中街铺面每家收钱一百二十文，

① 四川省档案馆编：《清代巴县档案汇编》乾隆卷，第201—202页。

② 四川省档案馆编：《清代巴县档案汇编》乾隆卷，第194页。

③ 四川大学历史系、四川省档案馆主编：《清代乾嘉道巴县档案选编》(下)，第296页。

④ 四川省档案馆编：《清代巴县档案汇编》乾隆卷，第197页。

⑤ 6—4—37—2。

⑥ 四川省档案馆编：《清代巴县档案汇编》乾隆卷，第211页。

后街铺面每家收钱八十文，半个月征收一次。[①] 乡约将每家每户征收的钱及开支细目登记在册，然后雇力夫服役。当然，差钱的征收不是每次都能按时完成，由于这些差徭杂费由乡约包干垫纳，很多乡约为了完纳，事先借钱支付，追收齐后再还钱款，并从中赚取一定的利差。

如果不能按时收齐，乡约则要自己垫付这笔钱款，支付利息，甚至家破人亡。嘉庆元年(1796)三月储奇党乡约何玉堂就禀告说，今年一月仅征收到钱六十六千六百七十五文，自己抬垫钱六十六千七百多文。每次收钱的时候，“众铺户坚吝不出”，而债主又天天向其逼债，现在实在没有办法了，建议县令要么动用夫马局的公款来弥补，要么采取强硬措施来征收。[②] 又如陈廷忠，三十岁，系节里九甲乡约，按照规定，该甲的田赋都由他事先去户房垫交，再分别向各花户收取。甲内花户刘万臣，载粮六分五厘，“抗不上纳”，“屡讨不给”。道光三十年(1850)三月二十七日，他在赶天赐场的时候，碰见了刘万臣，向其催要。不想被刘万臣叫人当场打了一顿。[③] 类似的事情也发生在直里一甲乡约宋永兴、梁□安身上。该甲的田赋、津贴也是由乡约事先垫纳，然后向各花户征收。但该甲多名花户，多年来一直都没补还他所垫的钱粮，“至今本利不给，反不照面”。同治二年(1863)二月十七日，他将欠他钱粮的花户名单开给了县令，希望县令能够派差来乡，强力执行。[④]

就人口较多，面积较大的坊、厢或甲中，乡约在设置上形成了一个等级体制，也就是说在总乡约下面，还设置有散约来协助总乡约处理公事。如治城储奇、朝天两坊，嘉庆十八年(1813)，便设有总乡约陈合兴、陈文斗二人，乡约颜守箴、刘裕昆，其下还有何文耀等若干散约。总乡约对乡约、散约有稽查的责任。如当年六月散约何文耀因为“不守法纪，屡有旷公”，并在外嫖娼，被总乡约陈合兴、陈文斗告知了县令，革除了散约之职。[⑤]

同时，乡约在调解邻里纠纷的过程中，也扮演了一定的作用。嘉庆二十三年(1818)二月，节里十甲乡约王朝辅参与调解该甲张元和兄弟因砍伐

① 四川大学历史系、四川省档案馆主编：《清代乾嘉道巴县档案选编》(下)，第238页。
② 四川大学历史系、四川省档案馆主编：《清代乾嘉道巴县档案选编》(下)，第240页。
③ 6—3—610—2。
④ 6—5—871—2。
⑤ 6—2—58。

杨通朝大青杠树三十余根而引发的纠纷案。[①]

地方事务，无论大小无不在乡约职责的权限之内。四川自乾隆四十六年(1781)开始，收缴民间所藏的鸟枪。乾隆五十二年(1787)三月初五，仁里十甲乡约陈文远和差役一起去该甲民余进益家催收仓谷，进门发现余家堂屋角落放有鸟枪一把，问其为何不上缴，余称是用来打鸟，同时“防捕盗贼”之用，不愿上缴。后在陈文远的理斥之下，将枪上缴充公。[②] 乡约不仅要征收钱粮，还要管理农村的生产建设。如乾隆五十三年(1788)，直里九甲在乡约王芝贵的主持下，由全村人共同捐资，兴修水塘一个。[③]

这给我们这样一个思考，以前我们所一直认为的乡约管教化、保甲责治安、里甲权赋税这样一种对地方职役的思考是否太教条化？无论乡约、保正、甲长，对地方官员来说，都是“在官人役”，既然是役，那在具体干事的时候，就没必要分得这么清楚。如巴县社仓一项，清中前期，按照巴县的规定，社仓由保长负责征收、经管，乾隆二十四年(1759)十二月，保长罗开基称，“情蚁承充保长，催督粮务及采买仓谷”，[④]可见保长负责仓谷采买之事。但乾隆二十三年(1758)十二月十九日，直里十甲乡约谢葵元向县令递交的“具认状”中说，“情蚁甲内并无乡保”，县令派差役叫其承办“买办仓谷”，得到了县令的批准。[⑤] 乡约却又承担了保长的职责。

乡约虽然为在官人役，其所在的坊厢、里甲每年要给他一定的钱两作为薪水。因此，巴县县令对各甲的乡约在数量上有所规定，希望是人数足够办事就行。咸丰九年(1859)，巴县直里九甲廪生张体正等人选举段成占、吕国亮等人为乡约，但该甲原来的乡约周仕爵仍在任上，不愿辞职。县令以该甲乡约人数太多，地方负担太重为由，不予批准，“乡约资斧无非取诸地方，乡约多添，地方即多一人累费”，认为如果此二人要充当乡约，周仕爵必须辞职。但周说什么都不愿意辞退。廪生张体正最终以“乡约周仕爵惯搕良善……，藉公勒派侵吞”为由，逼其辞职。历时半年之后，段成占、吕国亮终于当上了乡约。[⑥]

---

① 6—2—2135。

② 四川大学历史系、四川省档案馆主编:《清代乾嘉道巴县档案选编》(下)，第405页。

③ 四川大学历史系、四川省档案馆主编:《清代乾嘉道巴县档案选编》(下)，第238页。

④ 6—1—36—9。

⑤ 6—1—36—8。

⑥ 6—4—112。

从上述的讨论可以知道，清代巴县的乡约并不是一个由乡民完全自发形成的组织，虽然在最初阶段，乡民提出申请要在本地设立乡约，但他们的申请要得到县令的批准。更重要的是，从乡约的职责范围来看，它虽然以教化为主，但同时也涵盖了地方社会上的诸多事务。乡约的成立满足了乡民和国家的共同需要，乡民需要一个解决纠纷的仲裁者或调停人，而国家需要的是一个能够使地方安定的代理人。乡约具有鲜明的“行政组织化”倾向，其原有的教化功能反倒逐渐弱化。①

关于清代乡约与保甲的职能，一般认为，二者虽然责任各有侧重，但存在着职能趋同的趋势。② 在巴县档案中，乡约、保长经常被联系起来，以至有“约保”、“保约”等说法。乡约遂转变为“料理地方之乡约”，③其在乡村社会的功能类似保长、客长，以至当时档案有约保、乡保、约客、客约之称。乾隆二十三年十月，直里八甲在任乡约何殿卿、保长郭瑄说，因为该甲“粮□地广，公务纷繁”，他二人“实难分办”，请求再增加几名乡约、保长。④ 对地方政府来说，乡约、保长其实没有什么差别。

乾隆二十七年(1761)三月，巴县曾对各甲的乡约和保长人数进行了汇总，从该汇总表里，我们可以看到每个甲的乡约基本上为一人，而保长则在1—5 人之间，每甲一般是一约一保，如乾隆三十三年，直里一甲乡约安大章所称，“甲内历系一约一保”。⑤ 详见下表(表 3—1)。

表 3—1:乾隆二十七年巴县各甲乡约/保长人数统计表

各甲的设置人数	1	2	3	4	5(含>5)
乡约的数量	60	7	5	3	2
保长的数量	31	18	13	3	6

资料来源:四川省档案馆编:《清代巴县档案汇编》乾隆卷，第 212—215 页。

① 段自成:《清代北方官办乡约研究》，中国社会科学出版社 2009 年，第 275 页。

② 段自成认为清代为了满足乡绅参与乡政的需要，防止保甲组织的弊端，实行乡约领导下的保甲体制(见氏著:《略论清代乡约领导保甲的体制》，《郑州大学学报》〔哲社版〕1998 年第 4 期)，但段的后续作品深化了对保甲与乡约关系的研究，认为二者的职能虽仍各有侧重，但职能的差异逐渐复杂化并呈逐渐缩小的趋势(见氏著:《论清代北方乡约和保甲的关系》，《兰州学刊》2006 年第 3 期)

③ 黄六鸿:《福惠全书》卷二十五，页八上。

④ 6—1—36—13。

⑤ 四川省档案馆编:《清代巴县档案汇编》乾隆卷，第 200 页。

因为资料缺失，该表只有巴县120个甲中80个甲的数据(部分甲只载有乡约无保长，或只载有保长无乡约)，虽然资料不是很完整，但大体能看出这个时期，巴县农村里甲制与乡约、保长之间的关系。

从上表能看出，基本上是一甲一乡约，有一半的甲也是一甲一保长。这说明乡约的设置基本上是按照里甲来的。对于保长，这就比较复杂了。其原因一是甲内人口的多少，二是甲内民众的住居状态，是聚族而居还是分散居住。前面我们已谈到，保在兼顾里甲原有的人文地理概念时，在具体划分中，主要参考地势、人口等因素，所以保和甲的关系从数字上表现出来，有一半多的甲都不止有一个保，其中以两个、三个保较多。这也证明了我们前面的推论是可以接受的。

保长与乡约协同办理地方差务。但也有互相之间不通力合作的。乾隆二十三年十月，孝里三甲乡约龚楚白在给县令的“禀状”中说，他是本年新任的乡约，对所承充的事务“尚未娴熟”，他发现，县衙屡次派差，甲内的旧保正许泰林等人的名字都不在差唤的票单之内，“故不赴案内供役”，希望县令能够“票唤来同办”。①

第二节　粮户、花户与烟户

一、粮户与花户

里甲、保甲体制的不同，对衙门书吏而言，表现为对各自名下的民户统计方式的不同。光绪《永川县志》指出了不同语境下民户所具有的意义：

> 各乡新与老错处，一体耕输，故通谓之粮户；其无粮者人同土著类，不一而足，故通谓之花户。花户未登县籍，粮户之册又往往数家而一名。乃遵行保甲(雍正八年，外省入川民人同土著一体编入保甲)，挨次编联，每团数十百家不等，则通谓之烟户。就烟户计之，斯丁口之多寡于是乎可核矣。②

① 6—1—35。

② 光绪《永川县志》卷四《赋役·户口》，页三上。

具体到衙门各房书吏的操作上,“由户房粮册查核粮户,又由兵房团册查核烟户”。粮户和花户都是与田赋相关的民户名称,由户房查核。[①] 当然它们也有细微不同,粮户专指有地民户,并载入当地的粮户册,也就是一个纳税的人头,“户籍黄册中的一个登记单位”,[②]通俗的说法就是地主。而花户则指的是实在的纳税人,由于田地的分家、继承、买卖,如果没有过户,办理交割手续,花户与粮户就不相同。在户头名与纳税人统一的情况之下,粮户即是花户。[③] 一般来说,粮户或花户名下的人口规模远低于当地实际的居民户及人口的数量,因为“户”一般不代表一个家庭,“而由多个家庭共同使用一个户口”。[④]

我们通过乾隆四十年(1775)左右巴县廉里十甲粮户刘辅的纳税照票来理解。

乾隆四十年四月二十日照票。

字第　号:

巴县正堂曾　　查照廉里十甲粮户刘辅:原粮〇两〇钱二分〇厘,乐输军需钱〇千〇百六十四文。

乾隆四十二年(1777)十月二十五日纳户油票。

为通饬开征事。

案奉宪檄,应行征解乾隆四十二年分地丁钱粮缘由到县。奉此。今据廉里十甲花户刘辅:完纳本年分地丁正银〇两〇钱二分〇厘〇毫〇丝。全征耗银〇两〇钱〇分三厘〇毫〇丝。正耗共银〇两〇钱四分〇厘〇毫〇丝。[⑤]

---

① 据档案资料记载,自嘉庆十八年至宣统三年,巴县衙门共分吏、户、礼、兵、刑、工、盐、仓、承发九房及柬房等十个科房。就户房、兵房的职掌来说,“户房经理人丁户口,冬防保甲,更换监、保、总、里,孤贫口粮,每年奏销交代,各县监盘,时行国家、地方等税申解,津捐、租股、晴雨、银钱价值月报,银两等件”,“兵房经理巡警、肉厘,巡防各军,铺司、红船、衙役、驿站、牛羊、戏捐等件”。

② 刘志伟:《在国家与社会之间:明清广东地区里甲赋役制度与乡村社会》,中国人民大学出版社2010年,第192页。

③ 曹树基先生注意到了粮户与花户在赋税征收过程中的不同,即粮户是承担赋役的民户,而花户则不承担赋役,大量的花户应属佃农阶层(《清代中期四川分府人口——以1812年数据为中心》,《中国经济史研究》2003年第1期)。

④ 刘志伟:《在国家与社会之间:明清广东地区里甲赋役制度与乡村社会》,第198页。

⑤ 四川省档案馆编:《清代巴县档案选编》第5—6页。

上引两张纳税照票表明，刘辅既是粮户也是花户。从第一份照票的内容来看，刘辅所纳为临时性的捐输，照票内对应的户名为粮户。第二份为年度征收的火耗银，也就是摊派，摊派一般为地方实在纳税民户所交纳，对应的户名为花户。细微差别中体现出了粮户与花户的不同意义。

二、保甲与烟户册

有研究者指出，清代保甲组织的根本特征“不在于以保、甲命名，而在于通过系统的人口登记和相互监视来履行治安职能”，保甲组织的户口登记对象是全体民人。[①] 从清代巴县的经验来看，巴县地方政府在推行保甲过程中，都特别强调编列保甲烟户册，以达到保甲组织所应有的维持地方社会稳定的职能。

烟户，乃指诸色人户，指实际居住的家庭户口。而保甲烟户册，“即是以所造各户保甲门牌为据，照所编保甲挨次填写，前有总，后有散，其所载人户，不仅包括一般庶民百姓，而且乡绅举贡生员、庵观寺院乃至畸零人户等尽在其中”。[②] 可谓户无遗漏，丁口尽载。烟户册的编定在地方由各场场头、乡约、保甲长经办，烟户册的主要内容为丁口数量、职业、籍贯等详情。

烟户册的具体编排过程如下。首先，牌头到县衙领取牌册，“册纸二十二页”，然后“自觅一能写字之人，每户填写门牌一张，并将自家户口同十家户口，填写总牌之内”，内容包括“某家作何生理，有无职役，及田地产业若干，并现住房屋系自业、当业、佃业，父母、伯叔、兄弟、妻妾、子女、子侄、孙子、奴仆、雇工等类，是何名氏，共有男几个，女几口”等按照牌册格眼，逐款填写。我们来看乾隆四十五年九月初十日巴县的一家牌册。

> 为清联保甲以靖地方事。
>
> 照得弭盗安良，须清牌甲。凡城乡头人，务宜逐细清查，挨户联牌具结，互相稽察。倘有娼赌匪类，良民不愿与联牌者，即于结内声明，以凭斥逐；抑或取具有犯同坐甘结备案，庶地方宁谧，□□□□其凛

① 魏光奇：《官治与自治——20世纪上半期的中国县制》，商务印书馆2004年，第45页。

② 栾成显：《〈康熙休宁县保甲烟户册〉研究》，《西南大学学报》（人文社科版）2006年6期。

遵！毋违！

一户雷德才，年四十岁，原籍湖广省　府　州县人，载粮　两　钱　分，系　　册名，耕田生理。其妻吴氏年三十岁。弟　年十岁。男　年十岁。侄年十岁。媳　　氏年十岁。孙　年十岁。雇工　年十岁，系　省　府　州县人。

右邻

左邻

悬挂当门查验

此牌如有迁移破损赴县换给①

之后牌头将填写好的牌册交给甲长，甲长将十牌的牌册合成一册两份，交给保正。保正则将十甲的牌册汇集到县，"用印过硃"后将两份清册一本存于县署，一本存于保正之处。② 对于烟户册的变动，也有详细的规定："已经编定各户口，凡遇添丁物故，逃亡迁徙，男婚女嫁，分家析居，入赘出继归宗，辞佣上工等事，有所增减，该牌头即应告知甲长，会同保正，将门牌清册据实改正。"③

烟户册编排过程中有草册、正册之分。草册因为没有盖政府的钤印，故名。草册共有三种编排方式。一是户册，记载一户丁口多少，何种职业，每一户造册半纸；一是牌册，将该牌的十户丁口数目、迁移情况载入，一牌造册一纸；一是甲册，将地理位置相近的十牌内的丁口数目载入，每一甲造册半纸。正册依据草册内容而成，盖有钤印。正册有二，一曰循册，一曰环册。编排时先给保正循册，每年年终时将循册封印送县，换取环册，④亦即循环号簿之意。

下面来看道光四年(1824)朝天坊烟户册所反映的情况。

该卷烟户册共有34纸，记载了道光四年巴县朝天坊户口的基本情况，从中我们能够看到清中叶巴县一个坊中人口的构成情况。从格式来看，该册并未加有钤印，为草册中的牌册。道光四年朝天坊共有43个牌，每牌10户，共430户，再加上乡约、甲长各一户，一共432户，人口1331人。下表

① 四川大学历史系、四川省档案馆主编:《清代乾嘉道巴县档案选编》(下)，第311页。

② 四川大学历史系、四川省档案馆主编:《清代乾嘉道巴县档案选编》(下)，第290—291页。

③ 四川大学历史系、四川省档案馆主编:《清代乾嘉道巴县档案选编》(下)，第291页。

④ 刘衡:《庸吏庸言》，页九十二上，京都琉璃厂荣录堂藏版。

(表3—2)为这432户家庭的籍贯分类表。

表3—2:道光四年朝天坊烟户籍贯分类表

	四川		江西	湖广	广东	福建	山西	江南	浙江	贵州	河南	总计
	巴县	其他州县										
户数	112	30	108	155	8	12	4	7	3	2	1	432
比例	25.9%	6.9%	25%	35.9%	1.8%	2.8%	0.9%	1.6%	0.7%	0.5%	0.2%	
人数	314	93	355	446	32	36	20	14	11	3	7	1331
比例	23.5%	7%	26.7%	33.5%	2.4%	2.7%	1.5%	1.1%	0.8%	0.2%	0.5%	

资料来源:巴县档案6—3—161。

上引资料表明,巴县籍居民在朝天坊人口中所占比例仅有二成多一点,处于绝对的少数。而湖广、江西的移民所占比例都很大。这从正面反映了设立客长之必要。

在道光四年烟户册中我们看到烟户的编排原则是,每个牌由十户构成,设一牌首,此牌首由本籍或外省籍民众都可以承充。而乡约保长则单列出来,并不在所编的各牌之内,从这份资料来看,乡约、保长都是由巴县籍的民众担任。

由于里甲最初的编排过程主要从赋税的角度而不是从实际人口的角度来考虑,当保甲重新编排地方人口时,各个里甲所编排的保甲数目、牌数呈现出很大的差异。如乾隆三十九年(1774),智里五甲编排时,由于户口众多,共编了39个牌。而乾隆四十五年(1780),廉里十甲编排时,只编了6个牌。牌的数目悬殊高达33个。[①] 这也从一个侧面体现了保甲与里甲对于地方社会所具有的不同意义。

① 四川省档案馆编:《清代巴县档案汇编》乾隆卷,第216—218页。

第三节　啯噜的兴起

一、移民与啯噜的兴起

啯噜是清代中前期四川地方社会中挥之不去的阴影，严重地影响到地方社会的稳定和老百姓平静的日常生活。乾隆三年(1738)二月三十日，四川巡抚硕色称，“(四川)盗贼滋炽”，正命令各府州县设法缉捕。[①] 这里的盗贼，指的就是啯噜。

啯噜的形成，清代的官员大都认为与移民或游民有密切的关系。乾隆四年(1739)，署四川布政使方显认为，“川省恶棍，名为啯噜子，结党成群，暗藏刀斧，白昼抢夺，乘夜窃劫”，[②]直接指出了盗贼与啯噜二者的关系。至于这些啯噜来自哪里，乾隆九年(1744)，御史柴潮生认为移民与啯噜、盗贼之间的关系十分密切，“近年来，四方流民多入川觅食，始则力田就佃，无异土居，后则累百盈千，漫成游手。其中有等桀黠强悍者，俨然为流民渠帅，土语为啯噜，其下流民听其指使。凡为啯噜者，又各联声势，相互应援”。[③] 持这一观点的清地方官员不少，如针对乾隆四十六年流窜于川楚一带的啯噜，四川总督文绶在给乾隆的奏折中称，“臣查此等匪类多系无籍恶徒及外省游民，平日三五成群，到处游荡，因而辗转纠合，乘机抢夺，踪迹本无一定”，[④]指出此类平日无所事事的游民是啯噜兴起的主要原因。至于游民来川的原因，其一是趋利而来，也就是说，清中前期移民实川的动因，在于四川地多人少，吸引其他省区大量无地或少地的农民前来开垦，实为经济上的趋利性动机。如道光二十三年，时任川督宝兴就认为，“四川田地膏腴，土著稀少，是以各省无业游民纷纷蚁聚，每遇年岁歉(收)，流为啯匪，抢掠民间财物”。[⑤] 第二是大量纤夫的存在，由于川江航道的特殊需要，上水需要大量纤夫，而下水则不需要。这导致大量的纤夫滞留在以重

① 《高宗纯皇帝实录》卷六三，第 21 页。

② 《高宗纯皇帝实录》卷一〇三，第 29—30 页。

③ “军机处录副奏折”御史柴潮生奏，乾隆九年十二月初六日。转引自王纯五:《袍哥探秘》，巴蜀书社 1993 年，第 8 页。

④ 《乾隆四十六年清政府镇压啯噜史料选编》，《历史档案》1991 年 1 期，第 25 页。

⑤ 6—3—416。

庆为中心的沿江各港口，而其中部分成员则成为啯噜的来源。道光二十七年就任四川按察使的张集馨在给道光皇帝谈论四川游民甚多的原因时提到"四川水陆通衢，陆路由陕西、甘肃自宁羌入蜀；水路由湖北宜昌至重庆、夔州入蜀。来往商旅，无论舟车，皆雇觅纤夫，负绳牵挽，盘旋而上，至蜀则纤夫无用……下水船只，不雇纤夫，流落异乡，群居为匪"。[①]

那些趋利而来的经济移民，与本地居民争夺土地等相关资源，以致于双方矛盾不断。雍正《四川通志》载：

> 宝庆、武冈、沔阳等处人民，或以罪逃，或以欠粮惧比，托名开荒，携家入蜀者，不下数十万。其间果以开垦为业固不乏人，而奸徒匪类扰害地方，则有占有已熟田地者，掘人祖宗坟墓者，纠伙为窃为盗肆虐行劫者，结党凶殴，倚强健讼。[②]

后来猖獗的啯噜，可以说和四川移民社会初期移民与土著之间的纠纷不断有着密切的关系。

而那些纤夫、水手，则对四川、特别是川东地区的社会治安造成了较大的负面影响。张集馨就认为，这些游民"每每三五成群，在集场滋事"。[③]《巴县档案》也有类似的记载，"更有一种无业游民，三五成群，到处游荡"。[④]

清代包括重庆在内的四川部分地区啯噜猖獗，其原因除了上文讨论的移民与土著之间的矛盾、移民生活的流动性之外，还与四川老百姓独特的经济结构有密切的关系。"川省民人多无恒业"，[⑤]"四川民情浮动，买卖地亩，几同儿戏，每有朝为售主，夕作买户者"。[⑥] 前文谈及的巴县唐氏家族就是一个例子，该族自乾隆年间迁到巴县后，就不断地在巴县进行多次的再迁徙。

此一过程在两江相汇的重庆更加明显，李厚望于乾隆三年(1736)任重庆知府，发现"四川有啯噜者，皆流民恶少，强悍嗜斗，动成大狱，而重庆为

① 张集馨：《道咸宦海见闻录》，中华书局 1981 年，第 119 页。

② 雍正《四川通志》卷四七《艺文·楚民寓蜀疏》。

③ 张集馨：《道咸宦海见闻录》，第 112 页。

④ 四川大学历史系、四川省档案馆主编：《清代乾嘉道巴县档案选编》下，第 352 页。

⑤ 四川大学历史系、四川省档案馆主编：《清代乾嘉道巴县档案选编》下，第 350 页。

⑥ 张集馨：《道咸宦海见闻录》，第 116 页。

甚”。[1] 嘉庆十八年三月，巴县县令董淳制定了一份“团首牌甲条例”，对啯噜的危害有如下形象的描述：

> 照得本县到川十有余年，历篆数任，深知川省地方五方杂处，匪徒最易混迹。至渝城则更系水陆冲衢，商贾云集，奸盗邪淫无所不备……且每多外来匪棍，或假装生意买卖之人，来此脱骗客货，滚败人口……更或号称大五、小五、冒顶，携带禁刀，窜赴各乡场，见有货摊什物，即行估夺；或潜匿僻地菁林，遇有孤单行旅，即行劫抢；或沿场绺窃掉包；又有多则数十为群，少则三五为偶，携带撬刀夹剪，专于拨门挖洞，或偷窃银钱货物，或搜取器具耕牛。[2]

如此言论在巴县档案及其他地方文献中比比皆是。清代中期以后，巴县商贸繁荣，客商人流如织，这给游民倡乱提供了条件。嘉庆二十一年(1816)一份四川学政的告示称，“川省濒江之地，重庆最为繁杂，五方杂处，百货交通，贾舶行舟往来停泊，游民结队百十其群。至如商贩辐辏之区，肩摩踵接，暮去朝来，其交易本非相认之人，其居住亦无一定之所……故川省难治之区，重庆为最”。[3] 又如道光年间巴县的一份告示亦指出了流民对地方社会的危害，“照得巴邑地方辽阔，五方杂处，良莠不齐，访闻县属多有土著棍徒，勾串外来无业流痞，三五成群，藏匿土著之家，日则逢场绺窃，甚至□□抢夺，夜则□□偷窃，竟同盗窃，种种恶习，实为地方之害”。[4]

重庆成为啯噜猖獗之区，就上述材料可以发现有如下原因：一是重庆便利的交通条件在促进重庆经济发展的同时，也使得大量流动人口流连于重庆城乡各地，给不断猖獗的啯噜提供新的来源。如秦和平先生认为，由于重庆是滇铜黔铅的重要集散地，每月活动于重庆各码头的纤夫达一万人以上。[5] 二是清代中期以后，随着四川经济重心的东移，重庆已成为西南地区的经济重心，[6]各省商人集中于此，也为啯噜倡乱提供了机会。三是啯噜自身的一些特点，也使得其在重庆的活动长久不衰，下面将对此展开讨论。

---

① 民国《巴县志》卷九《官师列传・清政绩》。

② 四川大学历史系、四川省档案馆主编：《清代乾嘉道巴县档案选编》下，第279页。

③ 四川大学历史系、四川省档案馆主编：《清代乾嘉道巴县档案选编》下，第347页。

④ 6—3—98—2。

⑤ 秦和平：《川江航运与啯噜消长关系之研究》，《社会科学研究》2000年第1期。

⑥ 林成西：《清代乾嘉之际四川商业重心的东移》，《清史研究》1994年第3期。

二、啯噜成员的身份构成与地方关系

啯噜的泛滥对地方社会造成了极大的危害，主要表现在其对地方社会日常社会秩序的破坏。乾隆四十七年，湖广总督舒常说，“伏查啯匪一类，川省人呼之啯噜子，即各处所谓光棍、泥腿之类，或肆强抢，或行狗偷”，[①]其同僚四川总督文绶也认为，这些无籍游民“平日不务生计，每多抢窃之事”，[②]最终形成“地方啯匪横行，杀人于市，掳抢勒赎之案，无日无之”[③]的局面。

1.啯噜的犯案类型

在市抢劫

巴县农村，每逢赶场之日，即是啯噜抢案的高发之时。乾隆十年(1745)，御史张汉奏称：(啯噜)“每于州县赶集之区，占住闲房，时于集上纠众行强(抢)，酗酒打架，非赌即劫，杀人非梃即刃。”[④]嘉庆十年(1830)八月，巴县兴隆场场约周联章禀报：“每逢三、六、九场期，近有不法啯匪，往往在于各场肆行攉窃，受害难言……现值各处掠毁盐店，肆闹不宁。”[⑤]在清代的四川地方志中，有更为详细的描述，乾隆《巴县志》载：

> 第蜀有奸匪，名曰啯噜，猛如豺虎，鸷若鹰鹯，往往场镇中结党肆毒，小则酗赌打降，大或抢掠伤人，兼有拒捕伤差，估童淫妇，墟市不宁，愚氓畏惧。[⑥]

来看几个案例。案例一：据乾隆六十年二月巴县蔡家场客长王廷先的“供状”称：“本月初二日场期，晌午场齐时候有匪人六十多人进场，攉去张明芳白布一件零三尺，又攉去过客钱三千文。那夜就在玉皇观、龙车寺歇宿。第二日翻山过兴隆场去了……匪人向人说是川北来的，有三百余人，分几路走的话。”[⑦]

---

① 《乾隆四十六年清政府镇压啯噜史料选编》，《历史档案》1991年第1期，第29页。

② 《乾隆四十六年清政府镇压啯噜史料选编》，《历史档案》1991年第1期，第32页。

③ 张集馨：《道咸宦海见闻录》，第91页。

④ 邓之诚：《骨董琐记》啯噜条，邓柯增订点校，中国书店1991年，第541页。

⑤ 四川大学历史系、四川省档案馆主编：《清代乾嘉道巴县档案选编》下，第398页。

⑥ 乾隆《巴县志》卷二《场镇》，页三十二上—下。

⑦ 四川大学历史系、四川省档案馆主编：《清代乾嘉道巴县档案选编》下，第360页。

案例二：嘉庆十四年五月，鱼洞镇客长李玠给县令的“禀状”内称：

> 缘蚁等充当鱼洞镇首人，体德无妄。因该镇水路通衢，出米之地，上通津綦，下接渝城，并无场期。每日赶集人等甚多，以致啯匪痞棍易于混入其中，或行绺窃客商，或行估赊估食，甚至持刀伤人，酿成重件，贻累地主。蚁等前经禀请示禁，场市稍宁。无奈事过日久，故智复萌……禀恳仁天赏准给示严禁，勒石镌碑。[①]

上述材料提供了这样几个信息。首先，啯噜的作案地点常常集中在农村各场镇，其犯罪行为主要集中在抢劫场镇店铺及赶集的乡民，对地方百姓日常生活影响较大。其次，啯噜在场镇中犯案时，场镇里往往还有内应，也就是所谓的“窝家”，里应外合，这让官府很难预防和缉捕。在某种程度上可以认为，此一因素是造成啯噜延续两百多年的原因。对于窝家，乾隆《巴县志》内称：

> 或暗结兵役为羽翼，有所恃而不恐；或潜居坊店为窝巢，探消息以盘踞。欲净根株乏良谋，惟清理乡场铺店，毋使容留；严束奸诈兵役，绝其援引。[②]

当时的地方志编纂者也知道要清除啯噜，必须首先清除给啯噜提供消息及住居场所的窝家。这样的看法在巴县档案中是经常提到的，如乾隆三十二年重庆府的牌文中说，“隆冬岁暮，民间贸易往来……重属地方，素多啯噜匪棍……更有一种土著奸民，窝匪肆窃之徒，每以新春假以年酒为名，勾结四方匪类，约会作恶，无所不为。如江津县民彭尚礼等聚饮多人，数月之间犯案累累”。[③] 窝主彭尚礼以办新春年酒为名，招纳四方啯噜，抢劫本地财物。

在清代巴县的农村场镇中，有些店铺东家自己就是窝主。据嘉庆二十四年，巴县忠里七甲六角场客长王国鼎等人在给县令的“禀状”内称，该地“每逢四、七、十日场期，路通云贵两省大道……有一等铺户私行窝集赌博，引诱良家子弟，叠次酿祸不宁。更有一等痞棍勾引外来匪贼，每遇场期来

---

① 四川大学历史系、四川省档案馆主编：《清代乾嘉道巴县档案选编》下，第345页。

② 乾隆《巴县志》卷二《建置·乡里》，页三十二上下。

③ 6—1—3647。

场绺窃,甚至夺抢客货”。[①]

在乡拦抢

啯噜犯案具有很强的流动性,“游走不定”。据乾隆四十六年(1781)一位被抓获的啯噜棚头称,他们“原想在沿途遇有大客商抢夺些银两发财,并没有别的情节”,[②]也就是说边走边抢。从具体的犯案过程来看,啯噜的抢劫对象主要是来往客商和农村集镇上的住街铺户。如乾隆四十三年(1778)三月初十傍晚,节里九甲范经文同继父秦才荣一道从贵州经商回家,秦才荣背着铺盖在前面,范挑着钱走在后面,突然从路旁跳出来一个啯匪,“手执长柄裤刀”就要抢钱。在搏斗中范被戳伤了大腿和胳膊,但啯匪却被范杀死了。[③] 又如嘉庆十一年(1806)四月初五日,啯匪李四等数人在巴县蔡家场乘赶场之机“掏摸叶烟小物”,被该场客长刘大荣会同差役拿获。[④]

针对乡民散居的特点,“纠伙打劫”

“川民并不聚族而居”,[⑤]清代四川民居的格局是分散而居,农村中少有类似于华南等地的村庄聚落。这样的一种居住形态,降低了乡民集体防范外来危险的能力,同时也给啯噜抢劫提供了便利。乾隆四十七年(1782)十二月,四川按察使司的一份告示称,“照得川省无地非山,各处居民除市镇而外,并无村落,傍麓依山,星罗棋布,无邻无佑,守望为难”。[⑥] 乾隆《巴县志》亦称:(该地)“倚岩傍峪,星散离居,既少村落聚族,兼之编竹为篱,墙垣不备,狗偷鼠窃,易扰蔀屋。”[⑦]这些表达出川民的居住形态与啯噜抢案之间的关系。

2.啯噜的身份构成

在我们探讨啯噜对地方社会的冲击之前,应该认识一下这群人物的群体与个体的身份特征。因资料的原因,我们主要从被获啯噜的口供中,对啯噜成员的籍贯、年龄及成为啯噜的原因做简单的分析,这或许能从中折

① 四川大学历史系、四川省档案馆主编:《清代乾嘉道巴县档案选编》下,第348页。

② 《乾隆四十六年清政府镇压啯噜史料选编》,《历史档案》1991年第1期,第23页。

③ 6—1—70。

④ 四川大学历史系、四川省档案馆主编:《清代乾嘉道巴县档案选编》下,第399页。

⑤ 四川大学历史系、四川省档案馆主编:《清代乾嘉道巴县档案选编》下,第355页。

⑥ 四川大学历史系、四川省档案馆主编:《清代乾嘉道巴县档案选编》下,第359页。

⑦ 乾隆《巴县志》卷二《建置·乡里》,页二十六下—二十七上。

射出啯噜与移民社会之间的某些关联。

乾隆四十六年(1781)三月,一伙以胡范年、严石保为首的啯噜在四川垫江、梁山等县"各自纠伙,潜出抢夺",在政府的追击围攻之下,辗转于四川、湖北、湖南、贵州等省,成员也在追击中逐步发展,从最初的二十余人发展到一百多人。这群啯噜,由于其人员众多、装备良好,沿途屡犯命案,引起了乾隆皇帝的高度关注,严责四省官员认真稽查。至该年十二月,始将这一百多人或抓获归案,或当场击毙。[①] 在此过程中,啯匪钟凤鸣、陈正山等人被拿获,供述了这群啯噜及他们自身的一些情况,从他们的口供中,我们也许可以探知部分啯噜的情况。

钟凤鸣,父死母存,三十四岁,江西人。弟兄五人,排行老二。乾隆三十九年(1774),钟来到四川开县其叔父家当盐工。乾隆四十五年(1780)到达州,"卖糖度日"。四十六年四月二十九日,在卖糖的途中碰到了这群啯噜,"叫小的跟他们入伙",至此加入。

陈正山,母死父在,二十一岁,四川夔州府万县人,兄弟两个,他为老大。十八岁的时候,因为家乡荒歉,陈到湖北宜昌帮人做棕荐(垫)为生。乾隆四十六年(1781)正月,他从宜昌返家,在途中碰见了这群啯噜,邀他入伙,他也答应了。

据陈供称,他入伙的时候,这群啯噜只有七八十人,领头为刘老十、李小八、熊老四、杨老大等四人,其下又有十几个小头目。他们的武器是人手一把黄鳝镖刀,另外还有鸟枪九杆。这伙队伍越走人越多,两个月后就增加到一百多号人。他们的生存策略是"夜间在山箐住歇,白日才到场店要钱",遇到行路的商贩就抢劫,抢到的钱大家共同使用。因为他左膝受伤,跑不动了,杨老大给了他两串钱叫他一个人走在后面,这样才被抓的。

李维高,父母俱亡,湖北松滋县人,无兄弟妻子,为该伙啯噜的最初发起成员之一。乾隆四十三年(1778)因推桡到巴县,后来认识魏老虎、杨沙和尚等五十余人结盟,"商同行动",梁山县的抢劫就是他们干的。

邹开太,四川綦江人,乾隆四十六年(1781)六月在下乡卖糖的过程中,遇到这群啯噜,"胁令背包"。邹最初不愿意,"随即跑走",但被逮住了发

① 6—1—76。另可参见《历史档案》1991 年第 1、2 期登载的《乾隆四十六年清政府镇压啯噜史料选编》及《清代乾嘉道巴县档案选编》下,第 390—394 页。

辫，“各匪怒将该犯辫割去半截，遂背包同行”，可谓是被迫入伙。

由于篇幅所限，这里不可能把所有啯匪的自身情况都做一说明，但从上述四人的口供中，我们能发现啯噜成员的某些群体属性。

首先，啯噜成员大都具有移民背景。如上述案件中的钟凤鸣、李维高。这个特性从另外一起案件中，也可以得到佐证。乾隆四十六年(1781)巴县拿获了一名叫黄俸的啯噜，据其口供，该群啯噜以一名叫胡大海的人为首，胡身材高大，湖南邵阳人。黄俸供出了大约70名啯噜的姓名、年龄、体貌特征及籍贯，下表(表3—3)即是根据黄的口供，以籍贯和年龄为分类的依据，将这群人的信息进行分类整理。

表3—3:黄俸案啯噜籍贯构成表

省份	四川	广东	湖广	云南	贵州	北直隶	陕西	福建	江西	不名
人数	15	4	9	3	7	1	1	1	1	28

资料来源:巴县档案6—1—75。

从上表可以看到，这伙啯噜来源地区极其复杂，至少有9个省份，北方、南方均有。在这里，籍贯四川的有15名，占到了总数的21%，外省籍的有27人，占到了总数的39%。可以推论，外省籍的人占这群啯噜成员的一半以上。啯噜与移民之间的紧密关系，也得到了当时官员的承认。乾隆十二年，川陕总督庆复认为，啯噜“多系福建、广东、湖广、陕西等省流棍入川”。[①] 嘉庆二十一年四川学政的一份告示也指出，这些“贫困无业之人，衣衫褴褛，露体赤肌，昼则佣身负担，夜则露宿空檐，无衣食身家之恋，刁风霜饥饿之劳，穷无依赖，容易为匪”。[②] 乾隆二十一年正月，刑部的一份咨文谈到了几个穷困潦倒的乞丐合谋抢劫的过程。据被拿获的抢犯宋希胜供称，他是湖南人，以在川江上推桡为生，后因病失去生计。乾隆二十一年正月二十五日，与乞伴李德星在巴县沙坪场碰见此前相识的张珑等三人。二十六日又遇见胡二等五人，“各道贫难”，“辄起意商同掏摸，各犯允从”。于是二十七日趁巴县明月场赶集之日，抢劫该场邓姓铺户，杀伤多人。[③]

从上述口供也可以看到，清政府为控制人口自由移动而设立的路引制

① 《高宗纯皇帝实录》卷二五一。

② 四川大学历史系、四川省档案馆主编:《清代乾嘉道巴县档案选编》下，第347页。

③ 四川大学历史系、四川省档案馆主编:《清代乾嘉道巴县档案选编》下，第408页。

度在四川没有能够得到认真执行，老百姓为了生计，四处辗转。如陈正山因为家里受灾，去湖北宜昌帮人做工，一路畅通无阻。

其次，啯噜基本上是由青壮年组成。黄俸对他所在的那群啯噜的年龄也有交代，请看下表（表3—4）。

表3—4:黄俸案啯噜年龄构成表

年龄段	20—30	30—40	40—50	50以上	不名
人数	7	20	23	1	19

资料来源：四川省档案馆编：《清代巴县档案选编》乾隆卷，第111—116页。

从上表来看，啯噜成员主要以20—50岁间的青壮年人群为主。这样的年龄结构表明，第一，啯噜成员大部分都属于所谓的“社会竞争失败者”，没有田业也没有家庭。这从后文的描述中也可看到。第二，啯噜成员的年龄结构，也使得他们在犯案过程中易于实施抢劫也便于逃脱官府的追捕。基于此，清政府对结伙外出的青年男子，抱有很大的戒心，稽查十分严格。咸丰年间，湖南长沙府茶陵州人杨迪云、杨炳致、曾明祥、杨祥发、杨秀章、杨星灿等数人，年龄大概在二十五岁至三十三岁之间，结伴从家乡来重庆寻找生计，打算以下力为生。他们在重庆都有亲戚投靠，其中数人以前还在重庆干过一段时间，符合清中期有关外省民人来川谋生的政策。这一行人自该年七月二十六日从老家起程，八月十七日走到黔江县地名县坝的地方被兵勇拦住，“盘获禀送黔主，记名把小的移解案下的”。黔江的兵勇抓获他们，是认为他们可能是沿路抢劫的啯噜，因为清政府一直下令要各地严查结伴行走的年轻人。后来，在重庆亲属的做保下，才被释放。①

再次，啯噜成员的职业构成。从被抓获的啯噜口供来看，大都没有田业，主要从事帮工、小贩、纤夫等临时性职业。前面谈到的钟凤鸣，先后在四川开县和达州从事过帮工和卖糖的生计。陈正山入伙之前，也是以帮人做棕垫为生。② 而据乾隆四十六年巴县的一份“示谕”中说，有一脱逃的啯噜曾头儿，在重庆从事推船的生计，令沿江各路守卡注意盘查。③ 有鉴于此，巴县地方政府也一再强调所属民人应该“各守恒业，宁使饥寒迫身，切

① 6—4—303—13。

② 四川大学历史系、四川省档案馆主编：《清代乾嘉道巴县档案选编》下，第393页。

③ 6—1—75。

不可流入匪类”。[①]

最后，啯噜有着丰富的“后备资源”。这群啯噜在逃难过程中，成员非但没有减少，而且越来越多。新成员加入的原因十分复杂，有的是被强迫加入，如该伙成员邹开太；也有的是自愿加入，如上引案件中的钟凤鸣和陈正山。这似乎可以证明，清代地方社会的各类官方与半官方机构，如保甲、乡约、团练，对老百姓的约束有限。

3.啯噜的组织结构

不同时期的清政府官员都会强调啯噜“散则为民，聚则为匪”，“三五成群，数十为党；散则分□绺窃场市，聚则大伙抢掠村庄”，[②]“始而结伙行强，继已闻拿四散”[③]的行为方式，说明啯噜在组织上比较自由、松散的特征。

“棚”是啯噜活动、组织的基本单位，每棚有棚头一名。棚头也有“长年儿的”、“掌年儿的”、“帽顶”之类的称呼。成员方面，每棚少则七八人，多则数十人。棚的发展变化与棚头很有关系。以胡范年为首的那伙啯噜，最初是胡范年、严石保二人各充一棚的棚头。他俩被击毙后，该伙成员演变为刘老十、李小八、熊老四、杨老大四人充当掌年大头目，也就是分为四棚。每一棚在流动过程中，成员都各自发展，所以各棚啯噜，棚内的基本认识，不是一个棚的，就不熟悉了。正如四川总督文绶所言：“严究伙党，每止认识数人，多或一二十人，余皆一时相逐奔逃，彼此并不知名姓。”[④]有时即使同为一棚，彼此之间也不是很熟悉。乾隆四十六年，四川奉节县的啯噜彭家桂供称，他入伙的啯噜共四十一人，他仅知道十人的名字，但“不知其原籍何处”，剩下的28人，他“皆不知其姓名”。[⑤]

而另一方面，为了抢劫，不同的棚往往又会联合作案，体现出“合”的一面。如嘉庆九年重庆府的一份札文中说，在蓬溪、射洪交界处聚集了一伙啯噜，人数超过五六十人。据被抓获的啯噜梁子贡称，这伙啯噜共分三股，“一股系卢冒顶为掌年，带匪二十余人；一股系李猴子、李应喜为掌年，带匪

---

① 四川大学历史系、四川省档案馆主编：《清代乾嘉道巴县档案选编》下，第396页。

② 6—3—413—3。

③ 《乾隆四十六年清政府镇压啯噜史料选编》，《历史档案》1991年第2期，第35页。

④ 《四川总督文绶为报拿获啯噜胡范年等并移会邻省合力堵擒事奏折》，引自《历史档案》1991年第1期，第28页。

⑤ 《乾隆四十六年清政府镇压啯噜史料选编》，《历史档案》1991年2期，第27页。

三十余人；一股邓小九为掌年，带匪二十余人。俱系结盟，时聚时散，并无定所”。[①]

第四节　政府的应对

一、政府的应对举措

面对各地持续不断、经久多年的啯噜倡乱，清政府在不同时期出台相应政策予以应对。如道光十八年，巴县知县高学濂制定《查拿凶徒积盗章程》，从保甲制度的建设、保甲长、客长的责任落实、啯噜的活动轨迹等多个角度着手，制定了十二条应对之策。

概而言之，清政府的应对之策包含三个方面，第一，严刑峻法，对甘愿充当啯噜的老百姓施以重刑。乾隆八年(1743)十月三十日，四川巡抚纪山上奏，对于那些顽固不化的啯噜，要采取严厉措施，严惩不贷。他说：

> 至此等啯噜，凶恶异常。应请将著名巨魁，拿获到案，即照光棍例治罪。或枷杖立毙，以其罪名揭示乡镇集场。其胁从者照律饬审，如系外来流棍，递回原籍，永远不许出境；如系本省奸民，责令乡保管束，朔望点名稽查。[②]

乾隆四十七年二月，四川按察司制定《从重惩治川省啯匪专条》，希望通过严酷的刑法来控制啯匪泛滥的情况。清政府的啯匪专条分在场市抢劫和在野抢劫两类，在场市抢劫的惩罚重于在野抢劫。具体为：在场市抢劫，“凡五人以上，不论得财不得财，为首斩决，为从绞监候。若拒捕夺犯伤人者，为首斩决枭示，在场加功者俱绞决，同谋未在场者，绞监候”；在野抢劫，“止二三人者，除实非死罪外，未经伤人犯，该徒罪以上，不分首从，俱发烟瘴充军”。该年三月十五日，巴县颁布《严惩啯匪新例》，加重对在野抢劫者的用刑，“四人以上至九人者，不分首从”，发配新疆给厄鲁特为奴，十人以上者，“无论伤人与否，为首拟斩立决，为从拟绞监候”。[③] 巴县地方官员更加严厉地实践了

---

① 四川大学历史系、四川省档案馆主编：《清代乾嘉道巴县档案选编》下，第398页。

② 《高宗纯皇帝实录》卷二〇四，第12页。

③ 6—1—79—1。

这样的严刑峻法。道光二年六月的巴县告示有这样的条款，“一、白昼抢劫，拿送究治。倘敢拒捕，格杀勿论；一、夜间挖空进屋，偷窃猪牛粮食衣物，拿送究治。倘敢临时行强，拒伤事主，格杀勿论”。① 地方官员在审讯啯噜相关案件中，每每多以严酷著称。张集馨曾提到，候补知县毛震寿在双流捉拿啯匪，对部分“情节可恶者”“用镬煮之”，②实在令人恐怖。

第二，强化日常的防范措施。这包括制定内容详细的保甲、团练编练条例，使保甲、团练起到基本的制度作用。从巴县档案来看，嘉庆十五年出台了有关编联保甲户口条规的告示，十八年又出台二十三条编练团练的条例，道光二年出台二十四条团练编练条例。通过这些条例、告示，达到从制度上维持地方社会治安的目的。从对相关的保甲、团练条例分析来看，大致有以下内容。

首先加强防范工作，落实相关责任人员职责，特别是对地方社会治安负有直接责任的州县官员、保甲长、乡约、客长的工作。乾隆三十七年，清政府制定一份比较详细的官员考核条例，要求文武各官“有能于半年内拿获此等匪人一起者，即加二级。半年以外，功过相抵，不准议叙。如在该地方容留已过半年，并不实力查拿；或被邻境拿获；或别经发觉者，革职”，③希望通过严格的考成来激励官员勇于任事。

为了从制度上督促地方官员和各甲乡约、保甲、客长缉拿啯噜之责，乾嘉时期，巴县县令在给保长、乡约、客长的“执照”中，都会强调他们“稽查啯噜匪类”的职责。如乾隆二十八年巴县县令给智里八甲保长余进益、王子林的执照内称，“倘遇啯噜匪类、私宰私铸、娼妓赌博、端公邪教，以及外来面生可疑之人，许尔密禀，本县以凭究治”。④ 乾隆三十年八月巴县木洞巡检司给节里七甲太和场客长廖维昌的“执照”，在强调客长在场内所承担的管理职责外，特别强调“尔仍不时稽查啯噜匪类，盗贼窝家……以及外来面生可疑之人，一切不法等事。许尔指名具禀”。⑤ 道光十八年《巴县查拿凶

① 四川大学历史系、四川省档案馆主编：《清代乾嘉道巴县档案选编》下，第284—285页。

② 张集馨：《道咸宦海见闻录》，第102页。

③ 《钦定大清会典事例》卷一一九《吏部》。

④ 四川大学历史系、四川省档案馆主编：《清代乾嘉道巴县档案选编》下，第294页。

⑤ 四川大学历史系、四川省档案馆主编：《清代乾嘉道巴县档案选编》下，第295页。乾隆四十一年八月，巴县在给正里三甲曾汤臣承充乡约的“执照”中，也强调了乡约防范啯噜的责任。《清代乾嘉道巴县档案选编》下，第301页。

徒积盗章程》也称：

> 绺匪宜饬令场头客长实力擒拿也。查川省绺匪带刀游荡，所在多有。虽屡经查拿，究未能尽绝根株。卑职谕令各乡场头、客长，遇有绺匪入场行窃，鸣锣为号，协同查场兵役实力追捕，务获送究，毋任免脱。有能拿获绺匪，按名数之多寡，场头、客长与派出兵役一律给赏。①

同时，给予地方乡约、客长、保甲长相应的处置权力。嘉庆十四年五月，巴县在给鱼洞镇客约李玠的谕示中称：

> 嗣后甲内场镇毋许留娼窝赌，诱害良民，酗酒逞凶，恃痞滋事，其啯匪猾贼，以及面生可疑之人，混匿场市中，乘机绺害，尤应示禁……自示之后，倘敢仍前不知敛迹，许尔等协拿送(案)，以凭法治。②

其次，为了从制度上督促地方官员和各甲乡约、保甲、客长、场头、店主缉拿啯噜并及时通报各地匪情，清政府实行了每月造报制度，即地方约保、客长每月向县令汇报一次，县令向上级府、道汇报一次。乾隆三十年(1765)五月直里一甲约保陈大器就本月的稽查情况，向县令递交“具结状”，内称：

> 遵依结得约等镇内并无外来啯匪三五成群滋害。日后查出，如有隐匿，不拿不报，愿甘坐罪。中间不虚，结状是实。③

又如乾隆三十九年五月，正里七甲土主场□□戴洪达、客长邓朝元、长(场)头叶启邦在给县令的“具结状”内称：

> 今于大老爷台前遵依结得，蒙恩差协啯噜匪类，蚁等协同，逐一清查铺户、歇店。沐恩示禁后，并无啯匪来场，倘复查出，立即扭禀赴公。如违，自干罪戾，具结状是实。
>
> 乾隆三十九年五月
>
> 具结状 邓朝元(十)
>
> 戴洪达(十)
>
> 叶启邦(十)④

① 四川大学历史系、四川省档案馆主编：《清代乾嘉道巴县档案选编》下，第354页。

② 四川大学历史系、四川省档案馆主编：《清代乾嘉道巴县档案选编》下，第346页。

③ 四川大学历史系、四川省档案馆主编：《清代乾嘉道巴县档案选编》下，第387页。

④ 6—1—63。

甚至在场镇中经商的铺民也要按月提交具结状，报告本店有无招留啯噜。乾隆三十年五月，在正里九甲青木关经营饭店生理的黄甫世等三人就给县令提交了“具结状”，称“蚁等在开酒饭店生理，并无招留噜匪等弊。倘日后查出蚁等如有招留啯噜□□□不行扭禀，蚁等自甘罪咎”。[1]

再如乾隆三十三年十二月，巴县代理知县在给重庆府、川东道的申文中说：

> 署四川重庆府巴县事……为檄饬盘查事，案奉宪檄饬令设法严拿啯噜，将已获、未获按月造报，等因。遵奉在案。卑职遵查卑县乾隆三十三年十一月分并无啯匪案件，无凭造报，理合具文申覆宪台俯赐查考。除申报道宪外。为此，备由申乞照验施行。须至申者
>
> 右申
>
> 乾隆三十三年十二月初二日[2]

复次，为了鼓励地方差役、兵丁、保甲缉拿啯噜，清各级政府还专门设立资金对缉拿有功人员进行奖励。乾隆二十八年(1763)，四川臬司曾制定了一个奖励的标准：“如能缉获伙犯一名，赏银五十两；缉获幼童一名，赏银二十两。”当然，由于各州县具体情况不一样，给予奖励的金额也有出入，但可以肯定，“实力奉行”的有功人员都是得到奖励的。如乾隆三十年(1765)五月十五日，因为“拿获啯匪李文等犯”，巴县正堂奉川东道之命赏给捕役姚章等二人各白银六两。[3] 嘉庆十五年，巴县县令立出新规，凡是“盘获真正贼匪送究者，每名赏钱一千，以示奖励”。[4] 这些赏钱每个地方的来源不完全一样，有以臬司司库外结赃罚银内动支，有地方官员捐资凑集的，也有由地方绅士公捐，设立公款专门来支付的。

对不认真负责的官员和保甲长，有一定的惩罚措施，纪山说：

> 乡地齐心协拿者，加以重赏；坐视放纵者，示以重惩。地方官设法擒拿者，特疏保荐；优柔不振者，据实纠参。[5]

---

① 6—1—63。

② 6—1—59。

③ 6—1—9。另，巴县档案6—1—10亦为对拿获啯噜有功的捕役进行奖励的案卷。

④ 四川大学历史系、四川省档案馆主编：《清代乾嘉道巴县档案选编》下，第278页。

⑤ 《高宗纯皇帝实录》卷二〇四，第12页。

对于农村赶场之日，抢案高发的状况，政府特别强调要做好防范工作。道光元年十月的一份告示提到，“尔等每逢场期，务于该场栅外两头防守稽查，务使匪徒不敢入境”，同时在场内要加派人手稽查。[①]

针对窝家，清政府也有专门的政策出台。乾隆三十九年巴县正堂的一份告示云：“照得害民莫甚于盗贼，除盗必先究窝家。盖匪类之聚集，无窝主不能藏身，窝主之容□无豢纵难隐匿，……赃物到手，窝家代为花销豢纵，坐地分用”，要求“地方官严申保甲，将窝娼窝赌之家查拿尽净，此辈无藏身之处”，具体来说，他们认为腰店、孤庙则多属窝家。[②] 道光十三年巴县《编查保甲条规》规定，对这些腰店、庵庙，通过编制循环号簿的方式来加强稽查，具体是“凡遇投宿过客，务须将姓名、籍贯、作何生理、有无职役、同行伙伴几人、随带行李货物牲口几何，抑系孤身并无行李，来自何处，去往何方，逐系盘查明确，登记簿内”，每月两次交县衙查核。[③] 此一办法在实际上对啯噜的稽查作用并不明显。道光十八年的一份《查拿凶徒积盗章程》甚至要求将“孤村腰店应一律拆毁”，因为这些腰店“虽编入保甲，惟与约保相隔甚远，似难留心稽察，因而外来匪徒，以及本境绺匪窃贼，以地处幽僻，无虑人捕，每在腰店买食，日渐熟识，即为窝匪之所”。[④] 至咸丰年间，地方动乱不堪，对于这些所谓的“窝匪”，地方政府出台了更为严厉的防范措施，咸丰五年重庆知府的一份告示称，“有窝匪之人，必须指名禀究，如扶同徇隐，即系匪党，照例同坐以罪”。[⑤]

第三，加强对移民的流动管理。在加强对啯噜的防治和惩罚措施的同时，纪山认为，应加强对外来移民的管理，力争从源头上堵住啯匪泛滥的势头。他说：

> 查湖广等省外来之人，皆因误听从前川省地广人稀之说，群思赴川报垦，不知川省已无荒土可辟。嗣后除有亲族可依，来川帮工为活者，令各省地方官，给与印照，使彼此均有稽查。其无本籍印照者，各

---

① 四川大学历史系、四川省档案馆主编：《清代乾嘉道巴县档案选编》下，第 365 页。

② 6—1—69。

③ 四川大学历史系、四川省档案馆主编：《清代乾嘉道巴县档案选编》下，第 291 页。

④ 四川大学历史系、四川省档案馆主编：《清代乾嘉道巴县档案选编》下，第 354 页。

⑤ 四川省档案馆（局）编：《清代四川巴县衙门咸丰朝档案选编》第五册，上海古籍出版社 2011 年，第 354 页。

该管关隘沿途阻回，毋使积聚多人滋事。[①]

类似的看法在乾隆皇帝的谕旨中经常提到。如乾隆十五年（1750）六月十七日，永兴、唐绥祖等禀奏，建议："入川民人，无本籍印票阻回者，递交原籍安插。其不法奸民，在川递回，若不加管束，又潜行入川。一经察出，本犯按例究拟，地方官一并参处。"乾隆批示："此等搬移入川民人，其不法奸徒，及往为啯噜子等类，固应尽法究治，并饬一切卡隘加意稽查……嗣后入川民人，给照查察之处。如系奸拐兴贩匪，断宜严行究处。"[②]

为了更好地处理各省人民入川开垦之事，户部还专门制定了条例，令地方官照"例"执行。该条例称：

凡入川开垦之民，令原籍地方官给与印照，至川缴送该管地方官，以便稽查。其有久住川省之人欲往他省探亲，或他省之人欲至川省探亲者，俱令禀明该地方官给照前往，回日取所往之地方官回文销照。其沿途经过地方官失于稽查，以致混行出入者，照失察无票出口例，降一级调用；其或得贿纵放，或借盘查名色，肆行需索，贻累平民者，俱革职治罪。[③]

从上引文可以看出，清政府希望通过严格的"路引"制度来达到限制、稽查游民对社会所造成的危害。巴县档案里也有一张乾隆四十四年二月的"路牌"，试引如下：

为禀给路牌事。

本月二十九日，刘光友禀，系湖南宝庆府绍（邵）阳县民籍，于三十六年来治城生理，四十年凭媒杨登科娶陈开荣之女为婚。因年岁歉，欲携妻并衣箱、行李、货物回家供养。恐沿途关津阻碍，为此禀给路牌。倘沿途羁阻，刘光友须执此牌。照验放行。特牌

右牌通知[④]

嘉庆年间，因白莲教威胁地方，巴县还通过保甲来加强对老百姓的稽

① 《高宗纯皇帝实录》卷二〇四，第12页。

② 《高宗纯皇帝实录》卷三六七，第5页。

③ 文孚纂修：《钦定六部处分则例》卷一九《户部・入川开垦》，收录于沈云龙主编：《近代中国史料丛刊》第三十四辑，第432页。

④ 四川大学历史系、四川省档案馆主编：《清代乾嘉道巴县档案选编》下，第411页。

查。嘉庆十五年七月巴县制定"编联保甲户口条规",规定"保甲保正、甲长、牌头,各于所管牌甲户口随时稽查。凡遇面生可疑来历不明之人,不许容留甲内。遇有迁徙外出者,注明开除;如有新增之户,查实添造,不得混杂遗漏,致多紊乱"。①

第四,加强舆论宣传。这主要通过张贴防范啯噜的告示等方式来进行。道光二年十二月四川按察使司的一份札文称,"将原来告示硃判式样照单转发各州府厅县张挂晓谕,毋使风雨损坏,并照抄遍贴。仍将贴过告示处所报查毋违"。巴县遂在通远门、临江门、青木关、木洞镇等44处张贴了该告示。②

其实,在政府着力防范啯噜的同时,地方社会也采取各种方式防范啯噜,以达到自保的目的。从《巴县档案》来看,这主要以地方绅民集资设立"会"的方式来进行。

嘉庆十年,巴县廉里一甲士绅百姓,鉴于"今之啯匪四窜,贼风日长,与夫流鄙恶人,无地不有。其为害于地方也,岂浅鲜哉?我等生同此方,当协心防范,以为保全身家之许",因此共同捐资成立清正会,作为防范啯噜和差役来乡办案的经费。该会设管事四人,并议条规十七条,其中有数条与防范啯噜有直接的关系。

> 一、啯匪入境,捉拿入官,来往均用会银;
>
> 一、遇捕获窃贼送官,来往均用会银;
>
> 一、遇恶人估赊估借及平空生方敲搕人之财物,稍有不遂行凶殴等事,地方出名公禀,来往均用会银;
>
> 一、遇境内开设腰店之家,访有窝留啯匪者,会内人等即当联络围捕,将店家一并擒送,不得徇情。一切盘费均于会内取用。
>
> 一、会内人等所招佃户,务须不时各自稽查,严加约束。倘其不守正业,在外图赖非为滋事,抑或有犯盗贼,俱惟招主是问。③

这样一种民间自发的应对啯噜倡乱的努力,是在清政府地方防卫体系不健全的情况之下进行的。从巴县的经验来看,当团练制度在嘉庆年间逐

① 四川大学历史系、四川省档案馆主编:《清代乾嘉道巴县档案选编》下,第278页。

② 6—3—412。

③ 四川大学历史系、四川省档案馆主编:《清代乾嘉道巴县档案选编》下,第277页。

步推广后，地方各种以“会”为名的自卫组织就逐步并入团练体系之内。地方的应对方式也转变成以“团”或“场”为单位进行。

二、应对失效的原因

其实，嘓噜的泛滥与清政府地方制度失效密切相关，保甲制度虽然在巴县等西南移民社会已建立起来，但它在管理移民方面办法却并不是很多，以致于无法进行有效的管理。

清代中前期，四川人口流动频繁，不仅外省移入四川的民众数量庞大，省内各州县之间人口的迁移也很频繁，以致造成了难以管理的局面。雍正以后，清政府开始对入川的外省民人实行严格的管理制度，对内建立保甲制度。四川在编排保甲时，不论土著、移民一体编入。《户部则例》有言，“外省入川民人同土著一例编查，系依亲佃种者即附田主户内。倘有不安本分及来历不明者，报官究治”，①似乎在制度上已经解决了移民管理难这个问题。其实，制度的规定与具体实践相差甚远。

首先，嘓噜的泛滥与衙门差役、保甲长等地方首人的不作为有密切关系。没有差役对嘓噜的庇护，嘓噜是很难在地方为非作歹的，以致有地方官员认为“嘓匪衙蠹，狼狈为奸”。② 道光二十七年，曾任四川按察使的张集馨认为，“余到任体察情形，嘓匪之敢于横恣者，恃有包庇之人耳。各营派有海巡，此辈即系盗媒，平日销赃窝匪，靡恶不为，及闻捕拿，则先期暗传消息。省标十营皆有海巡，而城守营尤甚”。③ 道光十八年的巴县《查拿凶徒积盗章程》里面就特别强调，“捕役宜严行约束也”，认为“捕役与贼盗声气相通，倘约束不严，难保无豢贼分肥之弊”。④ 嘉庆六年六月，巴县正里八甲民陈上祥向衙门提交一告状书称：本月初六，他送妻子回娘家，在青木关一旅店住宿的时候，被匪贼窃去银手镯等物品数件。该场的坐差罗伦承诺，若给他钱五千文，保证能把陈上祥丢失的物品拿回来。陈于是筹借了五千文钱，取回了丢失的物品。⑤

① 徐栋辑：《保甲书》卷一《定例》，页五上。见《续修四库全书》第859册《史部·政书类》，第65页。

② 6—1—59—4。

③ 张集馨：《道咸宦海见闻录》，第91—92页。

④ 四川大学历史系、四川省档案馆主编：《清代乾嘉道巴县档案选编》下，第354页。

⑤ 四川大学历史系、四川省档案馆主编：《清代乾嘉道巴县档案选编》下，第361页。

其次,地方官员也并未尽力严拿啯噜。虽然四川总督、按察使等官员一再强调州县官员对于弹压啯匪的责任,“所属文武官员,凡遇啯匪滋事,立即会同查拿。不得互相推诿,因徇贻误,倘不遵照认真查办,一经查出立即撤任参办”,[①]实际情况却是府州县官员并不尽心任事。道光二十一年,新上任的李姓按察使就说,各州县“两月以来,从未报获一匪,惩办一犯,缉捕废弛大概可想”,认为“治啯匪之难,一惰字尽之”。[②] 同时,地方官员也往往抱有畛域之见,各家自扫门前雪。嘉庆二十三年,四川按察使一份札文中称,各地方官“即有匪徒滋事,惟以驱逐了事”[③]。道光二年十二月,四川按察使的一份札文称,啯匪“视地方官之宽严以为伊等行止之所,名为赶场”,[④]将作乱与地方官的稽匪力度结合了起来,颇为讽刺。

第三,四川特殊的人文环境也使保甲制度无法起到应有的作用。笔者在第四章第二节将展开较为详细的论述,此不赘述。

不管是里甲制还是保甲制,其编排的对象都是以定居社会的居民为主。明中期以后,由于土地兼并频繁,人口流动加速,里甲制度失去了其应有的效能。同样地,在清中前期,在以移民为主的四川,人口流动同样十分显著。在此情况下,保甲制度并不能充分发挥其应有的效能。这可以说是造成有清一代四川啯噜泛滥的制度性因素。这就给统治者提出了新的要求,在完善保甲制度的同时,如何才能把这些“朝东暮西之人”,纳入到有效的监管范围之内。

第五节 小结

清代的保甲制集治安、教化、人口普查于一体,三者兼而有之。[⑤] 可以说是清代基层社会基本的政治制度。它的设置与完善的过程,既与清政府的赋税政策变革有关,也同地方社会的发展有密切关系。我们看到巴县各甲的乡约保长的设置是一个逐步的过程。有些地方一开始并没有保长、乡

① 6—3—413。

② 6—3—415。

③ 6—2—144。

④ 6—3—412。

⑤ 栾成显:《〈康熙休宁县保甲烟户册〉研究》,《西南大学学报》(人文社科版)2006年第6期。

约。乾隆二十三年十二月，直里十甲乡约谢葵元说："情蚁甲内并无乡保，亦廒册内止有八户。蒙恩差唤来辕承质，买办仓谷□□□□，仁天赏给遵照。庶得有专。"①

同时我们也看到，清代包括巴县在内的四川啯噜倡乱，其兴起与移民及所形成的移民社会有着相当的联系，啯噜犯案具有明显的移民社会特点。为了应对不断兴起的啯噜，清政府从保甲制度建设及出台相关的惩治啯噜的法令两个角度来进行应对。制度不可谓不周密，相关的政策也不可谓不严，但结果却不理想。综其原因，是清政府的制度设计并没有考虑到以移民为主的地区的特殊人口构成及老百姓的生活形态，用大一统的政策当然取不到应有的成果。

也因如此，在基层社会中，为了维护地方稳定、承担各类差徭的各种半官方人员，除了保甲长以外，清政府还设置还有乡约、客长、场头②等大量的"职役"，正如嘉庆十三年重庆府的一份公文中称："无论城市乡村，严行保甲，并设立客长、场头，按户散给门牌，编列保甲烟户册籍。"③这反映出为了办理地方各类差事，从政府管理的角度来讲，希望承差的人越多越好。同时，也折射出保甲制度并不能有效地管理好基层社会。下章，我们将对清代以巴县为代表的移民社会特有的基层管理制度——客长制度进行讨论。

---

① 6—1—36—8。

② 巴县各场场头，其职责是在场期"排解稽查，甚至奉公办事"（四川省档案馆编：《清代巴县档案汇编》乾隆卷，第203页）。

③ 6—2—40。

第四章　清中前期的客长与移民社会

移民进入四川以后，面临着崭新的生活考验：小到街坊邻居之间因生活琐事产生的口角矛盾，大到与土著和其他移民之间围绕着地权、商贸、物业产权的纠纷，甚或啯噜抢劫对自身生命财产所造成的威胁，仅靠政府既有的地方行政管理体系并不能够完全得到解决。[①]

有学者在研究清代台湾社会时发现，“清政府了解有限的衙门组织不足以维持社会秩序，为此拉拢街市总理董事以及各地聚落的有力之家，授予头衔，使他们成为半官僚组织的一环”。[②] 类似的情景同样出现在清代的巴县。一方面衙役、保甲长、乡约等既有地方基层管理人员难以全面了解本地民众的情况，特别是不同省籍的民众情况，因此政府需要从各省移民中指派人员，赋予其相当的责任；另一方面，移民为了解决生活中所遇到的各类纠纷，也需要公推客长来代为处理或进行裁决。两方面的需求催生了客长制度的诞生。本章即从移民的个人发展与政府的制度建设角度入手，对清中前期四川有地方特色的基层管理人员——客长做一全面的考察，探讨其在地域社会中所扮演的作用。

第一节　客长的兴起与职责

一、何为客长

明清时期，在移民，特别是移居商民较多或活动较为频繁的地方，如南方的江西、两广，甚至东南亚华人聚集区，都有以移民充当客长、客总的情

① 陈世松分“以客欺土型”、“土著凌客型”、“发生在土客邻里和移民邻里之间的争讼”三种类型讨论了土客之间的矛盾。见陈世松：《大迁徙：“湖广填四川”历史解读》，四川人民出版社2005年，第548—553页。

② 艾马克：《晚清中国的法律与地方社会：十九世纪的北部台湾》“学者回应：陈秋坤教授评论”，播种者文化有限公司2003年，第316页。

况。试举数例。明清时期，随着闽粤移民到东南亚谋生、贸易的人越来越多，有官员建议，在华人比较多的城市，设立领事，领事之下，“分设客长，令商民公举”。[①] 又如雍正元年，江西宁川知州刘世豪给巡抚裴率度的“禀”文中称，“谕总客长即棚长李上正督率各都练长”前去防御棚民造反。[②] 再如乾隆九年，两广总督马尔泰、广西署抚托庸等人建议，在两广与安南交界的三十余处隘口，“应设客长，稽商民往来”，[③]得到了乾隆帝的认可。同样，在江南地区也有客长的身影，《明清苏州工商业碑刻集》收录了一通刻于乾隆四十九年(1784)的《潮州会馆碑记》，记载了一位叫姚振宗的客长在管理会馆中的作用。[④] 有清一代，客长的广泛性存在表明，它不是某一地域的特例，而是与某一地域的人口构成有密切的关系。当移民在社会总人口中占据一定的比例时，客长往往经客民“公举”而出现在历史舞台。

再来看巴县的情况。乾隆、同治两部《巴县志》对“客长”这一条目均未见记载。民国《巴县志》在卷一一《农桑》及卷一六《交涉》中提到了八省绅首一词。虽然八省绅首在档案材料中更多地被称为八省客长，但有意思的是，地方志的纂者却没有直接提到客长或八省客长。

三部《巴县志》虽未直接提到客长一词，但在其他的四川地方志中却屡有提及。[⑤] 民国《南溪县志》就客长的本意及设置的缘由有如下记载：

> 南溪经明季丧乱，土虚无人。康雍之际，粤、闽、湘、赣之民，纷来占插，而以湖广麻城县孝感乡为最夥。土著人摈斥之，力弱不胜也。于是官为设客民之长以约束之，号曰客长。[⑥]

---

① 《皇朝经世文编续集》卷八五《兵政十六·海防下》。

② 转引自谢宏维：《和而不同——清代及民国时期江西万载县的移民、土著与国家》，经济日报出版社 2009 年，第 50 页。

③ 《清史稿》卷五二七。

④ 苏州历史博物馆等编：《明清苏州工商业碑刻集》，江苏人民出版社 1981 年，第 342 页。

⑤ 从现有的研究情况来看，清代客长一职的设置，广泛存在于四川、云南、广西、贵州、湖北、陕西等省。如任放在研究湖北的市镇与乡村组织时，认为“地方政府需要这种客长、棚长参与市场管理，以维持社会秩序”(任放：《明清长江中游市镇经济研究》，武汉大学出版社 2003 年，第 296 页)。钞晓鸿在研究清代陕南移民的过程中，亦注意到了大量客民的存在及地方加强移民管理的努力，揭示了客长制的历史成因(钞晓鸿：《晚清时期陕西移民人迁与土客融合》，《中国社会经济史研究》1998 年第 1 期；《晚清至民国初期陕西农村经济研究》，厦门大学历史系 1997 年博士论文，第 7—9 页)。可见，清代移民地区客长的设置并不是四川独有的现象。

⑥ 民国《南溪县志》卷四《礼俗下》，页一上一下。

客长为客民之长，设置客长的本意是为了约束客民。从该县志来看，土著在与客民的纠纷中，似乎不占上风，以至需要设立客长来进行约束。而民国《犍为县志》对客长的记载更为详细：

> 同籍团体以会馆为集中地，各处会馆之建筑物崇旺壮丽，可为其团结力最富之明征。客籍领以客长，土著领以乡约，均为当时不可少之首人。每年庆神演戏，同籍诸人，长幼咸集，酒食宴会无虚日，并查察全年会内之事务。在科举时，遇有同籍人弋取功名者，除会众以私财致馈外，会馆列有公份馈赠。他如争议事项，必须先报约客上庙评理。如遇涉讼，亦经官厅饬议，而始受理焉。又会馆按年以衣帽银两酬约客，为其常近官长故也。故约客地位，实为官民上下间之枢纽，非公正素著之人不能膺斯选也。①

上引材料表明，在清代，移民与土著分别由两套不同的地方行政体系来管理，即客长和乡约，这显示客长在基层社会所扮演的作用十分类似于乡约。随着时间日久，客长和乡约往往被简称为客约。在巴县档案里，还有约客之类的说法。该段材料概略地指出了客长在会馆活动、移民事务及官民之间所扮演的角色。上引材料还说明，客长与乡约都为地方社会中有一定威望的人，“非公正素著之人不能膺斯选也”，也就是说充当客长对个人素质也有一定的要求。

客长的记载还见之于族谱。新繁钟氏，雍正五年(1727)开基祖汝明公“携五子一媳一女迁蜀”，其孙昌贤公“聪敏而有才辩、胆识，疏财好客，敢作敢为，举充街约数十年，为诸客长之冠”。②

在巴县档案中，有关客长的“具认状”、“具签状”、“具辞状”比比皆是，在城乡民众相关的户婚、田土的案件中，也能时常看到客长作为调解人或中人的案卷。在其他的清代四川州县档案中，也能看见有关客长的记载，如清代四川冕宁档案，有一份乾隆元年湖广客长刘廷芳代表移居冕宁的二十八户湖广移民在县衙书据“总结”。③ 还有的只不过名称稍异而已，如四

① 民国《犍为县志》卷十《居民志》，页五十一上一下。

② 新繁《钟氏族谱》，同治元年刻。

③ 川档宣《清代冕宁县衙门档案选介》，《四川档案》2009 年第 6 期。

川南部档案中将客长称之为“客总”。[①] 客长一职曾在清代四川城乡社会中广泛存在。

从笔者现在所掌握的资料来看，有两对关系需要稍作说明。第一对，客长与会馆首事或会首的关系。前引民国《犍为县志》字里行间中能感觉到纂者认为客长与会馆首事可以等同，客长即会馆首事，会馆首事即客长。这个观点在以移民商人为主的地方来说是正确的，如前文谈及的东南亚、广西等地设置的客长，似乎与会馆首事比较相似。但从巴县档案来看，客长和会馆首事间并没有必然的联系，会馆的首事既可是客长也可不是客长，反之亦然。正如蓝勇先生所说，“移民会馆一般都有其本乡的领导者，以往都习惯以‘客长’相称，但实际上在西南地区的不同地方，移民会馆的领导者的名称是不一样的”，有的称“值年”、“会首”，甚至还有称为“乡约”的。[②] 在县城或者商业繁荣的集镇，会馆林立，会馆首事有可能被选出来承充客长。如在重庆的八省会馆，每省会馆的首事都是该省的“出省客长”。八省会馆的首领亦被称为八省客长，遂在重庆有“八省二十三坊”[③]或“八省七团”之说，分别代表客民和土著。[④] 但这并不意味着所有的会馆首事都能够当客长，拿八省客长来说，每个省每次只能出一位客长，而各个省由多个府、县级的会馆组成，如湖广会馆就有至少十个府的会馆和若干县的会馆；有的会馆首事由创始会首的后裔承当，如江南会馆。但出省客长职位只有一个，这样势必大部分会馆首事都没办法充当客长。光绪末年，江南会馆诸首事为了争当客长曾经发生一起绵延数年的官司。[⑤]

对于农村场镇来说，客长与会馆首事之间就呈现出另外一种关系。可以从两个方面来理解，一是这个农村场镇小，根本就没有会馆，当然客长就不是由会馆首事来承充。如廉里三甲安凤场，该场只有居民二十余家，仍然在乾隆三十四年(1769)选了谢明睿承充客长。二是从承充客长的口供看，他们中有的人承充客长完全是无奈之举，和会馆丝毫没有关系。如嘉庆十七年(1812)，璧山籍染匠□和义，刚到巴县石龙场不到半年，就被该场

① 如南部档案编号2—7—52—5，王家场客总陈经元的具禀状。

② 蓝勇、黄权生：《“湖广填四川”与清代四川社会》，西南师范大学出版社2009年，第31页。

③ 按民国《巴县志》载，巴县治城分为二十九坊十五厢。奇怪的是，巴县绅民在给县令的呈词中都称为二十三坊，这是个有意思的现象，待查。

④ 彭伯通：《清代巴县城的会馆》，《巴县文史资料》十一辑。

⑤ 6—6—6412，6—6—6413。

的民众推选为客长，他当时十分“骇异”，因为他连该场的人都认不完，不知道当选以后怎么办公，很想推卸掉这个职位，但却得不到县令的支持。[①]

第二对是客长与移民、商民的关系。前引东南亚、《潮州会馆碑记》等资料都表明，充当客长的人都是移居当地的商人。我们似乎可以认为，设置客长的地方不外乎商人云集亦或商务繁忙之地。若对客长出现的理解仅局限于此，就缩小了客长存在的范围。从清代四川的经验来看，在广大的农村地区，依然存在大量的客长。这其中，淡化的是其“商”的因素，不变的是其移民的因素。

二、客长的承充过程

客长在某种程度上具有一定的地方“特色”，可以说集中地反映了清代西南移民社会族群关系的某些特征。由于有关客长的资料在由地方绅士主导编纂的各类县志、府志或乡土志中的缺失，以致现在学术界尚未有著作对客长存在的原因及其功能进行梳理，罔论客长与普通移民、土著及国家之间的关系。可以说，客长是理解清代四川移民社会演变过程的核心角色之一，客长制也是探讨国家基层制度与地方社会互动的极好载体。因此，笔者认为有必要对其从制度上进行充分剖析。

由于客长在地方社会中扮演了多重角色，对上承办公务，在场内还负责地方秩序的维持、民众之间的矛盾调解，因此客长的选充有一定的资格限制。从政府及民众的角度来看，都希望尽量选出能够办事的人来充任这一职位。下面我们主要以嘉庆十年(1805)到二十二年(1817)，巴县直里一甲龙隐镇[②]几位客长的任免过程为线索，来对这一前人尚未注意的地方管理人员的“适格”、任免程序做一实态考察。

1.客长的“适格”

从前引《钟氏族谱》来看，客长需要一定的办事能力和较好的为人品德，这在档案文献中也得到反映。嘉庆二十年(1815)十月，龙隐镇绅耆张任可、江延栏、申国顺推举温成礼、彭文志二人为客长，就是因为他们“为人

---

① 四川大学历史系、四川省档案馆主编：《清代乾嘉道巴县档案选编》下，第302页。

② 龙隐镇现在位置大致在重庆市沙坪坝区磁器口一带。该镇位于巴县城西三十里嘉陵江边，曾名白岩镇。因相传明建文皇帝曾在该镇出现过，遂改名为龙隐镇。明清时期，该镇商业繁荣，有小重庆之称。

正直，办事公平"，值得合场民众的信赖。这样的例子几乎见于所有客长的"具认状"、"具签状"中。如谢明睿"正直端方"，[①]李德政"公平老成"，[②]刘青黎"家道殷足"[③]等等，不一而足。

从籍贯来看，客长最初无一例外均由移民担任。如该镇客长陈明初、温成礼、涂继先、周永顺分别为江西、福建、湖广、福建等省人。[④]

不仅龙隐镇如此，其他各场镇的情况大抵一样。如乾隆三十八年(1773)闰三月，正里四甲兴隆场客长在"具签状"中称，"缘蚁湖广民籍，在治兴隆场贸易"，至乾隆三十五年(1770)承充该场客长以来，已经承办了三年。[⑤] 又如嘉庆十年九月，智里六甲跳墩场客长陈双和，江西人，因为在该场"买卖生理"，被选充客长。[⑥]

随着时间的流逝，各省移民逐渐在龙隐镇定居，成为"载册粮民"，但他们还是愿意认同原籍，而以一个外省人的身份继续出任该镇客长。嘉庆二十一年(1816)八月初三日，曹方万为该镇四位客长之一，因琐事与另一客长涂继先不和，遂向县主呈告"自前董主任内承办龙隐镇客约，体德办公无违，理应始终"，但因家"人口齿繁，搬乡佃居，与此镇较隔两百余里之遥，不便办公"，请求辞去客长。次日，涂继先给巴县县令刘德铨的禀告中就驳斥了曹的说法，"芳万系属载粮民籍"，只是因为琐事"捏故辞退"。刘县令最终采纳了涂的意见，"曹方万既系捏故辞退，着即饬令仍旧复充协同办理可也"。[⑦]

在移民逐渐定居化后，能否承充客长，不在于他是否为"载册粮民"，而在于他是否在该场开设商铺。这时客长的承充资格与是否在籍并没有必然的联系，其名可以不在户房的粮户册，甚至兵房的烟户册中。嘉庆五年(1800)，广东人谢振栋从该镇上游的合川、定远等县收集粮食贩卖到下游，因为天气原因，在该场休整，不想该场铺户公举他为客长，谢坚辞不就，县令李苞在他的第一份请示中批道"既在该地开铺生理，自应轮充该地客长

① 6—2—47—1。
② 6—2—47—1。
③ 四川大学历史系、四川省档案馆主编:《清代乾嘉道巴县档案选编》下，第298—299页。
④ 6—2—62。
⑤ 6—1—42—2。
⑥ 6—2—52—2。
⑦ 6—2—64—23、6—2—64—24。

办公，着即认充，毋庸推诿”。谢一看是否开铺是承充客长的必要条件，遂在第二份请示中，明白地说“民并未在彼开铺”。李县令的批示让他很开心，“既未在该镇开铺生理，准予免充可也”。[①]

同样的，直里九甲虎溪场甘必权也是因为在场开设商铺，被推举为客长的。嘉庆二十年(1815)十月初五日，虎溪场约客黄联元、李玉龙等人向县令禀称，该场原来的客长翁仕洪染病身故，无人承充，他们合场酌议后，保举该场殷实铺民甘必权为客长，请求县令给牌承充。[②]

嘉庆以后，有些客长已经是由移民的后代充任，也不再动辄声称自己的原籍了。如嘉庆五年(1800)九月十八日约客胡慎修、谢位乡等人在禀告黄文相、胡朝举在巴县长生场结伙宰杀耕牛挂卖一案中，自称“系本邑人，住廉里八九甲”[③]。可见随着时间的流逝，客长所自称的籍贯也有所变动，这反映出移民对移居地的认同已经逐步形成。

2.客长的选充

如同乡约、保正、甲长一样，客长的选充有一套严格的程序可循，从巴县档案来看，大概有三种方式。

第一，由场内绅士、乡约推荐举充。后文将要谈及的正里四甲兴隆场，在获准设场后，艾增阳、郑文尊即被乡约黄国珍、陈必高推举为该场第一任客长。又如嘉庆二十年(1815)十月，直里一甲龙隐镇绅耆张任可、江延栏、申国顺向县令报告：龙隐镇原来有三名客长负责办理场内的事务，这三名客长中，陈明初回原籍探亲去了，陈一安去贵州做生意了，现在仅有曹方万一人负责，由于人手少，场内的事情“难以办理”。所以他们商量了一下，认为场内的铺户温成礼、彭文志二人“为人正直，办事公平，堪充客长”，特向县令推荐。[④] 从结果来看，这些由地方绅士推选出的客长基本上都得到了县令的认可。

其次，客长的选充还遵循“上清下保”的原则，即由离任客长推选出候任客长报县令批准。嘉庆二十一年(1816)正月，仁里十甲五渡河场余学魁称，该场客长承充以三年为一届，他自嘉庆十八年(1813)充任该场客长以

---

① 6—2—59—7。

② 6—2—62—1。

③ 6—2—526—2。

④ 6—2—63—5。

来，已满三年，完成了任期。他认为该场铺户张维世、钟洪第二人，“为人正直老诚，可以堪充客长，而张维世、钟洪第亦愿承充”，请求县令给他们二人执照，“以便办公”，并最终得到了县令的允许。[①]

再次，由场内铺户公举选出。这样的案例很多，如前面谈及的璧山籍染匠□和义，便是由该场铺户公举推出。又如嘉庆二年（1797）六月，忠里二甲复新场铺户冯光前、景会新等人公举该场铺民卢于清承充该场客长。[②]

客长的提名有些类似于黄宗智所研究的华北的乡保，“县政府从来不单方面指派乡保，而是让地方及村庄内在的领导人物提名，然后由县衙门正式批准”。[③] 这当然是一个一般性的原则，反映出国家、地方头面人物及乡村社会内部复杂的三角关系。其实，单就乡村社会内部来说，围绕着每一次的客长承充，后面都有一些有意义的故事在里面，特别是在移民聚集的地区。

在铺户众多、商业繁荣的较大场镇上，某省客长辞职，遵循由某省自行推选客长的方式选出继任客长。嘉庆年间，直里一甲龙隐镇广东籍客长□□山辞退，场镇内有关粤省的公事办公无着、乏人办理，该镇广东籍客民刘广华、廖永兴、谢荣显、张合兴、叶朝珍、谢广福共同推举粤东民籍的谢振栋为粤省客长，“堪可充当粤省客长办理公务”。[④] 再如嘉庆七年，忠里五甲界石场，因该场湖广客长陈高明年事已高，辞去客长后，楚省公事乏人承办，而该场又“零星窎远，各省俱有客长”，该场楚省铺民胡倖章等人希望推举李德政为楚省客长，办理本省公事。[⑤] 可以说，客长的选任在一定程度反映了场镇中各省籍民众在此社区的权力角逐。各省移民都希望在场镇承办公务的人中有本省人充任，这样在场内各种差徭费用的分摊或其他公共事务中，不至于吃亏。

铺户与地方绅士为了各自的代理人能够充当客长也展开了较量。智里三甲义兴场向来设有两名客长，道光二十年（1840）左右，这两名客长一人为邓铨，另一人为余兴发。余兴发在农村大概有田房产业，经常不在场

---

① 四川大学历史系、四川省档案馆主编：《清代乾嘉道巴县档案选编》下，第 303 页。

② 6—2—6—45。

③ 黄宗智：《华北的小农经济与社会变迁》，中华书局 2000 年，第 236 页。

④ 6—2—59—3。

⑤ 6—2—47—1。

镇上居住。在围绕着余兴发是否留任客长还是选举他人承充问题上，陈合顺、何□□、陈合兴等铺户与同甲但不同场（智里三甲境内至少有两个场，一为义兴场，一为车歇铺）绅士、文生马明馨、胡春伦、陈永超等人的意见完全不一致，双方为此僵持不下。马明馨等人认为余兴发充当该场的客长以来，经常不在场内办公，场内的公事没人办理，应该让余兴发辞去客长职务，并提议由欧长发继任客长。欧长发又名欧顺，曾经在衙门充当过差役，在该场开设有栈房，也算是该场铺民。据陈合顺等铺户反映，道光十三年(1833)，欧长发曾经短暂充任过该场的客长，但口碑不佳，“遇事生波，扰害难举”，并因此受到过前任县令区拔熙的掌责，勒令他辞职，并要求他缴回客长的腰牌。但欧长发抗拒了县令的命令，没有缴回腰牌，并时常拿着手中的腰牌想要“任意复充”，干预场内公务。欧长发辞职后，场内的客长这些年中分别由杨传富等人充当。

绅士马明馨的意见遭到了场内大部分铺户的反对，因为他们普遍担心欧长发担任客长后“又来扰害，更图泄忿”，请求县令不要同意。道光二十年(1840)八月初七日，场内铺户与马明馨、欧长发等人在该场文昌宫谈判，双方都叫一批人来为各自助声势。这个谈判不仅没有结果，反而发生了激烈的肢体冲突，在冲突中，铺户一方的何玉木、陈兴合等人被欧长发所带来的人打伤。

县令在此案中的摇摆态度值得玩味，七月廿二日，在得知马明馨等人是隔场民众时，他批道，“马明新(馨)系越场之户，何得越界妄举，候唤案察讯”；七月廿三日，又在马明馨等人递交的具保状中批“候唤案验充”；后来这个案子往返多次，八月初八日，他最后干脆让欧长发和余兴发都永远不能承充客长，以各打五百大板的方式结束了这场纠纷。①

从这个案子可以看出，场内的铺户与地方绅士之间有着不同的利益诉求，双方都希望找到自己的代理人来充当本场的客长。因为他们明白，如果由自己利益的对立方的人充任，他们可能要面对客长不断的骚扰。欧长发在充任客长时就利用其手中的职权对铺户不断地进行“敲诈”，以致场内的铺户实在忍无可忍，将欧的种种恶行向县令告发。当欧长发再次想充当客长的时候，场内铺户说什么也不愿意，联合起来，集体反对。双方的矛盾

① 6－3－130。

最后升级到了以武力解决的地步，虽然铺户一方在冲突中打不过欧长发一方，但最后还是成功地阻止了欧想充当客长的企图，达到了他们的目的。

无论由何种方式推选出的客长，公举出来后，按规定都必须接受县主的“面谕”，也就是县令当面考察，看看候任客长是否有能力充当该职，考察合格后发给执照及腰牌，并将姓名写入巴县客长名册。[①] 有此腰牌，客长可随时进城向县令密禀本场之事，而不必理会差役的苛扰。执照则是客长在乡村办理公务的权力象征，没有执照，没有在客长名册中注册，即使已经乡村公举，也有点非法的感觉。同时，客长每年还要亲自去县衙，接受“点卯”，当然在地方事务繁忙或者军情紧急的时候，也可提出申请，请人代点。客长在离任时则需交出腰牌、执照，并在客长名册注销。

3.客长的卸任

巴县各场客长任期不一，有每月一轮的，[②]有一年一换的，[③]也有三年、五年一换的，[④]其确切任期与每场的具体情况相关。龙隐镇在嘉庆十年八月议定客长轮值办公，六名客长每日两人轮流负责。这一规则在嘉庆二十二年(1817)，经本镇绅耆、街民商议后改为每名客长承办一年，以每年的“十二月二十日禀保，以次年正月二十日缴旧照牌，领新腰牌承充”。[⑤]

除了上述制度性的客长轮换方式外，档案材料也有较多非常规的客长轮换方式。移民常年漂泊在外，回原籍省亲以尽孝道是客长卸任的一个重要理由。嘉庆二十二年(1817)，湖广籍移民涂继先，已在该镇贸易多年，家中“父母年迈，乏人侍奉”，希望“归籍省亲”，[⑥]得到了县主的批准。也有因为在其他乡场安家或离场太远或经常外出经商而辞去客长。嘉庆十年(1805)，虎溪场客约韩素，因为“田业在乡，隔场四十余里”，“不时回家省亲”，绅约陈廷恺、王进等遂另举罗廷杨充任客长顶替韩素之职。[⑦] 还有诸如客长本人的身体原因，如年事已高或本身疾病不能继续承担。嘉庆七年(1802)，正里十甲民歇马场铺民何声远被举为客长，但他“双目失明，难于

---

① 6—4—158—3。

② 6—4—279—1。

③ 6—2—70—2。

④ 四川大学历史系、四川省档案馆主编:《清代乾嘉道巴县档案选编》下，第303页。

⑤ 6—2—70—2。

⑥ 6—2—64—46。

⑦ 6—2—50。

行走”，经县主批示，不再承充，准许缴照辞职。[①]

当然也有不愿意充任客长的，理由有很多，如自身残疾、新来某地对周围环境不熟悉等等。嘉庆十七年(1812)五月，璧山县染匠□和义到巴县石龙场，开了一家小染坊。本年十二月初五，差役突然告知他已经被公举为该场的客长。□和义知此消息不免“骇异”，因为他还不能“周认场众”，请求县主另签他人。[②] 从这里可以看出，当时的人以充任客长之职为累，初来此处的客民不敢承担此职。这就需要我们对客长的职责进行探讨，是什么原因使得某些客民不愿意承当此一职务。我们在下节会加以探讨。

从上面的具体个案我们可以看出，客长的选任是有一定的标准及程序的，在这一过程中，前任客长、乡约、本地绅耆占据着绝对的话语权，客长基本上都由他们推举出来。同时我们还可以看到，这些客长的身份基本上都是该场铺民，身份普通。从他们的任期来看，和会馆首事也没有必然的联系。因此，我们可以说客长和会馆首事是有交叉的两个不同身份，二者有着不同意义的内涵。民国《犍为县志》将此二者混为一谈，在于纂者只看到了县城或商业繁荣、移民较多的地方，以致于有此讹误。

三、客长的职责

从承充过程来看，客长属于清朝统治者所认为的“乡约、地方”的范畴，《清朝文献通考》卷二一对乡约、地方的选充及职责有如下描述：

> 其以乡人治其乡之事者，乡约、地方等役，例由本乡、本里之民保送佥充，而地方一役最重。凡一州县，分地若干，一地方管村庄若干，其管理税粮完欠、田宅争辩、词讼曲直、盗贼生发、命案审理，一切皆与有责。遇有差役，所需器物，责令催办，所用人夫，责令摄管，稍有违误，扑责立加。终岁奔走，少有暇时。乡约、里长、甲长、保长，各有责成，轻重不同，凡在民之役，大约如此。[③]

既是职役，就要承担一定的职责。有关客长的职责，在客长的“具认状”、“具禀状”都有提到，“该处凡遇大小公事，务须勤慎办理，不时稽查匪

---

① 6—2—47—8。

② 四川大学历史系、四川省档案馆主编：《清代乾嘉道巴县档案选编》下，第302页。

③ 《清朝文献通考》卷二一《职役一》。

类、私宰私铸、邪教端公、娼妓赌博，外来面生可疑之人，许尔指名具禀”之类的文字。[①] 当然这只是一种公文式的说法，并不能完全说明客长所承担的义务与责任。从档案资料来看，客长的职权范围主要集中在城乡场镇之内，负责本场的大小事务。为了分析的便利，我们将客长职责为两类，从具体个案出发，以期对客长的职责有清晰、全面的了解。

1.地方治安

从前引材料来看，客长的职责范围包括清查土匪、各类邪教、赌博、卖淫嫖娼及盘查外来人口，《钦定大清会典事例》对此也有较为明确的规定：

> 又议准客民在地方开张贸易，置有产业者，与土著一例顺编。至往来无定商贾，责令客长查察。[②]

这其实是与雍正以后，伴随巴县地方商业繁荣、人口迁移频繁，地方治安逐渐恶化有关。嘉庆二十一年(1816)，由于外来人口太多，重庆府知府在转给巴县县令的一份文书中有这样的文字：

> 照得川省濒江之地，重庆最为繁集，五方杂处，百货交通，贾舶行舟，往来停泊，游人结队，百十其群。至如商贩辐辏之区，肩靡踵接，暮去朝来。其交易本非相识之人，其居处亦无一定之所，即欲穷其踪迹，究其来由，而萍飘梗泛，迁徙靡常。地方官即严密稽查，实有编排所不能到者，故川省难治之区，重庆为最。

由于移民实在太多，很多人并不能在重庆找到合适的工作或承佃到土地，这些没有“生理”的移民“设有从而煽惑者，正如水之赴壑流而不止，则蓄聚必多。蓄聚既多，则泛滥为害”，[③]将严重影响到巴县地方社会的稳定。上文谈及啯噜对巴县地方治安造成极大影响，乾隆《巴县志》称为了防范啯噜，“在乡责令约保，在场责令头人，遇此等啯匪，协力擒拿到官”。[④]

为了加强对外来人口的管理，巴县在日常的人口稽查中，实行循环号簿，责成乡约、客长担负起在场镇稽查的责任，“各场及本城内外歇店均给

---

① 6—2—6—45。

② 《钦定大清会典事例(嘉庆朝)》卷一三四户部，页五上。辑入沈云龙主编:《近代中国史料丛刊三编》第六十六辑，总第5991页。

③ 6—2—2。

④ 乾隆《巴县志》卷二《建置·场镇》，页三十二上。

发循环号簿，登记往来。仍责成坊长约客，每夜留心挨查。如有歇住匪人失于盘结，及任听差役唤到人证久押店中坐食，不即投审，或滥食酒肉，多费钱文者，均惟店户坊长等是问”，[①]明确规定了客长在此中应承担的责任。

客长的这一职责也见于官方制定的各类防匪章程之中。道光十年(1830)八月，巴县知县高学濂制定《查拿凶徒积盗章程》十二条，其中第七条是关于客长职责的：

> 辔匪宜饬令场头、客长实力擒拿也。查川省辔匪，带刀游荡，所在多有。虽屡经查拿，究未能尽绝根株。卑职谕令各乡场头、客长，遇有辔匪入场行窃，鸣锣为号，协同查场兵役实力追捕，务获送究，毋任免脱。有能拿获辔匪，按名数之多寡，场头、客长与派出兵役一律给赏。若藉捕匪为名，杀害无辜，以及挟嫌诬害，仍分别治罪。[②]

道光五年(1825)至七年(1827)任职巴县的清代名吏刘衡亦认为客长应对各保各甲内的治安负责：

> 各乡保甲内，如有容留贼盗之窝家，许邻右投告客保赴县鸣锣喊禀，不必具呈。本县立予审究，审实立办，告人给赏。[③]

上引两段材料都清楚地表明了客长在城乡场镇中防匪稽盗的职责。再看实例。

乾隆六十年(1795)闰二月初三日，有一伙匪徒，八十人左右，经兴隆场往北碚场方向逃窜。兴隆场客长周联章担心“匪等复来场滋扰，后祸难防”，遂向县主报告此事，并认为这是“首人之责”。[④] 又如，咸丰三年(1853)，正里八甲值月客长杨永兴报称，该场铺户况忠仗开设栈房，“招窝面生匪徒多人”，经场众责斥，仍不悔改，请求县主责罚。[⑤]

为了强化客长的职责，巴县县令还要各场客长每月都出具“具结状”，在保证实力稽查本场啯匪的同时，也要连带对本场发生的各类刑事、民事案件负责。如若隐匿不报，则要受到县令的严惩。来看直里一甲龙隐镇客

① 四川大学历史系、四川省档案馆主编：《清代乾嘉道巴县档案选编》下，第281页。
② 四川大学历史系、四川省档案馆主编：《清代乾嘉道巴县档案选编》下，第353—354页。
③ 刘衡：《庸吏庸言》，页六十九下，京都琉璃厂荣录堂藏版。
④ 四川大学历史系、四川省档案馆主编：《清代乾嘉道巴县档案选编》下，第360页。
⑤ 6—4—279—1。

长陈大器、徐尚贤、花峒上等人的“具结状”：

直一甲约保陈大器、安大章、徐尚贤、客长花峒上等今于大老爷台前于结状事。遵依结得约等镇内并无外来啯匪三五成群滋害，日后查出，如有隐蔽不报，自甘坐罪，中间不虚，结状是实。

乾隆三十五年五月□日，约保安大童　客长陈大器、徐尚贤、花峒上（押）[①]

除了上述被动地执行上级命令，客长还主动参与本场社会秩序的维护。如制定本场的乡规民约，以报请县主批准执行的方式在全场推行。道光三年（1823）二月十九日，廉里九甲客长万民高、团首陈复生向县主报告说，长生场“路当孔道”，经常有匪类“乘势来场，日则估拿绺窃，夜则偷盗。更有一等痞恶来场估赊估食，酗酒打降，扰害场市”，该场以前曾立有场规，并“修立栅栏，设立栅夫更夫，每逢场期，雇工十余人，各执木棒密查”，但因为日久弊生，人心难齐，栅栏朽坏，前有场规也渐渐失去效用。陈复生请求恢复旧规，“重修栅栏坚固，设立栅夫监守”。[②]

场镇发生刑事案件时，客长也参与调查。咸丰三年十二月，巴县永兴场铺民萧义发称，本月十三日，有匪徒一伙多人入室抢劫并打伤其妻包氏，他“投客长龚祥泰”查看。[③]

2.承办差务

对地方官员来说，承办差务可以说是客长存在的主要原因。“摊丁入亩”之前，巴县差役繁重，“保甲人役，或按月支应、按里分派”。[④]“摊丁入亩”后将丁徭并于田赋，本应不再有徭役征发，但由于有清一代州县财政缺口太大，留支地方开销的费用不敷使用，地方的杂差仍不断取派民间。如差役下乡办公经费、学校教育所需资金等等。更重要的是，作为两江汇聚之所，重庆府首县的巴县，经常有官员、军队过境，每次征发的人夫、畜力、车船所需费用，数目庞大。这些费用主要也由沿途各场承担。

按照清朝的定制，地方的各种临时性官差、杂派，主要由地方乡地、保

---

① 6—1—63—4。

② 四川大学历史系、四川省档案馆主编：《清代乾嘉道巴县档案选编》下，第370页。

③ 6—4—3342。

④ 王梦庚修、寇宗纂：道光《重庆府志》卷三《食货志·徭役》，道光二十三年刻本，页十六上。

甲征收，陈宏谋曾言，“承应官府，原系乡地保甲之事”。[①] 客长作为场镇铺户推选出来的，当然有责任办理各类差务。其方式，若是差役则由客长安排人夫、脚力；若是派费，则由客长事先垫付，等事毕之后，再由合场铺户均摊。所以，客长常常以此为累，而不愿承担。嘉庆二十一年(1816)八月初四日，龙隐镇客长涂继先就曾向县主禀告，本地“居民稠密，公务浩繁”，但另外一名客长曹方万却要借故回江西原籍，他担心“(曹)捏故辞退，诚恐有误差徭”，请求县主令曹方万继续承担客长，“协同办公”。[②]

巴县场镇客长承办差徭，与清中后期农村集镇商品经济繁荣，集镇上铺户增多，税收增多有密切关系。

客长承办差徭主要有两种方式，第一，“帮办钱两”。由客长先行垫付给具体的承担者若干钱文，完事后，再由全场铺户公同分担。此种方式最为常见。如乾隆五十七年(1792)五月，因为官船过境，巴县麻柳场客长余泽周雇纤夫八名，每名花钱二千一百六十文，送官船过境。[③] 类似的故事也发生四川南部县，乾隆四十九年十月，王家场因大兵过境，“用夫五百六十四名”，用钱十六千文，其中当地客长负担了五千文。[④]

第二，客长亲自承担包括夫马在内的各类杂派。巴县慈里九甲走马岗场位于成渝大道旁，上接璧山县来凤驿，下连巴县白市驿。虽然只有“铺户四十余家，俱系小本营生”，但系交通孔道，历年差徭负担沉重。乾隆四十一年(1776)大小金川之役期间，有荆州兵路过此处，该场客长金开第、程汝隆忙前忙后，垫资出钱雇请人夫、买齐火把，迎送大军过境，耗资不少。[⑤] 客长不仅要迎送过往军队，也要准备军需物品，办理好“后勤工作”。如同治十一年(1872)，顺庆府南部县所属老鸦岩等 20 余场客长就奉令办理木枷、铁绳等军需物品。[⑥]

客长既然有向铺户征收差钱的权利，也有可能借机贪污、中饱私囊。嘉庆十六年(1811)八月正里八甲土主场铺户饶兴贵等人向县令告状称，该场客长丁大有、黄斌等人经常“仗充首人，藉公为名，每每苛派铺户，勒收钱

① 陈宏谋：《培远堂偶存稿》卷一四，页四十一下—四十二上。

② 6—2—64—24。

③ 四川大学历史系、四川省档案馆主编：《清代乾嘉道巴县档案选编》下，第 238 页。

④ 四川南部档案 2—7—52.

⑤ 四川省档案馆编：《清代巴县档案汇编》(乾隆卷)，第 254 页。

⑥ 南部档案 6—12—120、6—10—103。

文，表分肥囊”，“稍不遂意，动辄凌辱”，并说，今年四川总督过境，县令已有批示，各家铺户不必派夫，但丁大有、黄斌仍然向每家派钱三十文；又如今年正月十四，场内民众尹心臣与吴德数的命案，县上早有命令，差役查案的钱由三费局开支，“不派民间分文”，但他们仍然每家勒收钱二十四文。种种恶习，难以枚举。①

从上面的论述可知，客长最初是由场镇民众推选出来负责本场地方治安的管理、承办差务的人员，从身份看，农村场镇的客长一般并不具有功名，他们之所以能够承充，主要的原因是他们在场内拥有铺面，为该场铺户。从客长的职责来看，类似于保甲长在地方所承担的职责。

由于客长所担负的职责责任重大，且没有从衙门拿到一点薪金，稍不留意就有可能引来诸多麻烦，是个出力而不讨好的活。有的铺户不愿意承担这一职务。在巴县档案中，我们能看到大量的客长辞职或推就的案子。如嘉庆二十年(1815)十二月，虎溪场乡约黄联元推举该场铺民甘必权承充客长，得到了县令的批准，并发给了腰牌。但为甘所拒绝，甘必权说“但蚁乡朴，务农生理，场务事件不熟，尤恐误公，罪累匪轻”，同时还说他父母也反对他承充客长一职，“兼蚁父母均年七十有余，原染旧疾，不时病发……倚门悬望，命蚁禀辞”，因此，他不得不“赴案呈缴，恳恩赏准，辞退注销。俾蚁归家，稍尽子道”。② 有时公务实在繁忙或力不从心，有的客长便采取拖延的方法，“躲抗不办”。咸丰十年(1860)八月，正里八甲客长陈吉兴向县令抱怨说，他和钱万顺同当土主场客长，钱“好闲偷安”，每次承办公务的时候就躲起来，不见人影，场内公务都由他一人办理，感觉很累，请求县令饬令钱同他一起办公。③

道光以后，移民入川的高潮已经结束了三四十年，随着移民的本地化进程，客长这一由客民公推出来的“职役”更多地成为一种符号象征。换言之，此时承充客长，是因为客长已固化为一种职役，而不是因为它和移民之间有某种内在的关联。政府对客长的稽查也并不如清前期那么严格。有的客长承充了多年，仍未在客长名册注册。如咸丰六年(1856)，仁里十甲双河场前任客长、木河东科吏书张献廷说，他道光三十年(1850)就辞退客

① 四川大学历史系、四川省档案馆主编:《清代乾嘉道巴县档案选编》下，第241页。
② 6—2—63—21。
③ 6—4—176—1。

长了，但县衙的客长名册上，现在还是他的名字。新任的几任客长都没有到县衙“换名具认”注册。[①] 在巴县档案的状纸文书格式中，“客长”这一栏在同治八年(1869)由“团正”所代替。而客长这一乡村“职役”则一直延续到清末。

第二节　客长制与保甲制的互动

按《大清律例》，保甲长的主要职能是维护地方社会治安、调解词讼纷争。[②] 这就让我们产生疑问，保甲制度既然已在四川各州县建立起来，为何巴县还要在各场镇中设立客长？我们有必要分析客长制与保甲制的关系，以及叠床架屋的原因。

一、保甲制的功能缺陷

前已谈及，四川在编排保甲时，不论土著、移民一体编入。《户部则例》有言，“外省入川民人同土著一例编查，系依亲佃种者即附田主户内。倘有不安本分及来历不明者，报官究治”，[③]似乎在制度上已经解决了移民管理难这个问题。其实，制度的规定与具体实践相差甚远。

清代四川著名文人李调元曾指出：“川省五方糅杂，率多流寓，往往皆有田产者，尚移此去彼。今以朝东暮西之人，任充甲役，授以稽查之责，按册则有，查甲则无，有名无实，焉能收效。”[④]造成这样的原因，除了李调元所强调的人口流动频繁之外，也与四川的人文生态环境有关。

前面已经谈到，清代四川民居的格局是分散而居，农村中少有类似于华南等地的村庄聚落。这样的一种居住形态，给保甲制的编排造成了一定的困难。乾隆四十七年(1782)十二月，四川按察使司的一份告示称，“照得川省无地非山，各处居民除市镇而外，并无村落，傍麓依山，星罗棋布，无邻无佑，守望为难”，[⑤]指出了保甲体制在维持地方稳定方面的困难。刘衡在

① 6—4—158—3。

② 文渊阁《四库全书》史部第673册，《大清律例》卷三〇《诉讼》，第40—41页。

③ 徐栋辑：《保甲书》卷一《定例》，页五上。见《续修四库全书》第859册《史部·政书类》，第65页。

④ 李调元：《童山文集》卷一〇，中华书局1985年，第130页。

⑤ 四川大学历史系、四川省档案馆主编：《清代乾嘉道巴县档案选编》下，第359页。

其为巴县量身打造的《保甲章程》同样也有相似的表述：

> 巴邑除城厢及场市外，所有居民俱系住处畸零，并无村落，其山尖岭角，独住一屋之户，有隔数里或十数里绝无邻居者，应查明相隔最近之场市，或最近之亲族、房主、田邻，附入牌内。[①]

这样的局面给地方社会的稳定带来了潜在威胁，道光元年(1821)，廉里五甲的举人于谦和、贡生于衡芳称，“情川地原来五方杂处，是以良莠不一。渝之东南，半壁多山，最易匿匪藏奸。近来或一二十或二三十，白日于途邀截，贫民势弱力微，惟呼唬叹惜而已。又贼盗起而夜偷鸡犬，均属不宁”。[②]

这样一种局面的形成，很重要的一个原因是政府原有的地方管理制度失效。严如熤在《三省边防备览》中便曾指出了保甲之法在流动人口较多之地效能的不足：

> 保甲本弥盗良法，而山内州县则只可行之城市，不能行于村落。棚民本无定居，今年在此，明岁在彼，甚至一岁之中迁徙数处。即其已造房屋者亦零星散处，非望衡瞻宇，比邻而居也。保正、甲长相距恒数里，讵能朝夕稽查？[③]

不管是里甲制还是保甲制，其编排的对象都是以定居社会的居民为主。明中期以后，由于土地兼并频繁，人口流动加速，里甲制度失去了其应有的效能。在清中前期，在以移民为主的四川，人口流动同样十分显著。在此情况下，保甲制度并不能充分发挥其应有的效能。这就给统治者提出了新的要求，在完善保甲制度的同时，如何才能把这些“朝东暮西之人”，纳入到有效的监管范围之内。

二、补充与融合：客长制与保甲制

既有的资料还不能说明清康熙时期巴县场镇发展情况与客长之间的内在关系，也不能说明客长究竟起源于何时。但从前面的论述中，对于客

① 刘衡：《庸吏庸言》，页九十三下，京都琉璃厂荣录堂藏版。

② 6—3—89—1。

③ 严如熤：《三省边防备览》卷一一《策略》，页二十五上，光绪壬午刻本。严氏的观点得到了孔飞力的认同，孔氏认为，“传统的管理机构如保甲，只能强加给定居的人口，因此除了集镇和城市外，它实际上起不了作用”。见孔飞力：《中华帝国晚期的叛乱及其敌人》，第39—40页。

长这一西南移民社会特有的农村基层管理人员来说，有一点是很清楚的：客长是由民众自行推选出来的。虽然前面笔者指出了客长与会馆首事之间的种种不同，但在某些方面，我们也不能否认他们的共同性，即他们都是由民众自发推选出来的。由于客长在沟通移民与国家之间的桥梁作用，因而被政府纳入到既有的地方统治序列之内，与乡约、保甲长一同承担地方管理的责任。

关于客长与保甲制度的关系，请看下列材料。

乾隆二十二年(1757)下令："更定保甲之法……凡客民在内地开张贸易或置有产业者，与土著一类顺编。其往来商贾，踪迹无定，责令客长查察。"①

乾隆时期，署四川总督、湖广总督文绶曾上奏：

> 流寓客民踪迹靡常。应于一甲之内，专设客长一人，给循环簿，令将姓名籍贯，逐一登记，按季缴官查核，以补保甲所不及。②

吴文镕在云贵总督任上，在谈及云南的游民与客长、保甲三者之间的关系时亦曾指出："照得州县须行保甲，夫人而知之矣。行保甲而贴门牌……游民多则设有客长，客长得其人，稽查出入、分别去留，则游民之保甲也。"③

上述三则材料清楚地说明了客长与保甲的关系，即客长就是游(移)民的保甲长。当然这样的说法对具体的地域社会来说，比较笼统。不管是里甲长还是保甲长、乡约，在具体的实践中，都有一定的地域空间作为行使权力的范围。吴文镕并没有指出客长在什么样的情况之下才能发挥出它"游民之保甲"的效力。文绶则简单地说每个甲内都有客长，只不过客长是专门用来查核流寓客民的。其实，从巴县档案的相关材料来看，保甲长与客长是有独立的权力施用空间的。

客长最初职责是负责场镇的社会治安及差徭征发，而保甲、乡约的管理对象主要是村庄。在巴县档案中，经常有"乡场两地"的说法。④ 这在

① 《清朝文献通考》卷一九《户口一》，第5030页。

② 《高宗纯皇帝实录》卷九七七，第54页。

③ 盛康编：《皇朝经世文续编》卷八〇《兵政・保甲》，页十九下。

④ 6—2—147—1。

《大清会典事例》中也得到证实："又议准客民在地方开张贸易，置有产业者，与土著一例顺编。至往来无定商贾，责令客长查察。"[①]

对于客长与保甲的责任分工，嘉庆十五年(1810)七月二十五日的《巴县编联保甲户口条规告示》有详细的记载：

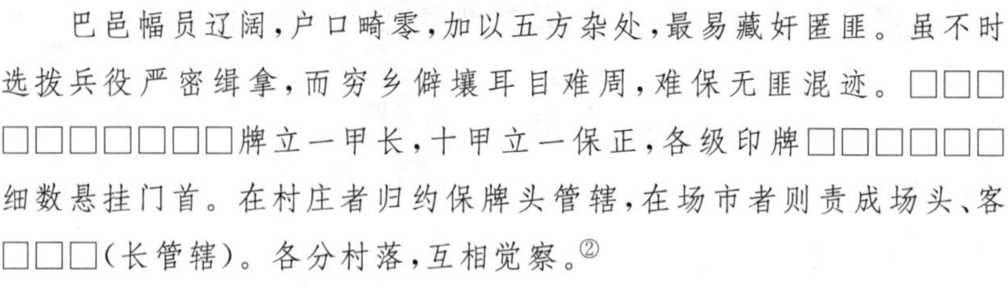

巴邑幅员辽阔，户口畸零，加以五方杂处，最易藏奸匿匪。虽不时选拨兵役严密缉拿，而穷乡僻壤耳目难周，难保无匪混迹。□□□□□□□□□□牌立一甲长，十甲立一保正，各级印牌□□□□□□细数悬挂门首。在村庄者归约保牌头管辖，在场市者则责成场头、客□□□(长管辖)。各分村落，互相觉察。[②]

刘衡的《庸吏庸言》亦载：

> 遇他处匪徒结伙入境，无论有无抢夺生事，在场市责成场头、客长，在乡间责成乡约、保正一体持械，协力赶逐。但经绺窃得贼，即准擒拿送县，鸣锣喊禀，不必具呈，立审，审实从优重赏。[③]

这段材料明确指出了客长、保甲、乡约的职责范围。客长负责地方场镇的社会治安、徭役征发，最初以管理外省籍人士为主。从职责上来说，客长其实是保长、甲长在移民社会的变体，它主要还是起到了保甲长在地方社会中的作用。这在晚后的一份告示中也得到了体现。道光十六年(1836)巴县的一份告示明白地指出了乡约、客长、保甲在地方治安管理等方面的职责。

> 照得各里乡约、客长、保甲人等，遇事推诿，观望不前，实属不成事体。今择紧要事件，先为申戒，开列于左：
>
> 一、地方命案如凶手脱逃者，该地乡约、客长、保甲人等，即就近集人，速行拿获送案，酌量从厚给赏。如推诿不管，致凶手远扬者，枷责示众！
>
> 一、地方盗案如事主喊拿，该地乡约、客长、保甲人等，即就近邀人，协同追赶，拿获送案，酌量从厚给赏。如推诿不管，致贼犯远扬者，

① 《钦定大清会典事例(嘉庆朝)》卷一三四《户部》，页五上。收录于沈云龙主编：《近代中国史料丛刊三编》，第六十六辑。

② 四川大学历史系、四川省档案馆主编：《清代乾嘉道巴县档案选编》下，第278页。

③ 刘衡：《庸吏庸言》，页六十九下，京都琉璃厂荣录堂藏版。

枷责示众！

一、地方有聚众敛钱、倡立邪教者，该乡约、客长、保甲人等，查实出首，酌量给赏。如隐匿不报者，照例并究！

一、地主有外来匪徒形踪可疑者，该地乡约、客长、保甲人等，即速具报，以便差拿。如得利窝藏者，照例并究！[①]

上引材料从两个角度指出了客长与保甲长的关系。首先，对于地方官员来说，乡约、保甲长、客长的责任区分似乎并不明显，特别是和地方治安有关的事情方面。其次，更为具体来说，客长和保甲长在地方命案、盗案、赌博、邪教和稽查外来陌生人群方面具有同等的职责。

下面以乾隆三十四年(1769)三月二十九日巴县正堂颁发的执照，来具体看三者在乡村社会中的职责及相互关系。

为给照事。

	廉　三	周旭万		场头	
本年三月十五日，据	里　甲	谢明睿	认充	客长	前来。
	直　五	钟锦上		客长	
		郑君扬		保长	

除验准外，合行给照。

为此照给周旭万、谢明睿、钟锦上、郑君扬收执。嗣后，凡遇场内公事，务须协同乡约勤慎办理，仍不时稽查啯噜、匪类，娼妓、赌博、私宰私铸、邪教端公，以及外来剪咎擢白、面生可疑之人，许尔密禀本县，以凭重究。倘敢循庇容隐，一经查出，决不姑宽。凛之慎之，毋违。须至执照者。

	场头	周旭万	
右照给	客长	谢明睿	准此
		钟锦上	
	保长	郑君扬[②]	

场头周旭万，客长谢明睿、钟锦上，保长郑君扬四人的委任状同时出现

① 四川大学历史系、四川省档案馆主编：《清代乾嘉道巴县档案选编》下，第287页。

② 四川省档案馆编：《清代巴县档案汇编(乾隆卷)》，第202—203页。

在巴县正堂的一份执照上。这应该不是巴县正堂为了省事，一纸多用，而是因为在县主的印象中，三者承担的具体职责是相同的，只是名称有所不同。

同样的，我们从另一案例也可以看到保甲长与客长职责重合的情况。道光二十年(1840)二月十八日，西城里差役张泰呈称，一月二十九日，直里九甲职员黄万有、武生郭大鹏签举韩荣升、黄益青充任乡约，但韩荣升已任虎溪场客约，“该场铺民留当客长，不容廷魁充当里甲乡约”，问县令怎么办，县令批，“韩荣升即韩廷魁现充客长，自不能再充别役，候饬另报接充”。[①] 县令认为韩荣升既已充任客长，就不必再去承担乡约。这说明乡约、客长、保长在地方社会职责相似，即“在官人役”，不能同时承充。在保甲体制下，乡约、客长、保甲长在地方承担的职责完全相同了。

从上述分析我们可以看出，清代中前期巴县地方管理比较复杂。在场有场头、客长，在乡村有保长、乡约。从最初设置的目的来看，它们之间有明确的责任分工，各司其责。后来随着移民逐渐定居，客长由第一代移民转向第二代、第三代移民充任，客长的管理对象也逐渐由客籍民众变为本地老百姓。在此背景下，客长、场头仍在继续履行其职能而没有被裁撤，应该与嘉庆以后巴县地方社会治安逐渐恶化有关。对于地方来说，维持较多的地方管理人员，不失为防范盗匪骚扰的好办法。

但在保甲的具体编联过程中，客长所管辖的铺户与乡约、保甲系统下的民户还是有所区别的。道光六年(1826)，巴县县令刘衡制定的保甲章程对稽查户口有着详细的区分与规定。现摘抄如下：

> 谨查户口册之式，凡三：一曰民户之册，编绅士、军、民各户用之；一曰铺户之册，编铺店及煤窑各厂、无家室者用之，如铺户有家室者，则仍用民户册；一曰方外户之册，编庵观寺院用之。[②]

铺户指的是场镇中各类商铺民众，从巴县的具体情况来看，也就是移民。将铺户和一般民户分开编审，主要在于铺户和民户有着不同的管理系统。民户册主要记载该民户的人数、各家庭成员的姓名、年龄、从业情况，该户的田产及雇工情况。铺户册主要记载铺户的地址、招牌名号、户主与

---

① 四川大学历史系、四川省档案馆主编：《清代乾嘉道巴县档案选编》下，第304页。

② 刘衡：《庸吏庸言》，页九十二下—九十三上，京都琉璃厂荣录堂藏版。

合伙人、雇工的姓名、年龄、籍贯。将此二者对比可以看出，民户册关注的是家庭人口及其生理的调查，而铺户册则将铺户成员的来源、籍贯放在比较明显的位置。最后，它们仍旧纳入统一的保甲体制之内。

> 巴邑城市及各场镇，半系铺家。一铺为一户，注明铺主姓名，伙计几人。其与居民杂处者，不拘居民铺户，着于十户中选一端谨之人为牌长，如十户俱系铺民，即就铺户中选一端谨之人为牌长。①

从上面的分析我们可以清楚地看到客长制与保甲制之间的关系。从客长的选择、职责和地方官员的认知来看，客长无疑属于保甲系统。但由于清代四川移民所占比例过于庞大，各省籍民众之间微妙的族群关系及由此而建立起来的遍布城乡的会馆，清代四川地方政府将保甲制适做变通，运用到移民的管理之中，客长制也就相应而生。

其实，这种叠床架屋还表现在其他多个方面，如巴县在清中期后，在各场镇都设置了场差，主要负责该场的田粮催收、缉私私盐等事。如道光二十七年(1847)二月，巴县公差刘宗和到麻柳场拿获私盐贩徐双发私盐数包，寄放在贾源发铺房内，徐双发纠集同党四五十人抢走私盐并打伤公差刘宗和。该场场差樊升盐兄弟协助该场约客薛源兴到县衙报案。② 场差与客长在职责上多有雷同之处。

综上所述，清代巴县地方社会由于移民在人口中所占份额太大及特殊的地理人文环境，以至于地方既有的管理体制在一定程度上丧失机能。为了能够维持地方的稳定，清政府通过各种手段，设置了多种名目不一的地方管理人员来弥补保甲制度的不足。正如刘志伟所指出的，由于清代社会关系的种种新变化，“决定了无论里甲制还是保甲制，都不可能真正成为基层社会组织的规范形式。它们只能适应着现实的社会关系，调整自己的外在形态”。③ 客长制即保甲制在移民社会的变体。

第三节 客长与地方秩序的形成

前已论及，客长是得到政府授权的场镇管理人员，其角色类似于乡保，

① 刘衡：《庸吏庸言》，页九十三上，京都琉璃厂荣录堂藏版。

② 6—3—561—2。

③ 韦庆远、叶显恩：《清代全史》第五卷，辽宁人民出版社1991年，第418页。

在一定程度上属于“在官人役”。客长是否就像学者在研究清代宝坻档案后认为的这类乡保人员“是为应付官府而设，是一种被动的组织，他们不是村庄中的领袖，所以，没有能力领导全村的公益事业”[①]呢？这需要更多的材料来进行证实或证伪。同时，我们还注意到，客长在清代巴县场镇的兴起、发展过程中，扮演了重要的作用。因此，有必要来考察地方场镇发展过程中的客长所扮演的角色。

一、客长与场镇秩序

场镇是研究巴县地域社会内部关系最佳的结合点，“镇是渗透于地域社会内部的同乡结合等诸社会关系的聚合，并与地域之外接续的连接点”[②]。巴县的乡村场镇存在着大量移民会馆、善会善堂，它们不仅满足了场内铺民和附近乡民的经济、文化需求，同时也是客长展示其职责的舞台。

1.客长与场镇的形成

明清之际的战乱完全破坏了四川城市乡村，康熙三年，四川巡抚张德地曾说四川“乡镇市集，昔之棋布星罗者，今为鹿豖之场”。[③] 巴县同样如此，明代巴县“编户八十一里”，治城设置八坊二厢。而康熙六年(1667)前后，由于在籍的人口不多，清政府将巴县缩编为西城里、江北里、居义里、怀石里等四里。

由于清政府实施积极的移民政策，随着流亡土著的回归和外来移民的到来，在开荒纳粮的同时，四川的场镇经济也逐步发展起来。而乾嘉时期是四川场镇形成的最重要时期，农村场镇的数量约有三千余个。[④] 在清代形成了每旬3次以“场”命名的定期集市，“场期或定一四七日、二五八日、三六九日……辰集午散”，[⑤]“日用所需，取给场镇，日中为市，以有易无”。[⑥]

施坚雅基于对运输费用和农业生产力的关系分析基础之上，分析了市场产生的两种模式即所谓的模型A(山区型)与模型B(平原型)，并认为四

① 从翰香主编：《近代冀鲁豫乡村》，第84页。

② 山田贤：《移民的秩序——清代四川地域社会史研究》，第129页。

③ 蔡毓荣、罗森、张德地：康熙《四川总志》卷十。

④ 高王凌：《乾嘉时期四川的场市、场市网及其功能》，辑入中国人民大学清史研究所编：《清史研究集》第三辑，四川人民出版社1984年，第76页。

⑤ 民国《合川县志》卷三五《风俗・场期》，页二十六上。

⑥ 乾隆《巴县志》卷二《建置・场镇》，乾隆二十五年刻本，页三十二上。

川盆地中丘陵地带是模型A的典型。[1] 基于此，巴县场镇的形成应属于施坚雅所谓的模型A，即新的市场往往在原有的道路，两个居民点之间道路中点附近兴建。至于这些场镇究竟是如何兴建，在兴建过程中，政府、地方民众基于什么样的考虑，施坚雅并未作出更多的说明。

由于巴县档案资料保存的缺陷，我们无法探知康熙中后期客长与场镇兴建之间的关系。但从乾隆中期，巴县乡村新兴场镇的情况看，客长与场镇的兴起有密切的关系。

巴县的新兴场镇基本都是从腰店发展起来的。施坚雅认为，四川盆地的腰店[2]（该书的中文译本译作幺店似乎为音译，不妥）在职能上等同于其他地方的小市，可以看作初期的基层市场，施氏通过受访者的回答，认为有些腰店能够转化为基层市场。[3] 腰店发展成为场镇，首先是商人与地主的提倡与兴办。巴县仁里十甲石硅山，上接南川，下连长寿、涪陵，交通十分便利。乾隆三十八年（1773）以前，此处有腰店两家，"发卖杂货"。乾隆三十八年正月二十日，商户艾增阳等十四人找到该地的地主彭正明，商量买他的地"起修铺房，兴场卖货"，设立兴隆场（现重庆巴南区双河口镇）。彭十分同意他们的想法，就相约一起向县令请示，县令最初以治安不易管理和申请程序不合为由加以拒绝，"场市例不许轻设。如该处为乡民贸易之要地，自应该约地方人等公同报勘，何独尔兴词请示，不准"。二月八日，彭正明与该甲的乡约郑文尊、陈必高一起来县衙，再次提出申请，称该地"烟户繁稠，尽可设一场市，买卖便益"，同时愿意为该地的地方治安负责，"如有窝匪不法，蚁与乡保地邻一同坐罪"。最后，三月十一日，巴县发布告示，同意了在此设立场市的要求。[4]

从兴隆场由腰店发展成为场镇的过程来看，清代巴县场镇的兴设一方面是当地商品经济发展到一定程度的结果，另一方面也要得到官方的许可。对政府来说，地方的稳定是最为重要的事情。

场镇兴起之后，清政府便在这些场镇上设立客长或场头，来管理场镇

---

① 施坚雅：《中国农村的市场和社会结构》，第71—91页。

② 清代巴县农村，老百姓在一些交通便宜之地（如三叉路口）搭建两三间简单的房屋，以卖简单的饭食和日用品为主，方便过往行人和当地百姓。

③ 施坚雅：《中国农村的市场和社会结构》，第7页。

④ 四川省档案馆编：《清代巴县档案汇编（乾隆卷）》，第247—248页。

上的各项公共事务及承担官方的差徭。乾隆三十四年(1769)三月，廉里三甲乡约黄兆之、地主冉弘道在给县令的具禀状中称，该甲所属的安凤场是新兴的场镇，有居民二十余家，“俱开铺盐茶、杂货、屠猪生理”，都是有执照的合法铺户，但却没有“场头、客长”，“公事是非，无人承办稽查”，有鉴于此，他们“协同场民公议”，“周旭万为人老成，承充场头；谢明睿正直端方，堪充客长”。[①]

又如巴县天赐场，嘉庆以前，有腰店八家。乡民在此贸易，“兴场赶集”，最初几年，该场市集时有时无，不甚稳定。嘉庆以后，“年岁屡丰”，形成每旬以四、七、十为赶场日的场期，赶集贸易，并在场内出现了较多贩卖油盐、杂货的商铺。在此背景之下，该场所在的团首，以“交易往来，贤愚不一，酒肆茶轩，难保无有斗殴口角”为由，请求设立首人、客长。[②]

从上述两例我们发现，在清代巴县，政府和地方民众不管是基于地方治安还是办理差徭的考虑，都希望能设立一个专门负责场镇管理的人员，这就是客长。可以说，客长的出现与巴县农村场镇的发展是同步的。至于每个场镇具体要设置多少名客长来管理，并没有统一的数量要求，多寡不一。如龙隐镇(今重庆沙坪坝区磁器口)有 6 名客长，虎溪场(今重庆大学城)有 4 名客长，界石场也有 4 名客长。甚至同一场镇，在不同时期，也可能有不同数量的客长。

农村集镇随着人口的增加、商业的繁荣，原有的客长设置不能满足本场治安管理、公务承办的需要，这就要求增加客长的人数。道光二年(1822)十一月廿六日，虎溪场绅耆翁壮举、陈树德等人在给县令的具禀状中称，“虎溪场路当孔道，差务纷繁，商铺四百余家，为县属第一繁要之区”，该场原来设客长四名，现在申请设立“约客六名”，即使这样，每“逢场期，外匪肆扰，受害甚多”[③]。

从清中前期来看，客长在农村场镇的设置及人数与各场镇的商业发展程度有密切的关系。同时，客长的设置相对来说，自由度比较高，只要当地需要，又有铺民愿意承担，从政府的角度讲，多设置一名客长，地方也就多一名承办差徭、维持治安的人员，因此也就乐观其成。

---

① 四川省档案馆编:《清代巴县档案汇编(乾隆卷)》,第 202 页。

② 四川大学历史系、四川省档案馆主编:《清代乾嘉道巴县档案选编》下,第 204—205 页。

③ 6—3—94。

2.客长与场镇内公共事务

生活在场内的客长，除了应对日常公务，还积极参与场内事务的管理，因为“基层市场社区的权力结构不可能与对市场的控制分开”。[①]

下面，我们从场镇日常的商贸秩序、社会救助、为场镇内铺户的服务等角度来讨论客长与场镇内公共事务的关系。

第一，场镇内正常商贸秩序的维护

场镇作为周围乡民进行土特产品、日用生活必需品交易的场所，维护它的安全并保证交易的顺畅是十分必要的。在清中期，受白莲教起义及后来的李蓝起义的影响，清政府要求在场镇的首尾都设置栅栏并置栅夫进行管理，夜间定时关闭，以防范土匪滋扰。同时，按照商品的类别，在场内分划地域，进行分区交易。这些工作主要由客长、场头来完成。道光三年三月巴县丰盛场的首人袁作介称，因为该场铺户越来越多，交易越来越兴盛，每次赶场之日，“卖货人等不跟旧规，彼此混卖，利地而售”，打乱了原来的市场分区，请求在农忙之时，场镇贸易相对较为冷淡的时候，进行市场环境的整治，整修栅栏，重新划分市场交易区域。[②]

说到场镇内的商业秩序，最重要的一条是所卖商品价格要公允，童叟无欺。场镇中往往有不法铺户，故意提高商品价格，使乡民利益受损。走马岗王姓盐商开设盐店一家，因为种种原因，该店所卖之盐比邻县璧山县双河场盐要贵一倍，达到了每斤四分二、三厘，引起了场上民众的不满，“以致四乡场民至近地双河场称买盐斤”。璧山县双河场的盐贩也从两地之间的巨额差价找到了市场，经常挑盐来走马岗发卖。这无疑引起了王姓等走马岗盐商的不满。乾隆六十年(1795)六月初七，璧山盐贩陈二等人挑盐来卖的时候，被王姓商人纠集盐丁李长发等人拿获，在不告知客长刘正科的情况下，“获银私放”。场上铺户唐正仪、刘正崇等人对李长发颇为不满，“理斥”李长发等人，反被打伤。客长刘正科对王姓商人的种种做法感到很愤怒，他在给县令的禀文中说，“蚁等有首人之责，不敢隐讳斯等蠹店，巨祸难免”。[③]

在场镇的商品交易中，牛肉买卖被绝对禁止。耕牛为农业生产所必备

① 施坚雅:《中国农村的市场和社会结构》，第47页。

② 四川大学历史系、四川省档案馆主编:《清代乾嘉道巴县档案选编》下，第206页。

③ 四川大学历史系、四川省档案馆主编:《清代乾嘉道巴县档案选编》下，第258页。

的生产工具,“谷生于田,民日两餐,非牛无从得食”,同时牛是太牢的祭祀品,“圣人始用之”,巴县农村一般都禁止私宰耕牛。清政府对任意宰杀耕牛有严厉的惩罚,“新宰牛者杖一百枷号两个月,惯宰牛者问充军,如有乡约绅团徇私隐匿不禀报者,与宰牛者同罪”,[①]道光年间,巴县还制定禁杀耕牛七条,其中有两条:

> 一、两场铺户通共不下六七百家,各酒饭店永不许烹炮牛肉,客约小甲,逐期查访,犯必根究,但不得挟嫌诬捏。
>
> 一、远近如有瘟癀跌毙,不许私剥,以致将伪乱真,必投鸣首事或约邻共看,力能埋则埋,不能者公酌。

在此情况之下,巴县县令规定了客长的职责,“场有客长乡约,原为查访私宰赌博诸不法事而设,该客约如果公正,遇犯即禀请惩究,何致恶等肆行无忌?嗣后倘有私宰,惟客约是问”,[②]要求客长负责稽查场内私宰私卖耕牛之事。从个案材料来看,客长也确实负担起了这个责任。如嘉庆十四年,智里四甲冷水场客长李寿林向县令报告,八月初六,本场有杨姓“玩恶”自行宰杀耕牛来场内挂卖,他们去阻止时,杨姓卖肉人阳奉阴违,不听劝告,希望县令能够派差役来严拿。[③]

对于客长来说,每逢赶场日,商贾云集,人流涌动,赶场者动辄上千,管理的压力很大。不法之人往往趁此机会向赶场的民众敲诈勒索钱财。嘉庆年间,巴县一品场客长联合当地绅士岑锡龄、文汝安、王文林称,该场每到赶场的时候,有人在场上招人赌博,从中牟利;有人“窝痞,藉案滥食口岸”;更有人“三五成群,肆酒逞凶,估赊估买,平白生波,诈索朴民”。为此,他们制定了十条乡规,刻于禁碑之上,“使恶者不肆逞凶害众,良善得安,地方得以宁谧”,保证该场正常的商业秩序。[④]

对一些商业贸易繁荣的场镇来说,客长对场内公共事务的管理还更多。如直里一甲龙隐镇临近嘉陵江,嘉庆年间,该镇已有商户六百余家。嘉陵江的码头上整日来往商船不断,每天有大量的力夫聚集于此,依靠搬

---

① 6—2—526—2。

② 四川大学历史系、四川省档案馆主编:《清代乾嘉道巴县档案选编》下,第210页。

③ 6—2—538—2。

④ 6—2—147—2。

运货物上下船为生。由于“僧多粥少”，每一货船到岸，聚集在码头的力夫便一拥而上，抢运货物。在这过程中，力夫与力夫之间，力夫与商贩之间，不免发生口舌矛盾。嘉庆元年(1796)三月，该镇客长陈子尧、陈应贵就曾向巴县县令报告称，该镇“又有一等痞匪，见其挑米担者，乘人累急不及顾盼，其□向米□□□跑外至于河下揽载帮内大小船只，不由客人自便，亦不问其来历不明，希图装载。彼此争拉或扯落银包，或扯撒铜钱每□等之徒，实为四乡镇民商贾之害”，[①]要求县令下发告示，禁止力夫的这种行为。

除了这种野蛮的抢生意行为，对于商贩来说，最担心的倒是力夫在搬运过程中损坏商品，或趁货主疏忽，故意偷走所搬运的物品。同时，这些力夫来源复杂，空闲时候在码头上嬉笑打闹，极易引发各类犯罪。基于此，嘉庆十年(1805)，龙隐镇客长刘宸基、陈明初等人认为，与其任由力夫这样散漫，还不如设立专门的夫头，由夫头统一管理该镇码头上的所有力夫。在他们的坚持下，遂推举王荣锡为夫头，管理该场力夫，[②]受到了全场商户的欢迎。

第二，场镇内的慈善救助

移民来到某个场镇开铺贸易，难免不会有生老病死，有经济实力的铺户和客长，集资在场内兴设善堂，容留无家可归的各省移民；或置买义冢，掩埋无钱买坟地的贫民或病死路边的无名过客。

道光八年(1828)四川总督的一份札示称，“照得地方无主之棺，乏人经葬，往往任其日晒雨淋，当极为掩埋，以免尸骸暴露。川省五方杂处，每年外省民人在川流寓、且有本地无业游民病故之后，因无亲属，遂经邻里于岩边路侧或旷野深林内随处寄停”。就巴县来说，据地方绅士的呈词，“其间本地无业游民暨外省流寓之人，不胜枚举。既无宗党之亲，又乏埋胔之地。一经病故，不过捐以一棺或裹以草席，委诸岩边路侧、河滨旷野之区，比比皆是”。[③] 可以说，地方各场镇都有设立善堂、义冢的必要。木洞镇位于长江之滨，附近有五个险滩，每年夏秋两季，河水暴涨，都会有不少船只在长江中翻覆，沉溺浮尸，没人打捞。同治十年(1871)，该场客长吕永泰等人会同本场监生巫明廷、邓致祥、乡绅李吉三设立安全会，捐银一千余两，在镇

① 6—2—111—2。

② 6—2—479。

③ 6—3—1069。

上买田、房，放佃收租，利用息银收养孤老，设立救生船打捞翻覆船只及遇难者遗体。并规定：洪水期间救人命一条给钱一千文，平时给钱五百文；打捞尸体一具给钱三百文，并由善堂免费提供尸棺。同时，安全会还出资请人宣讲圣谕，送药、送寒衣、收焚字纸等慈善活动。[①]

虽然巴县各场镇也设有乡约，但从现有的资料来看，少见宣讲《圣谕》等事。客长在场镇中也承担了一定的教化职责。道光十九年(1839)元月，彭家场民周世爵等人占据庙地，招留陌生人居住，“日散夜聚，骚扰场市”，而且还允许一个名为万母狗的娼妇在此“诱害良民子弟”，该场客长廖廷槐等人“迭次理逐”。[②]

第三，为场内铺户的服务

客长与场内铺户的关系不仅仅是征收各类摊派，缉拿、防范刑事犯罪，还包括服务于本场铺户的一面。清中前期，社会动乱不安，清政府为了从源头上防范乱民造反，限制叛乱者的武器来源，对民间铁匠铺进行严格的管制。在这一政策要求下，铁匠的生理受到严重冲击。嘉庆年间，四川各地不准铁匠制造诸如顺刀、库刀、黄鳝尾、鲫鱼刀、大小腰刀等形制的刀具，而铁匠要正常营业，需要人承保。嘉庆二十三年(1818)五月初八日，白市驿客长王应龙、何正常为该场铁匠赖成德、林天禄、李富、何正明等人作保，保证他们不会“违造禁器”，“倘稍徇情，容隐违造，蚁等愿甘一同坐罪。中间不虚，保状是实”。[③] 客长王应龙、何正常可以说既是政府的职役，亦为场内民众利益的代表者、保护人。

在某些情况之下，客长也会关心场镇外面的事情。嘉庆十九年(1814)十月廿日，虎溪场客长黄联元向县令提交的“具禀状”内称，他们场境内有大路一道，系成都至重庆的交通要道，每天“商贾往来，络绎不绝，兼有运解银饷，招审人犯，均由此过”。这条路大部分的路况都不错，很平坦，但周家店至永兴庙一段，大概有千余丈长，因为是土岗，一到下雨就举步维艰，给来往行人带来很多不便。他觉得这样下去总不是办法，于是想“钉簿募化”，募款修整这条道路，但因为附近的民众和场上的地主们不愿意，所以

---

① 6—5—1258—1。

② 6—3—243—2。

③ 四川大学历史系、四川省档案馆主编：《清代乾嘉道巴县档案选编》下，第407页。

希望县令能给个正式的批示。最后得到了县令的同意。[①] 客长关心连接本场镇的道路维修显然也有为本场铺户服务的一面。

除了场镇内部的事务以外，客长的职责也涉及到乡村。同治年间，巴县双河场等地遭受水灾，客长冯春山等人提出禀告，建议减少当年的田租并宽限缴纳的时限。[②]

3.客长与场镇纠纷的调处

档案资料中经常提到客长之设在于"排难解纷"，[③]"客长为一场之首，凡遇雀角之相争，必先邀理论"。[④] 这显示客长在场镇纠纷调解中扮演的重要作用。

施坚雅的研究表明，在一个基层市场区内，一个普通农民和区内所有的成年男子都有点头之交。[⑤] 作为在场内开铺户的商家来说，每个场期来他们门面上买商品、聊天的农民为数不少，一来二往，私人之间的关系也就熟了。同时，由于客长具有某种官方的身份，因而能够成为场内各类民事纠纷的调解者。

清代中前期，巴县境内土地买卖较为频繁，由此带来的土地买卖纠纷不少。嘉庆五年十二月，忠廉二里客约甘正祥等人称，"有等无聊之徒，不务正业，从前将产扫卖，价已领楚，延时手内萧条，屡向买主索借不遂，妄称价值不清，或捏摘留田土，或捏摘留坟山，纷控佐杂、衙署，及至审讯，尽属架诬，而买主以拖累不堪"，甚至还有强悍之辈，在已卖土地上"搭蓬造房，携家估踞，砍伐竹木"，经常闹出纠纷，"小则肆闹□殴，大则酿成命案"。为此，请求巴县县令能够公开出一告示予以禁止。[⑥]

客长的这种声望在各类经济活动中表现得更为常见。道光二十一年(1841)，麻柳场人田庆春得买田池玉田业一股，但池玉已在去年将地租给廖正元，并种有小春。廖正元没有和新东家在租田价格上谈妥，于是在场上谈判，约定"来年四月小春成熟收割，将土交还，买主应从，庆春另佃别

---

① 6—2—369—2。

② 6—5—1068。

③ 6—4—3—3390—5。

④ 6—6—1983—2。

⑤ 施坚雅：《中国农村的市场和社会结构》，第44页。

⑥ 6—2—568。

□，廖姓父子不得异言”，田庆春为此立认字约一份，请客长田占魁等做中证。[①] 客长田朝胜、田占魁、贾泽海在田庆春与廖正元父子的租佃纠纷中，起到了中介的作用。他们的中介看来具有相当的权威，在某种程度上起到了解决问题的作用。

其实，客长的调解最多的还是在场镇百姓生活中的各个方面。乾隆三十八年(1773)十一月初十中午时分，直里一甲龙隐镇孙秉正去街上买货，其妻王氏一人在家。近邻赵楚云跑来孙家中，调戏王氏。王氏拼死不从，并大呼救命。孙秉正回家得知此事后，十分气愤，当即决定将此事报知客长陈大器。由陈大器出面，邀集场中数人并赵楚云一起上庙里评理解决。[②]

又如，道光十九年四月，巴县虎溪场客长张启荣、王进贤称，虎溪场在本月八日的场期，有刘六十与张二因为赌资纠纷发生矛盾，张二还“恃恶执刀肆闹”，二位客长听说后，当即“将张二凶刀夺获”。因为“蚁等有场约之责，诚悉酿祸贻累，是以协将张二、刘六十送案并缴刀一把”。[③]

客长的调解还深入到家庭内部纠纷。道光三年十一月，仁里十甲焦士林的具告状称，其妹焦氏嫁给傅祥俸多年，并育有一子。但夫妻二人关系很不好，“祥俸素性刁惯，屡将焦氏嫌贱殴打，已非一次”。道光三年十月，傅祥俸又将焦氏殴打，以致于最后焦氏离家出走。其兄长焦士林请木洞镇客长王丰顺调处理剖。[④]

我们同时还应注意到，客长的这种调处是有限度的。档案中经常有这样的个案，原被两造在经过客长的理剖后，仍然走上公堂的案例。咸丰十年，直里一甲民戴宣春与戴金元合伙前往遵义贸易，数年未归。同治二年正月，戴宣春之弟戴金和在老家集镇偶遇戴金元，问及其兄下落，并投该场客长谢双喜理问。但毫无结果，最后双方还是走上了公堂。[⑤]

因客长拥有在场镇调解纠纷的权力，客长在场内诉讼案件办理过程中，有机会利用各种条件谋取私利。一般来说，客长在场内都有住房，有的还开设栈房，接待衙门来场办事的差役。而客长则可借此谋取自己的利

① 四川大学历史系、四川省档案馆编：《清代乾嘉道巴县档案选编》上，第230页。
② 6—1—1692。
③ 6—3—16812。
④ 6—2—3909。
⑤ 6—5—8521。

益。光绪九年，仁里十甲忠兴场职员冯集齐、监生金先之在给巴县县令的禀文中称：

> 情职等忠兴场，册联九保，户饶三千，地密人稠，不乏词讼。昔有不肖客约，藉开栈房，勾差住寓，锁押被告，串通搕害。时栈主多索案费，栈藉差役，浮收口岸，狼狈相依，致被告破产倾家，卖妻鬻子，在所不顾。道光廿四年，经绅粮杜朝聘等捐买铺房，创立公栈，凡差役来场，必入公栈住寓，每日每名只给饭食钱一百文，请示刊碑，遵行无紊。今有不法陈绍堂，恃充客长，胆藐定规为具文，专结差役为狼狈，在场私设小栈，勾差盘踞，多□串搕，无分案由之大小，只视被告之富贵。恶习病民较前更盛，连年受害，实难枚举。窃本场开设饭店，何只二三，每差来乡，即投伊栈。其为害已可概知。①

请求免去陈绍堂的客长职务。

有的时候，客长往往利用自己的独特身份，向调解双方索要钱财，引起场民不满。咸丰三年七月，巴县圆明场人詹仁等人外出回家途中，拿了本场人慕驼子稻草两把，引发矛盾。双方于是找本场客长李万春“剖理”，未想客长李万春在处理完他们之间的纠纷后向双方索要钱文。据詹仁后来在巴县刑房的口供称：“驼子与小的去投李万春剖理事息，不料万春向小的并慕驼子们索要剖理息事的钱，不遂。万春就来具禀立案”。从此个案中可以看出，客长李万春充分利用了手中排解纠纷的权力，来谋取个人利益。就此案来说，李万春索要钱财之事发生后，圆明场监生董仲才、团首陈子麟多人联名向巴县县令提交“禀状”，认为“李万春过事搕诈，行同匪类，若不将行斥革，愈无忌惮，良民受累何底”？要求革免李万春。②

二、客长与场中权力

作为由移民推选出来的客长，在场镇各项事务中，在和各色人等打交道过程中，其行为取向如何？对内，他如何来处理与移民、铺民的关系？对外，与州县衙门的差役如何周旋？这一过程其实反映了以场镇为场域的乡村社会的权力体系。

---

① 6—6—19183。

② 6—4—3—3390。

1.客长与场内民众

对某一场镇的客长来说，他首先是场内某一省的移民推选出来的客长。前已谈及，对于已经发育成熟的场镇，往往有"四省客长"、"五省客长"之说。这说明在同一个场镇特别是商贸较为繁荣的场镇，如巴县的磁器口、虎溪场，各省移民较多。因此，场镇也成了不同省籍移民竞争的舞台。在这样的场合，场内不同籍贯的移民之间若发生纠纷，客长往往以维护本籍移民的利益为宗旨。前引康熙时期保宁府人李先复的"楚民寓蜀疏"内提及"又有私立会馆，凡一家有事，率楚中群凶横行无忌"，从另一个侧面反映了客长在维护同籍乡人的利益。

再来看巴县档案的相关记载。巴县忠里一甲跳石场"居民杂处"，设客长五人。嘉庆二十一年七月初八，该场赶集，据客长张川泰称，有江西籍惯贼张□□"掉窃熊朝修银两"，被其拿获。但该场江西客长张广元出面，"护庇"张姓贼人。八月初一，张川泰等四人以"屡庇贻累、禀公拘究"为由状告张广元。针对张川泰的指控，八月初二，张广元称：

> 该场贤妄不齐，各省公议，轮签首人，俱皆体德无私。惟张川泰嘉庆十三年承充客长，十五年诈搕邹贤文银钱，不给。架以违禁窝赌，于前叶主差唤逃抗，合场禀章在卷。十八年，罗元□瘟毙牛只，川泰藉恃为由违禁私宰，经乡约刘文林获禀在案。……十九年，该场龚绍武窝宰害众，被蚁等拿获缴送，奸恶川泰诈伪百端，仅将绍武一人送案搪抵，其惯宰牛只之龚大学私行贿放……今五月十三，合场瘟疫灯会，而川泰恃势窝赌，放稍打头……六月初八，有贼来场掉窃熊朝修银两，经蚁等鸣锣捉获送案。川泰从中作弊，欲行贿放。蚁不准理，伊就挟忿控蚁。

两个月后，经该场赵永成等集合两造调处，双方因口角而酿成诉讼，最后双方签下"结状"，息讼告终。[①]

既然生活在同一场镇内，客长与场内各铺民天然地成为了一"共同体"。这在客长与其他场镇和在乡粮民的关系中表现得十分明显。

首先，积极捍卫本场铺民利益。前已论及，客长的主要职能之一是承

---

① 6—2—6614。

办差徭。从政府的角度来讲，具体的某次差徭往往需要多个场镇来合作共同完成。在其中，就存在着某个场镇多承担或少承担的情况发生。巴县走马岗场，位于成渝大道边，是巴县境内七个办理来往官差的场镇之一。乾隆四十七年(1782)二月二十七日，走马岗场客长金开第、程汝隆、街约何其祥在给县令的禀状中说，走马岗场只有铺户四十余家，都是小本营生，但每次差务都是积极办理。二月二十七日，有一队荆州兵路过，各场都要帮办火把一千把，但附近的龙凤场伍客长、胡客长、黄客长“藐抗不帮”，这样差务主要就由走马岗场承担，他们要求县令能够派差催促龙凤场的诸位客长，共同办理，这样才能“苦乐得以均平”。①

其次，在场内移民与本地粮民之间的纠纷中，维护移民的利益。虽然客长来自他省，以寄籍或商贸的形式居住在场镇之中，但从档案资料来看，客民并没有寄人篱下之感，在与本地绅士或粮民的诉讼中，积极参与诉讼，甚至时常处于胜诉的一方。

移民来川贸易经商，无非为了赚取利润。在场镇中贸易，有几点是十分重要的：市场的设置位置、每年各铺户摊派钱粮的数量及各场公秤的计量尺度及其控制。下面通过忠里五甲鱼洞镇米市的设立来看地方各种权势人物对米市的争夺。②

巴县鱼洞镇米市从设立之初就诉讼不断，乾隆四十九年(1784)，经四川按察使裁断，米市设在该场的新市街，“清宁二十余年”。米市设立之初，曾经设有官斗，并规定，官斗“听民自便，不准取米”，但因为没有专人负责管理，“日久废弛”。此后，各铺买卖都用各铺的私斗来进行，因为各铺私斗大小不一，所以每次赶场的时候，买卖两家都会因为所用斗的标准而吵闹不休。鉴于此，嘉庆初年，该场的乡约陈品先向巴县县令易昌提出申请，重新设立官斗，并请万天宫住持僧元修代为照管。

万天宫因年久失修，摇摇欲坠，元修早就有“募修”之意，接管官斗后，他希望仿照其他场市的米市，向来过秤的买卖双方抽取一定的“佣金”。但这个想法没有能够得到该场客长姚万成、米市地基主人卢菁等人的支持。元修在乡约陈品先及部分该场地主的支持下有迁移米市的想法，希望将米

① 四川省档案馆编：《清代巴县档案选编(乾隆卷)》，第254—255页。

② 四川大学历史系、四川省档案馆主编：《清代乾嘉道巴县档案选编》下，第202—203页。

市搬往他处，达到摆脱卢菁等人控制的目的。嘉庆十一年(1806)，乡约陈品先、米贩夏荣龙等人分别向巴县县令易昌、重庆知府王用仪递交请求，要求将米市搬往他处。客长姚万成、地主卢菁立即提出反诉，指责他们无非想通过搬迁米市，达到借机自肥的目的。姚万成等人还拿出了乾隆年间的判决书，认为这个问题早已解决了，陈品先等人完全是在无理取闹，认为陈等人之所以这样做，并能够得到某些人的支持，是因为大部分人都不知道乾隆年间的判决，要求这次判决的结果勒石镌碑，"以杜奸究"。重庆知府、巴县县令同意了客长的请求。嘉庆十一年(1806)四月十五日，巴县发布告示：

> 该镇商民人等知悉，嗣后凡赴镇买卖米石，俱以市用官斗交置，毋许索取用米。倘乡约陈品先仍敢串同米贩夏荣龙等复来市镇藉用米滋事，许该镇约客立即扭禀赴县严究，决不宽恕。各宜凛遵毋违。特示。

事情仿佛可以结束了，但其实不然。元修、陈品先仍在继续努力，嘉庆十三年(1808)九月，二人联合该场地主李文仲、张成龙等人，称已经买到了更好的地方可以用来做米市，建议将米市从新市街搬走。但在客长姚万成及差役李阶等人的反对下，巴县县令叶文馥以前有定案为由加以拒绝。

此案因两个矛盾而展开，一是米市设置的具体位置，二是元修是否应该征收一定的佣金作为官秤的管理费。围绕着这两个矛盾，客长姚万成、地主卢菁为一方，乡约陈品先、米市新地基主人李文仲、张成龙及万天宫住持元修为另一方，双方在鱼洞镇为了各自的利益而角逐。

客长姚万成以米市久有成规为由，说服了官方支持自己的立场。从该案官员的批词来看，政府的态度一直都以前任官员的裁断为依据，支持客长一方的意见。政府的这种僵硬的态度，实际上反映了清政府在场镇设置牙行的一贯立场，担心"集场多一牙户，商民即多一苦累"。[①]

元修在此案中的角色很有意思。虽然有明文规定，米市买卖双方在使用官斗时，是不用给"佣金"的(也正因为如此，才乏人管理，最后官斗不在，私斗泛滥)。但档案表明，在巴县农村的其他场镇中，使用官斗，一般都要

---

① 《清朝文献通考》卷二一《职役一》。

给予一定的“佣金”，大概为每斗取米一合。这笔佣金往往由市场附近的庙宇僧人代为经理。可以推测，元修也是出于收取“佣金”的目的而愿意管理，并最终达到翻修万天宫的目的。但元修的计划并没有得到场中商户的同意，他们并不愿意缴纳佣金，因此，客长姚万成强烈地反对也在情理之中了。

在这个故事的背后，其实是铺户与粮户、移民与本地百姓之间的矛盾。客长成功地利用了“久有定规”这个旗帜，促使县令做出了有利于自己的裁决，争取移民、铺户利益的最大化。

2.客长与差役

客长在地方社会中的作用可以说“具有双重职责，既是乡村社会的代表（但不是乡村社会的领袖），又是政府的联络员”，[①]它一方面代表了场镇中各铺户的利益，同时也帮助政府完成了各类税收摊派的征收以及地方治安的维持。与佐伯富所讨论的“地方”不同的是，客长还是场镇特定人群，即移民利益的代表，客长的存在沟通了国家与外省民众之间的关系。

前已谈及，客长在维护本省客民及本场铺户利益过程中扮演着重要的作用。在客长与外来人物，如代表官方权力的衙役交往过程中，客长往往也能够从维护场镇铺户的权益出发，与衙役进行交涉。如乾隆三十五年，江陵县差役刘文、李荣等五人奉差来巴县兴隆场公干，因事与该场铺户发生矛盾，打翻铺民刘元福的货摊。该场客长孙淮扬以差役办事“未以票出现”为名具秉，请求巴县惩治江陵县的五名差役。[②] 在这里，客长孙淮扬抓住了江陵县差役在办差过程中没有出示差票这一漏洞，成功地维护了本场铺民的利益。

又一例。巴县麻柳场是个靠近长江的小镇，往年也有承办过往差徭的责任。光绪十八年，巴县麻柳场客长吴大顺在给县令的禀文中称，“今十月初旬，突有长寿河差执一手票来场勒要纤夫，凶抓过渡小船。客等理劝始去，随后考核来历，系到云南赴任官长，并非应办差务。此关情形，均由邻县恶蠹藉势虎吓，希图搕诈”。[③]

上述两例均是客长与他县差役围绕着场镇是否办差之间产生的矛盾。

---

① 杜赞奇：《文化、权力与国家：1900—1942 年的华北农村》，江苏人民出版社 2003 年，第 33 页。

② 6—1—3688。

③ 6—6—5647。

下面这个案例则是客长与本县差役之间因为办案过程而产生的纠纷。

同治四年冬，巴县天赐场铺民柯潞行家被盗失窃，报案后巴县派差张福来场内调查。有意思的是，张福没有亲到，而由其徒弟、革役潘丑来场缉获盗贼文祥金。整个办案过程天赐场客长陈三喜都在从旁协助。文祥金落网后，据陈三喜称，“祥金托蚁与捕等说给案费”，也就是想私了。陈三喜认为“祥金系案鳞惯贼，且有服约”，没有同意。但最后祥金还是与潘丑达成了两只肥猪的价格共15串钱被私放。文祥金事后觉得陈三喜没有帮忙，遂更名彭太和，以捕役与客长串通，敲诈其钱财为由提出告状。后由该场监生马喧堂给县令的第三方报告称，“恶捕张福、曹忠派徒来乡需索无厌，不搕乡愚即诬善良。今五月捕等来天赐场缉获惯贼文祥金，央客长陈天顺（陈三喜）求释，未允。捕等胆敢意外生波，得钱私纵。旋支祥金更名彭太和与快役彭升商串架，以冒差搕控陈三喜在卷”。[①]

因资料保存有限，不清楚案件最后的结果如何。但我们从第三方的调查可以看到，差役在下乡过程中常有因案索贿而故意偏袒、放纵某一方的事件发生。客长基于本场的安定出发，对一些惯犯可能有不同于差役的处理意见，于是产生纠纷，甚至于被诬告于县令。这反映出在处理场镇案件过程中，客长与差役矛盾的一面。

客长与差役除了矛盾的一面，在办案过程中也有互相支持、甚至狼狈为奸的一面。客长因承办差徭、维持治安等公务，与下乡办差的差役较为熟悉。因此在涉及客长的案件中，差役可能采取维护客长利益的做法。同治三年，巴县忠里一甲监正彭元彪等人以“治酒备贴六百余封，招集四方痞匪”聚众赌博为由告该甲彭家场客长胡海山。巴县县令派遣差役到场调查，据彭元彪称“（该差役）受贿不理，置若罔闻”，并不认真办理。[②]

其实，对于场内的治安维护，有时单凭客长之力无法独自完成，这时候往往需要正式的官方权力介入。客长因负责维护场内治安，往往引起乡间恶势力的不满而遭到威胁。道光七年五月，巴县凉水井客长许万贵称，场内有周伦万一伙，“不务正业，专习拳棒，动辄身佩禁刀，在场逞凶，横行霸道”。客长曾经多次协助他人将此伙成员送入卡房掌责，也因如此，招致该

---

① 6—5—5084。

② 6—5—262。

团伙其他成员的威胁，该伙成员“冯大五、苏小三等逐日佩刀，在蚁家寻屠蚁命，害蚁不敢回家”，请求巴县县令将其余伙拿获。[①]

第四节　小结

由于清政府实施积极的移民政策，各省移民大量来到四川，清政府既有的地方基层管理制度失去了应有的效力，啯噜的泛滥就是一个很明显的例子。在此背景之下，客长作为移民社会的地方基层管理人员登上了历史舞台。

在巴县乡村社会中，客长制具有弥补保甲制功能缺陷的作用，通过客长制，清政府将移民管理纳入到可以掌控的范围之内，有利于清政府维持地方社会治安的稳定及各类赋役的征收。

日本学者山田贤以县为研究场域，从宗族发展的角度讨论了清代四川地域社会发展的三阶段特征，[②]认为地域秩序发育成熟的标志是“公局—绅粮体制”的形成。我们发现无论是山田氏笔下的“绅粮”还是这些精英参与竞争的“公局”，与一般平民之间的距离还是稍显较远。而客长在四川乡村社会的作用一直延续到清末。1911年，四川保路运动期间，保路同志会在各地建立协会的过程中，就十分重视各乡镇客长等人的作用，“此项办公之人因地方官平日对于各乡公事相托付，此辈以足以代表一村一乡四民也。且团总、保正对于乡村颇有势力，至乡约、客长职位虽小，彼辈平日确被一般中人以下者所信仰，故兼及之”。[③] 客长职位虽小，却被乡人所敬仰。

以客长为代表，包括保甲长、乡约，这些所谓的非“官绅精英”实质性地参与了清政府对乡村社会的控制过程。从客长对场镇公共事务的管理、客长在场镇民众纠纷调解中的作用来看，清代的巴县乡村在一定程度上处于自治状态。这种自治有其深层次原因，第一是官府的适度授权，让由普通百姓充任的客长具有一定的半官方身份，负责处理与官方有关的社会治

---

① 6－3－19499。

② 这三阶段特征按时间序列为：第一阶段，同乡聚居；第二阶段，“宗族”的形成；第三阶段，公权力与地域精英。见山田贤《移民的秩序——清代四川地域社会史研究》，第310页。

③ 四川保路同志会讲演部“讲演及组织同志协会办法”（宣统三年六月），引自戴执礼编：《四川保路运动史料》，科学出版社1959年，第185页。

安、差徭征派。第二,传统中国政府与社会的关系实质上是“小政府”与“大民间”或“大社会”的关系,[①]“中国的王朝国家是‘夜间巡逻国家’,是‘小政府’”。[②] 巴县乡村场镇中的大量公共事务、生活中的纠纷调处需要专人来负责,而地方政府却没有能力来应对,这给客长的出现提供了现实的需求。客长的管理最初具有“省籍”的背景,时常演绎为不同籍贯移民间的竞争。这又让客长具有了移民的特色。

① 罗志田:《革命的形成:清季十年的转折(上)》,《近代史研究》2012 年第 3 期。

② 山本进:《清代社会经济史》,山东画报出版社 2012 年,第 13 页。

第五章　团正与清中期的地方军事化

嘉庆元年(1796)九月,四川达州人徐添德、东乡(今四川宣汉)人王三槐等白莲教徒起事响应湖北的同教起义,民众旬日之间发展到一万多人。白莲教的反清起义对四川影响甚大,川东、川北及部分川西州县都成了战区。白莲教起义可以说是清王朝由盛转衰的分界点,为了镇压这场起义,清政府费时九年,共征调全国 16 个省,总计十余万的正规军前往弹压,随同征发的乡勇、团勇更是不计其数。清政府为此消耗的军费累计白银达到二万万两,相当于四年的财政收入总和。[①]

在镇压白莲教起义的过程中,在如何阻止民众与白莲教的联系方面,清地方官员提出了多种方法。通过办团练、"坚壁清野",在城乡各地建立各种类型的军事据点得到了清政府的支持。[②] 至咸丰年间,受太平天国起义的影响,四川境内再次战火连天,其中对四川影响比较大的有:咸丰九年的李、蓝起义,同治元年太平军石达开部在四川的活动。此一时期,团练的建设有着不同于嘉庆时期的特色。在巴县乡村,团有取代保甲而成为地方行政单位的趋势。

嘉庆年间,巴县仍然具有强烈的移民社会色彩,反映在团正与客长这两类有着不同身份及权力来源的乡村社会"职役"的矛盾冲突以及相互合作上,在很多乡村场镇,更有移民同时兼充团正与客长的现象。下面即对此复杂的现象进行剖析。

---

① 蒋维明:《川楚陕白莲教起义》,四川人民出版社 1985 年,第 55 页。

② 重庆合州知州龚景瀚提出"坚壁清野"之法,"晓谕居民团练壮丁,建立堡寨,使百姓自相保聚,并小村入大村,移平处就险处,深沟高垒,积谷缮兵,移百姓所有积聚,实于其中。贼未至则力农贸易,各安其生,贼既至则闭栅登陴,相与为守。民有所恃而无恐,自不至于逃亡。别选精锐之兵二三千名,以牵制贼势……不战而屈人,策之上者也"。见道光《夔州府志》卷二一《武功》,页二十三上。

第一节 白莲教起义与团练的兴起

此前的团练研究，由于拘泥于“保甲清内奸，团练御外匪”的思维模式，认为团练为一临时性的军事组织。本章认为，此一认识在团练发展的初期，的确十分契合，但并不是有清一代团练的实在情形。对它的认识，应该具有“时代感”。换言之，不管是外在形式还是内在功能，团练都有一个自身的发展、演变过程。

一、作为军事组织的团练

四川白莲教起义爆发之时，正值贵州苗民起义，清政府在四川的驻防军队大都调往贵州平乱，各州县防务空虚，义军发展，势如破竹。嘉庆二年(1797)十一月二十三日，徐添德、王三槐等人率领义军攻占长寿，并派小股部队攻至重庆江北厅境内，直逼巴县。巴县全城震惊，人心惶惶，民众纷纷逃难避祸，“竟有无知之人，心生畏惧，私行搬眷出城”。为此，巴县治城开始实行戒严，“今后如有绅士以及字号、客民人等，携同眷属及携带箱笼、货物者，一概不许出城。……进城之人，一切箱担、包袱，尤宜逐细开看，以妨奸□□□人等，不得有意藉端需索，一经发觉，立毙□□”。[①] 重庆府属的其他州县大抵如此，如江津县，“渝郡戒严，津邑居民纷纷逃窜”。[②]

为了弥补清正规部队军力不足及切断义军与地方社会的联系，嘉庆元年(1796)，四川总督宜绵令各州县仿南充知县曾自柏之法，办理团练。

曾自柏认为此前乡勇在配合官军剿匪作战的过程中存在着诸多不足，具体表现在：一、经费需求上，招募乡勇，“需费浩繁”；二、地方粮民不愿充当，充当的都是些无业游民，“图支盐粮”；三、这些招募的乡勇战斗力太差，“有事则退缩畏避”。基于此，他认为办团练是很好的防范土匪的方法，“不若就粮户居民，聚集乡团，守望相助”。至于为何团练是御匪的有效办法，曾同样给出了三个理由：一、自己保护自己的家园，民众会更

① 四川大学历史系、四川省档案馆主编：《清代乾嘉道巴县档案选编》下，第415页。

② 民国《江津县志》卷三《前事志》，页十五下。

积极，“彼各有田园庐舍，父子家室，眉睫之灾，谁不共切保护”；二、团丁自备口粮、器械，政府的财政压力没这么大；三、农村的青壮年都去当团丁了，白莲教也就失去了后备的兵员，也没有粮食可以供应，“贼匪之无丁男之可裹，无米粮之可掳”。[①] 曾氏的团练之法共有多条。择其要点摘录如下：

一、每团制造红边黄部大旗一杆，上大书某团义勇字样，团内派一强翰(悍)有胆力者，执旗随团总左右。

一、团勇务须衣履紧扎，棉帽上须系号带一根，上亦写某团义勇字样。

一、每团置三眼铳铁炮二个，中鼓一面、中锣一面备用。

一、团内有技勇精强之人，据实报州县，派令传习教演，各团勇、团总优礼以待或公议月费，以酬其劳。

一、每团务须定一聚集公所，无事则合一团之人，或分为两班、三班，议定双单日期，轮赴公所演习武艺。空日亦可以各照家务，公私两得。有事则齐集隘口，协力堵御，不得偷安躲避，违者责成团总、团长稽查禀究。

一、地方有事，团勇日夜守卡嘹望、协力堵御，并定夜间伏路巡更，尤为聚要。必须轮流派拨，以均劳逸。如有推诿偷安，及虚应故事，不认真用心出力者，团总、团长稽查禀究。

一、各团相距在二十里内外者，每议一定期于附近要隘处所齐集会哨。或施放枪炮，演试武艺，既足以壮声势，使贼匪闻风远遁，又可以彼此认识，互相联络，方不失守望相助之义。[②]

从上面所罗列的条规来看，曾氏团练之法的军事色彩十分明显，团总、团长的责任在于带领团勇平时进行战备训练，战时协助官军，守卫各处要隘。同时我们还看到，团练基本上不参与各类民事活动。

曾氏的团练之法在巴县得到了全面的施行。嘉庆二年(1797)十一月十七日，由于军情紧急，巴县县令接连发了几道告示，命令各团团勇、壮勇、渡夫、站房甚至丐头做好防范工作。如给各乡场团练首人的告示称：

---

① 道光《重庆府志》卷六《武备志》，页二十七上。

② 道光《重庆府志》卷六《武备志》，页二十八下—二十九上。

照得□□□堵，必须实力奉行，切勿有名无实。现在各□□齐集团练，业已造具名册过硃给发在案，名数有定。该团首务于每日早饭后，鸣锣三齐，邀集查点一次，令各带器械，如有一名不到，罚钱五十文，以作团内茶资。再，每团备尖角黄布旗一面，上横写：巴县正堂李设团防堵四字，旁写团名，送县过印。各宜凛遵！毋违！特谕。[①]

从上述的分析可以看到，由于此一时期白莲教义军在川东各县攻城略地，巴县地方情势岌岌可危，团练具有明显的军事特征，其目的就在于防范义军的入侵。团练之法，推动了巴县地方社会的军事化进程，正如时人所言："因团练之说起，乡民各聚其邻，多或千人，少亦数百不等。推衿耆有才识者为首，警则鸣钲，相聚分派守隘，大众萃于一山，垒土石为垣。"[②]

在强化团练防匪的同时，保甲对内稽查的工作也在继续着。嘉庆七年(1802)，清政府与白莲教起义部队的战争进行得如火如荼，虽然战火还没有正面燃烧到巴县，小股零星的白莲教徒还是经常扮作客商、乞丐，在巴县刺探军情、发展教众，引起新任巴县县令葛若炜的警觉。该年十一月十四日，葛若炜发布全境重新编联保甲的告示，要求"十家挨户，编联一牌，日则互相稽查，夜则输值支更，周而复始"，如若一家窝匪，九家连坐，决不姑宽，希望借此"务使邪匪无从混迹，俾保地方得以宁谧"。[③]

可以看到，战时团练与保甲在地方社会所扮演的职能是各有重点的，也就是所谓的"保甲所以清内奸，练团可以御外匪"，保甲与团练二分，各管一块。在这种二分关系之下，团练的军事色彩明显。此种军事型的团练组织随着战火的逐渐熄灭，其形态也开始发生变化。

二、作为基层组织的团练

嘉庆九年(1804)，清政府扑灭了白莲教起义所引发的战火，地方局势也不如战时那么紧张，但地方办理团练之法却并没有因战火熄灭而取消。嘉庆十八年(1813)，四川布政使司方积、按察使司常发祥，通令全川各州县

---

① 四川大学历史系、四川省档案馆主编：《清代乾嘉道巴县档案选编》下，第415页。

② 石香村居士撰：《戡靖教匪述编》卷四，页二下，清道光京都琉璃厂刻本。

③ 6—2—39。

继续办理团练，“查从前四乡居民，自行团练一法，最为妥善，合亟札饬遵办。仰即劝谕乡民，查照从前团练章程，一体齐团”。[①] 巴县县令董淳随即于该年三月颁布《巴县团首牌甲条例》，希望借此加强政府对地方社会的稽查。下面，我们来对此一时期的团练进行简单的分析。

董淳在接任巴县县令时，已在四川多个州县任职，时间长达十余年，对四川的情况比较了解，“深知川省地方五方杂处，匪徒最易混迹”。嘉庆中期，巴县的商业十分繁荣，人口流动频繁，董淳说：

> 至渝城则更系水陆冲衢，商贾云集，奸盗邪淫无所不备。若稽查稍疏，则商民受害非浅。且每多外来匪棍，或假装生意买卖之人，来此脱骗客货，滚败人口；或传习西洋邪教；或勾串本地痞棍，凭空诬索，动即逞凶滋事；更或号称大五、小五、帽顶，携带禁刀，窜赴各乡场，见有货摊什物，即行估夺；或潜匿僻地菁林，遇有孤单行旅，即行劫抢；或沿场绺窃掉包。又有多则数十为群，少则三五为偶，携带撬刀夹剪，专于拨门挖洞，或偷窃银钱货物，或搜取器具耕牛。其余私铸私宰、窝赌窝娼，种种积弊，言之令人切齿。至于沿江一带，更易藏匪，防范尤不可不严，除签差严密查拿外，诚恐不肖差役虚应故事，不肯认真出力，自应仍借民力，协同严拿。[②]

董淳所编排的团练之法共有23条大概可归纳为以下三大类。

一是关于团练的编排原则，共有六条。分别为：团的编排遵循十家一牌，十牌一甲；团首的任命；团内畸零户的处理；水上船只的编排；鳏寡孤独户的处理；旅店的稽查。

二是团练的职能。大体可分为两个小类，首先是治安、防匪方面的，共五条，其中有三条是关于特定人群的处理，如窝家、痞棍及各处腰店的管理，另外两条则是关于团内的日常训练及各场防匪工作的日常安排。其次是团内民事方面的事务，条款最多，达到了八条，包括团内乞丐和信仰邪教的团民处理，团内礼仪秩序的维持，严防卖淫嫖娼等活动，其中还有两条是关于团内农业生产秩序方面的，一是严禁私宰耕牛，二是严禁团内妇女儿童偷捡业主的杂粮蔬菜。

① 6—2—57—4。

② 四川大学历史系、四川省档案馆主编：《清代乾嘉道巴县档案选编》下，第279页。

三是关于团务方面的活动、团内的日常工作安排、团首职责，共有四条。如团簿的造册，团首在处理户婚田土方面的职责。

从这些条例我们可以看到，团练的军事职能已经在趋于淡化，更加注重民事等方面的稽查。团练与保甲的关系开始发生变化。

团练的军事色彩淡化的趋势在道光以后表现得更为明显，即使是在李、蓝起义和太平军同时入境巴县的特殊时期。

道光二十九年(1849)四月巴县的一份告示指出了团练与保甲的关系，“川省之民惟识团练而不识保甲，不知保甲即团练也。聚则为团练，散则为保甲，用保甲所以察奸，用团练所以御寇，名虽二而其实一也”。[①] 同治元年(1862)，随湘军将领骆秉章入川的清代循吏朱孙诒在谈到团练与保甲之关系时，亦称“团练兼寓保甲”，并认为只要团规严密，“保甲不需要另举”。[②] 在新的时期，团练承担了原属保甲系统的职能，二者的功能出现了趋同的趋势，这也为孙明对清末四川团练的研究所证实。[③] 下面我们以道光二年(1822)巴县县令王如瑁颁布的团练告示为例，来看看此一时期，团练所关注的重点又有何不同。

王如瑁所颁布的团练告示，共 24 条，我们将这 24 条进行简单的分类(表 5—1)。

表 5—1：道光二年巴县团练告示分类表

	名目	条款数
治安	防匪防盗	7
	乞丐管理	3
	赌博管理	1
户婚、田土钱债、口角	口角处理	2
	假钱	1
	地权纠纷	4

① 四川大学历史系、四川省档案馆主编：《清代乾嘉道巴县档案选编》下，第 289 页。

② 朱孙诒编：《团练事宜》，见沈云龙主编：《近代中国史料丛刊》三编第五十五辑，第 35 页。

③ 孙明：《清末四川团练问题研究(1898—1911)》，北京大学历史系硕士学位论文 2004 年，第 16 页。

续表

	名目	条款数
特定人群	妇女	3
	衙役	1
	地方豪右	1
	邪教人物	1

资料来源:《清代乾嘉道巴县档案选编》下,第284—285页。

从这些团练条例明显可以看出,团练的军事化色彩淡化的趋势得到了继续,24条规章中,没有一条规定团练成员如何训练、团首在战斗中要如何带领团丁杀敌、不同团之间如何进行军事联络。同时,王如琯的24条与董淳的23条也有不同,表现在以下几个方面。首先,董淳的23条还带有部分的军事色彩,如"各场市镇,每场设立梆锣并木架一座,高脚牌一面,其牌上书写严拿匪徒四字;……各家仍再制青岗木棍一二根,以备捕贼防身;……各牌头一闻锣声,即率牌众,各持木棍齐集,协力擒拿……倘有闻锣不到,协拿不力者,许团首乡保等公同指名禀究"。[①] 而这些在王如琯的24条中均不见载。

其次,王如琯的24条出现了大量的关于如何处理团内经济活动的条规,如"奸徒私造假银,及私销私铸等事,查出实据,协拿送究",对这一时期假银扰乱市场给予关注。又如当时城乡通行买卖田地房屋,使用白契为多,借此可以达到偷逃税的目的,团规对此提出了解决之道,"置买田地房屋,立契成交后,随时赴案,照例税拨。如有隐匿不报者,许团邻禀究;如徇庇不禀,查出并究"。[②] 如此还有多条,这里就不再一一列举。王的24条并不仅是停留在告示文本上,而是在巴县城乡社会得到了广泛的推行。这可以从巴县仁义团的团规中得到证实。

道光四年(1824)农历三月十七日,正是小麦、豌豆成熟的季节,巴县节里九甲相约成立仁义团,并立团规五条。其中有三条即是处理团内的日常细事,现摘抄如下:

一、公议:凡属境内、境外在团人等,各戒其家,兄戒其弟,父戒其

① 四川大学历史系、四川省档案馆主编:《清代乾嘉道巴县档案选编》下,第279—280页。

② 四川大学历史系、四川省档案馆主编:《清代乾嘉道巴县档案选编》下,第285页。

子，勿得纵惯妇女幼童，乘窘私窃戎葫麦食。如若拿获，经团送究。

一、公议：凡人之柴薪朽木滥茨，各有其主，不许私砍偷窃。倘有违令，私偷砍伐，主人拿获，鸣团送究。

一、公议：凡属五山牧童，勿得以牛牲骚扰，践害山粮。恐失手践害者，即自凭团众理剖量赔，被践者勿得吞索过取。两造不遵理说，团众亦然禀究。又有一等稍不遂意，藉事生波，许令团首禀公送究。[①]

该团条规第四条是关于盗贼入境时，防范盗贼的具体措施；第五条是关于团内帐目经费管理的，此不列出。

这一时期办理团练的目的可以归纳为两点，一是前面提到的处理团内的日常经济事务；二是希望通过齐团的手段来加强对地方治安的稽查。

道光元年廉里八甲红炉四厂民刘元兴、黄德炳等人称，因为该地"路通云贵二省大道"，来往客商频繁。嘉庆初年白莲教犯事的时候，该地曾经练团防御，"以防贼盗"，取得了很好的效果，"境地得安宁静"。后来战事平息，团练也因此废弛，地方治安逐渐恶化，"窃贼闻讯入境，日则假以乞丐，窥探路径；夜则穿窬入屋，毒毙家犬，肆窃纷纷，捕拿不获。奈此际秋后稻谷登场，有等无知妇女，每以摘取猪草，便窃小菜粮食。一经拿获，动辄痞赖"。因此，他们商量重新在这里"议设齐团，以防窃贼"，得到了县令的支持。[②]

又如同治某年，武举谢蛟、训导胡元吉等人给县令说，他们地界上，半个月之内，有龚、刘两家，先后遭到了强盗的抢劫，损失"约计万金"，请求县令札饬各乡，加强练团，以免"效尤成风"。[③]

总而言之，道光以后的团练虽然还有些许军事色彩，但团的中心事务越来越多地关注团内各类细务。团练与保甲已有趋同的态势，光绪元年(1875)，川东道的一份告示也表达出了类似的看法，"聚则为团，散则为保甲，非保甲一事，团练又一事也"。[④] 因此，我们有必要对此一时期的团练进行仔细的考察。

---

① 四川大学历史系、四川省档案馆主编：《清代乾嘉道巴县档案选编》下，第 286 页。

② 四川大学历史系、四川省档案馆主编：《清代乾嘉道巴县档案选编》下，第 284 页。

③ 6—5—209。

④ 6—6—860。

三、团的运行实态

团的具体形态怎样？是什么因素促使团设置的变化？其性质怎样？下文对这些问题将进行粗浅的考察。

1.团的设置

里甲的划分原则是基于赋税的考虑，保甲则在于地方治安。团练办理的目的在于防御土匪，因此，其划分原则，主要基于地势的选择，“就地势以分段落，设立团规”。[①] 就清中期巴县的地方社会来说，团练的划分是在保甲的基础之上进行的。十家为一牌，设一牌头；十牌为一甲，“牌头归于甲长专责，甲长归于保正稽查。至畸零散户，附入挨近之牌，一体编联”。[②] 或五六牌为一甲，每甲设立团首一二名。

这种嫁接在保甲基础之上的团练编排方式最初是十分有效果的，但“日久生变，有经佃住之家搬来搬去，以致混杂不清”。[③] 同时，团练与保甲不同，平日它有许多日常的事务要办理，如它需要有一公共场所做为团丁齐集的地方，团丁也需要进行日常的训练。相对于保甲，团练对普通老百姓日常生活的影响更大，这反过来为团练的日常事务安排带来一些困难。由此，团的设置经常处于不断的变动之中。我们来看下面三个有关团的设置、变更的故事。

故事一。巴县仁里七甲，“地方辽阔，界连南（川）、綦（江）两邑”，咸丰初年办理团练，防范“黔省逆匪”，将团练所设在境内朝音寺，故该团名为朝音团。从地貌看，该团处于山谷之中，团内花户住居星散，每次团练聚集操练都很难聚齐，“多有不到”。同治二年（1863）九月初二，团内监生谢元泰、田力畴、曾同兴等人建议，在甲内天公寺另设一天公团，以朝音团花户分半属之。这样“甲设两团，每齐团之期，由近得便。兼之地势山河，上下两团，获□固”。[④]

---

① 四川大学历史系、四川省档案馆主编：《清代乾嘉道巴县档案选编》下，第 288 页。孔飞力在《中华帝国晚期的叛乱及其敌人》中详述保甲、团练与地方自然形成的单位的关系，证明州县官在具体操作中并没有完全按照官方的组织原则来实施保甲、团练制度，“官僚们不得不把治安管理甚至征税的责任交给那些能够在农村行使权力的代理机构”（见该书第 96 页）。由于在时间顺序上，保甲制度的实施无疑要早于团练制度，此二者之间的关系也是我们认识团练制度的一个很重要的方面。

② 6—4—145。

③ 四川大学历史系、四川省档案馆主编：《清代乾嘉道巴县档案选编》下，第 284 页。

④ 6—5—125—1。

故事二。仁里十甲河西团，有烟户三百余家，该团向由监正田芳斋与杨正吉共同办理团务。但因为该团“地方辽阔，人心从杂，贫富不等，良莠难一，每遇公务，彼推此卸”，特别是在团费的征收方面，“甲掯乙骗，害公悬无着，甚至趣（趋）利避祸，寻畔生波，小则口角，大则讦讼，实难枚举”。同治四年（1865）十二月监正田芳斋、乡约金文明、杨忠礼建议将该团“就地方之顺，适截半分治胜团”，由田芳斋与杨正吉分任各团监正，得到了县令的支持，“事原可行，准如禀立案，烟册备查，仍仰杨正吉等将分集团册造呈”。①

故事三。有的团则因为防务需要，临时设置，险情一解除，该团也就寿终正寝。同治四年（1865）十一月，从兴团监生徐玉泰、徐襄廷在“具禀状”中说，从兴团有花户六十余家，由原来的仰山、青华、天生三团花户的居民组成。咸丰十一年（1861），太平军石达开部逼近巴县，前任巴县县令张秉堃亲临检查团务，因该地有长延坪、跳龙门等几处要隘，需要轮派花户，昼夜防守。原来由三团分别管理的形式很难统一，所以新设从兴团，“就近齐集，以便防隘”。现在紧张的气氛已经缓和，各花户也已回归各团，各种为业。②

上述三个关于团设置的故事，仅是巴县档案中无数个团练故事中的代表。就团的设置，孔飞力认为有两个必要条件：有力的领导和多余的财力。③ 但从上述三个故事来看，还有其他的条件需要我们考虑。

第一，老百姓对团的态度。

故事一可以看到，保甲制时期，仁里七甲甲内的日常事务较少，没有经常性的“齐团”训练，对老百姓的生活影响不是很大。当改甲为团时，问题就出来了。因为甲的地理范围太大，距离团公所较远的地方，百姓每次操练都要走很远的距离，实在是不方便；同时，由于团有较多的训练任务，占用了老百姓的农耕时间。有的团民索性不来操练，影响到团练的效果，在地方绅士的请求之下，将该甲一分为二团，各自办理团练事务，提高团的效率。

① 6－5－125－3。

② 6－5－125－2。

③ 孔飞力：《中华帝国晚期的叛乱及其敌人》，第66—67页。

我们以张秉堃[①]任职巴县时团练的运行为例，来看团练的日常训练与老百姓的农耕在时间上的冲突。咸丰九年(1859)，张秉堃在全县共“保送团丁六百数十名，教成团丁送县校阅者计六千数百名”。[②] 这六百多名团丁在县城受训后，“学成技艺，发回各团，流传教习”，团民定期集训，日期不定，每月定期会操一到两次，不得无故不到，否则就要派人去追问。咸丰十年(1860)七月，治城太平坊丰瑞团团民吴兴和、岳双发、王春和、谭玉山、陈如松、罗春发等人，在该团训练之时，并不去签名报到，该月二十三日，县令张秉堃派差役数人，勒令他们必须限期报到，参与训练。[③]

团民训练，“一切壮丁，平日不给口粮，会操亦无饭食”。[④] 因此，有的团民并不愿意齐团训练。咸丰十一年(1861)正月十七日晚，巴县西城里一带地方各团联合齐团操练，直里一甲龙隐镇牌头张锦升在家躲藏，无论团邻怎么催促都不愿意出来，“反出恶言抵众，持刀伤人”。第二天，团首曹裕太将张叫到团部，斥责他昨晚为何不出。张被问急，突然和曹裕太扭打起来，将曹“打伤肩背，扯落头发”。二十二日，龙隐镇监正黄钟声、陆健元将他告到了县衙。县令当场批，“候签唤讯究”。正月二十七日，该团训导佘元恺从中斡旋，让张“出牛烛三斤”，作为团练晚上活动的照明之物，此事才得到最终解决。[⑤]

普通百姓不愿参加团内的日常训练，主要的原因在于参加训练有误农时。忠里一甲所属各团，逢戊日齐团训练。是日，整个团的团丁都不能去田间劳动、耕作。同治元年(1862)八月的一天，又逢戊日，团内教民、佃户张子增依然拿着锄头在田间耕作。该团监正、文生徐晦之叫人去催张子增参加训练。张子增以农忙为由，并与来人在田埂扭打起来。由于张为教民，事后，天主教川东主教还专门拜会巴县县令，询问齐团训练之事是否专门针对教民。[⑥]

---

① 张秉堃，字子敏，贵州贵筑人。道光乙巳(1845年)进士，咸丰八年(1858)知巴县。任内巴县内忧外患不断，咸丰十年(1860)后，李、蓝余部及林自清率众相继骚扰巴县。张办理团练，防御得法，深得百姓拥护。后因同治二年(1863)教案去职。见民国《巴县志》卷九《官师列传》。

② 6—4—81—2。

③ 6—4—101—11。

④ 朱孙诒编：《团练事宜》，见沈云龙主编《近代中国史料丛刊》三编第五十五辑，第48页。

⑤ 6—4—182。

⑥ 6—5—451。

就普通百姓不愿意参加日常训练的情况，早在咸丰四年(1854)六月，巴县举人吴馨远等人在给县令的一封建议书里面就曾经提到，吴馨远认为，“国家升平二百余年，人民加多而田土不增，贫苦日众而富户余寡，无恒产者十居七八，皆佃田佃土，备工负贩”，大部分老百姓都为生计而奔波，“若一日稍休，即缺一日之食，救死不暇，奚暇齐团”。同时，“四乡花户相隔二三十里，齐团并无饭食，往返饥渴，谁能堪此”。因此，各团花户都不愿意齐团训练。①

团练的日常开支费用，大多由团内富户出资。这对他们来说，也渐成一项负担，这些富户不愿意出钱办团。咸丰四年四月初五，巴县通远坊忠勇团监正黄日盛等人在给巴县县令的禀状中说，按照巴县的统一规划，该坊要筹集团练经费，坊内有粮户陈永寿本已认捐钱三千文，但“屡讨未给”，希望县令能加以查处。②

不仅如此，在乡村社会中担任双面角色的乡约也不愿意齐团训练，认为办团“无工食，徒劳何益”，同时也容易得罪人，对办团的兴趣不大。

可以看出，在地方相对无事的情况之下，乡间民众不论贫富，都以团练训练为累，这严重地影响到了团的存在。正所谓，“齐团之期，闲谈而散，点团之时，只有空册。屡次派钱以作团费，并无实效。人心不服，反谓有团不如无团”。③

第二，团内民众相互之间的关系影响到团的存在。故事二表明，如果办团的绅士或团内民众之间的关系不是很融洽，也会影响到这个团的继续存在。巴县地方绅士认为，在办理团练的过程中，一定要注意团的内部团结，只有这样，团才能真正发挥作用。同治元年(1862)五月廿四日，巴县廪生程和声鉴于此前办理团练的种种弊端，提出了四条建议，其中关于如何保持团内民众团结的条规如下：

> 一曰戒轻讼，以固团根。习俗浇漓，由于本实之先拨，往往口面微嫌，搆讼不止，甚或一朝之忿忘身及亲民，知有私忿，不知有公仇，此民团之所以解体也。请自今以后，于齐团操演之时，先读(原文不清—引

---

① 6—4—89。

② 四川省档案馆(局)编：《清代四川巴县衙门咸丰朝档案选编》第二册，上海古籍出版社2011年，第716页。

③ 6—4—89。

者注）讼者治以好讼之罪，仍令回团俯赔，至于十恶重件，团总捆送严究，决不姑宽。如此则人心益乐于练团而勇知方可立待矣。[①]

程和声在建议中指出，某些团由于团内的部分民众“好讼”，将一些“口面微嫌”的小事也上诉到公堂，无疑影响到了团内民众之间的团结，分裂了团民同仇敌忾、共赴外难的信心，也严重影响到了团的战斗力甚至团的存在。因此，程建议将这些小纠纷都放在团内解决，这样也不至于伤了双方的和气。

第三，团费的征收。

故事二还提供了另外一个信息，河西团在经费征收及使用上，团内民众之间矛盾重重，这也是触发该团解体的一个重要原因。吴馨远等人在团费的筹集上就曾指出，团内贫、富户之间的态度是不一样的。富裕人家不愿意多出，认为不论贫穷，都应该按同一比例出团费；而贫穷人家更不愿意出，“贼匪抢富不抢贫”，“贫苦不堪，惟愿贼来，大家发财”。[②] 这给团费的筹集造成了很大的困难。

同治四年（1865）五月，龙隐团监正王廷章、郎官□等人称，该团为街团，因为要买大量的武器装备，需钱甚多。该团的团费为一年一收。本场内开木厂的刘祥发应派钱二百文，团首宋恒顺多次前去催收，刘仍然把持不给。不得已，宋恒顺希望县令能派差役去传唤，帮忙催收，不至于因为团费征收不齐而影响到团练之事。[③] 团内花户欠费不交之事在其他团内也大量存在。如前面谈及的仁里十甲玉皇团，据该团监正雷长兴等人称，玉皇观僧人正奇有田一百石，按照该团的派费方式，正奇应派钱十二钏，但他只给了五钏，剩余七钏就是不给。[④] 由于团户拒绝交纳团费，团的存在也因此受到很大的影响。

第四，团与复合团之间的关系。

故事三是一个临时性质的复合团，因为军事任务的需要而连接在一起。这样的团很多，如巴县五云团，便由十二个乡的团练合编的，设有总监

---

① 6－5－105。

② 6－4－89。

③ 6－5－203。

④ 6－5－159－2。

正两人。[①] 但这样的团也可能出现更多的问题。来看下面这个实例。

咸丰十年(1860),张五麻子从巴县西部进犯曾家场、龙凤场一带,猛攻寨山坪,西里[②]各场大为震动。巴县西里各团在县令张秉堃的协调下,将石岭团、元贞团、静安团、川主团、致远团、复元团、地藏团等十八团联合起来,任命候选训导余元恺、监生童义太、王宅三三人为监正团首,统一军事和财务,共同行动,将团部设在该地最繁华的直里一甲龙隐镇。余元恺等人将"所管之十八团,联□一气,造□团册,督率勇丁,分九团防河,以九团堵隘",协助张秉堃的军事行动,这次行动时间长达八个多月。同治元年(1862),石达开从巴县南部入境,余元恺又奉张秉堃之令率西里十八团移防南、怀二里。

除了军事指挥权统一外,十八个团的财权也集中到了复合团。余元恺三人掌管十八团领导权后,将各团的原有经费及团丁伙食费的分发管理掌握在了自己手中,"按照册名,领给口食,逐期报销在案",[③]财权的集中支持了该团持续的军事行动。

这样的复合团存在几个问题。一、财务的管理。同治六年(1867),十八团中有十个团的团正向县令告状,说余元恺三人掌控团务后,"侵吞各项公款,所有十团经费银两,从不清算",团费的使用不清不楚。二、复合团的控制权。同治五年(1866),三人中童义太病故,余元恺调入县城掌管三费局、夫马局,十八团团务主要由王宅三管理。王宅三没有功名,看来也不能服众,石岭团、元贞团、静安团等十团的团正选举童汉卿、黄永中二人为十八团的新任团正,但却遭到了余元恺的坚决反对。双方为此争论不休。虽然由于资料的限制,此案的结果无从知晓,但可以看出,由于复合团具有较为雄厚的经济资源,以致地方各类强势人物为它的控制权而展开争夺。

2.团费的筹集

团练和保甲的不同之处还在于,办理团练需要花费一大笔资金,用这笔钱来购买武器、团勇着装,这也可以从前引南充知县曾自柏的团练章程

---

① 6—5—150—5。

② 清初所划四里,西城里又称西里,怀石里简称怀里,居义里又称南里,还有就是乾隆二十四年划出的江北里。

③ 6—5—226。

中看到。这笔费用几乎全由地方自行筹集，换言之，团练能够正常运行，完全由团内民众出资办理。就巴县来说，团费的筹集有以下几类形式。

首先，按粮或按铺面摊派。

这种摊派的形式，在农村一般是按粮摊派，也就是附加在地丁正供之上；在城镇，则按铺面的大小来进行摊派。据档案资料显示，巴县城乡各团并没有统一的团费征收科则。下面分而述之。

农村各团按粮摊派的钱粮，各团之间的比例并不一致。如同治元年(1862)仁里十甲玉皇团监甲雷长兴等人禀称，该团办理团练所需费用，由团内花户按田摊派，具体为每租一石派钱一百二十文；[①]而同时期，武举谢蛟所在的团，田每百石则派钱二千文。[②] 到了光绪年间，巴县的乡村团练经费逐渐统一，“每收租一石，派粮三升”，[③]作为团练的运行经费。

而城镇的团费征收则主要依靠各坊厢长来进行。咸丰四年(1854)四月廿日，刑房向巴县县令觉罗祥庆递交了他们制定的团练经费筹划办法，该办法建议，巴县城内“上等坊厢募银二百两，中等坊厢募银一百二十两，下等坊厢募银六十两，以作团勇口粮”，[④]这笔钱统一由设在武庙的保甲团练局经管，保甲局局士由包括各坊厢监正在内的地方绅士和行商组成，并由这些局士轮流赴局管理收纳。

其次，挪用地方公费。

清中期以后，巴县农村各场镇、保甲都有一定的公费存留，主要集中在各寺庙公产、场镇中的官秤收入等项。这里仅就各场镇如何动用官秤收入作为地方团练的经费过程略作说明。

清代巴县农村场镇度量衡极为混乱，就拿衡量金银重量的秤来说，“于金银以厘、分、钱、两为递进，粗者、重者衡用秤，以斤、两为递进，惟询其名则一，而核其数则不一，此地与彼地别，此业与彼业异”，每次交易的时候，都要事先问清楚以哪家的秤斤为标准，再开始讨价还价，“日中交易必先询衡名而后论值”。[⑤] 而这家秤的掌管者在老百姓用此秤称量时，会收取一

① 6—5—159—2。
② 6—5—209。
③ 6—6—1320。
④ 四川省档案馆(局)编：《清代四川巴县衙门咸丰朝档案选编》第二册，第717页。
⑤ 民国《巴县志》卷四《赋役下·度量衡》，页六十一上—下。

定的银钱作为佣金。这个公平秤，早期一般是自然形成的，如某家信誉良好的商家。由于掌管此秤，每年都能获得不菲的收入，咸丰以后，在巴县，有逐渐将由私家商号控制的私秤改为由政府控制的官秤这样一个趋势。换言之，即由保甲长、客长或团正出面，设立官秤，同时将这笔抽取的费用转为地方公产，然后将这笔公产转为该场镇的团练经费。

如孝里三甲土桥场，“地方办理团务，向无经费”。光绪二十年（1894）二月总监正刘利贞、里正胡炳樨、乡约卢秉章等人，在与该场绅耆商量后，请设官秤，设立条规，该条规曰：

> 一 议场上兴设官秤一架，比较银两。每银一定，取钱四文。每场以七保监正一人经理，所取之钱存积一月，凭众核算，归入场上七保公需，不得徇私作弊。
>
> 一 议猪市设立官秤一杆，凡遇笼子猪儿，定要过称。该买家每斤出钱一文照算入公，该卖家给猪牙子钱廿文，不准格外勒索，亦不准霸占估卖欺压乡愚。每场仍以七保监正一人经理，不得推诿。
>
> ……
>
> 光绪二十年二月十五日①

土桥场所辖的市场区域，分七团，从上引资料来看，土桥场在白银称量、生猪贸易中设立官秤，一方面解决了交易过程中因买卖双方秤斤标准不一所带来的诸多不便，更重要的是，通过设立官秤，收取一定的“佣金”，部分解决了各团的办团经费。

再次，征收厘金。

征收厘金是团练费用的主要来源之一。如在后文即将讨论的重庆保甲团练总局的经费来源，即是来自于新厘金。除了治城，在巴县部分场镇，也在场内征收某些商品的厘金来筹集经费。如巴县丰盛场，每逢场期都要在猪市征收厘金，作为该场文昌宫祀典之费，“后因逆匪窜扰，差徭不济，在前任张主请示，提入公局，以济团练差徭等费”。② 前文谈及的孝里三甲土桥场总监正刘利贞在呈递给县令的“具禀状”中，曾附带一纸，详细记载了该场抽取部分货物厘金的科则。

---

① 6—6—4528。

② 6—5—1229—5。

计条规单

一 议装运□橘，买卖二家，每万个各取神金钱一百文。

一 议酒油靛每百斤取神金钱十二文

一 议油并每斤价值十余文，每万斤取神金钱五百文

一 议天□每银一定，只取神金钱四文，不得过取。[①]

这些收入都被用来作为团练的开销费用。

巴县筹办团练，除了上述三种经费筹集方式，还有一些临时性的筹集之法，如变卖各场镇的社仓、义仓仓谷，作为团练的经费。光绪廿五年(1899)，重庆府就曾在给巴县的札中指示，出粜积谷取息作为团练经费。[②]

从上面的简单罗列可以看出，不论何种经费筹集办法，都是由地方老百姓供给，这无形中加重了老百姓的负担。

3.团的性质

我们有必要来重新思考团的性质。孔飞力在总结了清代有名的循吏，如卢象升、方积、严如熤等人的观点后认为，“团主要是对地方防御和治安进行官方监督的形式”。[③] 笔者要提出的是，就巴县的团练而言，经历了一个演变的过程，即团的组织形态由嘉庆年间协助官军剿匪的军事性组织到道光以后军民结合，以民事为主的转变过程。

在前面有关曾自柏团练之法的讨论中可以看到，嘉庆时期的团练，重心在于如何防范白莲教义军入境滋扰，制定了多种防范、操练之法。这也得到了学者在同时期其他地区研究的证实。有研究者就认为，嘉庆白莲教起义期间的团练，“大部分是在地方知县等官员的直接指挥下作战，……从本质上讲，嘉庆年间的团练乡勇属于‘临时官勇’。战争结束后，除部分增补地方营汛之额外，其余皆遣散回家，各复本业”。[④] 这种以军事任务为主要职能的团在此后发生了改变。道光二十四年(1844)四月，巴县县令李世彬在给各乡场、市镇的团首、甲长、保正的札中称：

尔等速将上年所管已投、未投各团烟册花户，男丁女口，迁来移去

---

① 6—6—4528。

② 6—6—5792。

③ 孔飞力：《中华帝国晚期的叛乱及其敌人》，第104页。

④ 杨国安：《明清两湖地区基层组织与乡村社会研究》，武汉大学出版社2004年，第230页。

> 姓名、执业，逐一编造，毋稍遗漏……尔等该管甲内载册粮户，将各名下原日所买何人新旧田房契约，带赴团内，互相确查比验。果契内所载条粮，与本年两票数相符，应毋庸议。设有置买、分爨、合户未拨，只将契约交□□查验，果有隐匿，即令交出，照常投税，以免罚半治罪。惟□现金投税者，多属远年街房契约，而各团容隐契纸亦复不少，自示之后，新契随买随充。①

从李世彬的札可以看到，在巴县，至少在道光年间，团已经是地方纳税的单位。不仅如此，在地方发生灾荒时，团也成了地方救济时的地理划分概念。

同治三年(1864)四月，巴县三里绅粮秦森林、谢平山等人向县令请求，因为小春收成不好，全县米价高昂，贫民买不起粮食，“日食维艰”，城乡已经有贫民在四处乞讨粮食了，希望能够发卖存在各场镇的济仓、积谷仓救济贫民。同时，希望能够以团为单位，号召各场镇绅粮捐出粮食或钱两救济本团贫民，他们说：

> 一面令绅粮各就场市与各团民设法劝捐，查系苦民老幼无钱买食，准在各团场市每日领赈施粥，或米一次，折钱数文，使各穷黎不致远窜扰累。②

同时，由于有着共同的生活圈子及共有财产，团逐渐成为一个生活的共同体。在有关户婚田土的民事案件中，县令经常有“凭族团集理”字样的批示。来看一个有关继承的案件。

仁里十甲民陈子瑜，无子，抱一异姓(赵姓)子更名陈登才，继承香火。当时族人反对声音就很大。不想陈登才又无子，抱异姓卢大年之子更名陈子泰为嗣。这一举动引起了陈姓族人相当的不满，同治八年(1869)十月初三日，陈登耀、陈登开等人向县令禀告称，他们“集族团公剖”，认为陈登才应该抱养陈姓子孙为嗣子，而不应抱养卢大年的孩子来继承家业。③ 类似的案子很多，此不一一列举。

可见，团已经成了邻里解决纠纷的一个单位。以道光二年(1822)巴县

---

① 6—3—135。

② 6—5—1278。

③ 6—5—8468。又如6—5—2576、6—5—6825、6—5—6866。

县令王如琯制定的团规为例，其中建议由团来解决邻里之间的纠纷的团规便有：

> 一、钱债口角细故，随时排解，勿令兴讼。
>
> 一、酗酒打降，随时理处，理屈者令其服理。横暴不遵，再行禀究。
>
> 一、置买田地房屋，立契成交后，随时赴案，照例税拨。如有隐匿不报者，许团邻禀究；如徇庇不禀，查出并究。①

在信仰空间方面同样如此。如巴县东平团是一乡村团，"隔场窎远"，有烟户百余家。团内原有一文昌古庙，因年久失修，至同治六年时，庙已倒塌，仅保留有神像、香炉等物。是年六月廿日，该团文生敖凤城、监生刘廷万、李正荣等人向县令提出申请，希望能够号召团内民众"乐捐锱铢"，修复此庙，一来齐团操练时有地可练，二来团内秧苗、文武各会祀神时也有庙可祭。②

孔飞力认为："从其历史根源说，团练是一种民兵制度，同时显然也是一种地方控制机构。"③对于政府来说这是一种地方控制机构，而从老百姓的角度而言，则是一个具体的行政单位。从上面的论证可以看到，团练不仅仅是一临时性的军事组织，更是一个地方的实体性单位，生产、生活的共同圈。④

团练性质之所以有这样的转变，同道光以后团练的办理方式转变有关：即团与练的分离，⑤此一转变在曾国藩办理湖南团练时同样存在。曾国藩在办理湖南团练时，采取先举"团"，然后兴"练"的办法，把办团练分成彼此区别而又紧密联系的两个步骤。在这样的编练方式下，"团者尽保甲之法也，清查户口，不许容留匪人，一言尽之矣；练则必制器械，造旗帜，请

---

① 四川大学历史系、四川省档案馆主编：《清代乾嘉道巴县档案选编》下，第285页。

② 6－5－354－2。

③ 孔飞力：《中华帝国晚期的叛乱及其敌人》，第214页。

④ 杨念群在研究19世纪岭南的地方军事化过程中，注意到乡约与团练之间在某种程度上可以互换的关系，即"'乡约'完全有可能在和平时期以'隐形团练'的形式而存在"（杨念群：《论十九世纪岭南乡约的军事化——中英冲突的一个区域性结果》，《清史研究》1993年第3期）。杨氏是以团练为参照系，从乡约演变的角度来思考乡约与团练之间的关系的。如果我们再换个角度，以乡约为参照系，来思考团练的演变过程，对19世纪中期以后岭南乡村社会中的团练及各类公局可能会有更加深刻的认识。

⑤ 杨国安在研究同治时期湖南的团练时注意到了此一情况。见杨国安：《明清两湖地区基层组织与乡村社会研究》，第239—243页。

教师，练丁壮，或数日一会，或一月一会，……皆大有兴举，非多敛钱文不可”。[①] 在此方法之下，团的军事训练及活动不是很多，开销也不甚夥，地方防匪责任则主要由练勇来承担。就巴县来说，同治初年，共编练有团丁六千余名，练勇六百多名。地方的军事任务主要由这六百多名练勇来承担。团与练分离后，团级层面上的开支由于军事任务较少而不及嘉庆时期之团练。这应该是团练能够长久存在下去的一个重要原因。

第二节　团正与地方权力结构

团正，在巴县档案中为监正、团首的合称。根据郑亦芳先生的统计，在太平天国时期各地团练领袖主要以乡绅为主体，其中乡绅领袖在广东为78.4%，在广西为79.9%，在湖南为56%。[②] 从巴县档案的相关资料来看，监正一般由本团里具有生员资格的人来充任，如监生、文生、贡生、武生等低级别的生员群体。由于此类身份在清代可以通过多种途径获得，而不能具体地表现出他们的职业。从资料来看，在清代中期的巴县，充任监正的主要由绅粮、商人等在地方有影响力的群体组成。如同治十一年九月，智里十甲陶家场文生张复亨、李步迟称，本场监正就曾经由商人黄克忠充当。[③]

从监正的充任过程来看，既有被全团公举而出任的，[④]也有前任监正提名接任的，[⑤]甚至有县令直接任命的。[⑥] 尽管形式不一，但最终都要由县令发照认可。

团首的充任过程大体与监正一样，此不过多赘述。与监正不同的是，

① 葛士濬：《皇朝经世文续编》卷六八《军政七・保甲》，页七上，光绪辛丑年(1901)上海久敬斋刻本。

② 见郑亦芳：《清代团练的组织与功能——以湖南、两江、两广地区之比较研究》，收录于《中国近代现代史论集》第二十八编《区域研究(下)》33集，台湾商务印书馆1986年。

③ 6—5—146—25。

④ 如同治六年五月十四日，北碚文华团监正周朝荣在“具禀状”内称，“遵照合团公议，众举生等承当监正、团首，遵随传签赴辕注名投册”(见巴县档案6—5—109—1)。

⑤ 如同治六年十一月忠里四甲铜坡团监正叶春和提名周昌志、姚长泼分别接任该团监正、团首一职，得到县令的同意(见巴县档案6—5—141—14)。

⑥ 如同治六年十一月廿九日，直里一甲人和团监正蒲叙堂在其“具辞状”内称，“情同治元年贼匪扰境，蒙前张主给札饬生充当地名高家沟庄人和团监正，联团抽取壮丁防堵，保卫地方”(见巴县档案6—5—149—2)。

团首的身份，有的是移民，有的是商人，也有一般的平民，但没有生员资格。如嘉庆二十年三月，直里一甲龙隐镇团首程国樑、郎廷辉、童义和、黄福顺、谢贾顺等人在给县令的“具辞状”内称：情蚁等沐前董主札饬承充龙隐镇团首，今已两载。因蚁等均系在镇住贸，或亲老在乡，搬回省亲；或居他邑，转归故土。①

下表（表5—2）为笔者对巴县嘉庆至同治年间部分团的监正、团首及其身份做的一个简单汇总，虽然遗漏甚多，在不可能全面汇总此一时期各团团正的情况下，此表还是具有一定的抽样意义。

表5—2：嘉庆以后巴县部分团监正、团首表

<table>
<tr><th colspan="2">团名</th><th>时间</th><th>监正名</th><th>团首名</th><th>出处</th></tr>
<tr><td colspan="2">虎溪团</td><td>嘉庆二十年（1815）</td><td>黄联元、李玉龙（同时也是客长）</td><td>吕斌、邓保寿、廖大兴</td><td>6—2—62—1</td></tr>
<tr><td colspan="2">石龙团</td><td>咸丰四年（1854）</td><td>监生陈天如</td><td>秦正一、伍世鳌</td><td>6—4—145—1</td></tr>
<tr><td colspan="2">忠里一甲</td><td>同治元年（1862）</td><td>文生徐晦之、陈翼云</td><td>喻朝冠、吴朝贤、吴朝觐等</td><td>6—5—451—4</td></tr>
<tr><td colspan="2">从兴团</td><td>同治四年（1865）</td><td>监生徐玉泰、徐襄廷、贡生徐凌霄</td><td>金焕章、赵月浩</td><td>6—5—125—2</td></tr>
<tr><td colspan="2">河西团</td><td>同治四年（1865）</td><td>田芳斋</td><td>杨金□、□众贤</td><td>6—5—125—3</td></tr>
<tr><td colspan="2">龙隐团</td><td>同治四年（1865）</td><td>王廷章、郎官□</td><td>宋恒顺</td><td>6—5—203</td></tr>
<tr><td colspan="2">北碚文华团</td><td>同治六年（1867）</td><td>周朝荣、杨绥之、明永锡</td><td>王做孚</td><td>6—5—109—1</td></tr>
<tr><td colspan="2">杨柳坊团</td><td>同治九年（1870）</td><td colspan="2">从九马廷□，廪生李士钊，贡生李泽棠，文生周柳塘，监生王炳文</td><td>6—5—371—1</td></tr>
<tr><td rowspan="5">节里一甲</td><td>平安团</td><td rowspan="5">同治十年（1871）</td><td></td><td>李正太、王祥麟等</td><td rowspan="5">6—5—130—7</td></tr>
<tr><td>双洞团</td><td></td><td>徐同仁、彭三太等</td></tr>
<tr><td>天生团</td><td></td><td>梁兴盛、余三才等</td></tr>
<tr><td>协和团</td><td></td><td>吴永清、余志元等</td></tr>
<tr><td>永平团</td><td></td><td>钟香谷、吴长亮等</td></tr>
</table>

从上表来看，监正一职基本上都由具有功名的生员担任，如监生、贡生

① 6—2—57—2。

等等。同时还看到，对于某些团来说，如上表中节里一甲数团，监正一栏为空，可能该团在上报名单时没有将监正报上，也有可能该团就没有设置监正或团内本来就没有具有功名的绅士。同时，由于绅士在地方社会中还担任其他公职，如各类公局的管理局绅，亦称职员，所以有些监正则由城乡各局的局绅兼任。如光绪十一年(1885)，节里二甲迎龙场总监正朱全生，同时亦是该场某局的局绅、“职员”。[①]

团首在任职资格上“不拘绅士粮户，务须选择品行端方，为人公道，素为一方敬服者，公举承充”，[②]也就是由办事能力较强的人来担任。从上表来看，团首基本上都是团内的普通民众，当然如同客长一样，团首的承充同样十分复杂。与客长主要由移民或移民后裔承充不同，团首则不分籍贯。在巴县，嘉庆以后尽管移民的高潮阶段已过，团首身上仍然具有移民社会的影子。如嘉庆二十年(1815)，巴县直里一甲龙隐镇的六名团首基本上都是移民。[③]

政府在团的设置上实行“双领导制”，一方面照顾到了地方绅士的利益，另一方面也考虑到了团练自身的特点，它自身有大量的事情需要处理，单靠绅士不能完全应付。因此，监正、团首也有一定的责任分工。许多日常事务则由团首出面负责办理。如前面提到的龙隐团内铺民刘祥发，同治四年应缴纳团费钱二百文，抗拒不缴，该团团首宋恒顺“迭次催收”，可见团首之责。在刘祥发多次不缴的情况之下，监正王廷章、郎玉山出面，以“把持不出团费”名，将刘祥发告上公堂。[④] 又如同治二年(1863)十一月慈里六甲太平团办理团练，采买积谷等事，由该团监正李锡三出面向县令打报告，汇报详情。[⑤] 可见，监正一职，责在利用其身份，与上级政府和其他团的沟通之上。团首、监正在团内的作用也印证了孔飞力所称的“平民依靠他们的财富以及社会影响，在村社防御中与有头衔的文士很难在职务上作出区分”。[⑥]

---

① 6—6—2290。

② 四川大学历史系、四川省档案馆主编:《清代乾嘉道巴县档案选编》下，第279页。

③ 6—2—57—6。

④ 6—5—203。

⑤ 6—5—107。

⑥ 孔飞力:《中华帝国晚期的叛乱及其敌人》，第67页。

一、团正及其职能

团正、团首一职虽然由县令或巡检任命，负责地方事务，对县令负责，但这并不表示，他们就完全站在县令一方。从档案资料来看，团正在乡村社会中往往扮演着保护人与中介者的角色。

同治五年(1866)二月初八日，忠里十甲职员何辉山，监正何超然，团首刘襄荣、刘春山，保长张遂海，民刘荣异等人在“具禀状”内称，编联保甲，无非为安靖地方起见，“欲正人心而厚风俗，必除弊窦”，为此他们编列了八条团规。

一　团内士农工商，务须各守正业，毋得游手好闲，遇有痞匪结党成群，扰害地方及盗窃抢等事，应即时放炮鸣锣，齐集捆拿送究。倘有观望不到，查出凭团公罚。

二　招佃务要查明佃户来历、是否善良、有无不法等事，勿得希图重佃收租，知情容隐。倘经败露，惟招主是问。如有不遵，连招主一并禀究。

三　挟忿搆讼，民所时有。嗣后无论户婚田土债项等事，必先凭团族理剖。有不息者任其据实控告。倘有不肖地棍、贪婪差役，互相纠串，遇事□便事不息，团约查出，指名禀究。

四　赌博流娼，例禁森严，往往勾引良家子弟，荡产倾家，稍有不遂，则打杀从事，伤风败俗，莫此为甚。设遇此等，互相稽查，指禀送究。

五　有无聊之徒，藉坟滋事，或藉业主生端，每在坟前坟后搭蓬踞□，奸盗邪淫，每遇此事，凭团逐搬。倘有不遵，指名禀究。

六　不法流丐，每窥探家中无人，或顺窃衣物，或刁门割壁，或窃粮谷、菜蔬。遇有宴会，三五成群，估讨聚闹，遇事生非。倘仍蹈前辙，查获禀究。

七　议禁格私宰耕牛，团约原议程规，遇瘟疫死者，务要团约手扯票，方可开剥发售。如有私宰者，有人拿获，凭团指名禀究。

八　议团内柴薪竹木，偷窃甚多，难以护蓄，无耻之辈，藉捡柴为

名，□□偷窃□□护凭团理剖，如若不遵，禀官究治。[①]（序号为引者所加）

该团规多处规定了团首、团正在地方社会中的作用，涉及到治安、民事及经济生活等多个方面。下面分而论之。

1.防匪

团规第一条规定了团内痞匪的处置办法，这在实际案例中也多有出现。南纪门人张冬、樊七、何贵、梁五等人，平日都在街上混吃撞骗过活。同治元年(1862)五月廿四日，一行人到萧德顺所开的面馆吃面，吃完了之后不仅不付帐，还"恃众朋凶"。南纪坊知方团监生、职员舒圣则、何占雄，保正汪国荣据报后带领团丁多人前去捉拿，将该伙成员张冬抓获，但何贵、樊七等人趁乱逃逸。作为惩罚，他们将张冬押到萧德顺门前当众街坊的面"杖责枷示"，希望能起到敲山镇虎、杀鸡骇猴的作用。[②] 不仅在这些街头民事案件，即在一些刑事案件中我们也能够看到团正的影子。咸丰七年(1857)十二月初五，有匪徒多人撞进直里一甲复兴团王泰顺家，抢去衣箱银钱并奸淫妇女多人。该团团众鸣锣报警，监正王应贵，团首雷雨山、夏正发、顾品堂带领团众当场击毙匪徒三人。[③]

除了一些具体的案件之外，团正在团的公共安全方面，也负有其责，如各场栅栏的管理。嘉庆以后，为了防范土匪入境侵扰，各乡场镇设立栅栏，作为防范手段。嘉庆年间的一份告示称：

> 照得前奉府宪札饬，各乡场市镇设立栅栏，置备高脚虎头牌，虎皮木棍。大场设牌四面、棍八根，中场牌三面、棍六根，小场牌三面、棍四根。虎牌上大书"奉宪明文严拿匪徒，如敢拒捕，格杀勿论"字样。虎皮棍上大书"专打匪徒"四字。每场置备梆锣，应雇诚实更夫轮流值更，以防盗贼窃发。[④]

道光三年(1823)，廉里九甲栅栏因为年久失修，早已朽坏，场约、客长万民高，团首陈复升请求重新修理，"因场路当孔道，前经匪贼估拿绺窃，乞

---

① 6—5—108。
② 6—5—8489。
③ 6—4—404。
④ 四川大学历史系、四川省档案馆主编:《清代乾嘉道巴县档案选编》下，第362—363页。

修立栅栏，设立栅夫更夫。每逢场期，雇工十余人，各执木棒密查，稍得宁静。无奈年久，人心难齐，兼之栅栏朽坏，以致贼匪乘势来场，日则估拿绺窃，夜则偷盗。……是以约等协同团首公议，编联十家一牌，仍照前样，重修栅栏坚固，设立栅夫监守。并设铜锣数面，每逢场期仍雇精壮十余人，各执木棒轮流密查。若遇匪贼入场，合场铺户，每户一人，务要齐集，以便鸣锣关栅，围捉送究"。[①] 对于团内勾结外匪的团众，县令准许"凡遇团内有愍不畏法，乘乱搂劫匪徒，许团正等格杀勿论"[②]。

团练比保甲更能维护团内的秩序，也在于它拥有保甲所没有的武力。同治七年(1868)三月，直里一甲监生陈永新家族因为祭田是否变卖的问题，家族内部在清明节时发生冲突。陈永煜坚持要将祭田变卖，没有得到其他人的支持，遂"掀倒桌席，毁坏碗盏，并执菜刀寻众拼命"，局势眼看不能控制。后来在团丁的协助下，将陈永煜捆绑起来关进祠堂。[③] 可见，如果没有团丁的协助，当时的局势还很不好控制。

2.团内事务的管理

团规的三、四、五、七、八条对场内的大小事情进行了规范，如户婚口角、盗窃等事的处理规则及团正的职责。团首、乡约虽然"民不治民"，"但有地方之责"。[④] 同时，我们还看到，相较于保甲，团练对内的监督及对团民的约束能力更强。如同全国其他县份的团一样，巴县的团，也有街团、乡团之分。由于团所在的位置不一样，日常事务的中心也不完全一致。对于街团来说，维持场镇正常的经贸秩序是其重要的职责之一。

直里一甲黄桷池，有腰店数家。道光元年(1821)，有多家商铺开张营业，逐渐形成了一个地方集市，并被命名为新发场，场期为二、五、八。因场市初设，"米市尚未颁请官斗，买卖米粮，纷论未平"；人来人往，"恐有肖小之辈，贪图巧营，不畏律条，私宰耕牛，来场伙卖"；更担心"无赖之辈，设局赌博，渐生剪绺"。道光二年(1822)二月二十九日，该场所在团的监正、团首庹仲德、李朝仕、冯美贵等人向县令请示，颁布场规禁令，规范场内的日常秩序。[⑤]

① 四川大学历史系、四川省档案馆主编:《清代乾嘉道巴县档案选编》下，第370页。

② 6—4—404。

③ 6—5—2627。

④ 6—5—8939。

⑤ 6—3—205—15。

对于已经发育成熟的场镇来说，场镇的经营秩序，如官秤、庙会等等，都在团正的职责范围之内。虎溪场场内建有米亭，“每即场期，众议每斗收合”，作为该场禹庙的“焚献”。管理米亭的小甲却借机在每年三节及庙会期间，“抽取三场米粮，勒索估取”。这引起了民众的不满，“搆讼口角凶伤”。光绪二十一年(1895)十二月，该场监正邱美亭、黄香亭、陈茂林等人会同该场举人金子卿等人向县令禀告，建议撤换这名小甲，同时规定，此后承充的小甲“除取焚献外，永不准小甲索取勒收”，并决定将这份决议“立石镌碑，以期久远而安善良”。得到了县令的允许，“如禀示禁”。[①]

咸丰以后，银贵钱贱，假银泛滥成灾，巴县城乡场镇各商家因此受害不轻。同治五年(1866)七月，王洪友、谢春山、徐太顺、吴宝华等人在长生场使用假银买货时，被街坊识出，当场被拿获，捆送至该甲十五团处审理。在团首周元兴、兰吉堂等人的监督下，王洪友等人立下“具服约”，请求释放他们，并承诺此后“永不在长生场、六角场、老厂、南岸各场滋扰”，将“具服约”交团正保管。并承诺如若再犯，团正可将该约交至县衙，揭发他们的罪行。[②]

对不遵守乡规的团民，团首当然有处分之责。张光扬为正里四甲周美团人，因平日“素不守法”，在团内的名声不佳。嘉庆四年(1799)六月初五，周美团敬神演戏，张光扬因多喝了几杯，酒醉后在戏场内滋事，被团首李国福、谢天顺等斥责，张光扬借酒发疯，非但不听劝告，还想继续滋事。在团众的指责下，张光扬酒醒后“自知情亏”，愿意出钱二千文作为修补该团庙宇的费用，“以免众团公议”，并在众人的监督之下立下了“具认约”。[③]

保甲制度下的保长、甲长对甲内民众犯偷盗等罪的处罚方式，一般是体罚或罚款。这样的处罚力度远不及监正、团首对团民的监督、处罚力度。

道光二十七年(1847)腊月，巴县某团民李三、李七、钱长等人在邻县南川县偷窃民户晏廖氏耕牛时，李七被该县清正团、太平团民众拿获，李三、钱长逃脱。案件传到巴县后，巴县县令派人来李三家抓拿人犯并清查赃物，李三之妻李冯氏耍赖，自行将房屋烧毁，想以此诬陷前去抓拿李三的团民和差役，引起了该团民众及团正郑延清、夏天泰等人的不满。因为李三

① 6—6—4539—2。

② 6—6—8771。

③ 四川大学历史系、四川省档案馆主编:《清代乾嘉道巴县档案选编》下，第412页。

兄弟在道光二十三年(1843)时就曾经犯过窃案,当时他们一伙去偷窃团内民户覃占发家,李三兄弟李五被团民当场拿获,"送官卡毙",李三等人趁乱逃脱,一直都未能抓获。此次李氏兄弟又再犯案,团正郑延清、夏天泰等人认为不能让李氏兄弟在团内居住,一来担心他们还会作案,二来他们的行为也让团的名声受损。于是,郑延清等人约集团内其他民户,以钱二十千文强行买了李三家的住房及两块土地,将李家驱逐出团,其田产房屋作为团内公产。道光二十七年(1847)腊月二十三日,李三之妻李冯氏无奈,被迫立下"具服约",愿意将家搬出该团,并保证永远不在该团滋事。[①]

虽然现有材料表明,与保甲长等在官人役不同,监正、团首并没有催办钱粮、勾摄公事等方面的职责,也不用每隔一段时间到县衙去点卯报到。但是,由于承充监正、团首"民不治民"[②],他们在履行公事或调解纠纷的过程中,有可能得罪一方而招致报复。请看下面这个例子。

咸丰四年(1854)七月初十,直里一甲挑夫陈大顺在卓大顺的店铺门口闲坐时,一过客打算以钱四十文的价格出售一件汗衣,陈大顺只愿出钱三十文,双方生意没谈成。这时,卓大顺家的雇工罗大顺出来,见汗衣不错,就出价四十文买下了。这让陈大顺颇为不满,认为罗大顺故意和他作对,抢他生意,两人为此发生口角,陈大顺拿起菜刀就要砍罗大顺,幸好被邻居夏松亭、团约傅精堂等人劝住,这才作罢。陈大顺越想越不服气,心有不甘,当天下午,趁卓大顺在午休时,点火把他的店铺给烧了,被周围邻居当场拿住。团约傅精堂当即责斥并把他捆送至县衙。陈大顺在县衙被"笞责枷示",因此对团约傅精堂心生不满,认为傅是在故意为难他,害他入狱,在狱中就扬言出来要报复。这话传到傅精堂耳里,让傅颇为担心,遂多次给县令呈词说,陈大顺在出狱之后要加害于他,希望陈大顺立下不加害他们的保证之后,才可以放他出来,不然"复蹈辙酿祸,后害胡底"。这得到了县令的支持,陈大顺在团民李春芳作保,保证出监后不谋害傅精堂一家后,才被放出来。[③]

从上述案件可以看出,团正在处理团内民事、刑事案件时,或多或少会得罪团内的部分民众,从而可能引起他们的报复。导致出现这样的情况有

① 6-3-276-1,类似的例子还可以参见6-3-1069。

② 6-5-8939。

③ 6-4-267。

多方面的原因，其中团正的平民身份是个很重要的因素。因为他们并不具有官方的身份，“民不治民”，在某些团内民众看来，他们在团内的活动可能具有私心，因而对其有报复心理。

3.“抗拒齐团”——节里一甲五团的故事

杜赞奇从赋税征收的角度提出“经纪模型”来理解帝国政权与乡村社会的关系，认为在19世纪，清政府通过赢利型经纪及保护型经纪两种方式来实现税收及统治地方的职能。就保护型经纪而言，通过村庄推选的代表来与政府打交道，以减少各类苛捐杂税。保护型经纪不仅是村庄的代表，同时也维护了村庄的利益。① 这里我们顺着杜的思路继续深入，站在保护型经纪的立场，来思考他们如何动员各种资源来保护村庄的利益。

巴县节里一甲仁、义、礼、智、信五团，距木洞镇大概二十里。同治十年(1871)十一月初二，木洞镇巡检②黄毓麟签派弓兵胡荣、丁兴前去传话，称将于初七日，亲自到五团团部祖师观公所查点验团。让黄毓麟感到意外和气愤的是，当他到五团团部时，五团竟无一人在此集合，亦没有乡约、团正等人来说明原因。好在一些住在场镇上的绅士打圆场，说改日再行点团，没想到，过了数日，五团也没派人来通知，何时点团，“若听其抗玩不遵，别团闻风，势必纷纷效尤，呼应不灵，设遇外侮，□误匪轻理”。二十三日，黄毓麟向巴县县令报告了此事，并给五团团正扣上抗令不遵的大帽子。

同年十二月十九日，五团团正周荣廷、周二南、周三益、姜凤林等人在回复县令的文状中称，按照规定，各团每年只点一次团。今年十月初三，县令已经派人来点过一次了，“团册图印告示朗凭”。到了十一月，巡检黄毓麟又说要来，他们五团已经承担不起巡检司的夫马费用开销，所以才不愿齐团。他们之所以这么做，主要是因为去年节一甲遭了水灾，“民困失所，今年水旱，苦况更甚”，团内民众都很困苦，而黄毓麟点团的主要目的，是为了捞取一些夫马费。并继续揭底说黄毓麟每年在官署中办“老幼生辰”三次，都要发函给五团，借机敛财，每次各团都要送钱四钏。以前收成好的时候，送点钱还算不了什么，今年收成实在不好，团内民众都没财力再办，这

① 杜赞奇:《文化、权力与国家:1900—1942年的华北农村》，第28—39页。

② 据任放的研究，巡检起于宋，或管一州一县，或兼管数县，为武职，属州县指挥。明清时期，巡检司多设于距府州县城较远之市镇或关隘要地，主要职责在于市镇管理，其中以稽查人口、维持治安为重点。见任放:《明清长江中游市镇经济研究》，第262—268页。

才是黄毓麟告状的根本原因。至于抗拒点团一事，今年县大老爷已经点过一次了，从程序上已经合法了，“司主应体宪德，不忍再伤民财”，现在司主以这个原因告他们抗拒点团之罪，让他们觉得“办公受累，情实莫何”，不知道以后怎么办理团务为好。

这件事的最终发展以木洞司巡检黄毓麟的妥协而告终，同治十一年二月十四日，该镇□□刘德庵，监生刘清斋、尹砚农在具禀状中称，黄毓麟当时去点团，是因为不知道县令已经点过了，才去点团的。五团团正刘荣廷也是因为去年五团收成太不好了，才有告发司主的话。现在司主已经知道情况了，他“悯念民间疾苦，不与深咎”，以后冬季点团的时候，他会等县令派员来点的时候，一起去点团，这样“官长无涉之劳，小民免应酬之苦”。[①]

这个案子特别之处，在于民众通过正式的渠道，居然打赢了与政府官员的官司。从这个案件我们可以看到，节里一甲五团团正在维护地方利益时的表现。五团由于受灾，民生为艰，而木洞镇巡检黄毓麟仍然希望像往年一样，通过所谓的“查点验团”，借机收取地方的好处。不料此次五团团正并不像以前那样听话，以一种合法的理由断然拒绝了黄毓麟的要求，并不怕和他对簿公堂，显示了团正在维护地方利益时的坚决态度。

二、乡村社会中的团正

与此前的保甲长、客长在巴县乡村社会中的角色不同，团正在巴县嘉庆年间开始的地方军事化过程中，扮演了地方团练领导核心的作用，它的兴起，可以说改变了乡村社会既有的权力结构。如同保甲长、客长，团正也拥有由县令颁发的委任状，以显示其权力来自于官方授权，团正与前者不一样的是，由于嘉庆以后的地方军事化过程，团练在巴县乡村社会中的作用决定了团正在乡村社会权力结构中的核心地位。我们可以以两个方面为例，来看看团正在乡村社会中的作用。

1.团费征收中的团正

团练的运行，一般遵循“富民出财、贫民出力”的原则，也就是说团练的日常运作所需经费概由老百姓来负担。团的正常运行，其花费主要由两部分构成，一是购买武器装备，二是团勇的训练、作战所需的“工食钱”。咸丰

① 6—5—130。

八年巴县的《团练章程》规定："监正团首选择保送来城，学成技艺，发回各团，流传教习者，名为团勇，每名每月由监正团首在本团筹给工食钱二千四百文"。[①]

这些经费的征收，主要由团正来完成，"练团经费，归监正团首经管，务要实用实销，毋或侵蚀"。[②] 经费主要来自于田产及房产，一般是一年一缴，具体的缴纳标准因时因地不一，田产方面：咸丰九年巴县"各乡练团粮民各谷田百石派出防费钱二千文"，[③]而同治六年仁里十甲玉皇团则为"公钱每租一石派钱一百二十文"。[④]

房产方面，农村集镇直里一甲龙隐团磁器口街团为每一门面年派钱二百文。[⑤] 巴县县城的团练经费征收原则据咸丰四年巴县知县觉罗祥庆所颁布的"团练条规"规定，"上等坊厢募银二百两，中等坊厢募银一百二十两，下等坊厢募银六十两，以作团勇口粮"，[⑥]以筹集的钱粮作为团勇的日常食费开支。

这对普通老百姓来说，是一额外的负担，势必会引起他们的不满。有鉴于此，地方县令都会给团正以正式的征收团费的权力。先看一份同治二年，巴县出示的一份委任"札"：

> 奏署四川重庆府巴县正堂打箭炉军粮府加三级覃，恩加一级，纪录十次王，为札饬认真团练事。照得保甲以清内奸，练团可以御外匪……札仰慈里六甲太平团监正李锡三等查照来札事理，遵照前奉章程，邀集团众，挑选壮丁，延请教习，分期操练，务使技艺精熟……仍将各团选练壮丁姓名，制造军火器械一并造册呈阅，听候本县亲临阅操，分别优劣。不出团费者，准尔监正、团首等指名禀究。该监正、团首等不得视为具文，虚悬故事，亦不准挟嫌妄禀，致干未便。[⑦]

此份给太平团监正的委任"札"，除了强调监正在团内壮丁日常的训练

① 6—4—81—2。
② 6—4—81—2。
③ 6—5—209—1。
④ 6—5—159—2
⑤ 6—5—203—1
⑥ 6—4—88。
⑦ 6—5—107。

工作外，对于那些不徼团费者，监正团首可以将他们提交给政府处理，这大大增加了团正在乡村中的话语权。试举一例，同治四年，巴县龙隐团监正王廷章在给县令的“具禀状”内称，“向例团费一年一收，按门面大小照派，有木厂刘祥发应派钱二百文，团首宋恒顺迭次催收，……把持不出，反赴分县以持痞□□生等在案，差唤来镇”，[①]请求县令派遣差役前来强迫其缴纳团费。类似的例子在巴县档案中还有很多，在这里就不一一例举。[②]

2.团内司法调解中的团正

虽然，县令在给团正的“委牌”中规定，“至乡间户婚田土等案，不得过问，即团上诸务，有应随时损益者，亦须禀明府县”，[③]不允许团正参与地方司法事务的调解，但从巴县档案众多的诉讼案件中，我们依然能够看到团正在团内民事调判中的身影。[④]

黄宗智在研究清至民国华北农村的民间调解时注意到中人、社区领袖在民间纠纷调解中的作用。但在黄的论述中，显然忽略了参与这些民事调判者的身份，也就不能很好地解答不同的调停者参与的调判为何有着不同的结果。我们从嘉庆以后的相关诉讼及各类契约文书中看到，团正，由于其个人在团内独特的身份，积极参与团内的各类调解活动，户婚田土，无所不包。

---

① 6—5—203—1。

② 如咸丰十一年“直一甲监正黄钟声等具禀牌头张锦升抗不齐团，反出恶言，持刀逞凶一案”(6—4—182)，同治元年“仁里十甲玉皇团监甲雷长兴等具禀僧正奇抗派团费，鲸吞公置火药案”(6—5—159)。

③ 朱孙诒编:《团练事宜》，见沈云龙主编《近代中国史料丛刊》三编第五十五辑，第25—26页。

④ 黄宗智在研究清至民国乡村社会的纠纷处理中，认为存在三个系统，即非正式系统，主要表现为社区内部、邻里之间及契约中人的调解；正式系统，即州县官在大堂上依法断案；介于民间调解与官方审判之间的第三领域，主要表现为民间调解与官方审判通过交接、互动，最后息案的过程。“第三领域”观点的提出可以说深化了我们对清代法律制度实践的理解，但同时我们也看到，参与第三领域调解的人员，其实很大一部分即是非正式系统的调解人，如黄氏着重讨论的乡保。因此，从调解人主体来说，可能并不存在第三领域之说，不管是否上了公堂，尽量息讼，达到乡里和睦是他们最大的目的。黄氏对调解者身份的忽略同样表现在他对参与乡村社会各类纠纷(主要为契约及家庭、邻里纠纷)的调解人的身份研究方面。他将这类人分为两类，一是主要因契约责任而起纠纷时负责调解的中间人，“通常是那些由于其所拥有的人际关系和声誉而能促成交易的人物”，从他所举的例子看这些人物包括村长(如张乐卿)、信息灵通的商贩(如傅菊)、媒人(如郝顺成)；另一类是“年老有德”、“有信用”的社区领袖，负责家庭和邻里纠纷的调解(黄宗智:《清代的法律、社会与文化:民法的表达与实践》，上海书店出版社2001年，第51—74页)。黄氏的这种分法显然是针对所处理的案子而言，而没有注意到参与调解的中人身份，如在他的文章中张乐卿既是契约交易的中间人也是邻里矛盾的调解人。这样的分类不能很好地解释为什么张乐卿、傅菊的调解能有如此的效果。

很多民事案件在进入公堂以前都经过团内的调解。何兴顺，智里三甲人，时年四十岁。同治元年，何兴顺在媒人陈大顺的撮合下，娶叶世有之女润姑为儿媳。润姑对此桩婚姻很不满意，于同治二年（1863）五月、八月两次出逃不归。何兴顺遂“投团理”，如果以后润姑再次出逃，叶世有不得找何兴顺要人，更不得借此滋事。叶世有在团正的作证下，同意了何兴顺的要求。[①] 由于团正居中调解，何兴顺、叶世有很快对案件的解决达成一致。

正如黄宗智所言，继承案件多发生在“业主没有亲生子的时候”。[②] 孙芝炳弟兄三人，他为老大，二弟芝润、三弟芝仁。三弟芝仁乏嗣，凭族长孙大章为证抱芝炳的次子孙现金为养子。孙芝仁家产颇丰，有田租六十石，银六百余两，平日由孙芝润掌管收租等事。咸丰四年杨瀼喜之乱，孙芝炳为避战乱，携长子一家远迁贵州，留次子孙现金在巴县。同治七年（1868），孙芝炳听说二弟芝润将其子孙现禄抱给了芝仁为养子，并将孙现金逐出，连忙回巴县。于该年二月十八日，将孙芝润告上县衙。巴县县令金凤洲叫孙芝润、孙现金所在团的团首林俸仕、乡约吴益顺调查一下情况。三月十三日，团首林俸仕、乡约吴益顺回复说，孙现金本人不愿过继给三叔孙芝仁，孙芝润才将孙现禄抱给芝仁的。现在孙现禄已结婚生子，希望把诉状撤回，由他们回去解决。[③]

由于团正个人在团内的某种权威，他们也经常在团内的种种契约签署时作为中人在场，以增加此份契约的有效性。如彭正伦生育有数子，其中第四子，乳名彭庚，十二岁。咸丰二年（1852）五月，因为“日食难度”，团正张育能见其一家可怜，“挽劝陈孔朝”收养彭庚为义子，“听凭孔朝责成呼使”，为此，彭正伦在张育能等人作证下，立下“出抱约”。[④]

团正的调解能够取得一定的效果，除了团正个人的原因，在某些案件上还有政府的授权。如同治元年（1862）巴县治城程刘氏状告张志源霸占田产一案，由于原、被告双方所指认的田界差距太大，巴县县令张秉堃认为此案应首先由“团族理剖”，也就是让团正或族长去摸清案件的原委，再来

---

① 6—5—6797。

② 黄宗智：《清代的法律、社会与文化：民法的表达与实践》，第95页。

③ 6—5—2632。

④ 6—5—6962。

给他禀报，遂批："其中有无别情，姑仰仍凭团族清□，不必兴(讼)"，[①]将案件的调解权力下放给了团正。

走上公堂的原、被告双方，为了使自己的诉求得到县令的支持，往往会拉拢团正作为自己的证人。直里二甲石桥铺职员柳光荣、文生柳先华的入川二世祖系前明进士，曾任遵义府知府，以宦囊所积，在该甲境内买田百余石，除留少部分作为本族的坟地外，大部分都于明万历年间捐入境内的能仁寺，有碑可证。同治元年(1862)，能仁寺寺僧登耀将捐田六十余石卖给土豪李国禄、钱大庆。柳光荣等人闻之骇然，当即邀约团首前去现场查勘并将碑刻所载记录下来，希望在以后的诉讼中增加自己获胜的筹码。[②]

团正在乡村社会中的作用，远不止前述的两个方面，比如在团内的治安、团内公共事务等方面都发挥着积极的影响，借助于团这个掌握着乡村武力及一定财力的机构，团正无疑成为乡村社会权力结构中的核心。也正如此，围绕着团正这一职位的争夺，也成了此一时期，乡村社会各权势人物活动的焦点。

三、团正间的权力纠纷

与保甲制度下的保甲长或乡约体制中的乡约不同，团练制度中的监正、团首，不仅仅是一职役，还因为此一职务，能带来政治上及经济上的好处。因此，在清代的巴县，围绕着此一职位，产生了诸多矛盾。主要集中在团练经费的征收、核算及团练的领导权问题。

1.因团练经费的征收、使用所产生的纠纷

前已述及，巴县团内经费主要由团的领导者——监正、团首来掌握，包括每次的征收标准及每段时间的具体开销。这其实给团正提供了贪污的机会。朱孙诒在《团练说》中提到，"有藉充团总而获重利者"。[③] 围绕着团费的分摊和开销后的清算，团内往往会矛盾重重。在档案中，与此相关的诉讼数不胜数。请看下面两个发生在现在的重庆沙坪坝区磁器口的案例。

---

① 6—5—2153。

② 6—5—2130。

③ 朱孙诒：《团练说》，载盛康：《皇朝经世文续编》卷八一《兵政七・团练上》。

巴县直里一甲龙隐镇团为街团，咸丰四年(1854)七月二十三日，该团新任监正孙大生、团正邹源益等人向县令告状，对该团前任团正童义顺提出了三项控告：一、将团内原有的公款四两一钱贪污；二、童义顺在任团正期间，向镇内各街坊摊派了钱数十钏，也没有认真算帐，“称原帐失遗，不由团众清算估交”；三、作为该场的巨富，“历收团费，伊竟分文不出”，导致团众不服，人心涣散。他们作为新一届的监正、团正，希望童义顺能够算清帐目，这样今后才能安心工作。县令觉罗祥庆批示“团练之设，原以保卫地方。据呈童义顺把持霸吞等情如真，殊属可恶。候签唤讯究”。

眼看新旧两任团正为团费的事情就要对簿公堂，是年闰七月初十日，该团职员黄钟声、廪生孙芳锦、监生段凌等人向县令递交“具息状”，内称：“因龙隐镇童义顺上轮同事七人，内有二人出外，帐项未算，致孙大生等以把持霸吞控案。职等念均属团邻，恐其参商，团规难整，邀集两造，协同街坊，抵面算明，必须将银钱如数交清，公置枪炮，永敦和睦。”既然帐目已经算清楚了，县令也同意他们销案。[①]

我们不清楚黄钟声等人所称的销案理由是否属实，[②]新任监正孙大生等人提出的告状理由应该不会是空穴来风。即便是误解，从孙大生等人以此为借口来“诬告”童义顺等人，也能让我们清楚，此一时期，各团之间围绕着团费的诉讼纠纷应该是很多的，他们只不过选中了一个最流行的理由。由于团内其他绅士的积极调解，此案最终在县令宣判之前得以和平解决。而下面这个案子的解决方式则有所不同，且更能说明围绕着团费所引发的诸多问题。

咸丰十年(1860)，李、蓝余部张五麻子[③]攻入离巴县60里的老关口一带，此处为巴县西里各团的防御之地。从前面的讨论中我们已得知，此时巴县城乡都以自然村落为单位，建立了团练组织。如同孔飞力所指出的，

① 6—4—152。

② 据黄宗智的研究，在民间纠纷的第三领域中，“即使纠纷中牵涉到触犯法律行为，调解人也有可能把它们掩饰过去，让衙门接受其妥协办法”(黄宗智：《清代的法律、社会与文化：民法的表达与实践》，第130页)。

③ 张五麻子，原名张国福，又名张短搭搭，重庆永川人，所部义军属李蓝起义军之蓝朝鼎部。咸丰十年(1860)五月，为了分散清军，将义军一分为二，东路大军由张五麻子等人率领，转战于四川井研、富顺，先后攻克隆昌、荣昌、永川，直逼重庆。

这些单一的团很难防御外来武装的入侵,“地方防御的需要必然产生更大规模的组织”。[①] 为此,县令张秉堃任命余光恺[②]、童义太、王宅三三人为西里十八团总团首,团部设在西里最大的集镇——龙隐镇,将分散各团统一起来,集中指挥。各团团费也因此集中在三人手中,统一支配使用。三人充当十八团总团首后,率领西里团丁先后随县令张秉堃参加了寨山坪、福兴寨等处的战役,取得了不错的战绩。民国《巴县志》载:

> 咸丰十年,张五麻子窜扰璧山,逼巴县西界。知县张秉堃调三里团练,防堵三十余隘。会镇兵疏防,贼由伍家沟、虎峰山窜入西界,破福兴寨,进攻寨山坪,西里团众驱逐出境。[③]

李、蓝之乱后,巴县境内依然战火不断,“王逆、周逆、曹逆”相继在西里作乱及太平军石达开部入境居、怀二里,余光恺三人带领西里团丁随历任巴县知县转战县境各地,深得信任,并被授予训导的官衔。同治三年(1864),战事平息,余光恺被调入城中“经理平粜积谷、三费、夫马事件”,担任上述各局的局士。但西里十八团的许多事情,他仍然还在经管,大小事情由他做主。不知出于什么原因,十八团每年的日常团费开销细目,余光恺从来没有和下面十八团的其他团正清算过,十八团团正十分不满,但又无计可施。

同治六年(1867),十八团三巨头之一的童义太病故,下属十八团团正向县令报告称原来的总团首余光恺大部分时间都在城内,很少过问团内的事情,而现在童义太又病故,遂推举童汉卿、黄永中等人为总团首,同时免除余光恺、王宅三二人所担任的职务。余光恺、王宅三闻讯后,立即向县令上书反对童汉卿、黄永中等人接任总团首,认为能够充当监正团首的人要“当堂验充,持谨老成,以昭郑重”,此二人资格显然不够,“不愿与伊等厕竿,受众指谪”。

余光恺、王宅三的反对意见引起了十八团内其他绅士的强烈不满,十二月廿八日,贡生孙其垲等人向巴县县令提出告状,列举了余光恺三人在

---

① 孔飞力:《中华帝国晚期的叛乱及其敌人》,第68页。

② 虽然资料并没有直接表明余光恺所从事的职业,但从整个案件来看,余光恺是一名富有的盐商。

③ 民国《巴县志》卷二一《事纪》,页四十八下。

充任总团首期间的种种不法之事：一、他们承充总团首以来，“假威协众，几酿巨案”；二、“侵吞各项公款，所有十团经费银两，从不清算”。同时，对余光恺的个人身份也提出质疑，认为余光恺江北厅人，却在巴县承充监正，不合监正的承充原则。

次日，余光恺针锋相对地提出反驳意见，主要有这么几点：一、这么多年来他一直随几位县令率领十八团团丁征战，劳苦功高；二、他个人并没有贪恋十八团总团首这个位置之心，早在咸丰年间就想辞职，但却一直为历任县令所慰留。至于籍贯一事，江北厅乾隆年间从巴县分出来时，也同时把他们家分成两个县的人了，他们家在两边都有人口、土地，“征赋设学”，如他叔叔余作霖，入江北县学；弟余从龙，与侄余炳南，入巴县县学，他现在在西里都还有田土、房产，因此籍贯上他是没有什么问题的。随之，余光恺认为，此事的导火索在于本月二十六日，十八团监生梁某某和张某某因为贩卖私盐，被他拿获充公，引发不满，故而冒充十八团的名义来指控诬陷他，此二人想借充监正之机，掩盖贩卖私盐之实，所以，他们才坚决地反对此二人承充监正，“如听其借管团而滋非，势必酿成事故，如不禀请辞退，不忍听其偾事，以误公事”。

县令王宫午也摸不清楚双方究竟谁对谁错，谁在撒谎，遂叫双方约定时间先自己调解一下，看能不能解决问题。同治七年(1868)正月十六日，余元恺请石岭团职员孙有容、监正周怀清、监生黄□堂、监正朱玉山，元贞团监生孙廷扬、监生卢元益，静安团监生周易东、童士俊，川主团监正李元泰、黄左泉，复元团监正张兰亭、监生李春和，致远团监正黄问斋、瞿玉生，地藏团监正陈万和，龙隐团监生郎玉山、张书□及龙隐镇廪生梁安惠、文生覃树猷、监生孙龙章等人在龙隐镇万寿宫开会，将历年十八团团费收支帐目和各位团正进行一次总的清算。算帐过程中，口角不断，双方也没达成一致的意见。余元恺恼怒之下，叫自己手下的盐丁数十人，手执短棒、铁尺等武器将各团监正团团围住，一阵乱打。这些绅士当然经不住这顿猛打，所有参与算帐的十八团监生都不同程度地受了些伤，其中文生覃树猷伤势最为严重。绅士个人随身所带的物品也被打得丢失不少，据事后的统计，有“金簾二支；小八表一个；银簾一支；玉簾二支；毡冒四顶；瓜皮冒四顶；水晶眼睛三架；扯毁皮褂一件”。

绅士的救命声和痛苦的嚎叫声迅速传遍了龙隐镇，立刻引起了镇上团民及众商户的不满，当天即罢市进行抗议，并由廪生梁安惠牵头往县衙告状。[①]

由于资料的限制，我们无法知道此案的最终结果。但从前面的描述中，我们可以看到，由于团内公款在征收及使用过程中，往往由团的掌管者个人经管，这一方面给了监正或团首中饱私囊的机会，另一方面也给团内的其他民众造成许多误解。

进一步说，团内各绅士为了团费而不惜对簿公堂，甚至拳脚相加，其实更深的原因是想获得对团的领导权。在上一个案例中，据余光恺称，十八团监生之所以想充任团首，是因为他们中有人贩卖私盐被他的手下拿获，他们另举总团首，只不过是要将他赶下台、掩盖他们贩卖私盐的手段而已。可以这么认为，余光恺正是利用了其总团首的职位维护盐商的利益。而十八团其他监生也正是看中了总团首的这一职位，通过它，他们不仅可以削弱余光恺等人的势力；同样地，也可方便他们贩卖私盐之事。

2.因团的领导权问题而产生的纠纷

团首具有防匪、处理团内大小事务、调解团内司法纠纷等职责。这说明团首在团内有当然的领导权。而这个领导权对一些人来说，是十分想得到的。改变团的设置，则是获得领导权的一种方式。

咸丰四年(1854)八月，贵州人杨漋喜、舒裁缝反对官府“严派军需、逼捐加税”，在川黔交界的桐梓九坝发动起义，迅即占领桐梓县城，建立江汉政权。起义波及与之毗邻的重庆綦江、江津等县。为了防止叛乱蔓延到巴县，巴县全境奉令编练团练。智里六甲因为“界连猫峡，路通黔省”，地势十分险要，当然也是防乱的重点区域。但是该甲监生陈天如与武生陈占魁却因办团一事发生纠纷、诉讼不断，双方甚至还发生了激烈的肢体冲突。这是为什么呢？

事情的大略如下：监生陈天如、秦正一、伍世鳌等人在该甲办有石龙团，按照巴县的团练章程，各团经费都是由团内民众捐资而来，就农村的团来说，主要就是按粮附加，石龙团“每石各派捐钱二十文，制造枪炮、火药器械”。该团武生陈占魁等人并不愿意缴纳团费，陈占魁称，他对捐款办团、

① 6—5—226，6—5—228。同样的例子可见6—4—183“智里六甲管带巫介庵与团首王佑祥为团费亏空把持公款等挟忿互控一案”，6—5—178同治元年七月，铜驿各团总理彭荣渭与万寿团团首岑玉山等人围绕着岑玉山是否侵吞团练公项银两及捐谷的案子。

齐团防堵没有意见，但是他们所在的白沙沱离石龙团太远，有十余里之遥，完全起不到防堵的作用，“防堵不及，恐贼滋扰贻累”。他们白沙沱的团民，为了齐团，每天在路上来往奔波，还不如自己办团。因此他们自己办了个文经团，“生等捐资器械防匪，众皆乐从”。陈天如、秦正一等人深为不满。咸丰四年(1854)九月十三日，石龙团和文经团奉令一起在该甲境内的猫儿峡联团堵御，双方为先前办团之事又争吵了起来，双方的团民为此还发生“朋殴”。在打斗中，陈天如的马褂被撕毁，其子陈一枝腰、肋被打伤。

双方的诉讼一直延续到次年都没有了结，在诉讼过程中，诉讼双方不断地提供新的理由。

在诉讼过程中，陈占魁提供了一个很有意思的细节，为我们理解此案的真实原因提供了帮助。陈占魁的父亲陈德馨在嘉庆时期办团时，就一直是该团的团首，任职时间长达四十余年。在这期间，陈德馨难免会得罪一些人，如陈德馨与陈天如一家关系就不是很好，可以说是“世仇”。陈占魁将他们家编入陈天如控制的团，极有可能受到陈天如的报复。所以，他请求县令不要将文经团解散，并入石龙团。[①]

此案所陈述的故事情节在咸丰以后全国各地团练的编练中应该还有很多。从这个故事中，可以看到，每一次新的团练编练过程，对乡村社会来说，极有可能就是一次权势的转移过程。陈德馨父子掌握智里六甲四十余年，当有新的人选，而这新任团首又是自家的世仇时，反对之激烈，可想而知。“究其动机，一方面出于维护其固有的特权与利益；另一方面也有获取功名和地方权威之意图。”[②]

四、团正与客长的利益关系

在包括巴县在内的清代四川乡村，由于特殊的人口构成，客长是乡村社会中不可或缺的人物，他由全场同一省籍的老百姓推举选出，报经县令批准，在场内负责地方治安、赋税征收及场内其它公共事务。可以说在整

---

① 6—4—145。

② 杨国安：《明清两湖地区基层组织与乡村社会研究》，第242页。爱德华·麦科德在《地方的军事化力量与权贵的形成：贵州兴义的刘氏家族》(收入中国社会科学院近代史研究所编《国外中国近代史研究》第25辑，中国社会科学出版社1994年)一文中认为，军事力量尤其是团练控制权在刘氏家族成为地方权贵过程中扮演了重要的作用。

个清中前期，客长一直都是乡村社会权力体系的核心。嘉庆白莲教起义以后，面对地方军事化的现实，在政府的强烈推行之下，团练在巴县乡村社会建立起来，团正也因此逐步成为地方权势网络的核心。客长与团正，分别代表移民后裔和负责本地安全的乡村职役，其关系经历了一个从相互渗透到客长逐渐消亡的过程，此间当然也有摩擦与纠纷。

由于地方动乱不堪，无论客长还是团正，地方官员都要求他们担负起地方治安管理等方面的责任。如嘉庆十九年(1814)，巴县县令董淳签发给刑房差役的一份传票称，该差役到当地后要“协同各镇客约团首人等”，[①]一起办案，可见团正与客长当时在职责上也有一定的共通性，共同为地方负责。这可以从两个方面来论述。

首先，地方治安方面。如道光二十五年(1845)闰五月，一群来自邻县璧山县的匪徒在直里九甲虎溪场抢劫财物，客长韩廷魁、团正曾大兴、龚兴盛密切配合，率领团丁协同一路尾随的璧山县差役，捉获匪徒多人，得到县令的嘉奖。[②]

又如下面这个故事。正里八甲青木场，位于巴县与璧山的交界之处，可能是处于两县交界的原因，地方治安不是很好。况忠，璧山县籍武生，在该场开设栈房，家产殷富，时常召集朋友在店内聚集。该场团正杨天贵、客长杨永兴担心匪徒作乱，经常劝况忠不要召集陌生人来场内，双方关系为此一直不好。咸丰四年(1854)，况“招窝面生匪徒多人”在店内住宿，团正杨天贵、客长杨永兴率领团众将这伙人当场捉拿，不想却被况私自放了。在众人的指责下，况立了服约，保证以后不再招留陌生人。事情还没结束。两三天之后，况忠“统率况大苟、况二苟、况石头、蒋老五等并无签票，假充璧差”，将团正杨天贵、客长杨永兴捉拿至璧山县一店内，折磨拷打八天，并强迫他们立了请字合约，才放回来。[③]

从上面这个故事可以看到，青木场的团正和客长在维护地方安全时紧密合作，以致遭到地方其他强势人物的报复。

其次，民事方面。如嘉庆五年(1800)，巴县县令颁布告示，要求地方各乡约、客长、团正等严查地方不法民户宰杀耕牛贩卖，“新宰牛者杖一百枷

---

① 6—2—129—2。

② 6—3—263。

③ 6—4—279。

号两个月，惯宰牛者充军”，“如有乡约绅团徇私隐匿不禀报者，与宰牛者同罪”。廉里八甲客长及团正胡慎修、谢位乡等人，每到赶场的日子，都在场边“鸣锣读劝”。[①] 客长与团正对制止农村私宰耕牛还有一定的分工，具体来说，各场镇不许挂卖牛肉，由客长负责监管。而农村地区“瘟毙之牛，听其在乡或剥或埋”，由乡间各团团正负责处理。

其实，在有些情况下，客长与团练往往是一个人来担任，只是因为在不同的场合，他们表明的身份不同而已。嘉庆二十三年(1818)，巴县县令任命龙隐镇杜洪顺、谢如松、温忝充、王合顺、周永顺、赖万盛等人为团正，负责清查“团内有窝恶、窃贼、包娼、窝赌、私宰私贩以及邪教违禁不法等事”，在这份团正名单中，王合顺、周永顺等人即为该镇的客长。[②]

从上面的叙述可以看出，团练兴起以后，在地方社会中，客长继续在调解场镇矛盾，特别是与移民或移民后裔群体相关的矛盾中扮演了重要的角色。同时，团正由于掌握了地方重要的军事、经费来源，而逐渐成为地方权力网络的核心。这样一种权势的转移对当地的人们来说，并不是很突然的，因为资料表明，其实很多团正同时也拥有客长的身份，并不存在一个群体取代另一个群体的事情。

有时，客长还是由本场的监正、团首提名而担任的。同治八年十月鹿角场监正王清臣、团首王化亭以“鹿角场，路当孔道，上通云贵，下达重夔，往来差务纷纷□扰，每值公事，原该客约彭兴隆、彭辉坦办理。今因兴隆辞卸，辉坦一人，孤立无助，生等集众商议，惟本场彭玉堂老成谙练，明词达尽，可承充客约”。[③]

当然，客长与团正的关系也并不如地方官员希望的那样融洽，在很多情况之下，由于利益的冲突，团正与客长的关系颇为紧张。

直里九甲虎溪场，先前曾由该场众绅粮“乐捐募化积资数百金”，兴设义学，每年“延师训课贫寒子弟”。道光年间，这笔钱一直由客长韩廷魁等人经管。到了道光七年(1827)，义学因故停办，这笔钱也未算帐。到了道光十八年(1838)，团正罗廷扬、瞿兆昆等人建议将这笔公费拿出来继续办理义学，引起了韩廷魁等人的不满。韩廷魁遂先下手为强，指使该场民众

---

① 6—2—526—2。

② 6—2—57—6、6—2—70—2。

③ 6—5—151—15。

杨增祥等人控告罗廷扬、瞿兆昆借办团练之名，勒索团费；同时还私放匪徒。双方为此互控多月。[①] 类似的案例也发生在忠里二甲跳石场，该场"原有厘金，该客长经收"，主要用作该场财神会及团差的支销。咸丰十年，该场石同团团首曾伟臣为了筹措经费，亦在场内征收厘金，引起原来厘金的征收者——客长张纪南的不满，双方为此多次诉讼于衙门。[②]

又如咸丰元年，正里一甲团首李会元、牌首刘体魁等人与本场前客长童怀安之间为是否将童怀安收入团册一事所发生的纠纷案件。据李会元等人称，童怀安为本场已故乡约刘庆隆的干儿子，曾在道光廿三年充任该场客长，在其任内，童"每向朴民诈搕不遂，捏情控害多人"，后被合场百姓控诉于县令，被"枷示驱逐出境"。而童怀安辩称，李会元等人之所以控诉，是因为李等人曾经"屡搕乡愚，不计其数。去腊仕富等诬搕船户刘元泰钱文，蚁知理斥，伊等挟忿朋比为殃"。[③] 团首李会元等人与前客长童怀安互控对方诈搕百姓的实质，在于排挤对方，增加自己在场内的控制权。

从这个案子我们可以看到，经过一百多年的发展，巴县城乡场镇形成了较为稳定的权力结构，当团正试图加入这个权势网络结构中时，往往会引起原来的利益既得者的不满。如同本案所示，客长韩廷魁一直掌管该场的义学资金，多年也未向场内民众算过帐，可以说，这笔钱在一定程度上也就为韩所得。当团正罗廷扬等人提出要再次办理义学，叫团正韩廷魁将钱交出来的时候，当然会引起韩的不满。双方势必会以各种理由来告倒对方，这也是该案持续多月的重要原因。可见团正作为新兴的地方权力人物，当其试图在地方社会发挥更大作用时，无疑会引起原有掌权者的反对。

第三节　小结

嘉庆以后，由于地方社会动荡不安，团练经历了一个从军事、临时性的组织，演变为地方行政组织的过程。可以说，道光以后，团练与保甲呈现出趋同的态势，"团保合一"。团练组织形态的演变表明，新的基层组织的兴起，与外在的环境变化有着密切的关系。嘉庆以后的地方军事化过程，诱

① 6－3－122。

② 四川省档案馆（局）编：《清代四川巴县衙门咸丰朝档案选编》第四册，第265页。

③ 6－4－148－3。

发了团练在巴县城乡社会的兴起，二者具有明显的因果关系。团练的发展过程则表明，作为“非常态”的组织，若要继续延长其在乡村社会中的存在，必须和“常态”下老百姓的生活相适应，完成其制度变革。

相较于客长、保甲长、乡约等职役，充任团正无疑会带来经济上及政治上的好处。在清代中期巴县办理团练的过程中，围绕着此一职位产生了诸多矛盾与纠纷。有鉴于此，在咸丰八年颁布的《巴县团练章程》中，特别规定“监正团首或有不公不法，许合场团绅粮指实证据票官究换”，[①]希望地方士绅能起到监督的责任。同时，地方官也加强对团练的领导，咸丰七年川东道王廷植就认为，巴县“上半城监正多非公正之人，稽查一切甚不得力”，要求巴县县令“查明另换”。[②] 进一步说，地方官员对团正的监督与稽查，最终要达到“团总听命于官，是官总其权”[③]之目的。

同时，我们也看到，也有部分地方生员及普通百姓不愿充任这一职位。其原因，如咸丰四年六月，巴县举人吴馨远在谈到巴县各乡村办理团练的弊端时指出，相对于城市，农村对团练的重视不够，“无火药器，不足杀贼”。同时，充任团首的老百姓，有的“无权无势”，“民不治民”[④]，以至不愿承担。这在一定程度上还是说明了团正具有同保甲长类似的乡村职役的性质。

另外，老百姓对团练的不合作态度，也或多或少地影响了团正的权威。同治六年五月，正里三甲文华团监正、团首周朝荣、杨绥之等人称，“自咸丰九年张主示谕，札饬监正团首办理团练、派及经费、花户注名投册，均遵无违。近年军务肃靖，团练废弛。昨蒙仁恩示谕，各团重整旧规，办理团练，预防不虞。……团内废弛已久，器药空虚，预备无着，遵行者少，把持甚多，难归画一，不禀作主，好事阻扰”，希望县令能给个正式的公告，“以专责成，以卫地方”。[⑤] 从这里可以看出，团正的权威还是来自于地方政府的授权。

---

① 6－4－81－2。

② 四川省档案馆(局)编:《清代四川巴县衙门咸丰朝档案选编》第五册，第577页。

③ 朱孙诒:《团练说》，载盛康:《皇朝经世文续编》卷八一《兵政七·团练上》。

④ 6－4－89。

⑤ 6－5－109－1。

第六章　晚清的学董与乡村权势的转移

光绪三十一年(1905),清政府宣布废停科举、兴办学堂,培养人才。巴县城乡社会,各类官立、公立、私立学堂“蔚若云兴”。[①] 这一政策无疑大大改变了城乡社会四民的生活状态。[②] 当然,国家与乡村社会的关系也因为办学费用问题而发生了某种改变。[③] 此前的研究已经注意到城乡社会办理学堂所需经费来源的复杂性,但却还没有能够进入乡村社会内部来分析探讨这些来源不同的各类经费及由此衍伸出的诸多利益争端或权势转移的问题。

说到学堂经费的来源,就不能不提到“庙产兴学”。[④] 维新派的康有为、地方大员张之洞都曾不约而同地提出将各类淫祠改建为学堂的建议,并最终得到清政府的许可。对于巴县地方社会来说,“庙产兴学”不仅仅意味着寺庙、道观的财产被充作学堂的办学经费,更意味着掌握这些资产的“会首”或局绅们在新的情势之下退出了地方的权力舞台。学董,即学堂董事出现在了乡村社会权力网络之中。下面通过对学董的讨论,我们将发现,近代国家进入乡村社会的过程,同时也是乡村社会传统矛盾延续的过程。换言之,围绕着新式学堂所产生的各类矛盾兼具“现代性”与“传统性”。

---

① 民国《巴县志》卷七《学校》,页二十二上。

② 罗志田:《科举制的废除与四民社会的解体——一个内地乡绅眼中的近代社会变迁》,《清华学报》(新竹)新25卷第4期,亦收入氏著《权势转移:近代中国的思想、社会与学术》,湖北人民出版社1999年。

③ 樊德雯:《乡村、政府之间的合作:现代公立学校及其经费来源》,黄宗智主编:《中国乡村研究》第四辑,社会科学文献出版社2006年;郝锦花:《近代“新学”教育与乡村社会现代化的启动》,《天津社会科学》2002年第3期。

④ 所谓“庙产兴学”,日本学者村田雄二郎理解为“清末民国时期实行的一系列没收寺观神庙财产(寺院领地、田产、庙宇等)、充当振兴地方初中等教育费用的一系列政策、运动”(沟口雄三、小岛毅主编:《中国的思维世界》,江苏人民出版社2006年,第561页)。这一理解主要根据当时人的言论和光绪皇帝的上谕出发的,就实践层面来说,“庙产兴学”运动所涉及的地方公产除了寺庙财产外,还包括会馆与祠堂的产业,民间各类会产,及斗捐、官秤、红庄等地方公费。

第一节 “庙产兴学”之议的提出

早在废停科举之前，巴县就已创立过西式学堂。光绪十八年(1892)，时任川东兵备道道台黎庶昌[①]创设洋务学堂，招收学生20人，开设中文、英文、算学三科，办学经费由黎筹措，可惜该学堂开办时间不长，随着黎的离任而停办。[②] 除此之外，还有由基督教会所立的学堂，如求精学堂、广益学堂，但因重庆民教关系一直比较紧张，因此就学人数寥寥，不成气候。

光绪二十七年八月初二(1901年9月14日)，清政府下诏办学，谕令“将各省所有书院，于省城均改设大学堂，各府及直隶州均改设中学堂，各州县均改设小学堂，并多设蒙养学堂”。[③] 此一政策不久便在巴县得以实行。光绪二十八年(1902)，四川总督岑春煊札饬全省清查书院、义学资产，作为兴办学堂的基础，“惟是欲创新基，必先清查旧底，始有下手之处”。[④] 随后，重庆府札饬巴县，整顿新旧书院、学校，将书院改为中小学堂，并立规章九条，其中最重要的是对原有书院的产业情况的调查，“书院旧有产业若干，岁息几何”、“现在新筹款项若干，其款系何项筹出”。[⑤] 同样，重庆府在给巴县的札中对义学的调查也做了详细的安排，“城乡义学原有几所，坐落何处，经费若干，款项何出，是否已改蒙养学堂”，“新立蒙养学堂几所，坐落何处，经费若干，款项何出，何人经管”，等等条目。1903年，巴县各场镇废除义学，就款设立蒙养学堂，其原有的田房产业，一律划归学堂经理，“书院、义学之名无存矣”。[⑥] 对地方社会来说，将原有书院、义学改建为新式学堂，对地方社会的影响不大，毕竟尚未涉及地方公产转移的问题。

由于各州县原有的书院、义学本来就为数不多，不能完全满足办理新式学堂的需要。清末各地方大吏、维新派官员提出了各式各样的解决之

---

① 黎庶昌，字莼斋，贵州遵义人，以廪贡生出任知县。光绪二年，随郭嵩焘出使英国；光绪七年，被任命为出使日本大臣。光绪十七年，除川东道，任内“设学堂，倡实业，建病院，整武恤商，百废具举”(见《清史稿·列传二三三》)。

② 参见民国《巴县志》卷七《学校》，页二十二上及巴县档案6－6－5944。

③ 中国第一历史档案馆：《光绪宣统两朝上谕档》第27册，广西师范大学出版社1996年，第176页。

④ 6－6－6032。

⑤ 6－6－6032。

⑥ 民国《巴县志》卷七《学校》，页二十一下。

道,巧合的是,他们都提出了提拨庙产经费作为学堂经费的建议。如光绪二十四年(1898)五月,康有为在《请饬各省改书院淫祠为学堂折》中,除了建议将各省书院改为中学堂外,还特别建议将乡村淫祠改建为小学堂。他以广东为例,称“乡必有数庙,庙必有公产”,如将这些庙改为学堂,以公产为“公费”,则“年至六岁者,皆必入小学读书”。① 同样,张之洞在《劝学篇》中称,虽然可以将书院、善堂改为学堂,并以“赛会演戏之款”和“祠堂之费”充作兴学之用,然而毕竟有限。怎么办呢?“可以佛道寺观改为之”。这些庙宇不仅可以为学堂提供办学的场所,其寺产还可以解决紧张的办学经费,并提出了具体的提款比例,即每县的寺观提取十分之七改为学堂,而改为学堂的寺观,其田产“学堂用其七,僧道仍食其三”。②

“庙产兴学”之议一经提出,得到社会舆论的广泛支持。1901年前后,《申报》等报刊发表了大量有关“毁庙兴学”的评论,如是年八月初六日,《申报》发表了一篇名为《毁寺观以充学堂经费议》,内称“夫今天下之蠹国而病民者,莫僧道若,而各府、州、县之寺观、淫祠,或数倍于书院,或数十倍于书院……今宜特下一令,严禁二氏之教,凡男僧女尼,悉令蓄发还俗……寺院屋产悉没入官,充作学堂经费”,③“惟有以各省之寺庙为各省之学堂,事既易行,理尤极顺”。④ 有的也从经费上谈到了“毁庙兴学”的益处,“地方公款,各有专属,全废固属不能,酌提亦非不易……而地方之庵庙寺观,无论为大为小,尽数毁之,在乡者或以其地栽种树木,或以其地开垦作田,在城镇者或改为民房、店铺,岁收其值归入学堂”。⑤

同时,这一观点也得到社会各阶层,特别是绅士阶层的支持。1904年初,四川一乡绅在给学务处的报告中说,学堂创办之初,经费和校址都很难筹划,而僧道二氏却占用了大量的地方公共资源,“私利独大”,并且养了一群懒惰之人,希望将“庙田以充学费,因寺宇而为学堂”。“庙产兴学”逐步成为产、官、学界的共识,⑥认为此举“是以空门之财化为实业之用,开民智

---

① 康有为:《请饬各省改书院淫祠为学堂折》(一八九八年七月三日后),引自汤志钧编:《康有为政论集》上册,中华书局1981年,第312—313页。

② 张之洞:《劝学篇》,上海书店出版社2002年,第40—41页。

③ 《申报》1901—09—18,相似的评论还可见该报1904—08—05等等。

④ 《申报》1901—12—18。

⑤ 《申报》1902—05—14。

⑥ 《四川官报》甲辰第2册,新闻。

而不病民力。现在筹款维艰，若不亟为学堂谋，将来恐亦比提为他项之用，以地方公产办地方公益”。[①] 同年，《四川官报》发布《劝办学堂说》：“不分界限，不讲多寡，或富户便浑全自立蒙学，把本乡应占的神会、庙业、斗秤及书院、义学的旧款让出，全给与贫户办蒙学，贫户又加以应自出的学费，零星凑集，便成局款。”[②]什邡县增生刘瑞云亦称，“各属兴设学堂，款项不足，大率议提庙会、戏剧、酒食无益之费，以为挹注”。[③]

其实，“庙产兴学”之议的提出，还与传统社会中形成的“毁祠兴学”的传统有关。明清以来，历朝历代都有“毁祠兴学”的传统，如清康熙二十五年(1686)，“五月丁亥，诏毁天下淫祠”。[④] 这样的例子还有很多，此不赘述。[⑤]

在当时巴县地方官员对执行“庙产兴学”政策可谓不遗余力，1903 年，四川提学使司曾发布白话告示一通，劝民自立小学堂，重庆府知府张铎将此告示排印千余份，“分散四乡”张贴。[⑥]

但由于此间科举并未停废，乡村社会各类新式学堂的建设并不明显。1905 年，袁世凯、张之洞等人称，“科举一日不停，士人皆有侥幸得第之心，以分其砥砺实修之志。民间更相率观望，私立学堂者绝少，又断非公家财力所能普及，学堂决无大兴之望”，[⑦]建议废除科举，广兴学校，得到了清政府的批准。由此，巴县城乡社会学堂办理的步伐明显加快。

第二节　学董及学堂的经费来源

清末“庙产兴学”的实施，可以说是由政府主导的，经历了一个自上而下的过程。围绕着此一过程，清政府的教育行政主管部门自上而下，在短

---

① 《四川教育官报》，宣统三年二十九期，公牍，页四下—五上。

② 《四川官报》甲辰第 4 册，演说。

③ 《四川学报》乙巳十三册，公牍，页五十一下。

④ 《清史稿》卷七《圣祖本纪二》。

⑤ 可参见蒋竹山：《汤斌禁毁五通神——清初政治菁英打击通俗文化的个案》，《新史学》第六卷第二期。在巴县毁祠兴学也存在，如嘉庆十九年将庙廊寺改为义学一案即为一例，见 6－2－585。

⑥ 《广益丛报》，光绪二十九年十二期，页一下。

⑦ 《光绪政要》卷三一，转引自陈学恂主编：《中国近代教育史教学参考资料》上册，人民教育出版社 1986 年，第 576 页。

短的四五年时间之内，便完成了新式教育行政体系建设。这个体系在中央以学部为首，各省将原来的学政改设为提学使司，各县则成立学务局(1906年后改为劝学所)，作为清学部在各厅州县设立的地方教育行政机构，为各地主持学务的主管机构。

劝学所由当地地方官监督，下设总董一员和劝学员数名，总董由提学使派任，负责综核各区的事务。巴县由知县兼任学堂总理。为了方便办学，各州县又划分为若干学区，每区设劝学员一名，由总董选择区内绅士后禀请地方官委任。

农村各场，在提拨庙产之前，通过设置乡学里正来推动各场办理学堂。其方式是由各场推选出里正，报经县令批准后，行使提倡乡学之责。光绪二十八年(1902)，巴县西里龙凤场廪生樊述虞、杨树春、文生王汝债禀请县令委任该场举人龚秉枢为该场里正，提倡乡学。[①]

一、学董的身份与职责

学董，即学堂董事之简称，实为乡村社会提拨庙产、办理学堂的执行人员，“由各区公举公正廉明熟悉学务士绅，呈明地方官长核准后给札委充”。[②]

我们通过巴县的相关个案来看学董任充的过程。光绪三十二年(1906)，巴县县令霍勤炜颁给虎溪场学董张向晨的委任状，内称：

> 县正堂兼学堂总理霍全衔为札委事，照得兴学育才为当今要政，虎溪场学堂总理前委冯秉钧承充。兹秉钧考入省城法政学堂，所遗学董，查得张向晨，堪胜此任，合行札委。为此，札仰张向晨遵照即便接充该场学董，所有兴学一切事宜，务即遵章办理，不得稍有更易。该学董须知学务关系重大，万不可稍涉推诿，致□□□(干重究)。特札。
>
> 右札虎溪场学董　张向晨
>
> 光绪三十二年十二月十一日　礼房呈　十三日发[③]

这份委任状提供了下面几项信息。一、承充学董须得到县令的许可。二、

① 6—6—5951。

② 《申报》1905—05—26。

③ 6—6—5964—34。

虽然巴县劝学所作为办学的主导机构，但各地学堂学董聘任的人事决定权还是在县令手里，各场学董由本场各绅士举荐、经县令同意后任职。劝学所只是一个执行机关，而没有决定权。三、学董的去留。学董作为新式学堂的办理人员，有一定的进身之阶，进入各级学堂便是一个途径。从本案来看，学董冯秉均因为考入四川省法政学堂而离职正是这一因素的体现。

下面我们来看看这些负责新式学堂办理的视学、学董的身份特征。资料显示，这些办学绅首大都具有科举功名。如光绪二十九年(1903)西城里龙凤场里正龚秉枢、虎溪场里正冯渐逵都是举人出身。下面以光绪三十一年(1905)至光绪三十三年(1907)直里八甲虎溪场几位学董的身份、职业及承充理由进行粗浅的勾勒，以期对学董的身份及在场中办学的过程有更加清晰的了解(表6—1)。

表6—1:巴县虎溪场学董变更表

届次	姓名	身份	任职时间	离职原由	接任者
1	冯秉钧	增生	1905年——1906年3月22日	去走马场文姓家教书	吴传芬
	傅秉乾	廪生	同上	去璧山县狮子场公立学校做教习	田见龙
2	吴传芬	廪生		吴因在外贸易未归，未就任	冯秉钧
	田见龙		1906年3月22日——		田见龙
3	冯秉钧	增生	1906年4月15日——1907年2月3日	考入四川省法政学堂	张向晨
	田见龙				
4	张向晨		1907年2月3日——1907年5月14日	在外就馆，不暇经理	罗沛甘
	田见龙				陈旭东
5	罗沛甘		1907年5月14日		
	陈旭东	监生	1907年5月14日		

资料来源：巴县档案6—6—5964、6—6—6123。

因资料所限，我们还不能完全了解上述学董的任职、离职的全面情况。但从上表我们还是可以对新式学堂办理过程中学董的身份有一定的了解。这些学董应该都具有生员的身份(虽然田见龙、张向晨、罗沛甘等人的身份无法考证，但我们有理由相信他们具有生员的身份，如张向晨就曾为某一学堂的老师），这样的情况，在其他场镇也是一样，如白市驿学董彭庶续是贡生，[①]后面将要谈到的麻柳场学董田翰卿为监生。

同时，通过上表我们还可以发现，学董离职后，主要去其他学堂当老师，如冯秉钧在未考入四川省法政学堂之前就曾在附近的走马场做私塾老师，傅秉乾、张向晨离职后也都去其他地方做老师。逆向思考，充任学董的生员大概比较熟悉乡村教育，其中以老师为主。当然，这不能说得太绝对，如上面提及的吴传芬，显然是商人。也不排除他是边教书边贸易的儒商，毕竟虎溪场是清代巴县最繁华的四个农村集镇之一。

至于学董的职责，用时人的话概括说为三要事，即察学龄、择校地、筹学费。《奏拟劝学所章程》之"推广学务条"对其职责进行了规定，该条共分五部分，有关学堂董事的如下：

> 二、兴学。计算学龄儿童之数，须立若干初等小学。计各村人家远近，学堂须立于适中之地。查明某地不在祀典之庙宇、乡社，可租赁为学堂之用。定明某地学童须入某学堂。筹划某地学堂屋宇多寡，可容若干人，为定分班之数。颁行课程，延聘教员，选用司事。稽查功课及款项。设立半日学堂。每学期制学堂一览表。以上为本村学堂董事之责，惟须与劝学员会议。[②]

上述规条勾勒了学董的主要职责。从中可以看到，学董有权将"不在祀典之庙宇、乡社"租赁改建为学堂。光绪三十二年（1906）湖南武陵县《劝学所规定各区简章》[③]对学董的权限介绍得更为清楚，我们以此为线索，对县级政权以下，乡村教育的制度建设做一简单分析。该章程共22条，与学董相关的有如下数条（序号为笔者所加）。

> 一、学董应先将该区四至详细履勘、绘图、贴说，送本所存查。
>
> 二、学董须调查学区内之户口，缮造清册，送本所备案，每五十户酌设学堂一所。
>
> 三、学董须调查学区内之学龄儿童（自七岁至十一岁之子弟），除

---

① 6—6—6120—6。

② 陈学恂主编：《中国近代教育史教学参考资料》上册，第596页。

③ 《申报》1905—05—26。

有废疾外，均劝其父兄使之一律入学。

四、各区如有迎神赛会演戏各闲款，可由学董集众妥商酌提为兴学经费。

五、各区如有不在祀典之庙宇，其规模、光线堪合学堂之用者，由学堂查明分别租借。

六、各区如有劣生、土棍阻扰学务，或愚民造谣生事，或顽固塾师禁止学生入学堂，或娼寮烟馆等所之附近学堂，有防管理等情形，均由学董随时查明通知本所，申请地方官长分别办理。

七、学董每月至本所一次报告学区内之办法情形，如有不合之处，由本所商定改良。

八、每学期学年各学区之学董，须将所办学堂经费及学生成绩缮具表册，报存本所，由本所移呈地方官长察核。

九、学董专任兴学之事，所有银钱收支须择学区内之殷实可靠者经理。

十、学董夫马须就学区内办成之学堂经费项下酌派。

十一、每年两学期以该区兴办学堂及劝募学生之多寡定学董成绩之优劣，如实有劳勤者，由本所呈报地方官详请提学宪给予奖励，其固陋怠惰或办理不善者，本所得随时呈撤另举。

此份简章对学董的职责进行了规范，我们可以把它们简单地归为三类。首先，是学堂、学生管理的各种事务性职责，如调查本学区人口规模、生源情况、学生在学堂的学习情况等等。其次，学堂的经费筹集、兴建。从上引材料来看，这是学董可能与乡村社会其他权势集团引发矛盾的原因所在。该份简章表明，1.学董在“集众妥商”的情况之下，可以把迎神赛会、演戏等款项提为学堂的经费；2.将适合办学条件的且不在官方祀典范围之内的庙宇改建为学堂；3.对防碍学堂办理的地方士绅、塾师向上级提出“告诉”。可以说，正是因为学董拥有将大量的地方公产转化为学堂经费的权力，有权决定提拨谁家的庙产及提拨庙产的比例，不可避免地打破了乡村社会原来的权力及利益平衡，成为此一时期地方权力网络的中心。再次，学董在办学过程中所享有的权力。此份简章提到学董可以在办理学堂的经费里面提取部分款项作为个人的夫马费，这表明充当学董在一定程度上还是有利可图的事情。因为对学董来说，这些地方公款能够在办学的名义下，从其原来的管理者手中转移到他们自己的手中，来支配、花销。也正因如此，在制定《奏拟劝学所章程》时，制度设计者就警告各学董，不能干涉他事，“各属劝学所总董与劝学员及各村学堂董事，均为推广学务而设，不准于学务以外，干涉他事。如有包揽词讼，倚势凌人者，经地方官查实，轻则立时斥退，重则禀明提学司究办”。[①] 但在具体的实践中，这一规定并没有能够得到有效遵守。劝学所总董与劝学员及各村学堂董事以权谋私、贪污受贿的情况屡见不鲜。如1905年，大足县文生、学董王瑞垣侵吞学款，匿帐潜逃，四川总督锡良通饬全省缉拿。[②] 又如垫江县学董“把持学务，侵吞肥己”，以致该县县令提出裁撤全县学董的建议。[③]

二、“庙产兴学”政策的实施

咸丰以降，清政府财政压力与日俱增，根本无力由国家出资在地方进行大规模的公共建设，甲午海战之后，更是如此。张百熙、荣庆等人在《学务纲要》就小学堂经费一节称，“此时各省经费支绌，在官势不能多设……既当督饬地方官，剀切劝谕绅富，集资广设”，[④]即希望地方绅士能够担当起办理小学堂的责任。其实，就各类新式学堂的建设来说，清政府实行就地筹款的原则。在办学层次上，实行分级分区办学，既高等教育、中等教育、初等教育分别由中央、省、县三级负责办理。[⑤] 就初等教育来说，有官立小学堂、公立小学堂及私立小学堂。官立小学堂一般设在县城及人口众多、商业繁荣的通商大镇，经费主要来源于劝学所的拨款，[⑥]私立小学堂由私人开办，此二类学堂和本文主旨关系不是很明显，此不多述。

公立学堂[⑦]的经费来源则颇为复杂，樊德雯(Elizabeth Vander Ven)在

① 陈学恂：《中国近代教育史教学参考资料》上册，第597页。

② 《四川学报》乙巳六册，公牍，页二十一。

③ 《四川学报》乙巳十五册，公牍，页六十。

④ 转引自陈学恂主编：《中国近代教育史教学参考资料》上册，第534页。

⑤ 商丽浩：《政府与社会：近代公共教育经费配置研究》，河北教育出版社2002年，第220页。

⑥ 劝学所的经费主要来自此前各类书院、学田的收入，地方公费的节余及部分随粮的加派。就巴县来说，如宣统时，复将昭信票已收未解者，计银二万一千余两，除拨修崇圣祠一千三百五十两外，亦呈准作学校经费(民国《巴县志》卷七《学校》，页二十五下)。

⑦ 何谓公立学堂，1905年，四川总督在给南部县的一份批文中说明了公立学堂的性质，“凡向之义塾，由本地公款、庙、会等项改设者，皆为公立”(《四川学报》乙巳第六册，页二十一下—二十二上)。

考察了晚清至民国时期奉天省海城县公立学堂的经费来源后认为，现代公立学堂经费主要来自于政府资助、提拨村社的公共财产、个人捐赠及学费。[①] 但就晚清时期巴县情形来说，并不完全符合樊氏的描述。

按照清政府的规定，“城内坊厢、乡镇村集，均应设立蒙学堂”。据地方志材料显示，巴县城乡各新式学堂，随着清政府新政的渐次展开而“蔚若云兴”。各乡村小学，基本上也是靠提拨庙产来兴办的，“镇乡小学，系地方私立，呈准备案，经费多提拨庙产、神会或抽收斗息或抽取红庄，其大较也”。[②] 这也得到巴县档案中《巴县城乡学堂分类简表》的证实。由于方志编纂者“无意”略去了各新式学堂建立过程中的诸多细节，难以估计庙产等地方公产在新式学堂建立过程中究竟扮演了什么样的角色。下面通过巴县档案的相关资料对此一细节进行梳理。

按照《奏定学堂章程》，州县办学，分区办理，巴县共分为城区、东区、南区、西南区、东南区、西区、西北区共七个学区。各区办理学堂经费“就地筹款，官不经手”。1904 年 8 月，巴县城乡各庙与办学绅士达成协议，签署《庙捐章程》，在巴县县城文昌宫设立僧会总局，负责每年向各庙提取办学经费，庙产僧会统一管理、提拨，举荐僧会莲蓬为主办，僧圣安、性悟、慧空为帮办，主持提拨庙产。僧会将巴县境内的寺庙分为十单（即十个片区），每单设僧总一人负责征收。僧会成立不久，就通饬各庙，“将庙产造册，明晰注定收租多寡，应捐租谷若干”。[③] 庙产的提取比例为每年收入的五分之一。如廉里八甲福寿庙僧超文就负责该甲的经费征收。但这个比例只是一个临时的方案，从资料来看，当时双方对此提取方案都不甚满意。僧方不愿意缴纳此款，而办学绅士一方又觉得提取的款项太少，比例过低。

“庙产兴学”之初，曾发生一小插曲。1904 年，浙江巡抚聂缉椝饬令将杭州龙兴寺改建为工艺传习所，引发外交纠纷。1905 年 4 月，光绪下诏

① 樊德雯：《乡村、政府之间的合作：现代公立学堂及其经费来源》，收入黄宗智主编：《中国乡村研究》第四辑，社会科学文献出版社 2006 年。

② 民国《巴县志》卷七《学校》，页二十七下。不管是 1902 年制定的《钦定学堂章程》还是 1903 年的《奏定学堂章程》，都有将地方祠庙及其财产提拨为学堂之用的规定，如《钦定小学堂章程》第一章第八节规定，地方办理小学堂时，“均得借用地方公所祠庙以省经费”（见舒新城编：《中国近代教育史资料》中册，人民教育出版社 1981 年，第 400 页）。

③ 6—6—1677。

“凡有大小寺院及一切僧众产业一律由官保护”，“地方要政不得勒捐庙僧”。[①] 巴县各庙僧人借机“欲不缴此款”，[②]如节里单僧总寸光在得知光绪帝保护庙产之谕后，带领单内各庙僧人拒不缴纳所应缴的二成租息。光绪三十一年十月廿九日，巴县庙捐局僧会僧圣安、性悟、慧空等人在给县令的禀文中称：

>……僧等遵即设局文昌宫，经收捐谷。各庙初犹踊跃，近突起谣传，妄称谕免。遂致诸山庙捐各谷，观坐不前，致害僧等应收五千余金，仅收二千余金，尚有三千余金难收。但前谣传犹隐，迨昨廿八日，僧等因未收齐之款太巨，始请诸山至局筹议，竟有居里大慈寺僧寸光，敢当众谬称伊见上谕，庙捐豁免。僧等晓以未奉恩主明谕。伊愈因怒成忿，吼称伊敢把持诸山，从此悉不遵缴，谅莫伊何。似此把持，大碍公务。僧等如不禀恩作主，势将效尤，难儆把持……是以僧等情迫莫何，只得禀恳仁天作主，可否唤究儆效，以重公务。[③]

可见光绪帝的这份上谕给地方提拨庙产带来了相当大的负面影响。为此，四川总督专门发文解释这份诏书的适用程度，大体意思是说，上谕要求保护的是在国家正祀之列的寺庙财产，“至于地方公庙及各省会馆资业”，都是由众人捐献而成，“仅供焚献，与方外生计毫无关碍”，当然就不在上谕要求的保护之列。[④] 而四川各类庙产，特别是农村地区的庙产主要是清初各省移民来川之后向寺庙捐献的田产构成，其性质颇为复杂，有为族产性质的，也有会馆性质的，但基本上都是公捐而成，因此都在提拨的范围之列。这份解释法令，挫败了寺僧欲通过光绪上谕保护庙产的企图。巴县县令最后以大慈寺僧寸光“把持谷捐，情属可恶”为由，当场掌责四百，收押二十余天结案。

从档案资料来看，四川抽取庙产的比例各地不一，高的有占庙产总数

---

① 《申报》1905—02—16。清政府保护庙产的谕旨全文如下：谕前因筹办捐款，迭经谕令，不准巧令名目，苛细病民。近闻各省办理学堂工厂诸端，仍多苛扰，甚至捐及方外，殊属不成事体。着各该督抚饬令地方官，凡有大小寺院，及一切僧众产业，一律由官保护，不准刁绅蠹役，藉端滋扰。至地方要政，不得勒捐庙产，以端政体（朱寿朋纂修：《十二朝东华录・光绪朝》九，第5303页）。

② 《广益丛报》，光绪三十一年十五期，纪闻，页十四上—下。

③ 6—6—2026。

④ 《四川学报》乙巳七册，公牍，页二十六下—二十七上。

的4/5，下限止于张之洞所主张的3/10。1908年，四川总督将全省提拨庙产的比例进行了统一，各场庙产、会产岁入的十分之四作为本地学费。[①]

《巴县城乡学堂分类简表》[②]可能为巴县劝学所调查统计的城乡学堂简明表，该表详细罗列了巴县各学区学校数量、校制、经费、管理、教员、学生、学科及开校年月，可以说是巴县晚清办学成果的总汇。下面我们对此表进行粗浅的分析，以期对"庙产兴学"政策的实施与新式学堂的建立之间的互动关系有一清晰的了解。

表6—2:巴县城乡学堂创建时间分类表

	1902年	1903年	1904年	1905年	1906年	1907年	1908年	合计
城区	1	2	0	7	2	8	4	24
东区	0	0	0	43	0	4	1	48
南区	0	0	0	29	0	5	4	38
西南区	0	1	5	17	2	2	1	28
东南区	0	2	2	0	8	6	3	21
西区	0	0	0	24	4	4	1	33
西北区	0	0	2	9	6	14	8	39
总计	1	5	9	129	22	43	22	232

另有5所创办日期不明，这5所中，城区1所为官立中学堂，西北区4所均为公立初等小学堂。

下面对上表进行简单的分析。从时间的角度来看，光绪三十一年(1905)创设的学堂占到了学堂总数的56%，是学堂兴建的关键之年，可见废停科举对乡村社会的重要影响，后续三年创设的学堂分别占到了总数的10%、19%、10%。如果我们把学堂创设的时间与学堂经费来源结合起来考察，我们会发现一些有意思的事情。1902年《钦定学堂章程》颁布后，巴县创办的第一所新式学堂，为民立性质，由朱平桢创建，该学堂位于重庆城区方家十字，经费主要来自于向学生征收的学费。1903年创办的学堂名

① 《四川教育官报》，光绪三十四年九期，公牍，页五下—六上。

② 该表在《巴县档案》中的编号为6—6—6391，编纂的时间不明，似乎为光绪三十四年左右。

称及其经费来源，请看下表(表 6—3)。

表 6—3:1903 年创办的学堂名录

学堂位置	学堂性质	经费来源
城区莲花池字水书院改设	官立高等小学堂	每年劝学所内拨银三千二百两
城区来龙巷租算学书院	私立高等小学堂	征收学生学费作经费
西南区龙岗场安澜桥	官立高等小学堂	年在劝学所提银四百两
东南区跳石场四圣庙	官立高等小学堂	年在劝学所内领银四百两
东南区石龙场大兴寺	官立高等小学堂	年在劝学所领银四百两正

这一年创办的全为高等小学堂，官立学堂经费都来自劝学所拨款。通过上表可以得出下述结论，一、各地学堂创办之初，主要以中等学堂及高等小学堂为主要的建设方向；二、学堂的经费来源主要由政府承担，尚未提拨各类地方公产。

1904 年及其以后创办的学堂，其经费来源则完全不同(表 6—4)。

表 6—4:1904 年创办的学堂名录

学堂位置	学堂性质	经费来源
东南区第六所新兴庙	公立两等小学堂	跳石场捐款钱六十千文
东南区小观音场培元学堂	公立两等小学堂	本场会款捐钱一百零八千文
西北区虎溪场万宝山	官立高等小学堂	年在劝学所领银四百两正
西北区天上宫	公立初等小学堂	天上宫、禹王庙、文昌宫、万寿宫、三圣宫、五显庙神会共提银九十五两正
西南区文昌宫	公立初等小学堂	每年庙捐钱三十千文，官平提钱三十二千文，文会款捐钱八千文
西南区登云寺	公立初等小学堂	每年庙捐钱四十六千文，文会款捐钱二十四千文
西南区接龙场云台寺	公立初等小学堂	斗息钱二十千文，房租钱三十千文
西南区龙岗场观音阁	公立初等小学堂	各会款捐钱五十千文
西南区温泉场温泉寺	公立初等小学堂	各会款钱六十千文，捐款息钱二十千文

此年创设的学堂除西北区虎溪场的官立高等小学堂经费来自于劝学

所外，其他的学堂经费都是由地方公产提拨或捐款而成。还有个现象也值得关注，就是初等小学堂在农村集镇开始建立起来。1905 年以后的学堂创设名单因数目庞大就不再详细列出，这些学堂主要都是依靠地方公产而建立起来的。

该表的经费一栏，详细提供了各学堂的经费来源及具体数额，表 6—5 即是对《巴县城乡学堂分类简表》经费栏进行的简单归类，借此可发现巴县学堂中由庙产等地方公产创办的学堂在整个学堂中的比例，及其与学堂性质之间的关系。

表 6—5:巴县城乡学堂经费简表

<table>
<tr><th>学校性质</th><th>学校层级</th><th>数量(单位:所)</th><th>经费来源</th></tr>
<tr><td rowspan="3">官立</td><td>中学堂</td><td>1</td><td>每年劝学所拨银三千二百两</td></tr>
<tr><td>高等小学堂</td><td>7</td><td>劝学所拨银，城区 1 所每年三千二百两，农村 6 所每年四百两</td></tr>
<tr><td>初等小学堂</td><td>2</td><td>每年劝学所拨银四百两</td></tr>
<tr><td rowspan="3">公立</td><td>两等小学堂</td><td>24</td><td rowspan="3">提取各类庙产会银、捐税、善士捐献及学生学费。数量各学校不一</td></tr>
<tr><td>初等小学堂</td><td>184</td></tr>
<tr><td>半日学堂</td><td>12</td></tr>
<tr><td rowspan="2">民立(含私立)</td><td>高等小学堂</td><td>4</td><td rowspan="2">征收学费</td></tr>
<tr><td>两等小学堂</td><td>1</td></tr>
<tr><td>不清楚</td><td colspan="3">1</td></tr>
</table>

从上表可以看到，官立学堂都由劝学所拨款，每年均有常款，而民立学堂主要靠征收学费来维持日常管理。和“庙产兴学”相关的主要为公立学堂，其资金来源，据简单的汇总，有庙产会银成分的 123 所，约占总数的 56%；有捐献成分的 35 所，约占总数的 16%；抽厘的 66 所，约占总数的 30%；行会捐助的 9 所，为总数的 4%；居民集资的 16 所，为总数的 7%；将地方公款或义塾田产转换使用的 44 所，约占总数的 20%。[1] 这些数字让

[1] 这种划分不是绝对的，有些公立初等学堂来源很复杂，如龙隐场地藏寺公立小学堂，船帮捐款入银八十两正，木帮五十两，刘德厚捐款一千两正，捐款息银七十两正，米市地基租银五十两，义学息银四十五两，官平租银二十两，官秤公款入银二十五两，宝轮寺地租入银一百两，地藏寺土租入银五十两，义学地租入银二十两正，学生纳费入银三十五两。见 6—6—6391。

我们知道，提拨的庙产为地方办学堂主要的经费来源。

这也得到其他学者研究结论的支持。有学者统计，四川各县农村初小，多属乡学、义学改成，大多设于宫观庙宇。如崇庆县新式学堂 71 所，设于庵堂宫观者 52 所，占 73%；剑阁县新式学堂 67 所，设于庙庵宫观者 51 所，占 76%。[①]

可以看到，单靠提拨地方各类庙产，办学经费依旧严重不足。光绪三十年(1904)八月，四川总督通令全省，“提拨庙会，多已无余”，建议采取多种方式“以资学费”。[②] 其方式包括以下几个方面。

首先，提拨地方其他公产。停办科举之前，巴县每年约有七八千两白银作为地方各项学务开支，如巴县中学堂经费、高等小学堂经费、新旧宾兴、义卷、册费等项开支。科举停废后，地方所有与科举有关的官款、公款都统一作为“推广各项学务之需”。[③] 又如新繁县，该县学务局将学田、考棚、公车三项经费全部作为学堂经费。[④] 而崇庆州则将惜字宫会田二百亩转给劝学所掌管，以支付办事绅士的薪水、夫马等费，“既扩公益，且资持久”。[⑤] 东乡县甚至粜卖积谷兴办各乡初等小学堂。[⑥] 总之，为了兴办新式学堂，地方州县将此前与学务有关的公产甚至是其他公产都用来作为学堂的运行经费。

其次，征收商税及田产交易税。同治元年九月，川督骆秉章奏办厘金，四川各地方遂纷纷效尤，通过征收厘金，来解决各地财政不足的困境。征收对象，涵盖老百姓生活中的各种大宗交易品。如猪捐，光绪三十年，巴县西里正八甲举人黄体中说，农村猪市交易，向由偏耳(中介)从中收取交易费，建议“革除偏耳”，每只大猪向买卖双方收取交易费十文，小猪收取六文。[⑦] 以此作为学堂开办及运行经费。

白市驿则通过抽取田产交易时的佣金来作为学堂办理经费。光绪三十三年(1907)四月廿二日，白市驿学董在给县令的请示中说，他本年二月

---

① 熊明安、徐仲林、李定开主编：《四川教育史稿》，四川教育出版社 1993 年，第 207 页。

② 《四川学报》乙巳九册，公牍，页二十一下。

③ 《四川学报》乙巳十二册，公牍，页四十七上—下。

④ 《四川学报》乙巳十一册，公牍，页四十四上。

⑤ 《四川教育官报》，光绪三十三年十二期，公牍，页十下。

⑥ 《四川学报》乙巳十九册，公牍，页七十五上。

⑦ 6—6—6121。

奉前县令霍勤炜之委命，充任白市驿学董，经办学务。该场学费来源主要为田地买卖时抽取的佣金，即“本团买本团田土者，每百两价征银五钱”作为学费，“外团来买者倍之”。但抽取效果并不如人意，彭庶续上任后，虽经多次催收，“尚属寥寥”，以致需要“饬差来驿追收”。①

同样的，四川渠县也通过征收田产交易时的契税来满足学堂经费之需，契价每串收底钱十文，也就是值百抽一。并规定契税的使用方向：以五成归高等小学堂，四成归两等小学堂，一成归初等小学堂。这些钱都由买家承担。②

第三，捐款。捐款历来是义学等学堂经费的主要来源之一。清政府也有相应的政策激励措施，凡捐田产值银1000两以上或现银1000两以上者，均由皇帝进行嘉奖，并在本籍建坊表彰。晚清“庙产兴学”过程中，此一惯例仍然得以延续。仁里十甲双河场友助保，有显应庙一座，敬献文昌，初无公款。道光初年，本保秦、杨二姓，各捐房土及善金百余两，掌放生息，买置田业，招佃收租，至光绪三十年，已有一笔数目较大的余款。光绪三十年(1904)十一月初二日，文昌会首事秦兴泰称，愿响应政府号召的“开办公塾蒙学”，每年捐钱六十钏作为学金，并在庙侧立碑存照。③ 又如蔡琼英，巴县木洞镇人，“守贞不字”。蔡家在当地颇为富裕，父母分田租八十石予之。1905年秋，琼英病危，告其家人，称死后将遗田归入学堂。不久琼英病逝，家人遵遗命将遗田以一半归劝工所，一半归该场学堂。④

第四，征收学费。光绪三十一年(1905)十二月，四川总督通饬全省各学堂，无论官立、公立都可以“令学生出少数之资”，⑤以解决办学经费不足的问题。我们从表6—5看到，巴县的公立、私立学堂经费的主要来源之一即是学费。

经费来源的多样化，一面说明了办理新式学堂在乡间的动员参与程度，而另一方面也暗示了乡村社会的贫困，新式学堂的兴办有加重村民负担的嫌疑，这也为后来围绕着学堂纠纷、诉讼不断的一个重要原因。

---

① 6—6—6120—6。

② 《四川学报》乙巳十一册，公牍，页四十二上。

③ 6—6—5972。

④ 《东方杂志》三卷三号，第56页。

⑤ 《四川学报》乙巳十八册，公牍，页一上—二上。

表6—2有个特别的现象可以提出来讨论，1905年东南区的学堂创设为零，与其他各区的现象恰恰完全相反。该场至1908年，共有创办学堂21所，其经费来源如下表：

经费来源	劝学所拨款	民众捐款	公款提拨（非庙产）	庙产提拨
学堂数量	2	10	8	1

从上表可以看到该地所办的21所学堂中，只有1所学堂的经费来自于庙产，其他8所学堂的经费虽然也来自于地方公产，但都以“公款捐款钱”的名义提拨，显示这些公款都有专用，可以这么说，由于该地庙产缺乏，可视为1905年该地学堂创设为零的一个主要原因。

其实就以巴县为代表的四川来说，提拨庙产并不仅限于僧道二氏，还包括各类会馆、神会资产。这同清代四川移民在地方社会中所占比例过高有密切关系。各省会馆，资产稍多者都招有僧人焚献，进行日常的宗教活动，但大部分会馆资产浅薄，有的仅有薄田数亩，日常的管理都是由发起者的后裔代为操劳。各场兴办的蒙养或初等小学堂，其捐款来源极为复杂。这样的例子很多（如后文谈及的虎溪场个案即是），这里以巴县邻县永川县一乡村场镇为例。

1904年，重庆府永川县石庙场义和团抽取庙金办理学堂。绅粮李敦祥、邓服五、白坤安、邓品三等人禀请，将该团各庙、会公产抽做学堂办理经费，共设禹王庙、玉皇观、普济寺、石岗寺四所蒙学，每所年拨钱六十串。具体数额见下表（表6—6）[①]：

表6—6：永川石庙场义和团学堂办理经费表

会名	提钱（谷）数量/年	会名	提钱（谷）数量/年
大成会	提谷五石	永灯会	提二间街房租钱十串
大成会	提钱六千文	五团会	提钱十串
乐善堂	提谷五石	文昌会	提钱二千文
药王会	提钱六千文	瘟神会	提钱四千文
财神会	提钱一千文	杜康会	提钱三千文

① 四川省档案馆清9清朝档案联合全宗之永川清政府第53件。

续表

会名	提钱(谷)数量/年	会名	提钱(谷)数量/年
中九会	提钱三千文	土地祠	提谷三石
真武庙川主会	提钱一千文	桓侯宫新、老会	提钱五千文
蔡伦会	提钱一千文	普光团川主会	提谷三石
回龙庙川主会	提钱三千文	文昌会	提谷一石
普光寺	提谷三石		

从上表我们可以看到，该场办学所提各款，大体可以分为以下几类：一、庙产，如土地祠、普光寺；二、行会资产，如瘟神会、药王会、蔡伦会、杜康会；三、会馆资产，如真武庙川主会、回龙庙川主会等等。这再次说明，提拨庙产的并不仅仅限于由寺僧掌握的资产，还包括农村其他各类地方公共性资源。其次，我们还看到，石庙场各庙、会资产都比较微薄，即如该地神会首事所言“僧人即有积粟而积粟亦微，举一因不能立众”。从上表来看，就单个来说，每年所提庙产的数量较少，如文昌会，每年仅提谷一石。

第三节　“庙产兴学”与地方权力演变

有人类学家认为，教育空间(学校)不能被当成脱离于特定社会场合的制度来研究；教育空间应被视做话语、意义和人的主题建构和控制的政治性场所。[①] 同样的，对“庙产兴学”政策的研究，也应该置于具体的社区环境之中。

“庙产兴学”政策之所以对乡村社会造成重大的冲击，以致与此相关的诉讼不断，一个十分重要的原因，在于它逐步改变了乡村社会原有的公产管理体制，换言之，它改变了地方公产的分配方式。而这些地方公产，“过去多由士绅管理，其用途也大致固定，要大量转用以办新学堂，很容易引起纠纷”。[②]

一、学董——两难境地

樊德雯考察了清末民初奉天海城县村庄之间为办理学堂而形成的合

① 王铭铭：《王铭铭自选集》，广西师范大学出版社 2000 年，第 148 页。

② 罗志田：《科举制废除在乡村中的社会后果》，《中国社会科学》2006 年第 1 期。

作与冲突关系及政府在此间的调解和监督作用。她的讨论基本上还停留在村庄与村庄之间，对村庄内部的意见分歧则着笔较少。前已谈及，在清代四川农村，庙产都是地方重要的公共资源，各庙都设有首事专人管理。各地方政府将庙产提拨学费后，也设有专人来管理这些数量虽然并不庞大，但在地方社会中占有重要位置的公共资产。这些专门管理庙产的人员，也就是学董，属于新学管理体制的一部分。前已分析了学董的职责，在一定程度上，学董决定了乡村庙宇的发展与存亡。其对于学堂的作用，用一乡绅的话说，"学校之兴废，视学董之贤否为转移"。[①] 可见学董在办学过程中的重要作用。

办学筹款不可避免地涉及到地方社会中公共资源管理权的转移，由此而产生的讼案在巴县档案里比比皆是。光绪三十二年，四川总督在一份批文中称，"筹款兴学，原为公益之事。乃地方刁绅莫明大义，不惟不能襄助其成，且反视为利薮。于是文明未进，而讼端先起，时或族党相攻，时或出头揑控……核其实，则欲牢固保持"。[②] 讼案的双方除学董、视学为一方外，另一主体则包括乡村社会各阶层。这一方面反映了办学之款来源多样化，另一方面也能反映出道、咸以来，地方财政的困窘。我们可以把这些冲突进行简单的归类描述，从这些描述中，或许能看出乡村新学教育的过程，也是一个地方权势转移的过程。

1.学董与神会首事间的矛盾与冲突

神会首事既指庙产管理人员，又包括会产的管理人员。前已谈及，四川的乡村庙宇，其庙产多由周围民众捐献而来，然后招僧住持。寺僧主要负责寺庙的日常活动，而庙田的经管往往由公举的"殷实粮户"或绅士管理，或一年一选，或三年一换，有的还是世袭管理。"庙产兴学"之后，庙产的管理权自然从神会首事转移至学董手中。而这些学董按照选定的承充办法，基本上都是本地人氏，对各庙各会田产了然于胸。此前，他们或曾染指神会首事失败，或本身就没有管理庙产的权力，现在通过承充学董，便可理所当然地成为庙田的经管者。神会首事与学董间的矛盾便一触即发。

下面以光绪三十年(1904)至三十一年(1905)麻柳场的案子为例来进

---

① 《广益丛报》光绪三十二年二十六号。

② 《四川学报》丙午五册(光绪三十二年)，"总督部堂批云阳县知县冯令善征、隆昌县知县胡令用霖会禀查办隆昌县学务情形一案"，页七下。

行讨论。

光绪三十年，田翰卿充任麻柳场学董，其所管学区共有八保，有私立学堂廿一所，学生二百八十七人。光绪三十年六月十五日，田翰卿向县令报告，准备在场设立公立蒙学。其中一所设在万天宫，提取自生桥、朝音寺等处公款筹办。据学董田翰卿称，这两处公产，由众人捐置，自生桥每年有田租三十石，朝音寺年租八石。前几年都由武生田荣升之父田魁元经管，但“霸管多年，侵吞巨款”。这些余谷、余款平日都作为“演戏治席”之用，光绪三十年冬，视学何缉甫来场稽查学务，按照《奏定学堂章程》的规定，田翰卿认为，“与其酬神演戏为吾乡父老过服虚华，不如劝学训蒙为吾乡童稚开心实效”。因此，田翰卿与庙产值年庙首田义兴、雷焕章等人达成协议，填注印簿，每年“自生桥提租谷廿石，朝音寺提四石充学堂公费，共余十四石以作两庙焚献祭祀”。同时并入学堂经费的还有“昔年黄姓捐入义学熟土，年租钱十串一并提入公款”，“就庙设立初等小学堂一所”，并聘请师范卒业生耿浩然为教习，学堂很快就开张办学了。

光绪三十一年二月，到了该提取庙产支付教习薪费及学堂其他杂费的时候，庙产的掌控人武生田荣升拒绝支付，并向县令报告说，庙产的前任管理人僧纯一和僧常有曾经多次发生诉讼，费用不少，再加之修补房子，共花去银三百余两，现在每年仅能“收租十八石，年除文武祭典六石，观音会三石，桑粮一石，焚献及僧人六石”，也就是每年仅能提供学款二石，因此，如果再从庙产中提取学款，则“神庙必废”，希望县令能“垂怜作主”，以便让庙宇得以保存。而学董说要提谷二十石，庙产完全不够提取。

双方为庙产的具体数额及应该提取多少庙产而诉讼不断。田荣升称，当初议定年提款数目时，他完全不知情，并且当时代表庙产方的雷焕章、汤致和并不是会众，无权代表。并讲出了此二人之所以要提款二十石的秘密。他叙述到，这份公产创办之初，雷长榜曾捐基址一幅，但雷后来乏嗣。同姓后人雷焕章遂冒认为长榜的后代，串通寺僧纯一，希望能够据有该份地产的管理权。为此，曾和田魁元（即田荣升之父）多次在公堂对簿，但败诉，纯一也被“掌责”。焕章“愈忿”，借朝廷兴学之机，“复计串汤致和为假会友”，趁视学来场检查学堂之机，冒称为会产的值年经管，“面订酌提租谷二十石，就庙设立初等小学堂”。因此，田荣升等人认为这是雷焕章在“藉公报私”，“妄出巨款，谎禀立案，希图害生”。

田荣升还指控，里正薛术尧等掌握的体仁会、元丰义学各有资本千余金，每年只提钱十二串。学董田翰卿办事不平，以致“捐款不公”。

视学何缉甫完全站在田翰卿这边，他在证词中称，“麻柳场自生桥原有额租三十石，每年只须租谷六石作常责，余皆无用”。光绪三十年冬他到该场筹办时，首事田义兴并会友数人都当场将提款数额填入册中，学董、里正画押后，由他汇总交劝学所立案。该校已于光绪三十一年正月二十二开堂，他也想不通为何到了二三月，“忽生异言图翻，承认已定之案”。因此，建议县令追讨学款，“以重学务”。

最后结果，“断令每年提租十石，留作焚献，其余归入学堂”，并令佃客将佃约转给学董田翰卿。庙会首事至此失去了对庙产的支配权利。

两个原因导致这个案子诉讼不断，一、自生桥、朝音寺庙产究竟有多少？控辩双方各置一词，是学董所称的38石还是神会首事田荣升所称的18石？田产不同，每年所应提拨的庙产数量也不同。从整个案子来看，武生田荣升无疑有隐瞒田产的嫌疑，只不过最后没有成功而已。“庙产兴学”之初，各庙隐瞒庙产是很通行的做法，以致于四川总督锡良则专门下文，要各地“遍查阖邑”庙宇财产，“按成分逐庙提取之”。[①] 二、此案在某种程度上可以说并不是“新案”，而是旧事重提，借题发挥。雷焕章、汤致和等人此前曾经试图管理该份庙产，但并没有成功，此次借办学之机，通过将庙产捐作学费的方式，达到让田荣升等人也掌管不了的目的。1906年，四川总督在一份要求各地整顿学务的札中就此类案件要求地方官严格管理，札中称，“查历来学务控案，多因有所觊觎仇怨而来，其名为公，其实自为加人罪，不患无辞”。[②]

再来看围绕学费征收，学董与神会首事之间的矛盾，我们以光绪三十四年虎溪场征收学费的个案为例来观察。[③] 虎溪场办有公立初等小学堂多所，该场王家庵被改建为学校。后因庙宇倾颓，空间也不够宽敞，换到其它地方继续办学。王家庵公立初等小学堂经费主要来自于周围六保的会产，即关帝、文昌、观音、镇江、新老牛王会。光绪三十四年，该地学董邱厚基甫一上任，围绕着六会每年应提多少钱、谷办学与神会首事罗源盛、王至

---

① 《四川学报》乙巳五册，公牍，页二十上。

② 《四川学报》丙午四册，公牍，页四下。

③ 6—6—6123。

诚等人发生矛盾,双方都迭次在衙门递交呈状。其大概过程如下。

学董邱厚基、罗沛甘、陈旭东及绅董马篠□、冯宝田等人认为,乡村办学,提取会产,应按定例,以五成为率提收,各会应提的产业如下。

关帝会　每年收谷十三石,五成提谷六石五斗;

文昌会　每年收租谷六石又本银一百五十两一分行息,五成提谷三石又提利息九两;

□□会　本银二百两一分行息,提银二两正;

□□会　本银一百九十两正一分行息,提银十一两四钱正;

□□会　本银八十两正一分行息,五成提银四两八钱正;

牛王会　本银八十千文十文行息,五成提钱四千文

六会共计提　银三十七两二钱正

谷九石五斗

钱四千文

但这个帐单并没有得到神会首事罗源盛、王至诚、何裕泰等人的认可,他们认为"前议各会抽提四成办学",即可满足学堂的经费需求,为此他们列出了光绪三十四年虎溪场公立小学堂提取庙、会产业的情况(表6—7)。

表6—7:巴县虎溪场公立小学经费构成表

会产名称	本金	每年提取的利谷(或钱)	合钱
关帝会	——	抽谷二石	钱八十千文
文昌会	——	抽谷一石八斗八升	钱七千五百二十文
观音会	银一百廿五两	抽谷一石二斗八升	钱五千一百二十文
镇江会	银六十两	一两四钱	钱二千八百八十文
老牛王会	银一百两	银四两	钱四百八百文
新牛王会	钱四十千	钱一千六百文	钱一千六百文

上述六会共抽钱二十九千九百二十文。

将两表数字进行对比后发现,差距十分巨大。神会首事罗源盛认为,提五成办学是邱厚基接充学董后,"估勒各会照五成抽收",并没有得到他们的认可。而抽四成办学则在以前的帐册中得以查证,并发誓"倘历年如果缴银十六两又缴谷七石属实不虚,首等自甘罚罪"。

由于学董和神会首事在每年提交会款的数目上分歧较大，双方迭次诉状到巴县衙门。八月廿九日，学董邱厚基（也是三会的会众）等人在状词中称，他们八月十七日开会讨论筹款事务时，关帝、文昌、观音三会的首事罗源盛、王至诚等人拒绝参加。他们通过查帐发现，罗源盛等人侵吞了文昌会银一百五十两，“其中滥费侵渔，均可查质”。之后，罗源盛、王至诚等人进行了反驳，他们说六会提款办学历来有“抽银不抽谷，抽谷不抽银”的传统，按照这样的抽法，他们早已交清了每年应交的会款，反告他们“捏握吞废学款”。同时，他们还指责邱厚基之所以这么热心地忙于抽取会款，是因为“邱厚基伊族读书者多，学生廿二人，厚基从学十八人……伊图利己，勒加各会”。

光绪三十四年十二月二十八日，巴县劝学所进行调查认为，因事情太复杂，“是有无此事，殊难解决”。

2.学董与里正、监正之间的矛盾

学董主要负责筹办学款，选择校地。里正、监正、保正则负责办理地方团练，对该场的日常治安负有全责。在经费有限的情况下，是优先办理团练还是筹款兴办学堂，基于各自职责，学董与他们之间无疑会产生矛盾与冲突。

下面以宣统元年正里一甲井口场兴学为例[①]，来对这一矛盾进行解析。

正里一甲井口场，此前每年抽取猪捐三十余千文、官平十余千文作为该场团练常用经费。宣统元年，本场绅士唐凯新任该场学董，在视学来场检查学堂建设的情况时，将官平、猪捐、滩夫捐费、本场原有的八十余两公款都作为学堂准备金报给视学调查员。里正冯良臣、总监正邓东轩知道后，以该场居民贫苦，请求免设学堂，同时指责学董唐凯“欲破坏公益，竟将团费各款朦禀学务，并将贫苦滩夫每十余文抽收数文以助学费，设立公等小学一所”，“滩夫贫民向正等泣诉，始知现大宪札饬，各场务置器械、整顿团规，以备不虞。冬防在即，倘各款被伊朦提，滩夫勒抽酿祸，均误公贻累匪浅”。

巴县县令复行文劝学所调查此事。一个月后，劝学所给出了他们的调查结果，唐凯所称之款，早以用来作为办学的案项，其他诸如猪市、红庄以及滩夫的捐款，均经该场各监保等当面认可，并认为“良臣所禀倘各款被伊朦提，滩夫勒抽酿祸各节，似属不实”，而学董唐凯“实为兴学起见，并非朦

① 6—7—1617。

禀可知”。

从这个故事我们可以对晚清庙产兴学过程中，学董与团保（里正、监正、保正可以归类为团保）之间的复杂关系有一了解。晚清以来，在四川地方社会中，充任团保的多为地方强人，所以有“团保之势强，学董之势弱”[①]之说。他们是地方社会的当然领导者，部分团保人员，由于视野有限，往往反对提拨庙产办理学堂，如什邡县汪用霖充任该县某团团首，将神会各款用来演戏醵饮，反对将款用作学费，记者称之为“以有用之钱，做无益之事”，后来该场学董告到省学务处，才被“责令赔还”。[②]

3.不同场镇学董之间的矛盾

晚清办学，分区办理，或一场一区，或三场一区，视学费筹措和学生人数而定。学童人数不足之村庄，“命数乡村联合资力，公设一所”。[③] 这对办学取得最终实效无疑会有帮助。在具体实践中，每一学区的适龄学童的人数、区内民众的富裕程度，都影响到学堂的设置，很容易造成某场无一所学堂，而邻场有多所学堂的局面。

我们同样以发生在学董田翰卿身上的故事为例来进行分析。仁里九甲赚宝场、迎龙场山多田少，地瘠人贫。光绪三十年，该保监正杨兴全、保正阎国光等人奉令，兴办学堂，“以广教育”，措资在本地迎龙庙创立蒙学一处，并请品学兼优、深得场中百姓信任的杨茂禄为教习。杨茂禄在此前由巴县县令举办的蒙学教习考试中曾获得第七十八名的成绩，具有开馆教授的资格。光绪三十一年二月初十，该保学堂正要开学之时，仁里九甲里正田绍绪等人说，他们在麻柳场、陈家寺二处已经设有学堂，令迎龙场附近的学生去此二处学堂入读。杨兴全等人很是不满，认为此二处学堂与迎龙场隔场隔保，路隔数十里，“正等境内均属贫民赤子，岂能远从往返维艰”。杨兴全等人并认为，开办学堂的本意“原为就便贫民”。因此，杨等人请求县令支持，就本场所在之地，开办学堂。县令并没有表示出明确的态度，“初等小学堂，原因地制宜，毋得各存意见，歧启争端，仰即持批传谕该里正斟酌办理可也”。[④]

---

① 《四川学报》乙巳八册，公牍，页三十一下。

② 《四川教育官报》，宣统二年十二期，公牍，页二十三上。

③ 《奏定初等小学堂章程》第一章第三节，引自舒新城：《中国近代教育史资料》中册，第412页。

④ 6—6—6116。

二月十九日，迎龙场保监正阎国元、学董耿范之等人说，他们正在“学务处请领蒙学章程，买书注册”，再次禀请立案，以免“绍绪等捏词朦禀，致捐资废弛，有误赤子”，请求核明立案，但仍旧没有得到县主的明确支持。

这个故事的另一方，即学董田翰卿却说出了另外一个完全不同的故事。

迎龙场，因为“场市区小，公项无余，亦无斗称、官秤”，以前每遇公务所需款项，都由绅粮议决分摊。田翰卿就任学董后，邀集麻柳、迎龙两场绅粮商议筹款兴学之事，当时仅提到各庙会款“四十余串”，完全“不敷开办基础之需”，所以集合绅粮，捐输作本生息，当场各绅粮共捐银600余两，全都记录在册，并经视学禀请立案。这笔钱若全部收齐每年能生息80余串，“可敷蒙学一所之用”。光绪三十一年正月廿一日，学堂奉令开堂，最初所有的花费都是由田翰卿一人垫资。按照先前与绅粮的协议，等春天新烟上市，就开始向各捐户催收认缴的学款。但当田翰卿催收捐款时，“均推秋收措给”。不久，又遇到征收铁路租捐，大家就不愿意再捐这笔款项。迎龙场巨富耿凤舞、萧青云等人竟然唆使保监正阎国元、杨兴全等人“自立私学抵塞，计图免助经费”。该场其他捐户以他们为榜样，都不愿意缴纳捐款。到光绪三十一年年底，田翰卿已垫“改修学堂器具及购买书图各费”，值钱百余串，现已无力继续垫资下去，不得已，向县令禀请，“甘愿将本年垫款以作捐项”，同时恳请本场里正田绍绪挑选其他人接充学董。

这个故事提出了这样一个问题，即学区的划分与乡村社会组织结构的关系如何处理。迎龙场、赚宝场、麻柳场同属仁里九甲，在后来的学区划分中，也就归为一个学区。相对于麻柳场，迎龙场、赚宝场不仅场市小，而且还没多少余资可以用来办学，因此，由麻柳场选出的学董田翰卿就将学堂设在麻柳场。这样一来，迎龙场、赚宝场的学生每日都得来该场上学，颇为不便。这当然会引起迎龙场、赚宝场绅士的不满，他们不愿意花钱让本场的学生去邻场读书，拒不交纳已定的捐款而愿意自己办学堂。

上面三个案子仅是有关学董办学引发的讼案中很小的一部分，作为乡村社会新的由政府委任的管理人员，同时还拥有对地方公共资源的掌管职责，学董的出现，打破了乡村社会原有的权力结构，势必会引起原来乡村社会话语权的掌控者，如神会首事、地方团保等权势集团的反弹。

4.旧有矛盾,借机发挥

1906年,四川总督在一份《通饬各属切实整顿应办应禁各事札》称:“查历来学务控案,多因有所觊觎仇怨而来,其名为公,其实自为加人罪,不患无辞。”[①]换言之,在办学的名义下产生的诉讼案件很多其实是原有相关案件的继续。我们以光绪二十九年正里四甲兴隆场庙产兴学的案子来看旧的矛盾在乡村社会“庙产兴学”的过程中是如何得以延续的。[②]

前已谈到,巴县兴隆场在道光年间就办有义学,此次办理新式学堂,实际上是就原来的义学改设为学堂。该场义学之款由两部分构成。一为济仓义学经费。西城里济仓办有义学两所,义学教习都由仓正聘任,每年束脩钱四十三千文。另一个为兴隆场义学经费,也就是前文谈到的文昌会提拨的资产。

为了使读者更好地理解故事的发展脉络,这里先把故事中的人物作一介绍。谢少瞻,总监正、文生;傅尊三、齐云帆,分别为负责办学的监正。蓝铭钟、李元臣,先后曾任场上义学首事;陈小山,济仓义学首事。

光绪二十九年正月初,兴隆场监正谢少瞻、傅尊三等人在给县令的呈词中称,按照新定章程,地方公款都得作为公立学堂的经费,他们准备提取本场公款办理学堂,得到县令的批准。但陈小山及此时掌握兴隆场义学公款的李元臣(袍哥大爷、文生)反对谢少瞻、傅尊三等人的办学请求,双方为此多次对簿公堂。

此案表面似乎为办学监正谢少瞻、傅尊三与地方公款原有的经管人陈小山、李元臣等人之间为公款办学产生的诉讼,其实还有更深层次的原因。

故事的导火索起于谢少瞻与陈小山之间为领取济仓义学束脩的矛盾。道光年间,四川总督戴三锡曾颁布命令,全省各地有条件的场镇建立义学,巴县在兴隆场设立济仓义学一所。自同治年间始,因没学生可教,每年的义学束脩都由本地举人轮流领取私用。按照兴隆场约定成俗的规定,每名举人按序轮流各领二年,光绪三十年,按序应由谢少瞻领取。但陈小山不知为何,却不愿意将干脩发给谢少瞻。谢一怒之下,决定不再领取干脩,并希望将此款捐出为学堂经费。

---

① 《四川学报》光绪三十二年第四册,公牍,页四下。

② 6—6—6085。

双方的矛盾也为旁观方所证实。如是年四月初二日，兴隆场武生杨瑞廷、场约邹一江等人就说，这场诉讼的着火点在于李元臣与谢少瞻矛盾甚深，谢为此曾多次闹事，“地方咸知”。因为义学首事李元臣暂时没有通过教习的资格考试，谢少瞻等人反对李来充当学堂的教师。

同日，西城里济仓仓正陈小山认为谢少瞻兴讼的原因是要“估领干脩”，办理学堂只是个借口。同样兴隆场其他义学首事陈义生、监正吴双发等人也认为，这次诉讼的起因在于本场总监正谢少瞻等人觊觎教习位置，“乘伊练费勾讼”，联合里正傅尊三等人意图把持义学，“夺公肥私，霸为己有”。但县令傅松龄并不认同陈义生等人的说法，认为陈等人说话要有证据，不能“砌词耸听”。

五月廿四日，谢少瞻、傅尊三等人提出了反驳，认为陈小山、李元臣等人在贪污公款，指出此前的济仓义学的束脩都由陈小山一伙人给分了，并给出了他们的分配方案，蓝铭钟六串，陈小山四串，吕藩周分剩下的三十余串，请求查帐。但陈小山以帐目复杂为由拒绝。

谢少瞻、傅尊三等人的说法并没有得到第三方，即会产捐献者后裔一方的支持。闰五月初十日，文昌宫、皇经会两庙捐主吴三合（吴氏后代）说，谢少瞻、傅尊三并不是会内的成员，也就没有理由干涉文昌会内之事，他们与李元臣、陈小山等人发生诉讼的目的是想承管会业，“名借兴学校，力图承管”。谢少瞻等人完全是在“无理取闹，横将本场年高望重之陈小山、杨健安，素不干外之教职蓝铭钟及无辜多人概行禀唤，以快报复，害将胡底”。吴氏族人反对将会产交给谢少瞻、傅尊三等人经管。

六月六日，该案判决：每年四十三串的济仓义学款项自光绪二十九年下半年开始就不再由该场举人“干领”，而是暂时存放起来，作为学堂的费用。兴隆场义学费用除了必要的开支外，每年的剩余款项同样作为学堂的开销。

从上面的描述来看，谢少瞻觊觎会产的管理权由来已久，此前已多次欲染指义学办理经费，但都没有成功，现在办理学堂给他提供了机会。

吴氏族人虽然基于会内事应该在会内解决的原则继续支持蓝铭钟等人，但在国家力量的干预之下已显得无足轻重。

这个案子可以看出，国家力量不仅渗透进乡村社会，同时也为乡村社会某些权势集团所利用。谢少瞻、傅尊三与蓝铭钟、李元臣之间围绕着会产控制权的矛盾在晚清“庙产兴学”之前就一直存在着，也曾屡次上诉至县衙。由于缺少有利的时机及借口，谢少瞻等人的要求并没有达到。如今，通过充当该场办学的监正，利用可以提拨会产的权利，达到了控制会产的要求。

5.场绅与乡绅的矛盾[①]

围绕着学堂设置的具体位置，学堂的日常管理，居住在场镇上的绅士与居住在乡村中的绅士之间也是矛盾重重。永川县五间铺吴家坝康熙年间曾建有吴氏家祠报国寺，内设长灯、宣讲等会，至光绪末年，产业颇丰。《奏定学堂章程》颁布后，该寺资产也被提充办学。但乡学如何办理，场绅与乡绅发生了矛盾。因为该寺离附近的场镇何埂场、五间场都有十里的距离，乡绅吴明贵、吴明坚等人禀请在寺设立初等小学一所，名报国学堂，方便族中子弟上学。选举文生吴尹章为学董，喻志轩、吴桂山为计董。延聘师范卒业生吴锡瑛为教习，额定学生三十名。每年除提款庙金五十两，仍酌收学费以供师膳。在光绪三十年九月得到县令的批准。

虽然该寺已经提取了庙金，设立了学堂，但场绅、学董晏文声仍然要求该寺每年交纳学款五十串钱，并趁该寺僧人心正赶场之期，叫帐差将心正拦获，心正交了十五串钱才得以放回。这下让心正很烦恼，他在给县令的禀词中说，“僧庙淡泊，出息无几，欲顺乡绅，祸难遽已，欲顺场绅，该地山邻，谓场上提款甚多”，并请县令，“究应如何伏给，差予明示”。县令批示，此前给乡绅那十五串钱就算了，以后庙产的租息归场绅、学董管理。

综上所述，身担新式学堂办理重任的学董在具体办理过程中，与周遭各权势人物，如神会首事、保正，甚至不同地方的同事间往往矛盾重重。宣统二年，四川叙永厅一初等小学堂学董杨尚贤在其辞职报告中就表达了承充学董的种种艰辛。杨称，自宣统元年十一月担任学董以来，

> 深惧弗胜，只以大局所关，不能不苦心筹划。于是排众议、犯众难，竭数月之心思、材力，始获提清醮会常年款项，作为该堂经费。基础既立，运用斯妙，学堂因得以维持于不敝。虽怨渎繁兴，在所不惜，为地方谋公故也。本应赓续办城会，学董未列草榜，请补于管理，而管理不添；请示于监督，则以言之过激，致受惩责，负疚滋大，抱愧弥深。

① 四川省档案馆清9清朝档案联合全宗之永川清政府第58件。

状白是否合宜，旁观自有公论。现在选举之权已夺，资格属在平民。人之视已，已为难信用。所有学董一职，专司经筹款目，责任綦（甚）重。以曾受笞扑之人，而仍令担任学务之事，有玷学界，必贻谤讥。即使恋栈弗辞，以后之条告、语言，谁肯信服？与其再谋公益，致召隐忧，曷若及时退休，免生枝节。为此，报告贵所，请烦查照，转详总理，另委士绅接充，以专责成而均劳逸，实为公便。[①]

从上面的引文可以看到，由于学董杨尚贤与城会首事之间的矛盾，不仅让他受到惩责，同时也是他辞职的最大原因。

同样的，永川县曲水里学董谢星辉，光绪三十一年，他以“抽派各款积成学费，使绅粮怨谤交集，岁余道路以目”为由提出辞呈，得到了县令的批准。未料继任学董上任不久，也以“借托洋务”为由辞职。学堂处于无人经理的地步，该地保正没法，再次联名推举谢复任学董。半年后，谢再次向县令提出了辞职，他在辞呈中说，上任以来，他仍“不能使学堂事事就绪，如抽提学费，原欲有裨公益，而又不能偏恰私情，事属两难，掣肘良多”。[②] 可见学董在处理公务时的矛盾心态。也因如此，那些热心乡里、精通世故的乡绅都不愿意充当学董，“以开罪于桑梓”。出来敢充当的，“大都桀黠，善于应付之人”，且别有所图。[③] 这句话的真实性也为《四川学报》所载的大量报道所证实，如大足县文生、学董王瑞垣侵吞学款，潜逃隐匿；[④]垫江县学董“把持学务，侵吞肥己，种种恶习，自系实情”；[⑤]犍为县各场学董，“良莠不齐……必不免假公招摇，以致物议沸腾”[⑥]。

二、寺僧——无力的反抗

在晚清特定的社会舆论中，禅林道院被渲染为藏污纳垢之所，社会动乱之源，而寺僧也被称为一群懒惰之人，提款办学，就是把一切“无益之款”

---

① 四川省叙永厅劝学所档案，全宗号 1，目录号 14，“关东外公立初等小学堂学董杨尚贤呈叙永厅劝学所文”。转引自徐跃：《社会底层的新政改革：清末四川地方新教育的兴办——侧重庙产兴学》，四川大学 2007 年博士论文，第 98—99 页。

② 四川省档案馆清 9 清朝档案联合全宗之永川清政府第 64 件。

③ 《四川教育官报》，光绪三十四年十期，附编，页二上。

④ 《四川学报》乙巳六册，公牍，页二十一。

⑤ 《四川学报》乙巳十五册，公牍，页六十下。

⑥ 《四川学报》乙巳六册，公牍，页二十四下。

变成“有用之费”。在“庙产兴学”成为国家政策后，留给寺僧的回旋余地少之又少，他们可以讨论的只是通过什么样的方式将这些庙产交出去。

光绪三十一年八月，巴县木洞镇太平上单僧总普礼，太平下单僧总广继在给巴县县令的禀文中说，按照巴县庙捐局的统一安排，“兴办庙捐，以助学费”，但在办理过程中，“虽经各单僧总□追，奈均疲玩莫何”。各庙僧人均以种种理由拒绝缴纳，“如僧普礼所管太平上单觉皇寺僧福明，册注田租十五石，应缴谷三石；玉皇观僧自慧，册注田租二十五石，应缴谷五石；僧广继所管太平下单兴隆寺僧常有，册注田租十五石，应缴谷三石；回龙寺僧心顺、心宽，册注田租十一石，应缴谷二石二斗。僧等屡次追缴，伊等均坚藐视奸狡，违抗不缴送”。[①]

寺僧的“反抗”方式大约可以归纳为以下三类。首先，采用诉讼等方式积极应对待政府和绅士要求将庙产提拨为学费的要求。如永川县石庙场向家寺为一乡村小寺，庙产不多。寺僧云山在给县令的禀文中说，该寺的田产主要由他师父劝捐而成，数量本来不多，还碰上卖家官司缠讼，仅剩三十石，同时还欠有外债若干。去年(1904 年)，已按县令要求捐出 2/5 作为学堂经费，今年还要捐献，恐难以照办，“恳恩恤僧身负重债，恳免偿还，以存焚献”。[②] 从县令的判词来看，云山的要求并没有得到满足。灌县石羊场僧然辉，同样采取诉讼的方式，状告学董提拨庙产的行为非法。[③]

其次，通过隐瞒庙产的方式来避免被提拨。大邑县白乐院，本有田产 140 余亩，住持道士孔永明向学董李玉昆贿赂钱二百余串，“瞒称只有五十亩”，这样每年只须出谷十五石。[④] 开县普光寺，寺僧海清串通该寺首事邱凤鸣、段恒德、段兴正等人，谎称该寺只有租谷十八石，课钱八百串二百文，僧众六七人，该寺庙产若“提拨过多，实难敷用”，获得夔州于姓知府的批准，该寺田产仍归寺僧掌管经理。后经开县劝学所查实，该寺租谷并不仅限于此，隐没租谷二十石左右，后经开县县令裁断，该寺只留租谷十石，课钱八串二百文，其余庙产全提拨为学费。[⑤]

---

① 6—6—2025。类似的庙捐征收纠纷在巴县档案里还有多处，如 6—6—6128。

② 四川省档案馆清 9 清朝档案联合全宗之永川清政府第 53 件。

③ 《四川学报》丁未八册，公牍，页六下。

④ 《四川学报》乙巳二十册，公牍，页八十二下—八十三上。

⑤ 《四川教育官报》宣统元年五期，公牍，页十一下。

第三，通过自办学堂来规避庙产被提拨学堂经费，“会馆公庙，藉口自立学堂，图免捐款”。[①] 如成都县城北三区迎祥、觉华二寺，因劝学员要提二寺庙产，遂仓促决定自愿办学，但给县令的呈词中却并没有清楚地说明庙产有多少，每年提拨的经费有多少，学堂设在何处，等级如何，办学章程怎样等等。二寺有借自办学堂为名，意图逃脱捐款之嫌。[②]

其实，如果积极应对，虽然捐献出了部分的庙产，却也能获得不少的名声。大足县高峰寺寺僧禅晖，除认捐初等小学堂捐款，每年捐钱一千五十串作为高等小学堂经费之外，还创办僧徒小学堂一所。四川总督锡良为此赏给“宏愿可风”四字匾额。[③] 双流县兴隆寺僧捐田一份，值银千余两，并在寺旁兴办初等小学堂一所，获得政府嘉奖，并被授予“宏我圣道”四字匾额。

有的僧人还将庙产变卖，作为游学日本的旅费。如巴县南天寺僧人寿安送其徒弟果能游学日本，并同时支助文昌宫僧福慧银二百两，陪果能同去，希望他们四年后能学成回国，“就各庙设立学堂”。[④]

无论如何，保存庙产是寺僧最主要的目的，这和“庙产兴学”之初衷还是有一定的距离。1905 年，安岳县某场禹庙（湖广会馆）首事郑秉钧在该场已设学堂两所的情况之下，仍然请求提该庙及其他各庙会租再办学堂一所。县令也看出郑秉钧此举是通过办学来继续对庙产行使掌控权，并表达了他对神会首事与办学绅士借机争夺庙产的不满，“若任分党挟私，争款另设”以致办学“一无成就，殊可惜也”。[⑤]

通常情况之下，寺僧都无奈地接受劝学所、学董的决定，将庙产交出。如巴县城十五殿，1911 年时仅有十七岁的小和尚祖寿在殿中常住，“年幼无知，万难支持”，该庙产遂成为“无主之公产公款”。劝学所建议，“城镇乡自治章程第九十条之规定，收充自治经费，以便将来兴设地方学务，以庙作校，以款作费”，得到巴县县令的支持。而僧祖寿无奈，只得接受劝学所的安排，“劝工局学习，即于庙产内提银二百两存放劝工局内，嗣艺成还俗，即

① 《四川学报》乙巳七册，公牍，页二十五下。
② 《四川学报》丁未八册，公牍，页六上。
③ 《四川学报》乙巳十五册，公牍，页六十上。
④ 《四川官报》甲辰十三册，页四下—五上。
⑤ 《四川学报》乙巳二册，公牍，页九下。

领银二百两，以成家业”。[①] 同样的例子很多，这就不多罗列。

三、地方官员——庙产兴学的积极鼓动者

按照《奏定初等小学堂章程》，学堂的办理成果与地方官员的政绩相关，“自科举废后，学堂为地方官考成所系”，[②]任内兴办学堂的数量作为考核官吏的重要内容之一。[③] 1903 年，锡良就任川督，即发文通饬各府、厅、州、县赶办学堂，若有“玩泄固执之辈，虽朝夕督责，犹多漫不经意；今再宽以岁月，必付坐忘；迨开学届期，依然如故……无论官绅，定干严处，断不宽贷”。[④]

1905 年，四川总督对各州县的学堂办理情况进行了汇总，并对其中办理得法及毫无章法的部分州县官员提出了表彰与批评，这里试摘数例如下（表 6—8）。

表 6—8：四川部分州县新学办理考核表

官员名	事由	表彰/批评
巴县知县傅松龄	用人得法，规模开张	记大功三次
前署江津知县蔡承云	筹款甚丰	记大功一次
长寿知县唐我圻	设校甚多，尚得法	记大功三次
前署永川知县吴庆熙	任用得人，颇有成绩	记大功二次
前署郫县知县朱钟麟	办事延宕，控案繁多	记大过三次
前署汶川知县丁园彬	一堂未办	（因地方瘠苦）酌记大过一次

资料来源：《四川学报》乙巳十二册，公牍，页二。

上引数位知县仅是受表彰/惩罚的县令中的一小部分，从此五人所受的奖惩来看，清政府已将办学的成果与官员的仕途结合起来，这无疑促进

① 6—7—1623。

② 《广益丛报》光绪三十三年八期，萃评，页一上。

③ 《奏定初等小学堂章程》第一章第十一节：地方官有承办本地小学堂之责任，此时事当创办，务须亲历乡里，细考地方情形，督同绅董妥筹切实办法。如有经费已敷、教员已得而地方官故意延宕不办，或虽办而敷衍塞责者，应由本省学务处查明，禀请督抚将该地方官惩处。如绅士有从中阻挠者，准地方官禀请将该绅惩处。其有官绅办理合宜、推设日广者，亦由本省学务处禀请督抚，将官绅分别奏请奖励。

④ 《四川学报》乙巳三册，公牍，页六上。

了官员办学的积极性。如受到记大功表彰的巴县县令傅松龄，上任后即“谕令三里分立小学六馆”。[①] 又如重庆铜梁县县令黄德润，数月内就筹集到办学经费一万多两，设立公立蒙学数十所、女学四所，“凡七八岁至十岁幼女均送入学读书习字、学算”。[②]

《东方杂志》等报刊杂志当时也辟专栏，对办学成效彰著的县令进行了报道。如前面谈到的长寿县县令唐我圻上任不到一年，便因设立蒙学八十余处，筹款八千余串，被作为办学典型而受到《东方杂志》的宣传。[③]

在上述诸多因素的作用下，地方官员对“庙产兴学”的态度就不言自明了。下面，我们从县令对有关案例的判词中来观察其对“庙产兴学”的态度。

光绪三十四年，虎溪场学董邱厚基以认捐的学款屡催不缴为由，控告神会首事罗源盛、王至诚等人。在事情还未完全弄明白的情况下，学董邱厚基请求县令叫罗源盛等人补齐应交之学款，县令即批“理合照补，勿庸率请唤追”。[④] 当神会首事继续拖延不给，邱厚基请求县令派差追缴，县令批“禀□额款，断不能任其抗欠，准签差唤追”，后即发给差役执照，追缴欠费。[⑤]

宣统元年六月，举人胡为楷等具禀城内字圣宫住持了尘素行不法，请将该僧驱逐改建女子师范学堂的请求中，巴县县令批示：“庙宇均系公产，无论僧道住持，一有不法，即应斥逐充公，此正办也。”因为“此时值朝廷注重兴学，女子师范及实业学校，尤刻不容缓”，最为重要的是“巴县地基甚不易得”，将字圣宫改作学堂。将字圣宫改建为学堂，对县令来说，也算政绩一桩。[⑥]

同样的，针对光绪三十年永川县五间铺吴家坝就该族祠堂创设蒙学一事，地方官员也是积极地提拨庙产来兴办学堂。时任永川县令称，提拨庙产兴办学堂是奉令行事，“庙业应提多寡由地方官查明酌办。本县若按他处办法，应提十之八成，或每僧每岁给留谷六石以敷口食。而本县现在所提各庙租款不过十成之三”，认为庙产提拨的并不算多，如果该庙僧人仍然坚持己见，“本县即亲赴该寺，照章提□与各庙一律换佃交租定案，以杜各

---

① 6—6—5952—1。

② 《东方杂志》一卷五号，第123页。

③ 《东方杂志》一卷七号，第171—172页。

④ 6—6—6123—49。

⑤ 6—6—6123—50。类似的例子还有很多，如光绪三十年六月十五日，麻柳场学董田翰卿一案中县令的批词中也要求提拨庙产，6—6—6116—1。

⑥ 6—7—1600。

执意见阻抑要公之弊”。[①] 可见，对提拨庙产一事，态度甚为坚决。

从上述三个案例可以看到，县令对于“庙产兴学”完全持支持的态度。清政府下令全国广办学堂，所需经费甚多。咸、同以降，地方州县财政完全到了捉襟见肘的地步，根本没有多余的款项移来办学。老百姓这方面，各类税外加税层出不穷，就四川来说，就有津贴、捐输、三费、新老厘金以及铁路捐输、昭信股票等等。清地方政府能够筹集学款的渠道，无非三种，提拨、罚缴、征捐，后两者属于与民争利，极易引发社会矛盾，而提拨庙产，则属“以公济公”，操作相对来说更为容易。

四、“庙产兴学”的成效

作为新政的重要措施之一，提拨“庙产”，兴办学堂，打破了乡村社会原来的利益分配机制，推行过程中可谓矛盾重重。这也直接影响到了其办学的最终成效。四川总督在一份“札”中曾提到新学办理过程中所出现的“三难四患”，文中称，“川省学堂，久经饬办，而至今幸观厥成者不过十之一二，其余率皆因循迁就，急之则纷(粉)饰，缓之则宕延……推其原故者三难焉：一曰无东，总理不得正绅，检查并无专责，则管理无人也；二曰无师……三曰无费，经费极不易筹，而膏火一项岁糜甚巨”，与这“三难”同时存在的还有四患，即陋学阻扰、劣绅干预、谣言乱听、仇家告讦。[②] 联系到前文所谈及的在兴学过程中的种种矛盾，晚清“庙产兴学”的成效就可想而知了。

作为传播“西学”的载体，新式学堂因其课程设置、教学内容与传统的以应对科举考试为目的的儒学教育反差太大，在西学尚未在广大农村地区广泛传播的背景下，新式学堂吸引学生的能力十分有限。《蜀报》曾评论道：“四川各州县高初小学，开办虽多，罕有成效，甚者不特毕业无人，即来学者亦寥若晨星，谈教育者多忧之。”[③]1906 年，黔江视学程芝轩亦曾说：“往年未办学堂的时候，城乡学堂还要多些，读书的学生也要多些。自从开办学堂，学堂也少了，读书的学生越更少了。”[④]

巴县的学堂办理情况在四川处于领先的位置，即使这样，还是有许多

---

① 四川省档案馆清朝档案联合全宗之永川清政府第 58 件。

② 《四川学报》乙巳三册，奏议，页五下—六下。

③ 《蜀报》，庚戌年七月，第一年第一期。

④ 《广益丛报》丁未十三期，纪闻，页八上。

不足之处。光绪三十二年，视学冯善征在视察完巴县部分学堂后提出的报告中称："该县地居繁要，川东风气将视以为转移，其学堂开办已逾三年，政绩课最当在旁邑之先"，即使这样，巴县新式学堂不仅规章制度不健全，甚至还不具备基本的办学条件，"堂中并无讲录，则其教法可知。图器、操场均未完备，则其规制可知"。冯善征建议巴县县令霍勤炜要"振刷精神，破除情面，逐细考求，详拟办法"，把学堂办理好。[①] 光绪三十二年，巴县整顿学务，发现城乡官立、公立、私立各项小学其办学方法"多有未合"。[②]

如何来看待"庙产兴学"成效不彰的原因呢？

首先，学董的选择非人。由于学董一职在乡村社会中的重要作用，清政府一再强调要慎重选择绅士来承担此责，"不得徇情迁就，并不得寄耳目于约保吏胥"。[③] 但在办学过程中，的确存在选择非人，以致给学堂的正常运作带来很大的负面影响，各个学堂的管理人员，其选用不过从资格、家世、交情三项来考虑。[④] 1906 年，巴县廪生邓懋修为此曾评论道："前因一时举办，学董多未得人，故开办以来，或筹款不力，致经费无着；或持议多乖，与教习龃龉；或聘请非人，致学费虚糜；或出入不明，致捐款难收。"[⑤]

更有地方某些绅士把充任学董当作捞取个人钱财的最佳机会。1906 年，四川总督在给隆昌县的一份批示就直接谈及此一情况，"筹款兴学，原为公益之事，乃地方刁绅莫明大义，不惟不能襄助其成，且反视为利薮。于是文明未进而讼端先起，时或族党相攻，时或出头揑控。美其名为廓清学界，核其实利则欲牢固把持，此种恶习固不仅该县为然"。[⑥] 又如重庆大足县文生、学董王瑞垣，充任学董后，"匿帐潜逃"，贪污了办学经费。[⑦] 这反映出地方部分绅士办学是假，攫取个人实利是真，这些无疑影响到了学堂的办理成效。因此，四川总督下文给各州县，要求加强对办学绅士的监管，"至各绅首经管学款，如有浮冒侵吞亏欠等弊，地方官原有稽查更换之权，

① 《四川学报》丙午七册，公牍，页四上—下。
② 《四川学报》丙午十二册，公牍，页四下。
③ 《四川官报》甲辰二十二册，公牍，页二上。
④ 《广益丛报》光绪三十四年四期，文牍，页一上。
⑤ 《广益丛报》光绪三十二年二十六期。
⑥ 《四川学报》丙午五册，公牍，页七下。
⑦ 《四川学报》乙巳六册，公牍，页二十一上—二十一下。

但能督同劝学各员，随时认真考覆、分别厘正，自可弊绝风清”。[①] 清政府甚至为此收回了部分学董提拨庙产的权力，规定先由当地的绅民呈请地方官，由地方官派公正的绅士调查、查核后，再决定怎么提、提多少庙产用于学堂的办理，不准学董“任意指拨，擅自经手”。[②] 因此，清政府一再强调加强对学董的监管。1907 年，重庆府荣昌县城乡办学绅首因在办学过程中“多藉公立为名，以图把持公款”，四川地方当局要求县令对办学绅首行稽查、监管之责。[③] 而有些州县做法更为夸张，干脆取消学董的办学资格。如垫江县，该县学董因把持学务，侵吞肥己，被该县裁去，另立监学，以各保保正兼充。但并没有得到四川总督的认可，因为学董、监学各有所职。

其次，学堂的就学费用过高，远远超过此前的义学和私塾的开支。新式学堂由于对学校的教学设施、设备，授课师资及内容的要求都远远高于传统的义学和私塾，这导致学堂的运行经费高昂，学生的学费缴纳过多。《巴县乡土志》称，光绪三十年以后，“立停岁科两试，注重学堂，一切经费倍于畴昔，于是弃儒而为商者比比矣”。[④] 如金堂县高等小学堂仅学生 60 人，附设师范学堂有学生 20 人，每年开支却多达三千五百余两。[⑤] 威远县城内外官办四学堂，每年花费达到一万二千六百两白银。而农村各乡小学，虽然已有六十余所，却因办学经费不足，“必仍与旧时村塾陋习无异”，甚至一校只有学生六七人，“若不循名责实，无论民脂民膏，尽成虚掷”。[⑥] 正因为这样，有的士绅要求学堂进行财务公示，并认为只有这样，学堂才能获得更多的捐款，也才能继续办下去。

再次，老百姓对学堂的认可程度较低。1905 年，忠州公立中学堂面向社会招考学生，发现“来学者甚属寥寥”，办学者一打听才知道，老百姓对公立学堂的属性有看法，认为官立学堂毕业者有“出身”，公立学堂毕业的没有“出身”。读书人不愿意就读于这些不能够提供进阶之途的学校。[⑦]

基于上述诸多问题，以致最终出现“有学堂如无学堂，且反不如家庭教

① 《四川学报》丁未七册，公牍，页一上。
② 《四川官报》甲辰二十二册，公牍，页二上。
③ 《四川学报》丁未七册，公牍，页一上。
④ 巴县劝学所印：《巴县乡土志·实业录》，页二十五上。
⑤ 《四川学报》丙午六册，公牍，页五下。
⑥ 《四川学报》乙巳八册，公牍，页三十一下—三十二上。
⑦ 《四川学报》乙巳十八册，公牍，页七十三上。

育之较有益也”之叹。[①] 这却是办学者最初没有想到的。

第四节　小结

随着新式学堂在以巴县为代表的全国各州县次第设立，一个全新的教育体系也在全国建成。这个教育体系在中央为学部，在省为提学使司，在州县为劝学所。就州县层面来说，新成立的学务局（后改称劝学所），兼并地方社会与教育相关的原有各局，如宾兴局、学田局、考棚局，这无疑会引起旧有各局绅士的反对。1908 年，张姓视学在视察完川东学务后，给四川总督的报告中称，现在办学“旧日局士恒多从中阻扰……不见制于长官，即见阻于绅士”。[②]

就乡村社会来说，新学体系建立的意义在于地方出现新的由官方委任的，不同于此前团保的地方行政人员——学董。学董在社会舆论及政策的支持之下，进入了地方社会的权力中心，打破了乡村社会原有的利益格局，“学堂深入乡镇，引起各种新旧势力间错综复杂的矛盾冲突”。[③] 这些乡村精英分子从新式学校和村级政府的正式职位中看到了社会地位升迁的门路。

政府在学董与庙首/会首的诉讼纠纷中，往往采取了偏袒学董一方的立场。这可以从县令的批词中得以发现。政府通过办理新式学堂，一方面“表明当政者企图加强国家权力对乡村的控制”，“加剧了乡村社会中的矛盾”；[④]另一方面，对乡村社会来说，正是在地方政府官员的大力支持下，庙产完成了它的控制权的转移过程。

以庙产作为集聚社会财富的手段，清政府为其推行的新政、挽救其统治危机找到了一条捷径，然而这条捷径所带来的乡村社会的巨大变化，则是清朝统治者所未曾考虑到的。“庙产兴学”政策的推行，对曾掌握乡村社会控制权的神庙首事甚至里正、团正来说，却是一个逐渐被边缘化的过程。

---

① 四川省档案馆清 9 清朝档案联合全宗之永川清政府第 41 件。

② 《四川教育官报》光绪三十四年十期，附编，页二上。

③ 桑兵：《晚清学堂学生与社会变迁》，学林出版社 1995 年，第 150 页。

④ 杜赞奇：《文化、权力与国家：1900—1942 年的华北农村》，第 58 页。

第七章 个案研究：八省会馆与市镇权力格局

光绪三十一年(1905)，重庆商务总会成立，会长、候补知府周克昌有这样一番言论：

> 查重庆一埠，实八省商人所开基，凡地方公义之举，素惟八省是赖。至今在渝贸易者、寄籍者，八省十之居七八。故向有八省首事，系每省公举一人以作该省各行帮之领袖，遇有官商交涉事件，悉由八省首事经管，故该首事等素为该省商人之所望。今欲兴办商会，不能不先用八省首事，以资其提挈之便，臂助之功。①

民国十六年，时任巴县县长朱之洪在给《重庆八省积谷办事处产业图说》一书所作的“序”中也有类似的表述：

> 重庆之有八省以筹办地方公益也，实始于逊清康熙时代而莫盛于咸同之际。当时如保甲、团练、城防、厘金、育婴、掩埋、消防、救生、积谷、赈灾以及修九门之码头，订各帮之规则并管理善堂诸大端，昭昭在人耳目。②

民国十六年八省旅渝同乡联合会在给川康督办、四川省长的“呈”内亦称：

> 查前清康熙时代，外省商旅之来渝埠者，以八省居大多数，各建会馆，团结办公。渝埠始行繁华。凡本埠地方重要公益事项皆倚赖之，八省团体代表之重于当时，实官绅合作之力有以致之也。③

既然八省商人与清代以来重庆的商业发展、地方事务有如此大的关联，本章即以个案研究的方式对清代重庆的八省会馆与重庆地方权力格局的关系进行梳理，一方面以实证的研究来证实前述几章之观点；而另一方

---

① 《四川官报》乙巳一册，公牍，页八上—下。

② 朱之洪：《重庆八省积谷办事处产业图说序》，《重庆八省积谷办事处产业图说》页一。

③ 《重庆八省积谷办事处产业图说》，“呈川康督办四川省长整理积谷恳请备案存查之”，页二。

面，则同样希望以实证的方式来回应此前的会馆史研究中的种种笼统、模糊印象。

清代重庆的八省会馆指的是清雍正年间由江西、江南、[①]湖广、浙江、福建、广东、山西、陕西八省移民在各自建立的会馆基础上联合起来的移民组织。八省客长当然指的是这八省会馆的首事。[②] 八省会馆因其在重庆所具有的独特地位，一直为海内外研究会馆史、移民史的学者所注意。[③] 但是，由于资料的“缺失”，[④]学术界还未曾对它进行全面探讨，以致未能对它有一清晰的认识。

第一节 八省会馆的兴起

前已论及，由于政府积极的移民政策和国内跨区域贸易的发展，乾隆时期巴县的商贸已出现繁荣景象。四川崇庆州解元何明礼《重庆府》一诗描述了乾隆时重庆商贸的繁荣景象：城郭生成造化镌，如麻舟楫两崖边。江流自古书巴字，山色今朝画巨然。烟火参差家百万，波涛上下浪三千。

---

① 清顺治二年，改明南直隶为江南省，治所位于江宁（今南京）。康熙六年，分为安徽、江苏二省。此后仍习惯称此二省为江南省。

② 在具体的操作中，由八省各个会馆每次选出一名首事，称之为“出省客长”，参与到八省客长的组织之中，这八位客长，一般是半年一换，可连选连任，代表所辖的商号、民众出面与政府及重庆的其他组织、个人打交道。

③ 对八省会馆的研究，学术界虽未有专书进行讨论，但治会馆史的学者都不可避免地论及这一移民联合组织。这些著作有，窦季良《同乡组织之研究》，重庆正中书局 1946 年；何炳棣《中国会馆史论》，台湾学生书局 1966 年；王日根《乡土之链——明清会馆与社会变迁》，天津人民出版社 1996 年。蓝勇《“湖广填四川”与清代四川社会》，西南师范大学出版社 2009 年；美国学者有 William T. Rowe，*Hankou*：*Commerce and Society in a Chinese City*，1796——1889，Stanford University press 1984。周琳的《城市商人团体与商业秩序——以清代重庆八省客长调处商业纠纷活动为中心》（《南京大学学报》（社科版）2011 年第 2 期）讨论了八省客长在清代重庆商业调处过程中的作用。谯珊《专制下的自治：清代城市管理中的民间自治——以重庆八省会馆为研究中心》（《史林》2012 年第 1 期）认为清代城市管理中，会馆等民间组织扮演了重要的作用，在一定程度上构成了晚清中国城市自治的“表象”，但其实质，仍然是一种“专制下的自治”。

④ 有关八省客长的资料，清代所修的两部《巴县志》及道光《重庆府志》都未见记载，而民国《巴县志》对八省客长并没有专节叙述，只在讨论同治二年的重庆教案和蚕桑公社时稍有提及。学界对八省客长的了解大都依据窦季良的《同乡组织之研究》所获得，可惜支撑窦文的资料——有关八省客长的碑刻，现在重庆已基本无法寻得。但值得欣慰的是，在巴县档案里，保留了大量的有关八省客长的资料。这也是笔者立论的基础。

锣岩月峡谁传出？要使前贤畏后贤。[①] 诗中所提及的重庆江边挤满了来自于上下游的商船，虽然有所夸张，但却有一定的事实依据。如修于同一时期的乾隆《巴县志》较为详细地记述了巴县的繁荣景象，“吴楚闽粤滇黔秦豫之贸迁来者，九门舟集如蚁，陆则受廛、水则结舫。计城关大小街巷二百四十余道，酒楼茶舍与市闼铺房鳞次绣错，攘攘者肩摩踵接”。[②]

四川虽然深处内陆，民人不习商务，拥有两江之便的巴县却是其中的另类，修于光绪末年的《巴县乡土志》就本县的地理位置及百姓的商业习惯有言，“本境为全蜀商务中心点，城厢人民习于商务”。[③] 在清代以来的巴县城区的发展历程中，移民商人在其中扮演了十分独特的作用。而这些商人施展才能的舞台，则是巴县城乡各地大大小小的会馆。就规模来说，城区的八省会馆无疑是其中最大也是实力最为雄厚的。

据窦季良的研究，在清代咸同之际，巴县的八省会馆除举办着若干同乡互助的事业之外，还办理厘金、积谷、保甲、团练、城防、慈善等地方公共事业，因而成为地方建设的中心。[④]

一、会馆的创建

八省各个会馆修建的时间、过程虽然不同，但其起因则都基本类似，也就是“聚乡人，联旧谊”。会馆的发展经历了一个先设会，募集资金，再买房产、置田产收租，这样一个逐渐实体化的过程。虽然现在还不清楚各省移民最早在什么时候开始设立类似老乡会一样的组织，但可以确认的是，在雍正年间，各个会馆已经联合起来，对外有八省会馆这样的称呼。据光绪二十四年(1898)八月，八省客长汤廷玉、童潞贤等人在给县令的一份文书中说：

> 窃思八省客长设自雍正年间渝城遭乱之后，人民稀少，渐有各省人民来此商贾，日久寄居，遂有交涉事件，以各省风气不同，致多杆(扞)格，虽有司驾驭，究难洞悉民隐。是以乾隆年间，各省先后设立会馆，渝城遂为客帮码头，疏通商情，始有八省会馆首事名目。选派各省

① 转引自孙晓芬编著：《清代前期的移民填四川》，四川大学出版社1997年，第307页。

② 乾隆《巴县志》卷二《坊厢》，页二十四上。

③ 巴县劝学所印：《巴县乡土志》，页二十五上。

④ 窦季良：《同乡组织之研究》，第17页。

中老成公正、名望素孚之人公举充当,有事□出,妥为调停,以安商旅。[①]

上引材料清楚说明了重庆会馆创建的大概过程,即在各省会馆成立以前,八省客长此一称谓已经存在于重庆。在乾隆以后,随着商业的发展,各省会馆才开始逐渐买地建房。以湖广会馆为例,该馆修建于乾隆四年方显[②]四川巡抚任上,据道光二十六年(1846)该省会馆重修楚庙碑记载,当时各省移民都已经修有会馆,"宴会有时","惟我省向无会馆,只有一夏禹王庙,远隔大河,祭祀宴享,非舟楫不通。以往来不便,故乡亲聚会日少"。[③] 为了"祭祀宴享"、"乡亲聚会"的需要,"一二有志之士欲在本城倡建家庙","而人心不一,随议随息,迄无成约。康熙年间有邓公伯高者出力募捐,得买东水门城内孙姓空院","土木方兴,会有人从中阻挠,其功遂寝",其原因系由于"禀请府、县,均不为楚人作主"。后在方显的帮助和干预下,重庆地方官员同意修建湖广会馆,但规模也不是很大,只"一台一殿"而已。[④] 从湖广会馆的发展情况来看,至迟在康熙年间,已经有湖广在渝商人成立会馆性质的民间组织。但此时,由于资金限制,更主要的是清政府的政策限制,还没有兴修会馆建筑。籍贯湖广的邓伯高虽然已经买好了房屋地基,准备兴修会馆,但由于地方官员的阻扰,这一计划在乾隆年间才在同乡官员的帮助下最终得以完成。

与湖广会馆的兴建过程不同,广东会馆、浙江会馆表现出了另外一种模式。在广东会馆兴建以前,重庆就有由广东商人经营的三个商栈,即古冈栈、顺德栈、广南栈。每栈由二十到三十家不等的商号组成,每年各栈都要向商号抽取一定的厘金作为栈房的开支。乾隆年间,三个栈房共同集资置产,设立广东会馆,团结了在渝的广东商人。同样的,浙江会馆也是分别由经营瓷器帮的湖州人和药材帮的宁波人在乾隆初年联合起来,组建而成。而江南会馆敦谊堂则由经营棉纱的江南泾县(今安徽泾县)洪、朱、胡、郑、汪五姓商人通过抽取厘金的方式成立。

总之,虽然各省会馆成立的缘由、作用类似,但是每个会馆具体的创建

① 6—6—4611。

② 方显,字周谟,湖南巴陵人。乾隆三年授四川布政使。四年,署巡抚。

③ 窦季良:《同乡组织之研究》,第67页。

④ 窦季良:《同乡组织之研究》,第73—74页。

过程则不完全一样。下表(7—1)是八省会馆的一个简单情况。

表7—1:巴县八省会馆所祀神祇及具体位置表

省别	所祭神祇	庙名	位置	备考
湖广	大禹	禹王庙	东水门内黉学街	
广东	惠能	南华宫	下黉学街	
陕西	关帝	三元庙	朝天门内三元庙	毁于1949年“九二火灾”
山西	关帝	关帝庙	都邮街上街	
福建	妈祖	天后宫	朝天门内	毁于1949年“九二火灾”
浙江	伍员	列圣宫	储奇门内三牌坊西北侧	重庆市食品公司车队
江南	准提	准提庵	东水门内	今重庆市物资局105仓库
江西	许真君	万寿宫	陕西街东侧坎下	毁于1949年“九二火灾

资料来源:民国《巴县志》卷二《建置·庙宇表》及彭伯通:《重庆的“八省会馆”》,见中国人民政治协商会议重庆市巴南区委员会文史资料委员会编《巴南文史资料》第13辑,1996年。

周琳认为,至同治年间,八省会馆形成“总名制度”,也就是说无论何人担任八省的“出省客长”,其在政府档案或处理各种事务中的名称都是固定的,具体为:楚宝善指代湖广客长、洪豫章指代江西客长、闽聚福指代福建客长、广业堂指代广东客长、宁兴安指代浙江客长、江安指代江南客长、关允中指代陕西客长、晋安泰指代山西客长。“总名制度”的形成意味着八省会馆具有了更多的非人格化特征。[①]“总名制度”的实施与咸同之际八省会馆占据巴县地方权力体系核心有关,从晚清和民国的相关档案来看,“总名制度”并没有得到持续的坚持。

清代的重庆以大梁子为界分为上下半城,下半城靠近长江边,最主要的商业街有陕西街、白象街、新丰街、上下都邮街、新街口、县庙街、三牌坊。而官署也都在下半城的主干道上,如紧接陕西街的是川东道署,接下来是重庆府署、巴县县署、重庆镇署、右营游击(都司)署、右营守备署,一直到南纪门。可以说,下半城为重庆的政治、经济中心。《重庆乡土志》称:“大宗商业都集于下半城,上半城不过零售分销小本贸易及住居宅院而已。”[②]如

① 周琳:《城市商人团体与商业秩序——以清代重庆八省客长调处商业纠纷活动为中心》,《南京大学学报》(社科版)2011年第2期。

② 《重庆乡土志》(稿本),全书无页码,无著者,大约成书在民国七年后,藏于重庆市图书馆。

当时的商业场等重庆的商业街，均在下半城。上表所列的八省各个会馆全都在下半城靠长江沿岸，从一个层面显示了八省会馆与重庆商业之间的紧密联系。

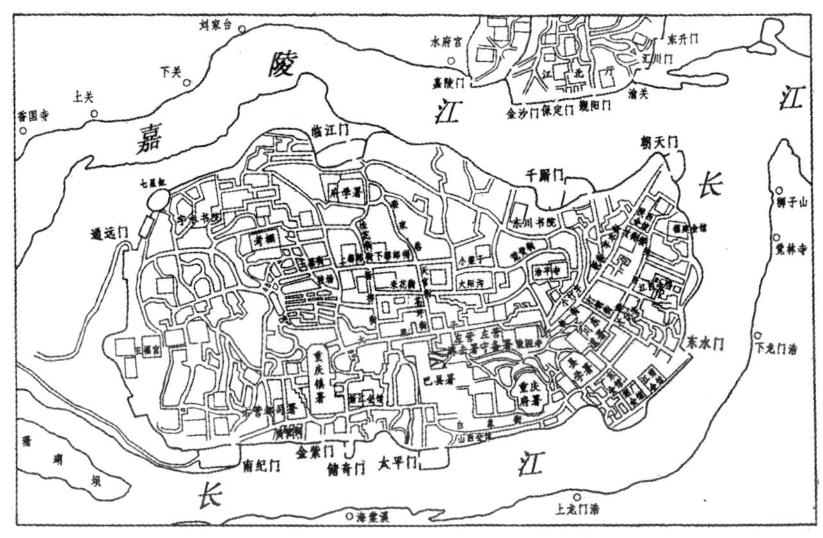

图二：清代巴县治城图[①]

八省各个会馆就所经营的商业品种来说，有着不同的分工。陕西帮多经营典当、毛货兼营山货、布行业，湖广帮经营棉花、靛行，山西帮做票号，江西帮多经营药材、山货、匹头，浙江移民多做瓷器生意，福建会馆多做山货、烟行。[②]

现在重庆城区已经无法获寻到当初各个会馆的碑刻资料，也就无法深入了解每次会馆的兴修与扩建过程。从现在重庆湖广会馆的情况来看，当时的各省会馆建筑无疑“崇宏壮丽，可为其团结力最富之明征”。[③] 幸运的是，四川省档案馆及重庆市档案馆还保留了部分有关会馆建设的契约，从这些契约中，我们能对当时会馆建设的一些情况有所了解。

以浙江会馆为例，乾隆五年（1740）九月，浙江人郑予仪（湖府人）、叶子宣（湖府人）、楼□修（宁府人）、秦予超（湖府人）、贾晋乡（湖府人）、钱履丰（湖府人）、陈德维（湖府人）、周圣占（宁府人）、缪汉公（宁府人）、周圣符（宁

① 摘自隗瀛涛主编：《近代重庆城市史》，四川大学出版社1991年。

② 李明编著：《中国民俗大系·四川民俗》，甘肃人民出版社2004年，第19页。

③ 民国《犍为县志》卷三《居民志》，页五十一上—下。

府人），以银一千三百两买刘梅先、彬然在储奇门断牌楼的铺面三间、平屋三进连厢房共计三十间作为浙江会馆公所，[①]初步奠定了浙江会馆的基础。乾隆三十年（1765），会众又以银四百四十两，购买江北厅义里五甲民王邓沛土地若干作为祀产、义冢；[②]乾隆五十二年（1787），以钱一千二百串文购买王思佑父子田业招佃收租。[③] 因资料限制，尚不能完全厘清浙江会馆会产的扩充过程。但从上述三纸契约，我们还是能够觉察到这是一个长时间的过程，反映了移民兴建会馆的不懈努力。

再看江南会馆敦谊堂，康熙年间，泾县洪、朱、胡、郑、汪五姓来渝开设线铺，抽取厘金设会，后因生意繁荣，共有本金一万多两，在城内至少置有三处房产，城外有多处田产，年有租金一千二百多两。

至咸丰年间，八省会馆可以说是重庆最大的地产拥有者，这些地产不仅保证了会众的权利，也使得八省会馆在地方事务中的“话语权”倍增。

二、会馆日常经费来源

八省各会馆建立后，在此后相当一段时间，各省移民都进行了会馆的相关建设活动，一方面部分省份的会馆开始建立府甚至州县的会馆，如湖广会馆下属的黄州会馆、江西会馆下属的石阳会馆，扩大了会馆的会众；同时，各会馆还以捐资、抽取厘金等方式募集资金，购买田房产业做为会产，以供每年例行的祭祀焚献、演戏酬神、救济同乡等活动。如福建会馆，在创建会馆之初，就购买田房产业，将每年的房租作为会馆每年的酬神演戏等开销。同治六年（1867）三月，福建会馆首事谢宝树就称，“情生闽省首事，昔年合族各捐锱铢，置买房租，招佃收租，历在会馆每年祀神无异”。[④] 下文即以巴县档案里相关的契约为讨论依据，对乾隆以后八省相关会馆的建设活动进行一番考述（表7—2）。

---

① 重庆市档案馆藏地政居档第562号。
② 重庆市档案馆0801—02。
③ 重庆市档案馆0801—07。
④ 6—5—3397。

表7—2:八省会馆会产部分收入情况统计表

会名	案发时间	资产		事由
		押租银	年租银	
火神庙中元会	嘉庆二十四年(1819)		15两	该会以银50两得当陈永才铺房,仍由其住居,陈年给租银15两。陈因生意不好,又将铺房转当他人后,逃跑。
真君会	道光八年(1828)	29两	40两	董致祥佃该会铺面一间,后因生意不好,欠租私逃。
万寿宫永莲会	道光九年(1829)	180两	180两	何大然佃房开设糖行,欠租不给,私行逃走,会首请求准予另佃。
福建天后宫文华会	道光十一年(1831)	100两	180两	官永瞻佃房开设糖行,因欠帐歇业多年,欠租不纳且不许另佃。
天后宫	道光十一年(1831)	100两	60两	王时荣自嘉庆十六年佃房一座并修理。
万寿宫财神会	道光十一年(1831)		200两	任宝善佃万寿宫房一院,转佃给严肇修开行,后行倒闭,任逐佃另放。
江南公所徽州会	道光十五年(1835)	40两	50两	刘德芳佃房开设栈房,故意拖欠佃银百余两。
万寿宫	道光十九年(1839)		100余两	杨裕芪等人佃房不给租银,并踞佃不搬,请求县令饬差催收。
福建会馆积义会	道光二十年(1840)		52两	丁正发佃该会金沙塝房一向开设栈房,拖欠四年的房租170余两不给,并踞佃不搬。
千厮门茶陵帮	道光二十年(1840)		租谷45石	是年,各捐银两再加上已有之款,共2100两买得田业一份。
万寿宫	道光五年(1825)			以银900两买到孟同心铺房。
禹王会	道光十九年(1839)		3两8钱	该会在太平门有地基两台,一台佃与陈泰顺造竹瓦房一间,但陈二十多年没给租钱。

资料来源:四川大学历史系、四川省档案馆编:《清代乾嘉道巴县档案选编》下,第36—80页。

从上面我们能够看到以下几点,一、各会产业比较分散,仅表中所列的万寿宫来说,就至少有四处房产。产业的多次置办一方面反映了会馆民众的热情,另一方面则表明了会馆创办之难,需要几代人多次创办。二、各会公产主要以铺面和住房为主,较少以田产为主。这可能与各会馆成员主要从事贸易活动有关,过着城居的生活。至于各个会馆具体有多少房产、田产，因资料的缺失，已无从考证。通过会众几代人不间断地捐资购买田产、房产，逐渐扩充了会馆的实力，保证会馆日常的经费开销及每年三节的庆典活动。

第二节 八省会馆的日常活动

窦季良认为会馆在创建时期的功能主要体现在神道功能与互助功能两大方面，而互助功能则体现在商业互助和生活互助两个方面。[①] 蓝勇进一步指出了四川移民会馆在政治经济及文化宗教方面所具有的职能。[②] 从地域的角度来看，这样的互助源于共同的生活经历，并且具有互惠的关系。下面我们从巴县档案的相关记载出发，对八省会馆创建初期的互助活动进行分类考察。

一、商业互助

乾隆《巴县志》在谈到该地的风俗时说："各省流寓诸民原无恒产，不能禁其不逐末营生。"[③]由于流动人口太多，巴县在商业往来中存在着诸多问题。乾隆《巴县志》对此有较为详细的描述：

> 巴为泉货薮，商贾丛集，行帖一百五十有余，十倍他邑，向仰给于县官，今咨名于计部，六年编审，别其真赝。虽择粮民，取互保□转鬻代充，弊难猝剪，本以平物价而高下其手，反使不平；本以息争讼而饕餮其心，反多致讼。领帖者曰行户，帮帖者曰挂平，或指货骗银，银到手而货归乌有；或指银骗货，货到手而价杳无存。始则移甲补乙，及败露而不能掩补，则脱身远扬，以致异乡孤旅，跋关山、涉风波数千里，贸贸而来者，本利尽亏也。他乡浩叹，从控追于官而一时难以戈获，即获而扑责之、监追之，脂枯骨露，徒痍犴狴，无计偿还，与其追比于后，莫若清厘于先。[④]

① 窦季良：《同乡组织之研究》，第67—70页。

② 蓝勇：《"湖广填四川"与清代四川社会》，第34—39页。

③ 乾隆《巴县志》卷十《风土·习俗》，页二上。

④ 乾隆《巴县志》卷三《赋役·牙税》，页四十一上—四十二下。

引文指出，巴县的商业在乾隆时期已经十分繁荣，牙行数目众多。但由于管理不善，行户在贸易往来中采取种种欺骗的手段，使得那些来自异乡的商户吃尽苦头，常常被骗得血本无归，引起诸多社会管理问题。

行户、铺商也有因选择非人，被人骗取钱财而吃亏不少。乾隆《巴县志》称：

> 邑当三江冲要，百货骈集，自吴楚转运峡门，一路滩险水恶，若辈挟重赀、博蝇头，君子未尝不悯之……一种出财东门下，代人经营□过食，赢余做资生计，离家窎远，财东不能约束，□霍任意，纵赌包娼，大为人心风俗害。[①]

笔者引用上述两则材料试图说明这样几个问题。一、移民在巴县的经济贸易活动中占据主要的位置。据嘉庆六年(1801)八省客长做的一份调查表明，巴县共有引帖 151 张，但只开设了 109 张，具体为，江西省 40 户；湖广省 43 户；福建 11 户；江南 5 户；陕西 6 户；广东 2 户；休宁府 2 户。[②]牙行都是由外省移民领帖。这也得到嘉庆六年的一份告示的证实，“今查渝城各行户，大率俱系外省民人领帖开设”。

二、由于领帖开行的民户基本上都是移民，而移民的流动性决定了行商与来往客商的经济纠纷不断且很难处理。这在上引材料中也可看到。有鉴于此，嘉庆六年(1801)巴县县令李苞希望八省客长利用同乡的关系，“自必深知底里”，逐一调查渝城现有的领帖行户，在调查表中列有“行户共有若干，某人系何省民人，开设何行；其无帖开行之家共有几家，所开何行，为人是否信实，家道充足与否”等名目，对各行行户做一次彻底的清查。同时还希望八省客长为那些继续开设牙行的外省商人作保，如果发生牙行拐骗放筏或亏空客本的时候，由八省客长代为赔付客本。

重庆、巴县地方政府为何如此信任八省会馆的会首，也就是八省客长？这是值得我们认真思考的问题。什么人可以充当八省客长？可以肯定的是，充当八省客长所带来的身份地位和前面谈及的场镇中的客长是完全不能相提并论的。巴县档案中有大量的争充八省客长的诉讼案件，即是明证。八省客长也往往被称为八省绅商，从窦季良当年的调查研究来看，出

---

① 乾隆《巴县志》卷十《风土·习俗》，页三上—下。

② 6—2—311。

任客长的一般要“年高公正”，对会馆财务有相当贡献或者有着荣显的头衔，经过会内民众公选，才能够充当客长。[①] 从具体的资料来看，充任八省客长的一般都是大商号的老板。比如，咸丰五年，八省客长承办夫马局的一份诉讼文书中，他们是这样来称呼自己的，“具禀八省客民关□□、洪豫章、闽聚福、蒋容、晋安泰、楚宝善、郑国贤、广业堂为禀明作主事”，[②]里面的洪豫章、闽聚福、晋安泰、楚宝善都是商号的名字，热心公益而又拥有相当的财富，这让八省客长在地方纠纷解决过程中起到了相当的作用。

1.商业纠纷的调解

首先来看八省客长在调解商户之间纠纷方面的表现。商业纠纷是会馆民众间比较常见的冲突，当事双方有多种解决方式，同省民众之间的冲突，往往由各个会馆首事约集本省会馆其他德高望重之人，在各省会馆内“集理”解决；而不同省籍民众间的冲突则由八省客长出面解决。若当事一方对八省客长的调解不服，则向县令提出诉讼。一般情况之下，县令仍旧会把卷宗交给八省客长，由八省客长继续调解，直至双方心悦诚服。这样的案子在巴县档案中举不胜举，下面仅以两起案子为例，来对八省客长的调解努力略加说明。

案例一。浙江民陈履端、徐养初，同在巴县治城一条街开瓷铺，大概是同行的关系，双方关系一直都不好，“履端素斥养初讵夺生意之仇”。嘉庆十一年(1806)正月二十六日，双方因为算帐的事情，又吵起来了，在吵架过程中，陈履端打坏几件徐养初的瓷器。徐养初面子上过不去，就跑到县衙告状，可一时又找不到合适的借口，就称陈履端在承办捐米的过程中，有敲诈捐户的行为，请求县令稽查。三十日，陈履端也以诬告为由反控徐养初。双方眼看就要对簿公堂，浙江会馆客长李定安等人不愿看到双方因一点小事就闹上公堂，向县令请求由他来调停。李定安向县令报告了事情的真实缘由。县令对此二人的行为很愤怒，打算对他俩进行罚款处理，李定安又代二人求情，说他们开个小店做买卖，生活不易，“实难听罚”。最后双方得以和平解决。[③]

---

① 窦季良：《同乡组织之研究》，第25页。

② 6－4－905－2。

③ 6－2－603。

案例二。道光年间巴县治城杨柳坊居民沈玉隆状告熊源顺一案,八省客长在官方的授权之下调解了此案。巴县某龚姓地主在桂花街有铺面四间,嘉庆某年,该房因遭火灾,只剩下地基。龚姓地主一直将地基出租给熊源顺,每年佃钱五两二钱,并在当约上注明,如果龚姓地主将地基收回之后,熊源顺要"拆房还基"。道光初年龚姓地主将此地基卖给黄姓商人,黄姓商人不久又将此地转卖给福德土地会。虽然该地基的产权一直在转移,但仍由熊源顺承佃,佃约也一直按照此前的佃约内容书写。道光五年(1825),熊源顺瞒着业主将此地基转佃给黄国宝,但黄国宝不愿意在佃约上写明"拆房还基"字样。在高额租金的诱惑之下,熊同意了黄国宝的要求。这让该地的真正地主福德会很愤怒,会首遂将熊、黄二人告上了县衙。县令批示让八省客长"集理说断"。八省客长接手后,调查了此事的来龙去脉,最后建议,由黄国宝直接向福德会佃房,每年租金仍为五两二钱,若福德会要收回地基建房,黄仍然要拆除所建房屋。这个裁断得到了当事各方的同意。①

其次,调解商户与行帮之间的纠纷。

案例三。聂广茂,江西人,在重庆开点锡行店铺。道光二十七年(1847)六月,正当聂广茂押运四包点锡回店铺的时候,被铜铅行首人彭辅仁、熊伦厚拦住,质问他们为什么私行贸易,不缴纳牙行厘金。聂说他从未听说要交厘金之事,不愿意缴纳厘金。彭辅仁为此将聂告到巴县衙门。时任巴县县令余遂生在查阅旧有档案时,发现点锡并未归入铜铅行,断令"仍照旧规,听客自便"。彭辅仁不服,遂告到重庆府知府衙门,并提供更多的细节:点锡最初附在广货行里,乾隆三十二年(1767),广货行将"点锡归铜铅行"代为管理,并设有公秤,定下厘金的征纳标准,每包点锡取银一钱六分,并立有字据。重庆知府朱绍恩采纳了彭辅仁的说辞,令聂广茂的点锡行以后每包缴纳厘金一钱六分。聂广茂不服,以"差难赔累,禀辞差务"为由,多次提出上诉。县令余遂生叫八省客长郑迎初等人进行调解,八省客长证实彭辅仁等人所说不假,但考虑到聂广茂等人所做的点锡生理,系自买自卖,和一般的商户不同,遂提出折中解决方案,聂广茂仍按旧规向铜铅行缴纳厘金,但每包的数额从一钱六分减到一钱。八省

---

① 四川大学历史系、四川省档案馆主编:《清代乾嘉道巴县档案选编》下,第78页。

客长的这个方案得到了双方的认可，这个案子经过一年多的来回，终于到此结束。[①]

再次，调解行帮与行帮之间的纠纷。有清一代，巴县水运发达，以朝天门为界，将在巴县营运的来往船只分为三帮，分别为大河帮，由长江上游各州县船只组成，包括泸州帮、合江帮、江津帮等等；小河帮，由嘉陵江上游各州县的船只组成，如合川帮、渠县帮、遂宁帮、保宁帮等等；下河帮，由长江朝天门以下各州县的船帮组成，如宜昌帮、忠州帮、宝庆帮、归州帮等等。在嘉庆白莲教起义时期，军队调动频繁，兵差繁重，三帮在八省客长的帮助之下都分别制定了应差规则及抽厘的条规。[②] 三帮之间围绕着如何应差及由谁来抽取厘金，相互之间的诉讼不少。下面我们以道光五年(1825)大、小河帮之间的诉讼为例，来看八省客长在其中发挥的作用。

案例四。道光五年(1825)，小河帮船首侯尚忠称，小河帮的船只从朝天门运送客货到大河上游一带时，被大河帮的人拦截，每船要收差钱七百文。船户们不愿意缴纳，因为这些船户在小河帮已缴纳过船厘，不应该再缴一次。同时，按照以前的定规，小河帮船只的船厘一向是归小河帮收取的，现在大河帮船首又要征收，是在“紊乱船规，勒收帮费”。县令刘衡立即叫八省客长去调查、调解。八省客长调查发现，船户缴纳船厘、承担差务的原则，是以帮为单位来承担的，换言之，由大、小、下三河船帮来承担。各船的厘金亦就分别由其所属船帮来收取，而不是按航线来收取。但就三江的货物运输量来说，大河沿线的货物运输比较繁忙，经常有小河帮的船只来大河运送客货。但这些小河帮的船只却不在大河船帮里缴纳船厘，以致引起大河船户的不满，不愿意他们过来抢夺生意，遂发生大河船帮首事拦截小河船帮的事情。

基于此，八省客长提出解决方案，“小河船只装载客货往大河上游行走，帮给差费钱文归大河船首收取差钱；大河船只装载客货往小河上游行走，帮给差费钱归小河船首收取差钱”。也就是说，不论船只属于何帮，只要他们在大河或小河上运送货物，都应该分别由大河帮或小河帮来抽取差

① 6—3—564。

② 四川大学历史系、四川省档案馆主编:《清代乾嘉道巴县档案选编》下，第402—403页。

钱。此一诉讼遂最终解决。[①]

案例一表明，各省会馆在本省商户的纠纷调处过程中，扮演了积极的作用，这不仅表现在他们能够调停当事双方的矛盾，使得纠纷在进入正式的衙门审判之前就能解决，同时还表现在政府对其提出的解决措施比较信任，往往会遵照其提出的解决意见来处理。

案例二、三、四进一步表明，八省会馆的调处，往往得到政府的司法授权，巴县档案中，有大量的由巴县县令颁给八省客长的“札”文，在文中，就某一纠纷的处理，希望八省客长能够“即便邀同两造，秉公核算(或处理)”。这对八省会馆和巴县衙门来说，是一个双赢的举措。八省会馆有了正式的授权，不仅使得纠纷能够得到顺利解决，同时也提高了八省会馆在商户中的地位。而对巴县县令来说，将这些民间细故委托给八省会馆来处理，从而从繁杂的司法行政事务中解放出来。同时，我们还应注意到，“当八省客长没有得到官府的委派和明确支持之时，其调处商业纠纷的能力可能并不十分突出”。[②]

2.制定商品交易规则、帮规、应差规则

清代巴县，由于移民来自全国十多个省，各省民众的商业习俗很不统一，表现在巴县市面上的商业交易规则，如商品的计量方式、交易方式、银钱比例，五花八门，严重地影响到商户间正常的商业往来。同时，也有个别商户，蓄意欺骗，引起很多因商业规则不清楚而产生的矛盾。在此情况之下，八省客长承担起了规范商品交易规则的任务。如嘉庆六年(1801)三月，靛行行户与山客因为银色、秤斤不一，发生矛盾。县令批“仰八省客长

① 6—3—796。针对八省客长在地方商业纠纷中的作用，邱澎生先生认为，“官府并未赋予八省任何正式的法律权力，只是将调查案情证据与协调争议的工作，‘非正式地’委托八省客长；至于原被双方是否服从协调，主要则是靠八省客长的个人威望，以及涉及当事人利益的严重如何来决定，八省客长从来没有获得任何法定的商务仲裁能力”(见邱澎生：《国法与帮规：清代前期重庆城的船运纠纷解决机制》，收录于邱澎生、陈熙远编：《明清法律运作中的权力与文化》，第328页)。邱的这一论述忽略了几个问题，一是八省客长不是个人的集合，而是一运行了近一百多年的团体(至嘉庆时期)，其调解的能力更多地是因为八省客长所代表的八省会馆的实力；二，重庆各行帮的帮规或承差规则大都是八省客长参与制定，八省客长更多地了解纠纷的缘由；三，在各类诉讼案件中，巴县地方官员往往都委托八省客长进行调查和提出解决意见，更重要的是，这些解决意见往往就是县令的最终判令结果，因此，我们可以认为八省客长的调解是得到巴县地方政府的授权的。

② 周琳：《城市商人团体与商业秩序——以清代重庆八省客长调处商业纠纷活动为中心》，《南京大学学报》(社科版)2011年第2期。

协同行户等议复夺”。三月十八日，八省客长李定安、韩晓亭、刘锦容、屈玉成邀集行户、山客吕应荣等人在府庙公议，决定仍依照旧规，“铁制正秤，撒手离锤，每篓除皮十八斤，每百斤加十斤，九八色银过验，九折扣兑”，行户和山客对此标准都愿意接受。四月初七，巴县县令以告示的形式将秤斤、银色标准告知各行户和山客，“倘敢不遵，许尔等具禀本署县，以凭严究，决不姑宽”，[①]解决了靛行行户与山客之间的矛盾。

重庆各行各帮，按例都要承担一定的差役和赋税，如船帮每年都要为政府运送一定数量的货物，炭帮要为府县各衙门提供燃料等等。[②] 因“官定价格或官方所付报酬通常不足，承差往往赔贴累累”，各帮事先都要讨论这些差徭的分担方式，但如何分担，比例多少，往往不能自行解决，需要经八省客长公议后，才能统一规则。如道光二十年(1840)重庆布行广布帮行户康维新认为，以前各帮每年交纳布银三十二两，由于广布在渝城生意日渐萧条“办布无多”，而土布帮又陆续开设了几家新的行户，所以希望改变以前的抽费标准，“按价值抽钱帮差”，也就是卖多少抽多少。但土布帮不愿意，以致“行户观望，不能取用，差课难供”。县令遂将此案交给八省客长调解，新的抽费规则最终也由八省客长制订，“自后买卖土布，以每布一匹，帮给行户差课钱一文，照广布例成法，向卖布之人抽取”，广布帮也按此标准抽收。同时，“令铺户买者将钱扣留，以作应差之需”。县主同意了八省的意见，以告示的形式宣布，“务遵八省妥议程规，不得把持乱规。倘敢故违，许该行户等指名具禀，本县以凭唤案究惩，决不姑宽”。[③] 可见，八省客长在县令委任、授权的情况下，全程参与巴县各布帮、布铺应差规则的制定。

3.正常经济秩序的维护——以公估局为例

道光以后，银贵钱贱，在商品流通中，不仅假钱泛滥，同时各类成色不足的私银或低潮银，数量也很多，这些都严重影响到商家的利益。巴县市面上流动的货币主要以生银为主，为此巴县成立了公估局，负责白银成色

---

① 四川大学历史系、四川省档案馆主编：《清代乾嘉道巴县档案选编》上，第238页。窦季良也提到八省客长于乾隆五十八年、嘉庆十四年两次参与重庆棉花称量标准的制定过程(见氏著：《同乡组织之研究》，第70页)。

② 对重庆工商铺户承值应差的规则及背景，见范金民：《把持与应差：从巴县诉讼档案看清代重庆的商贸行为》，《历史研究》2009年第3期。

③ 四川大学历史系、四川省档案馆主编：《清代乾嘉道巴县档案选编》上，第345—346页。

的鉴定，而公估局的成员主要为八省客长。光绪十二年(1886)十月，巴县发布告示，该告示引用八省首事楚宝善等人的话说：

> 查渝城使用银色低潮，最为市廛之害，该绅粮等会议，请照汉镇、万邑各处，设立公估公平，以期低银无用、私铸断绝，询于商贾，大有裨益。查核所议章程，亦属妥协，合行出示牌谕。为此。谕渝城倾销铺户人等知悉，迅速遵照牌示，□□□月内分别来辕投□切结。嗣后不得倾铸低色，以凭□详。①

公估局一经成立，便在城内稽查各商户白银使用情况，对那些以次充好的买卖双方，进行了严厉的打击。巴县档案里有大量有关非法商贩使用假银的案件。现举一例如下。

光绪十四年(1888)正月初十，邻水县人孔宪和、本城商户张万宁二人，带着三块白银来公估局鉴定成色。八省客长闽聚福、晋安泰②一看就知是低色潮银，成色大概只有五六成，遂质问孔宪和白银的来历，孔说是张万宁的。张万宁则交代这三块白银是一个名叫魏鹤亭的人给他的。八省客长继续调查后发现，魏鹤亭“系创始造低潮银好手”，而张万兴开设钱铺，“代行出兑，朋比为奸”。他们二人相互勾结，利用换银之机，将商人的足色银换为低色潮银，从中赚取利润。此事经八省客长禀告县令后，抓捕了张万兴、魏鹤亭二人。③

八省客长将自己的工作重心放在重庆经济秩序的维持上，这也与八省客长的性质有密切关系。从八省会馆的起源与会内民众的组成来看，基本上都是商户，八省客长以经济为中心事务也就不足为奇了。

二、生活互助

八省会馆由各省移民分别组建，其最初的功能主要为会馆民众服务，

---

① 6—6—3981—10。

② 在巴县档案的相关案件中，嘉庆以后八省客长首事由闽聚福、晋安泰、洪豫章、宁兴安、楚宝善、关允中、广业堂、江安组成，一百多年从未变更，只是在称八省客长执事时或八省客长某一成员单独出现时才出现具体的人名。具有地缘、业缘性质的八省会馆在这点上也印证了罗威廉对汉口行会的研究经验，即“这些行会官员一般(但并不总是)是以集体名义而不是以个人名义活动的”(《汉口：一个中国城市的商业和社会》中译本，中国人民大学出版社，2005年，第392页)。

③ 6—6—3927—2。

而不是一个开放性的组织，八省客长的事务也是处理与移民及商号有关的问题。

会馆的兴建为同籍人士提供了沟通、寄托乡情的平台。湖广会馆在兴建以前，湖广“乡亲聚会日少”，这反衬出会馆在提供给同乡娱乐方面上的独特作用。各个会馆建立之时，一般都会在会馆里修建戏台，如现在的重庆湖广、广东会馆还保留有戏台。每到春节、端午、中秋及会馆主神祭祀的日子，各个会馆都会演戏，宴会同乡。1892 年，据重庆海关税务司好博逊(H.E.Hobson)称，重庆的会馆社交聚会相当频繁。如江西会馆，每年聚会多达 300 次；湖广会馆有 200 次以上；福建会馆在 100 次以上；其他各会馆 70 次至 80 次不等。[①] 每个会馆每年都有很多戏上演。如乾隆五十七年(1892)八月湖广会馆客长欧鹏飞称，他们湖广会馆每年“二月初八日，唱演福寿神戏；六月十四日，唱演王爷神戏”，这些唱戏的资金来源，都是会馆开办之初买的房产租金收入。[②]

历次娱乐活动都开销不菲。下面是一张江西会馆在咸丰年间请客的费用清单。

万寿宫请客用费单：

上席二十七席，每席银一两八钱，合银四十八两六钱正
中席十二席，每席银八钱，合银九两六钱正
普茶十元，每元银一钱七分，合银一两七钱正
以上三起共银五十九两九钱正

付金兰烟八斤，钱一千六百文正	付福烟两包，钱一千二百文
付棉烟三斤，钱七百二十文	付奇品烟二包，钱七百文
付书子□封，钱一千四百五十文	付草纸三十合，钱二百四十文
付花茶三斤，钱四百八十文	茶工十三个，一千五百六十文
茶担三付，三百六十文	炭水皂角肥皂，一千四百文
烟工十二个，一千四百四十文	扫厅钱二百四十文
扫厨钱八十文	打杂钱二百四十文

---

① 转引自周勇、刘景修译编：《近代重庆经济与社会发展，1876—1949》，四川大学出版社1987 年，第 71 页。

② 四川省档案馆编：《清代巴县档案汇编(乾隆卷)》，第 267 页。

牛烛廿斤二千四百文	风烛二对二百四十文
绍酒五斤一百四十文	水杂钱二百四十文
茶/烟工烟钱四百二十文	厨司烟钱担子钱一千六百文
管台子钱六百四十文	茶担子钱七十二文
饭钱七百五十文	钱力钱六十文
戏钱十六千文	班子点心肉钱三千文
轿钱三千文	点心钱四十六文

以上共享钱四十千零三百一十八文[①]

我们看到此次宴请花费银五十九两、钱四十千之多，主要用于吃饭、抽烟及听戏之用。这反映出同乡会馆的聚会，更多的是移民间的自我娱乐、自我消遣。在愉快的气氛中，这些离家日久的同乡不仅愉悦了生活，也联络了乡情。

对入会的同籍老乡，会馆往往为他们的生活、生意提供各种便利。这些帮助涵盖移民从出生到死亡的方方面面，如育婴、教育、养老，给病人提供药品，给死去的同乡提供棺板和坟地，资助因生意萧条而暂时受困的老乡等等。

移民来川病故后，有的很难回籍安葬。八省各个会馆都在巴县购有义冢用地，如前面提及乾隆三十年浙江会馆曾在江北厅买义冢地一幅。江南会馆创建之初，就在喻家坡买地一块，作为义冢用地。到道光十一年(1831)左右，这块地已经没有空隙，经会馆内民众的共同商议，又在地名羊圈塆买地一幅作为新的义冢用地。[②]

对于那些参加科举考试的同乡子弟，各个会馆都准备有一定的宾兴费用，鼎力支持。如江西会馆，“每考助以青蚨二千文，乡试生、监一体每科助朱提二十两，会试每科助以朱提四十两”。[③] 通过这些方式，巩固了会馆在同乡民众中的影响。

综上所论，八省会馆在移民群体中的作用，据窦季良采访当时的八省遗老，“各省会同乡人士间的纠纷，由各该会馆的客长解决。若两会的同乡

① 6—4—387。

② 6—3—1069。

③ 江西会馆《同治四年□月初十日刊立碑记》，转引自窦季良：《同乡组织之研究》，第72—73页。

人士间有了纠纷，则由八省客绅共同集议公断”，“同乡人士间的纠纷案件一经八省公断，双方便无异议，即便是有不服公断者再诉于官府，官府也是以八省所断的为依归”。① 从这些案例中我们可以看到，八省会馆不仅仅是一种经济组织，更是一种社会组织，它弥补了清政府在移民地区，特别是移民占主要成分的都市地区的统治力的不足。这是官方与民间不断互动、磨合的结果。

此一时期，八省客长也参与了部分地方公共事务，比如修筑城墙。乾隆三十二年（1767）重庆补修府城，八省会馆及各牙行，共捐银三千九百六十两，占总捐款的 1/9 左右。②

再如修建防火设施。重庆是山城，房屋基本上都是木结构房屋，沿山而建，“重屋累居”，加之重庆夏秋气候炎热，极易发生火灾。火沿山势，很容易在短时间就蔓延开去。每次火灾，受影响最大的是各行的商铺。重庆府和巴县衙门也都很注意防火设施的建设，但由于经费缺乏或监督失位，有些措施还是没有得到认真执行。乾隆五十九年（1794）三月初十日，八省客长吴西载、冯周南、江汝上、谢旭、关允忠、王士栋、赖田庆向县令请示说，渝城人烟凑集，此前的官员都三令五申，要求各厢长传谕各铺户在门前设立水桶，以防不测。但因日久怠废，这些防火水桶大都破烂不堪，八省客长希望各家各户能够修理好这些设施，以备不测，得到了县令的支持。③

城市道路的修建也得到八省会馆的积极响应。在重庆的九个城门之中，太平门是个很重要的城门，门外即是太平码头，很多商家的货物都从太平门码头起运入城。同时，城里百姓的生活用水也由挑水夫从这个城门挑运入城。挑水夫在挑运过程中，水经常溢出水桶，弄湿路面，以致过往行人不便，政府特意在城门口立碑，划定界线，将大路分为干湿两路，挑水夫走湿路而行人及搬运货物的力夫走干路。嘉庆十三年（1808），川东道道台安徽人胡稷的夫人病逝，送葬队伍在运灵柩上太平门码头的过程中，将立在城门口的界碑拆除。自此以后，挑水夫就不再遵循干湿两路的划分了，太平门一带的路面整天都是湿漉漉的，以致经常发生来往行人及力夫滑到的事情。嘉庆十七年（1812），八省客长唐舜尚、孙鲁堂、陈桓、朱振先、廖人

---

① 窦季良：《同乡组织之研究》，第 35 页。

② 四川省档案馆编：《清代巴县档案汇编（乾隆卷）》，第 320—321 页。

③ 6—1—86。

楷、邱贞安、关允中、王□西等人建议，重新在太平门城门口设立界碑，以利于众商家及过往行人，得到了政府的批准。[①]

上举三例仅是这一时期八省客长参与地方公共事务的部分例子，从这些案例中可以发现，修筑城墙，设置防火水桶，清整城市道路，都与八省客长的切身利益紧密相关。

从另外一个角度来说，这说明巴县地方政府没有意愿或没有经济能力来进行这样的地方公共建设，“其结果就是公共建设工程一般严重不足，其建设与维修只能留给地方精英零零散散地去做”，[②]这给八省客长参与地方事务提供了契机。

第三节　八省会馆与地方公局

光绪二十四年(1898)八月八省客长汤廷玉、童潞贤等人在给县令的一份具禀状中称：

> 自咸丰发匪入川，商民思患预防，经八省绅商筹议禀明前宪，始设两局厘金，商捐商办。进关老厘咨部申解，出关新厘留渝就地办公，以供保甲团练之费，所以厘金保甲各局皆有八省经手事件。[③]

该文表明了八省客长在咸丰以后逐渐掌握了重庆的厘金局、保甲局的控制权的事实，这也意味着重庆地方财政中的大部分收入和主管地方安全的机构的领导权都掌握在八省客长的手中。同样，光绪十一年巴县的一份“札”文中也证实了此一历史事实，该文称：“照得渝城各局公事，向委八省首士经管，一经承办，责任匪轻。”[④]因此，有必要对八省客长如何通过保甲局、厘金局等公局机构进入到地方权力网路核心的过程进行详细的考察。

所谓公局，就字面意思来说，即“公同办事机构”，有的学者并进一步将其理解为“在多数情况下是指士绅在乡村地区的办事机构，通常是‘团练公

① 6—2—30。

② 罗威廉著，鲁西奇等译：《汉口：一个中国城市的冲突和社区(1796—1895)》，中国人民大学出版社2008年，第172—173页。

③ 6—6—4611。

④ 6—6—527。

局'的简称"。[1] 本节将对由八省客长掌握的厘金局、保甲局,及由地方士绅掌控的夫马局、三费局,进行考察,来理解移民社会中地方公局运作的具体形式及相互间的矛盾过程。

一、保甲团练局

太平天国起义后,战火迅速蔓延至南方数省,为了弥补军饷之不足,咸丰三年(1853),清政府开始在扬州征收厘金。次年,四川也开始征收厘金。厘金的征收一方面扩大了清政府的财源,另一方面,则加重了普通百姓,特别是商贩等群体的负担。而对地方社会来说,厘金的征收改变了地方社会既有的统治秩序,士绅借此逐步走向了地方政治的中心。

咸丰九年(1859)九月,云南大关人、鸦片贩子李永和(李短搭搭)、蓝大顺等人因不满清政府征收洋药(即鸦片)厘金,率众起义。起义民众随即入川,一路势如破竹,先后占领川南地区数县。咸丰十年(1860)五月,李、蓝军与清军大战于四川井研,失利后,为分散清军力量,决定分兵。一路由蓝大顺率领进军成都,一路由张五麻子(张国福)率领先后攻克隆昌、荣昌、永川,围璧山,直逼重庆,"川东岌岌"。[2]

面对地方军事危机,由丁忧回籍的本地士绅段大章、[3]八省客长之一的江宗海[4]等人出面,邀请川东道道台王廷植、重庆府知府罗升棓、巴县县令张秉堃在江西会馆商议对策,会后决定成立保甲团练总局。[5] 由八省会

---

① 邱捷:《晚清广东的"公局"——士绅控制乡村基层社会的权力机构》,《中山大学学报》(社会科学版)2005 年第 4 期。

② 民国《巴县志》卷二十一《事纪》,页四十六下。

③ 段大章,字倬云,世居西永乡,受业于巴县名士孙文杰、孙文治兄弟,道光十八年进士,选庶吉士,授编修。癸卯(1843)大考二等,出任云南乡试副考官,因选举得人,授予"记名御史"。后曾先后出守陕西汉中、西安两府知府,有政绩。咸丰元年(1851),升延榆绥道道台,奉命审理有关回族的案件,办理得当。咸丰二年(1852),回民叛乱,骚扰商州,段大章处置得法,"敌不敢窥"。咸丰四年(1854),因母亲去世,段大章丁忧回籍。

④ 江宗海,字朝宗,湖北汉阳人。祖父江文鉴,以幕僚身份来川,后定居。江朝宗很会做生意,在重庆政商两道都吃得开,被推为湖广会馆的"出省客长"。太平军兴,巴县办理团练,当时重庆的水手、朝天门的力夫大都是湖广茶陵州人,而茶陵州人的好斗、凶悍在重庆是出了名的,所谓"茶陵州人者,以骁悍名"。江朝宗利用同乡关系,招募了一支由茶陵州人组成的"茶勇"。

⑤ 关防名称为"办理渝城保甲团练总局"。又,咸丰五年,段大章受重庆地方当局的委托,负责办理川东练勇捐输总局(关防名称为川东练勇捐输总局),该局有练勇二千名,在咸丰五年曾奉命先后到川东道所属的綦江、南川等地短期驻防。

馆出银数千两,培修城内的长安寺(又名崇因寺,今重庆第25中学),"作为川东三十六属保甲团练总局",同时兴建部分军事设施,"前设官厅,后建武库,左修仓廒,右辟较场,并筑哨楼"。该寺遂成为川东道两府二州团练的指挥、后勤中心,其功能"不但保卫渝城,即三十三(六)属借支军装器械,亦无不由总局支应"。[①] 保甲团练局每年的花销甚巨,其管事局绅由移民代表八省客长江宗海、张先昭、程益轩、徐绣纯、傅益等人充任。[②] 这些人均不是由地方政府选派,正如巴县县令张秉堃所言,该局管理"惟选派局士,向非本县主政"。[③] 该局在长安寺培修未完成前,假城隍庙办公,咸丰十一年(1861)迁往长安寺。[④]

保甲团练局成立后,整个重庆的有关团练的事情都由它负责。重庆保甲局招募的团勇大部分为水手和朝天门等沿江码头一带的力夫,而这些水手大都是湖广茶陵州人,因此这支团勇队伍也被称为"茶勇"。[⑤] 这支队伍在防范李、蓝部队对重庆的进攻中,发挥了关键作用。咸丰十年(1861)十一月,张五麻子(即张国福)攻陷永川。十二月,围攻璧山,不克,转而分路奔巴县袭来,先后占领了巴县的曾家乡、龙凤场等地,在进攻寨山坪时受到了抵抗。当时寨山坪在武生陈超同、郭钟英的指挥下,钳制住了张五麻子的脚步。这时,江宗海率领他的茶勇及时赶来,张五麻子见两面受敌,不战而退,巴县就这样逃过一劫。民国《巴县志》纂者对江宗海评价很高,文中这样写道:

> 时承平久,官吏恇怯无策画,徒知闭城门、撤附郭民舍,以自扰而已,无敢言击贼者。宗海独请率练勇出,与贼决死战,当事者壮而许之。贼薄老关口,闻有备,竟还。重庆得屹然无事者,宗海之力居多。[⑥]

又如同治二年(1863),因贵州白号匪(以白布帕包头,故名)在叙永作乱,保甲总局奉令调局勇八百名由局绅赵天锡、骆作宾带队赴叙永防堵。

---

① 民国《巴县志》卷十六《交涉·教案》。

② 6—4—147。

③ 6—4—147—6。

④ 6—5—348—2。

⑤ 重庆团练大量招募茶陵州的水手、力夫,除了因为这些水手、力夫凶悍、好斗,也和八省客长中江宗海等人即为湖广人有密切的关系。

⑥ 民国《巴县志》卷十《人物列传》,页二十五下。

保甲团练局在稳定地方社会秩序中的作用明显，但也需要大量的经费，支付局内各项开销。如购置枪炮、军装、器械、锅帐；修理城垣、隘口、炮台、江防；支付保甲团练局办事人员薪水、带勇局绅薪俸及九门三十三坊厢监正、绅董的薪俸、勇丁的薪俸等等。

团练的开销，全部由地方自行筹划，按照清朝的财政体制，各级地方政府只能维持低效率运转，完全没有独立的地方财政收支体系，地方官员手中也没有多余的钱财来开办团练。同时，太平天国起义后，清政府的中央财政也出现了巨大的亏空，当然没有能力来支付各级地方政府所需的资金。为了筹措资金，清政府不得不允许各地设立厘金局，就地筹饷。

在巴县，保甲团练局与厘金局[①]实行的是“两块牌子，一套人马”的管理方式，其主管局绅，均由八省客长出任。巴县的厘金局分为两局，即旧厘局、新厘局。“老厘于货物进关报数销售后认缴，新厘则专征过道，设局派员经征”，[②]也就是说，老厘的征收对象是坐贾，新厘则是行商。旧厘局成立于咸丰五年（1855），觉罗祥庆任职巴县期间。厘金征收标准为货物每值一两抽取六厘，先由各行行栈代为抽收，每月月底汇总交到厘金局，由局再交给川东道。这笔款中，四成留在巴县，供保甲局花销，六成运解省城。巴县境内共设有三处厘金卡，分别在朝天门下游唐家沱、嘉陵江边香国寺、巴县城长江上游的回龙石。由于重庆商业繁荣，仅此一项每年就有十四万两白银的厘金款。[③]

新厘局成立于咸丰九年保甲团练局成立后，因旧厘局存留经费远远不敷使用，江宗海等人向巴县等地方官员建议，在前有厘金局的基础上再设一局，管理新抽的厘金。新厘金的抽取方案是，除此前的货物每两抽六厘、积谷二厘外，再抽九厘，同时，还专门拟订了棉花帮的抽厘办法，棉花帮除应抽的厘金、积谷外，每包再抽一钱，分别由买者负担二分五厘、卖者负担七分五厘。新厘金专款专用，全部作为保甲团练总局的经费支出。

旧厘局在开办之初，咸丰皇帝就令总督裕瑞“严饬地方官，选派公正绅

---

① 清代的厘金共分四大类：一百货厘，二盐厘，三洋药厘，四土药厘。一般所指的厘金即是百货厘金。

② 《四川财政考》页二十五，转引自鲁子健：《清代四川财政史料》（下），四川省社会科学院出版社 1988 年，第 613 页。

③ 6—4—147—9。

耆，设立公局，妥为经收。不得假手书役，另有丝毫苛派”。[①] 罗玉东也认为：“厘金创办的时候，虽曾设局委员，总理其事，但经手税收，却不是完全假手胥吏。”[②]这笔数目不菲的钱款由地方绅士设局征收。就巴县来说，担任老厘局局绅的大部分都为在重庆经商的八省商人。同样，新厘金局局绅主要也是由八省客长兼任。由于该款项数目庞大，八省客长由此掌握了重庆地方“税收”的大部分。就咸丰年间来说，先后担任两局局绅的有八省客长张先昭、程益轩、徐绣纯、傅益等人。

新、旧厘金局有专门负责征收厘金的差役，负责向各行店征收稽查。如何同兴、周益顺在巴县城内开有一家店铺，商贩赵泽源等人租用他家店铺做丝绸贸易生意，将货卖完之后就各自回家去了，何同兴、周益顺也不知他们是否上缴了厘金。某天，厘金差役来到他的店里，说赵泽源并没有上缴厘金，叫何代为缴纳，否则治罪。[③] 又如，咸丰十一年(1861)十二月，潘雨顺因在县城售卖烟土，偷漏厘金，被厘金差查获，“加倍上厘”。[④]

由于厘金抽取的额度太高，巴县多次发生商户打毁厘金局的事情。如同治九年(1870)三月因抽新厘，该郡行店“闭门不贸”，并将“厘局打毁”。结果“将九厘酌减三成”，以示体恤。[⑤]

即使这样，巴县保甲团练总局也经常出现入不敷出的情况。同治元年(1862)九月初一日，保甲局执事徐绣纯、张先昭、程益轩、傅益等人向县令报告说，由于这一两年来，太平军“石逆”(石达开)、“滇黔各逆”都先后入县境骚扰，“杂款节次增加”，原来的老厘金留支四成早已不够开支，即使加上新增的九厘，也不够用，希望能够挪借道库的公款银五千两。[⑥] 到了该年的九月，保甲局经费又不敷使用了，这次他们把眼光转向了地方各类公共设施的身上，如向由八省客长控制的普济堂借款一千余两，观文书院一千八百两。[⑦] 而“会馆作为同乡组合，除了执行以往的维持商业秩序和调停

---

① 《文宗显皇帝圣训》卷一〇七，《筹饷》，第2页。

② 罗玉东：《中国厘金史》，收录于沈云龙主编《近代中国史料丛刊续编》第六十二辑，第19页。

③ 6—4—935—3。

④ 6—4—942—2。

⑤ 6—5—885—10。

⑥ 6—5—182—3。

⑦ 6—5—182—8。

纠纷的所有职责之外，还以分摊厘金附加税为基础开始加入地方行政”，[①]以厘金局、保甲局为载体，八省客长开始全面介入地方行政。

二、夫马局、三费局

相较于保甲团练局受具有移民身份色彩的八省客长控制，夫马局、三费局的局绅基本上都是本地绅士，也就是所谓的“三里绅士”。

1.夫马局

夫马费，也就是军队、官吏、差使过境时，地方的接待费用。有清一代，地方州县财政都有预留款项，据清代《四川赋役全书》载巴县“夫马原编夫三百四十四名，马八十匹，轮船二十八只，共银三千八百九十四两四钱”。[②]对于这些临时花费，大都“借资民力”。其最初的设置时间，“所从来久”，各州县设置的初始时间也不完全一致。

巴县的夫马局设置的时间比较早。咸丰四年（1854）九月，因为“黔省贼匪扰乱”，巴县设立夫马局，由八省客长关允中、洪豫章、闽聚福、蒋容、晋安泰、楚宝善、郑国贤、广业堂担任局绅。这时，夫马局经费的征收对象主要是巴县治城内各行铺户，按月征收。夫马局最初设县城隍庙。[③]

夫马局经费的征收方式不同于前面所谈的厘金局，主要靠各坊厢保正代为征收，这给了保正截留公款、中饱私囊的良机，“坊厢约保正等多将捐项收齐侵吞或收十缴一，以致日积月累，亏空渐深”。[④] 咸丰五年（1855）六月三十日，夫马局局绅同时也是八省客长首事关允中、洪豫章、闽聚福、蒋容、晋安泰、楚宝善、郑国贤、广业堂等称，去年九月起至今年三月止，本城内外各厢坊，尚有厘金钱一千七百余串未缴。据八省客长的调查，铺户都已将厘金交给了各坊厢保正，但各保正却没有按时上交，并列出各坊厢保正未缴纳的具体数额，希望县令能够饬差追查。[⑤]

杨瀍喜之乱平定后，巴县原有的夫马局即被裁撤。至同治元年（1862）骆秉章就任四川总督，又因来往兵差浩繁，令全省 140 余厅州县都设置夫

---

① 山本进：《清代社会经济史》，第 56 页。

② 佚名：清代《四川赋役全书》，乾隆十二年十二月，卷六，页八下

③ 6－4－905。

④ 6－4－905－5。

⑤ 6－4－905。

马局，“委绅设局，按粮派钱”。[①]

同治二年(1863)，成都通往北京的北大路因陕西方面回民发动反清起义，道路梗塞，递京奏折、文书往来，改由成都到重庆的东大路递送，在重庆汇合后，由水路递运出川，这样一来，巴县各驿站接待费用就很浩大。为此，巴县再次设立夫马局，办理差务。

这次办理的夫马局经费来源与咸丰年间的那次不同，这次的经费为随粮加征，即每正粮一两，征收夫马一两，作为专用，每年收款在六千余两。夫马局成立后，主要负责来往官员的招待等等，由绅粮主管经营。

同治四年(1865)，因为战事关系，来往军队调动频繁，兵差迎送原为保甲局之事，但后来工作强度太大，保甲局希望这事由夫马局承担，自己好安心办理团练。双方在同治五年(1866)达成协议，至该年十一月一日起，来往兵差的接送由夫马局承担，为此，保甲局每年给夫马局银四千两作为补充。至此，夫马局“专为办理兵差而设，非为寻常酬应往事而设也”。[②]

夫马局在办理过程中，出现许多问题，夫马局费也逐渐成了地方官员的小金库，“凡地方官可以藉口公用者，率多取给于局。局务例由地方官委绅管理，管局之绅，亦遂藉以媚官，且倚为利薮。平心而论，实人民之加累，地方之秕政也”。[③] 老百姓为此积怨甚深，每年有关夫马局上控之案不下数十百起。所征银两，也逐渐增加，“每岁全省共计不下百数十万两”。[④]光绪三年(1877)，四川总督丁宝桢也曾说，“查阅之余，见有每粮一两派收银六、七两，制钱八、九千不等者，较之公派津贴、捐输多数倍”。[⑤] 但夫马局经费却经常不敷使用，如同治十三年九月，夫马局管事局绅罗德山向县令恳请临时借用道库银一千两来支应差务。夫马局遂为地方一大弊病。下面是同治十年(1871)二月夫马局的报销清册，从中我们能够分析出某些夫马局的特点：

旧管 3.43 两

　　新收兵房随粮征收夫马银 616.51 两

① 《清朝续文献通考》卷二十八，职役二，考 7799。

② 6－6－105－2。

③ 周询：《蜀海丛谈》，巴蜀书社 1986 年，第 159 页。

④ 周询：《蜀海丛谈》，第 159 页。

⑤ 《皇朝道咸同光奏议》卷一治法类·通论，页三十七下。

镇江寺杂粮斗息 4.78 两

杂粮斗息 6.4 两

杂粮斗息 10.69 两

共 641.81 两

支　还署内垫发鱼洞溪迎接前宪钟席棹银 81.6 两

候补道余席棹银 28.43 两

梁军门席棹银 3.5 两

候补道宝席棹银 5.5 两

朝天门驿补买站马一匹 12 两

本城马号二三两月胡豆银 36.62 两

育婴堂二三月分利息银 10 两

局绅二三月分薪水 60 两

局内管帐二人二三月分薪水 20 两

以上九柱十支用银 257.65

钱帐项下

一支道宪县主杂差马料并各腰站草料口食一百六十六千一百文

……

以上十七柱共支用钱四百四十八千二百一十九文，合银二百七十七两八钱九分，银钱合算共支用银五百三十五两五钱四分

实在存银一百零六两二钱七分[1]

从上面的夫马局的支出项可以看出，夫马局经费很大一部分都用在招待过往官员的酒席费用上。

李蓝之乱平定后，各州县夫马局都没有按照最初的计划裁撤，“夫马局仍复如故，按粮摊派，较之正供浮多不啻一二倍也，地方官以此为应酬之”。至光绪三年(1877)五月，除部分州县，如名山，适当减免外，四川总督丁宝桢令各州县一律将夫马局裁撤。同年七月，巴县奉文裁撤该县夫马局。[2]夫马局裁撤后，各地夫马局先后改称或并入原有之三费局，继续由士绅经理。地方行政、公共事业的经费主要来源转由三费局来承担。

---

① 6—5—1027。

② 6—6—105—8。

夫马局经费征收转移的过程,第一次因为军事原因而征收,由掌握地方经济实力的八省客长承办。第二次则因为陕西方面的回民起义,阻断了四川进京的川陕大道而改由经重庆的成渝大道,巴县因此设立夫马局。此次设局和地方安危关系不甚明显,八省客长因此不愿意出钱设局,夫马局局费主要来自于地方的田赋附加,地方绅士也因此掌握了夫马局的控制权。

2.三费局

三费,也就是在办理刑事案件过程中缉捕、招解、相验的费用。在三费局未成立之前,缉捕、奖赏的费用,或由地方官从俸禄里捐出,或取之于夫马局。招解费,指的是已由各州县定罪之犯,押往省城按察使或总督复讯过程中的路费及押解人员所需的费用,在三费局未成立以前,这笔开销主要也由夫马局支付。相验,指的是差役、仵作验伤、验尸之费。这笔费用在三费局未成立以前,“最为民害”。因清政府的地丁存留项目中,并未有这笔款项的开支,按照惯例,这笔费用由尸亲或邻居所出。这给办案差役敲诈百姓提供了好机会,“凡遇命盗案件牵连地主里邻,苛派棚解捕费,民间受累无穷”。[1] 曾经担任过四川广安州知州的周询对此描述的十分详细:

> 然出事地方多属旷野,于是以目所能及之人家为邻,择其较有力者担任。此费谓之望邻。有时目所及处皆无人家,则就近随指一二有力者为邻,谓之飞邻。盖由书差、仵作,责诸地方首人,首人遂又择肥而噬。地方官吏精核者,加以约束,所累尚轻;若涉疏纵,则随往之书差、仵作、仆从,任意婪索,小民常有因此破家者,实为当时绝大弊习。[2]

上引材料概要地指出了差役在办理地方命案过程中的不法行为。在命案发生地,差役往往会选择身家殷实之民户,也就是所谓之“尸亲”,承担验尸之费。而这笔费用,办事差役任意勒索,肆意搜刮,给无辜民众带来很大的负担,往往出现一家发生命案,而邻里因不堪忍受差役的剥削而破产离家的现象。基于此,各地的绅粮地主都希望能够解决这一问题。

咸丰八年(1858),巴县城乡绅粮彭昌□、杨吏清、刘廷飏、邹泽等人向县令张秉堃呈请设立三费局,“前任津巴,蒙设三费,士民并受其福。会集合县绅粮,公同筹议,拟仿江北、合州、璧山、江津等县,按户捐资设立三费

---

① 6—4—124—1。

② 周询:《蜀海丛谈》,第160—161页。

局”，并议定了捐费的标准：

> 绅粮每条粮一两者，酌捐三费银八钱，按数递加；其不及一两者，仍照每两八钱核算，二钱以下每户□□二百文。佃户每押租银一百两，捐钱四百文，按数递加；一百以下至五十两捐钱三百文，五十两以下每户捐钱二百文。房屋、田产交易抽成，每百两随捐银五钱。农民当田，每当价银一百两捐银三钱，如当价钱一百串捐钱三百文。城内房主，按房契当约价值银数，每百两捐银三钱，每百串捐钱三百文。本城行店字号以及大庙寺院量力酌捐，孤贫小户免□派捐。[①]

这一年，便筹集到白银四千余两。三费局正当要成立的时候，因张五麻子和石达开相继骚扰巴县，知县张秉堃整天忙着带领各乡团勇四处堵截，三费局一事便搁置下来，所筹集的四千余两也暂时被保甲团练局挪用为防御之费。

同治二年(1863)，汾阳人王臣福任职巴县，巴县境内战事已消。王臣福在全县绅粮的要求下，决定再次筹集三费银两，筹办三费局。这次筹款同样是随粮摊征，“随粮附加，额一两者，加亦如之，以一年为期”[②]，得到了全县绅粮的同意。巴县一年的地丁收入六千余两，加上张秉堃任内筹集的四千余两，大概有一万多两，作为三费局的启动资金。后又担心不足，又“随契加捐”，“千金之契，捐金五两”，也就是所谓的值千加五。用此款，三费局约置田租达一千五百余石。

此后三费局的常款便由这些田租收入及加征的契税构成。据光绪七年新任三费局首事李凤仪等人的报告，巴县三费局共有田产13处，房产一处，粮票两张，银折一个，印匣一个，每年约收租谷四百六十一石五斗，租钱六千四百文。[③] 光绪十一年(1885)，四川总督丁宝桢废除契税附加，三费局款只剩下田租，收入“顿形支绌”。十四年(1888)，经过绅民的申请，报经总督刘秉章同意，契捐恢复为值千加二。自此，巴县的三费局费始有定数。

三费局最初设在城隍庙，捕厅署左，光绪初年迁到县署衙神祠，光绪十五年(1889)将局设在城隍庙后面的小院办公。三费局成立后，制定了一系

---

① 6—4—124—1。

② 民国《巴县志》卷十七《自治·三费局》，页九下。

③ 6—6—1310

列有关三费局公款支出的章程,并“刊碑在案”。

三费由绅粮经管征收,由绅粮“设局按数核收,照数填注印票,发给各捐户收执,票根缴存查核”,“不委书吏”。这笔钱用来买田收租,若有三费开支,即以租息按额支销,“丝毫不得派累民间”。

三费局的设立,在一定程度上缓和了地方绅粮与差役之间的矛盾。巴县设立三费局后,差役下乡办案经费花销都由三费局来开销,和事主就没联系了。同治五年(1866)十二月,仁节两里贡生徐兰亭、蔡志清、梁廷璋等人向县令称甲内有民户杨大喜妻赵氏上吊自杀,经乡约梁明庵报案,办案捕差彭明、仗捕总役陈奇等人还继续向死者邻居“任意勒派厂费,共揢余长福、张廷超等出钱三十余钏”,同时他们又去三费局领取办案银两,请求查办。县令的批示,也顺应了地方绅士的要求,“查设三费,系奉文饬办,通省皆然。支发一切原有定□,……仍旧示谕民间,如有差役藉案勒派者,即行指名□究,以符定章,所请免办三费之处,应毋庸误”,[①]反对差役借办案之机勒索无辜百姓。

光绪三年(1877),各县夫马局撤消后,三费局成了地方事务经费的主要提供者,它也不再完全局限于提供招解、缉捕、相验的费用,“凡委员之夫马及当地佐贰官之帮费,亦悉由是局支给”。[②]

相对于夫马局来说,三费局在款项管理上更为有序可循,周询曾称:“每届岁终,将是年收支集绅算明,报地方官察核,转报本管道、府、厅、州覆核无误,始作为销案。故三费局之开支,迥不似夫马局之浮滥。”[③]

如同其他各类地方公局一样,三费局的经费支出也并没有完全按照规章所定的方式来操作,如宣统元年(1909)十一月,巴县县令叫三费局拨款五百两给保甲局办理团练。[④] 又如宣统二年(1910)十一月,巴县办理冬防,印刷了章程八百份、告示千余张,加上其他一些有关防匪的宣传开销,共计银二百三十多两,巴县县令均令在三费局名下报销。[⑤]

---

① 6—5—874。

② 周询:《蜀海丛谈》,第161页。

③ 周询:《蜀海丛谈》,第161页。

④ 6—7—403。

⑤ 6—7—413。

三、具有移民社会特色的地方公局体制

重庆地方公局明显地具有移民社会发展的烙印，从前述分析可以看出，由于职责不一，八省客长与“三里绅粮”掌握着不同的公局，在地方社会中显示着各自不同的存在。但对影响地方公共安全或影响大部分老百姓生活的公局，如保甲团练局来说，八省客长与“三里绅士”之间有着激烈的竞争。

从前面的分析我们可以看到，保甲团练局与夫马局、三费局虽同为地方精英管理，但掌权者的省籍却有所不同。保甲团练局局绅主要为八省客长，这反映了当时巴县的社会经济情况，即由于地理区位优势，商业贸易比较发达，厘金的收入也比较多。相较于三费局每年不到一万两白银的办公费用，厘金局无疑更加富裕。当时重庆的安全、税收都完全掌握在绅商八省客长手中。这有几个方面的原因，一是当时的商贸基本上都掌握在八省会馆手中；二是当时八省会馆还掌握相当数量的公共资源，如善会善堂、各个会馆的储备资金，这些都可以在保甲局经费不敷使用的情况下，临时挪用，以济急需。如咸丰五年，巴县保甲团练局就曾多次借用育婴堂、白花帮公费来支付团勇经费。①

夫马局、三费局的局款主要来自“随粮附加”，也就是由所谓的粮户缴纳，掌握此二局的局绅，基本上都是本地的绅耆。如同治初年的余元恺，曾经担任过西里十八团总团首，因在防范张五麻子的斗争中有功，被调入城中，先后经管积谷局、三费局、夫马局。②

前文已谈到，保甲团练局是由具有移民背景的八省客长所掌握，而从保甲团练局所承担的日常事务来看，它不仅负责重庆地方的安全，有一千多名局勇可供支配，同时掌握着重庆地方赋税的征收机构——厘金局。围绕着保甲团练局的支配权，移民与本地绅士之间发生过多次矛盾与冲突。如咸丰十一年九月，包括二十三坊及三里绅粮在内的重庆地方绅士联名上书巴县衙门，要求对八省客长经理的厘金、保甲团练局的日常开支进行查帐，他们说：

> 今奉道宪示谕，分二十等劝捐团费钱文，武庙设局催收，各坊绅公办，漏者补之，少者加之，渐有成效，集议之下，各行帮商号咸称历年抽

① 6—4—127—6。

② 6—5—226—2。

厘办捐银至数十万两之多，有备无患，一朝闻警，取用裕如。迩值贼分邻近，军需吃紧，转行支绌，设法筹借，缓不济急……至德闻管保甲局之程益轩、傅益、张先昭、徐绣纯等夏间曾在外挪借银一万两解济省饷，合无恳饬伊等赶紧在外借银数万，以救眉急，一俟局帐算明归款，想伊等自称八省公举殷实，既属好义急公，断无图远舍近，况保甲局甫设二年，何至耗费数万金，当必倬有余裕，不致贻误事机。众怕怀疑观望，莫不由此，绅民等无从周知，碍难解说。近日街谈巷议，啧有烦言。若属实收实用，帐经核算，自必踊跃趋公，何难筹款。窃思足□足兵，必先民信舆论，□此大局攸关，为此据情禀明恳赏示期，饬局交帐，当众澈清。[①]

本地士绅的要求提出来后，并没有得到八省客长的积极反应，"该局绅等便服傲慢，其轻视委员"，所提供的帐目表不仅有多次修改过的痕迹，而且含混不清，"并无花目可核"。不久，就由地方绅士率领民众，发生了打毁厘金局的事件。

一方面，巴县地方绅士以公局为平台互相竞争，另一方面，地方社会有各种机制让这些掌握着不同资源的局绅走在一起，形成一个掌握地方权势的公局体制。我们以同治十二年（1873）五月，巴县举行宾兴盛会为例，对与会的各局局绅之背景进行简单的分析。现将各局绅士和局名列为下表（表7—3）。

表7—3：同治十二年巴县宾兴会出席士绅名录

局名	局绅名	局名	局绅名
朝阳书院山长	翰林崔大人	保甲局	举人刘大老爷
老厘局	进士龚大人	宾兴局	举人张大老爷
团保局	进士卢大人	宾兴局	举人杨大老爷
字水书院山长	举人李大老爷	宾兴局	举人张大老爷
团练局	举人陈大老爷	团练局	金大老爷字含章
团练局	李大老爷字廷铺	保甲局	吴大老爷字济源
保甲局	江大老爷字宗海	新厘局	鲍大老爷字崇礼
夫马局	张大老爷字森龄	夫马局	周大老爷字瑛
夫马局	季大老爷	夫马局	熊大老爷字学鹏
夫马局	赵老爷字芳山		

资料来源：巴县档案6—5—389。

① 6—4—147—1。

从上面的名单中，我们能看到一些熟悉的名字，如江宗海、金含章、张森龄等八省客长成员；崔焕章[①]、龚瑛[②]、杨吏清(道光二十九年举人)等为地方绅士。这些籍贯不同的地方精英通过宾兴等会联系和团结在了一起，可以说，借由宾兴局这个平台，让他们暂时告别了省籍的不同所带来的矛盾，而形成了以公局为平台的地方权势网络结构。

地方公局体制的形成与咸丰以后大环境的变化有密切的关系。咸丰军兴以后，清政府陷入内忧外患之中，各类开支大增，从财政支出上说，四川在这个时候也从传统的“受济省”变为“协济省”，同时由于地方办理团练开支甚巨，不得不“借资民力”，征收各类“税外之税”的公局在巴县成立。同治二年(1863)，四川总督骆秉章在谈及四川办理厘金的情况时，称他和四川藩司刘蓉为了筹款之事已经想了很多办法，“叠次面加商酌筹饷之法，舍捐输、厘金而外，别无长策”。[③] 而这些捐输、厘金的征收，据骆秉章的看法，应该由绅士来经管，反对委任地方官来经理，他说：

> 若归地方官，不特奔走维艰，且恐稽核难遍。倘于衙署设局，令商贾赴署纳厘，诚谨之商固不惮其烦，而奸狡之徒绕道偷漏，何从稽查？加以吏胥任意苛求，其弊滋甚……若交地方官办理，则目前视为利薮，日后必成陋规……此厘金难以委任地方官抽收之原委也。[④]

在这样的背景下，官方赋予了局绅征收赋税的权力。同样的，三费等“随粮加增”部分的征收科则也完全由掌握公局控制权的绅士所决定，也就是所谓的“议粮”。如云阳县，“每岁秋初，县令肆筵，柬速(邀)城乡绅粮至官舍，平(评)议税率、银价，谓之议粮”，[⑤]巴县档案里也有大量的相关记载。如光绪三十一年(1905)，巴县奉四川布政使之令，开征地丁正闰银两，文曰：

> 本年征收地丁津捐，开征时，钱价高昂，三里绅粮酌议：零星小户以钱折纳者，地丁每银一两，合制钱一千二百四十文；津捐每银一两，

---

① 崔焕章，巴县人，咸丰九年(1859)举人，同治四年(1865)二甲第32名进士，选翰林院庶吉士。

② 龚瑛，巴县人，道光十二年(1832)举人，二十年(1840)进士，曾任陕西醴泉县知县，乾州直隶州知州。

③ 《皇朝道咸同光奏议》卷三十七户政类·厘捐，页十一上。

④ 《皇朝道咸同光奏议》卷三十七户政类·厘捐，页十一下—十二上。

⑤ 民国《云阳县志》卷九《财赋》，页十九下。

合制钱一千二百一十文。今因钱价稍减,不敷折银申解,绅粮等筹议,自四月十五日起,每地丁银一两,合制钱一千二百七十文;每津贴(捐)一两,合制钱一千二百二十文。恐粮户未能周知,特悬牌示谕。[①]

上引材料详细地描述了"议粮"这一过程。由于每年的银钱比例不一,地丁银与钱的比例也在发生变动。同时,我们还看到,同样的年份,地丁正项、津捐一两,所征收的制钱数目也不一样。地方绅粮通过议粮这一过程,可以说完全左右了地方税收的征收过程。

地方精英通过公局控制地方社会的过程其实也是地方权力过分膨胀的过程,逐步侵蚀了国家对地方的控制能力。在国家对地方的监管"缺位"的情况下,局绅在征收过程中借机摊派,中饱私囊,则成为当时公局机构普遍面临的问题。光绪二年(1876),四川东乡袁廷蛟抗粮案[②]后,时任四川学政张之洞认为此案产生的原因在于,"川省杂派最多,若夫马局、若三费局,有者什之八、九。此外,地方公事,各局名目不一,皆取之于民,皆派之于粮,局绅议之,官吏敛之"。[③] 而在这里面,地方绅士扮演了重要的作用,"缘川省州县,每处必有数局,每局除他项绅士外,必有数文武生,既预局事,与官丁吏胥皆有来往"。[④]

同治元年(1862)五月,巴县廪生程和声在谈及团练与公局的相互关系时说:

谨出纳以消团蠹。既练团,不可无局,既设局又恐糜费。计惟举公正绅粮数人在局管理各团经费。凡置备军火器械及操演口食奖赏,逐一登簿注明,共派谷若干,共用钱若干,有日记、有月记,派费用毕,送簿过硃。如有侵冒,请官严究。如粮户吝啬,不予恳准,禀请重惩。盖富者虽惜财,无侵渔则亦无所借口也。然前日团练之废,实由于此。故经费不必多派,少取少用,不足再为酌商。此虽民捐民管,官为除气积弊,团练未有不整齐者也。[⑤]

① 6—6—4069。
② 王澈:《光绪初年四川东乡抗粮案述论》,《徐州师范大学学报》(社科版)第24卷第3期。
③ 张之洞:《南皮张宫保政书》,卷一"重案定拟未协有关治本民心折"。
④ 张之洞:《南皮张宫保政书》,卷一,页四下。
⑤ 6—5—105。

局绅借公局之事中饱私囊，也得到了资料的证实，如同治八年(1869)十一月十七日，重庆厘金局局绅程益轩，捐职州同衔，系江南溧水人，总管各厘局，因为“擅罚漏厘，侵入私囊，办公把持，遇事招摇舞弊，贻害地方”被通缉在案，“当饬巴县王令密拿到案，严行管押。限五日内起解递回原籍，交地方官管束”。①

第四节　八省会馆与地方权力网络

在前节公局体制的讨论中，我们从地方财政建构的角度，就巴县绅士(无论客籍与土著)参与地方公共权力机构做了详细的考察，在这节中，我们将对八省客长进入这一权力网络的过程及此过程中相关各方的反应做一实态研究。

一、八省会馆与重庆教案

1.教案发生的起因、过程

咸丰十年(1860)，清政府与法国在京签订中法《北京条约》，该条约中文版第六款规定：“将前谋害奉天主教者之时所充之天主堂、学堂、茔坟、田土、房廊等件，应赔还交法国驻扎京师之钦差大臣，转交该处奉教之人。”②天主教川东教区所属的四座教堂毁坏已久，基址早已被改为民房或做它用。法国公使哥士耆希望将崇因寺(又名长安寺，今重庆第25中学校址)划拨给教会，以抵还川东应查还的旧教堂，遂于同治元年闰八月十二日向总理衙门谎称该寺为私建庵堂，现“已闲废”，同时也不在《大清一统志》所载的官方祀典的庙宇之内。③总理衙门复行文川省及川东道，若崇因寺确实不在祀典之列，即可令地方官照办，将该寺基址划拨给天主教川东教区。④

崇因寺位于大梁子(今重庆渝中区新华路)的高坡上，北宋熙宁初建，明正德十一年(1516)重修，乃重庆的天然瞭望台，“可以俯瞰全城，远眺四

① 6—5—77—1。

② 中研院近代史研究所编:《教务教案档》第一辑，第1208页。

③ 《教务教案档》第一辑，第1139页。

④ 《教务教案档》第一辑，第1144页。

境”,为“巴山之祖峰”,故该寺又号第一山。康熙四年(1665)刘汉如重修牌坊,“第一山”三字相传为苏东坡所书。崇因寺紧临朝天门,是长江与嘉陵江合流的处所,掌控两江,交通咽喉所在。同时,崇因寺与江北和南岸都距离不远,为重庆、江北、南岸三角点的中心,地理位置十分险要。但历代《四川省志》、《重庆府志》、《巴县志》及诸部《大清一统志》都将崇因寺列入“古迹”或“寺观”名下,如现存最早的四川省志——正德《四川志》载“崇因寺,在治北一里”,[①]寥寥数语,显示确非载入官方的祀典之内。但该寺“奉有关帝神像,并设有文昌、吕祖殿阁,兼有二丈余高铜佛三尊”。据此,地方士绅认为,关帝是官方正祀,且有佛像三尊,至少应归入佛教寺院,所以也就不能算空闲小庙。

前已谈及,咸丰九年(1859),云南人李永和、蓝大顺率义军从川南入四川,其部张五麻子于十年(1860)冬先后攻占了巴县的邻县荣昌、永川后进入巴县,距重庆治城仅六十里。时任川东道王廷植奉令在城区办理团练,召集八省客长商议办团之事。由八省客长出银数千两,将崇因寺培修后“作为川东三十六属保甲团练总局”,并兴建了部分设施,“前设官厅,后建武库,左修仓廒,右辟较场,并筑哨楼”。该寺遂成为川东道两府二州团练的指挥、后勤中心,其功能“不但保卫渝城,即三十三(六)属借支军装器械,亦无不由总局支应”。[②] 因此,“其地不特为渝中之名胜,庙祀因之,实亦东属之要岭,民命系之”。[③]

同治元年(1862)三月,太平军石达开部由涪州(今重庆涪陵区)入巴县,途经巴县丰盛、木洞、长坪、栋青、二圣、永兴、忠兴、一品等场镇,“有珞璜市人李瑶斋以团练阻之,颇有杀戮”,[④]重庆防务更为吃紧。基于地方安全的考虑,地方士绅认为,若此时将长安寺改建为天主堂,“则公局无处可设,团练即易废弛”,建议天主堂改建别处,“以渝郡之大,僻静地方,所在皆有”,没必要“争用武之地”。但川东主教范若瑟[⑤]与法国公使哥士耆仍坚持原议,并通过总理衙门继续给地方政府施压。最后,总理衙门和成都将

① 熊相纂修:正德《四川志》卷十三《重庆府》,页四十九下,四川省图书馆1962年余兴公抄本。

② 向楚主编:民国《巴县志》卷十六《交涉·教案》。

③ 《教务教案档》第一辑,第1186——1187页。

④ 李国良、沈方全:《云篆风清》,《巴县文史资料》第九辑,第186页。

⑤ 范若瑟,法国巴黎外方传教会教士,1838年来华,1856年任天主教川东主教,与地方相处不睦,任内迭起教案,经总署与法使交涉,1878年被撤回欧。

军崇实同意了法国公使的要求，敦促地方将崇因寺基址交给川东主教范若瑟。

当巴县合邑绅商士庶探知总理衙门已经同意教会的请求后，便开始了一系列的反交割行动。地方士绅闽聚福、刘成章、李聚义、沈玉轩、简景冈、洪豫章、郑永吉、傅省三等数十人（这些人包括了当时渝城的各个群体，闽聚福、洪豫章为八省客长，刘成章等人则为地方绅士）向巴县令呈请，反对将崇因寺交给天主教兴建教堂。最初，他们认为北京总理衙门没做认真考察，误将崇因寺抵偿给教会，希望能够撤消这个命令。并提出调解方案，教会在其它地方兴建教堂，建堂费用八省客长愿意代为支付，但未获教会的同意。川东道道台吴镐、巴县县令张秉堃支持八省客长的主张，也一直拖着，没与教会办理交割手续。

同治二年(1863)正月二十四日清晨，因盛传当天教会要毁像建堂，保甲局首事、八省客长程益轩、张先钊等召集局勇、团民一千余人，齐集崇因寺。由绅商陈桂林率领，先至姜家巷，将主教座堂真原堂打毁，后又分兵四路，将杨家十字传教士公馆，莲花池男女学堂、病院、育婴堂、孤老院，雷祖庙侧保婴医馆、复苏医馆等十八处，全部打毁。同时打毁的还有石板街、桂花街、回回沟、南纪门等处教民住宅二十余处。这样的打教行动持续到二十六日。后来据署川东道恒保汇总，共打毁渝城天主教公产及教徒私产15处，58家，并打死教徒一人，伤数十人。① 教民财产损失据事后调查，估计在白银30万两左右。②

此案发生后，成都将军崇实、四川总督骆秉章奏请将办事不力的川东道吴镐撤职交部议处，另派候补道恒保前往重庆接署道篆，主持处理善后之事，前后共捕获参与打教的民众六十余人，并将保甲局首事张先钊、程益轩、徐绣纯、傅益等四人，逮捕押解至成都，等候查办。③

2.八省客长与地方士绅

进入地方权力核心的八省客长与地方士绅间矛盾重重。八省客长与地方士绅的争端主要集中于掌握地方安危的保甲局的控制权上。咸丰十一年(1861)九月十七日，渝城二十三坊绅民禀告县令张秉堃，质问八省客

---

① 《教务教案档》第一辑，第1195页。

② 《教务教案档》第一辑，第1168页。

③ 《教务教案档》第一辑，第1199页。

长何以保甲局刚设两年,已经耗费数万两白银?并指控局绅程益轩、傅益、张先昭、徐绣纯等在夏天"曾在外挪借银一万两,解济省饷",请求查帐。[①]同年十一月初三,文生颜振义、沈文蔚等人以"滥冒绅商,吞公霸踞"为由,要求对保甲局的账务进行清算,他们在禀文中详细列出了担任保甲局局绅的八省客商的种种"罪状":

> 程益轩、傅益、张先昭、徐绣纯……钻入局中,乘便营私,因蓄为利,鲸吞虎据,引类呼群。每食佳肴,优伶侑酒,借近官僚而骇俗……出门则驷马高车,勇丁作仆,塞途呵喊,道路侧目,啧有烦言……伊等素无恒产,又非大贾,不过入局暴富。[②]

同时,地方绅士还认为,在去年义军张五麻子入境的时候,八省客长"各携局□公项银两百余两脱逃",完全不为地方安危负责。同年秋天,石达开部进至綦江、南川、涪陵、黔江等地,威胁到巴县安全,八省客长"又具禀辞退,使合城人心惊惶"。最后他们认为"似此庸材,如何倚为保障",只有让八省客长从保甲局首事的位置下台,才能让"合郡大小绅耆、行帮、商贾,使所出厘金俱归实用,不□□□,始服众心"。[③]

而举人文国恩[④]、华燕琼,增生周梦□在给县令的请示中,语气则更为强烈。他们认为保甲是地方的事情,应该由地方绅士来办,用不着"异省客民"来承担责任,"独未思渝城非八省地方,八省客民非渝城生长□□□□思义,渝城亿万百姓身家系焉,于八省无关痛痒也"。因此,怀疑这些局绅对地方的忠诚度,"若有事,能信其不委而去。如上年张逆至老关口,渝城闭,时局中办事八省纷纷远飏,往事已可征矣"。因此,他们怀疑这些人借八省之名,"越俎而踞局固党、射利揽权者,其流□更甚从前也"。同时,指责八省客长只知道赚钱,对地方事务不关心,"即如去冬,道宪札委各绅,在

---

① 6—4—147—1。

② 四川省档案馆(局)编:《清代四川巴县衙门咸丰朝档案选编》第七册,上海古籍出版社2011年,第463页。

③ 6—4—147—6。

④ 文国恩,字靖之,巴县南里跳石乡人。曾主管济仓数十年,"清望足以服人,而长才又足以济其所志","为乡人排难解纷"(民国《巴县志》卷十《人物列传》)。巴县《文氏族谱》卷一"靖之公事略","靖之派名祥熙榜名国恩,清丁卯科举人,平生博学多能,对于地方慈善公益,靡不竭力振兴,对族人尤提携保护,不计亲疏。吾族宗祠之置有田产,祭典不绝者皆公之力也。著有《五常讲义》、《寐梦之说》诸书,皆有关人心世道之作"。

文昌宫设立增修志局，八省不乐，怂恿管局大绅止发薪水，不知邑乘关系匪轻，盛典煌煌，居然阻挠。则此后邑中大事，有类于修志者，亦必阻挠害公可知□□。合邑□□所切齿而共忿者也。”但地方有什么工程建设，八省客长却来了兴趣，“又如去岁八省局士等请办城防，动称七十万，此不知作何公用，此又合邑绅粮所侧目而睨视也。凡此踞局固党，若非揽权，何以射利。倘听其纳污藏秽，将无以得人和，即无以得地利，其何以严保甲而卫民生乎”？因此，要求道、府宪，“协恳剪除，更换公正邑绅查办，以复旧章，而服民心”。[①]

面对这些指责，同年十一月十二日，保甲局局绅张先昭、程益轩、徐绣纯、傅益、刘崇荣等人在给县令的“具禀状”中，并没有做出回应，只是说他们都是按文征收捐输的，并支发给了渝城团练的各项花销，每月都“抄单帖衢晓众”、“申送道辕备查”。但二十三坊绅士仍然不依不饶，认为帐本有假，“逐月更替而笔迹一手墨痕一色，其入项捐输货厘等款并不详晰指名”，而且记得很乱，“出项如军装、勇粮、修造、工料、杂项支发等款皆含混记数，并无花目可核”，还不将帐本全部拿出来，“迨三委员反复开遣，始出捐输底簿一本，冬月钱流水草底一本，九月银流水草底一本，其余仍匿不现，无从核算”。由于双方的分歧很大，就在教案发生的前三个月，竟然发生了地方民众打毁厘金局(亦由八省客长控制)的事件。[②]

简而言之，地方士绅对八省客长的指责主要集中在三个方面。一是八省客长的“客籍”身份，让他们掌管保甲局，有“鸠占鹊巢”之嫌；二，八省客长只知赚钱，而对地方事务和安全不负责任。在应对咸丰十年张五麻子之乱时，表现不佳，只顾及自家生命安危，而罔顾全城百姓的安全，有临阵退缩，不负责任之嫌。三是利用职权，贪污、挪用局款。因此，八省客长必须改变其对地方事务不负责的形象。

县令张秉堃对此争端毫无解决办法，只得批示“既据经禀，仍候道府宪批示遵办可也”，[③]将负责调停的责任推给他的上级。

3.反教事件中的八省客长

可以推知，当川东主教范若瑟要将崇因寺改建为教堂时，八省客长所

① 6—5—49—2。

② 《教务教案档》第一辑，第1185页。

③ 6—4—147—11。

承受的来自地方士绅的压力，如果教会成功地将保甲局从崇因寺中驱逐出去，八省客长势必失去他们在地方权力体系中的核心地位，失去对保甲局的控制权，同时也将失去他们在重庆商业网络中的主导地位。

在教案的酝酿、发生过程中，八省客长就积极参与其中。咸丰十年(1860)，法国公使要求将崇因寺转拨给川东天主教，十一年(1861)，八省客长将保甲局从城隍庙迁往崇因寺，将自己摆在了和教会斗争的前沿，以致成都将军崇实认为这是在“藉故抗违”。此次参与打教的人，主要是由八省客长、保甲局首事程益轩、张先昭等控制的保甲局局勇。他们“皆执枪刀，齐集寺内”，显然是有备而来，而不是巴县令张秉堃所说的“忽有各街无知之徒，辄集多人”，[1]仓促行事。

教案发生后，成都将军崇实令候补道台恒保接任和八省客长关系密切的川东道吴镐。恒保此前曾代理过川东道，与天主教关系密切。[2]同时，他也十分了解八省客长与地方绅士之间因为保甲局控制权的问题而产生的矛盾。到任后，恒保即以涉嫌侵吞局费为名，将八省客长张先昭、程益轩、徐绣纯、傅益四人，逮捕解送至成都关押。教会方面也认为此四人是幕后主使，“正犯”，支持逮捕此四人。恒保在给成都将军崇实的密奏中还特意解释了这样办的原因，因为八省客长“根底甚深，若因教案拿人，必至煽惑愚民，又生枝节”，[3]以此名义逮捕八省客长，希望能够得到地方士绅在某种程度上的支持，也有利于分化八省客长因打教行动而与地方士绅合作的局面。为了能够控制地方形势，恒保还将八省客长控制的团勇，以防堵黔匪为名调至叙州府。

虽然程益轩等四人被捕，但案情却没有向教会希望的方向发展下去。八省客长动用各种资源，向恒保和教会施压。恒保尚未进城，渝城绅士发动反对恒保的运动，“传旗张贴，不准新官入城”，[4]并向在京任官的八省子弟寻求支持，指责恒保阿附教会，滥用权力，逮捕局绅。不仅如此，八省客长还以崇因寺为据点，邀请地方士绅，商量应对之策。据范若瑟的报告，八省客长每日“传集党羽、官衿、勇痞”，集结力量，成立“齐心会”，在寺“演戏

① 《教务教案档》第一辑，第1157页。
② 《教务教案档》第一辑，第1147页。
③ 《教务教案档》第一辑，第1191页。
④ 《教务教案档》第一辑，第1190页。

治酒、结盟庆功”，摆席“百桌”，其气势“不亚临敌”。[①] 在向教会和官府炫耀势力的同时，也逐步获得了地方民众和士绅的支持。

范若瑟要求严惩八省客长、赔偿30万两白银的请求在八省客长的强烈反对下，并没有得到满足。八省客长认为崇因寺祭祀关帝，可算入地方正祀之列，因此不能划给教堂。并指责天主教会在此设堂，动机不纯，“天主教堂之所欲设，其意只在便于传教，而其事无非劝人为善。便于传教，固不必在要害之区，劝人为善，又何必争用武之地”。[②] 同时，总理衙门也发现，法国公使在要求划拨崇因寺时在说谎，“前所指崇因寺乃闲废之寺，孰知尚有高大铜像在内，不能因天主教而毁佛教”，并指责法国公使当初不应蒙蔽，致生事端。[③] 不得已，范若瑟从北京返回重庆后同意和巴县官绅士庶议和。同治三年底，双方终于达成协议，其要点有二：一，范若瑟同意放弃将崇因寺改建为教堂的要求，另寻他处修建教堂，并放弃过去被没收充公的所有川东四所旧堂，崇因寺继续作为八省客长办公场所；二，八省客长同意进行赔偿，共计银15万两，先付4万两，余银分4年付清，该款在绅商公存款内筹给。[④] 这些银两，都由八省客长自筹解决，“皆系局绅自相议定，自为筹款，官不预闻”。[⑤]

至于被押解至成都的四位八省客长首事，后均以无罪释放。直接参与打教行动而被差役兵丁抓获的案犯，最后也以普通的抢夺罪判罪，“照中国例惩办”，其中无一人被判重刑。至同治三年十月二十四日，八省二十三坊厢代表与川东道范主教签订合约，宣告此次教案最终得到完全解决。

从上述分析可以看到，八省客长积极介入赎回崇因寺的活动，一方面是因为崇因寺为八省客长办公场所——保甲局之所在；另一方面，八省客长希望通过此一行动，获得地方士绅对他们的支持，树立他们在地方事务中“负责任”的形象，从而达到继续巩固他们在地方权力网络中核心地位的目的。而积极的反洋教活动，无疑是达到目标的最便捷，也是最有效的方式。

① 《教务教案档》第一辑，第1168页。

② 《教务教案档》第一辑，第1187页。

③ 《教务教案档》第一辑，第1214页。

④ 《教务教案档》第一辑，第1209页，亦见6—5—328。

⑤ 《教务教案档》第一辑，第1209,1211页。

二、至善堂与地方救济

就善会、善堂与其主管地方精英之间的关系，业师赵世瑜教授认为自清代中叶以后，地方善堂逐渐由慈善机构转变为市镇上的准权力机构，而善堂为地方士绅发挥其影响提供了平台。[①] 这提供了一个让我们理解清中叶以来善会、善堂与地方精英关系复杂面相的视角。同时，我们还应看到，善堂与地方精英关系的另一面，即地方精英通过办理善堂，来进入地方权力网络的过程。下面，我们即以巴县至善堂为例，[②]讨论八省会馆通过办理善堂进入地方权力核心的过程。

1.至善堂概述

经过明清之际长达四十多年的战争破坏，巴县原有的善堂早已荡然无存。清平定四川后相当长一段时间，各类善堂仍没有得到恢复。随着人口的增长与经济的恢复，以及清政府在政策上的鼓励支持，巴县的各类善堂在乾隆年间开始建设起来，虽时有兴废，但兴办之举却一直传承下来。民国《巴县志》称："巴县为通商大埠，陶朱、猗顿时有其人，富而好行其德者，尤多有之，治城之内，善举迭兴。"[③]

巴县善堂的兴办，有两次高潮。第一次在乾隆年间。乾隆二年(1737)，清政府规定："各州县设立养济院……令各保甲，将实在孤苦无依者，开明里甲年貌，取具邻佑保结，呈报州县官。"[④]这种由官方出资，收养孤苦无依老人的慈善机构，由于清政府的重视，在全国各州县逐次建立起来。乾隆三年(1738)，巴县知县王裕疆创办养济院，该院建于佛图关后石马槽，院址系民妇张沈氏捐献。经费来源分两类，一为地丁银内支销，所拨

① 赵世瑜、孙冰：《市镇权力关系与江南社会变迁——以近世浙江湖州双林镇为例》，《近代史研究》2003年第2期。

② 就善堂与会馆的关系，罗威廉认为，从汉口的经验来说，"善堂与会馆虽有关联，但二者是两种根本不同类型的机构"，虽然"汉口的会馆有时会将其资助范围扩大到相邻的街区，甚至普及到整个城市社区"。同时，罗威廉认为有些地方，如湖南洪江的"十馆"，一个复合式超行会组织，"在公共福利事务中发挥直接的机构性作用"。从罗氏的描述来看，湖南洪江的十馆与地方社会的关系，与八省会馆较为相似。见罗威廉：《汉口：一个中国城市的冲突和社区(1796－1895)》，第127页。

③ 民国《巴县志》卷十七《自治·慈善》，页二下。

④ 《钦定大清会典事例》卷二六九《户部·恤孤贫》，页一下，光绪三十四年(1908)商务印书馆刻本。

经费收养孤寡老人92名；另一为商捐。赡养的老人最初为33名，后增加到86名。院内孤贫老人每日给银一分。从经费来源看，巴县的养济院并非完全按清政府的“制度”办事，从一开始便有商人的因素在内。

除了官办的善堂外，这一时期，民间力量也开始兴建善堂，兴办者主要是一些外来移民。如乾隆十八年（1753），移民汪子玉、樊佑周、李学易等十二人创立敦义堂，共捐银二千八百多两在朝天观买房收息，“每年约收租银一百四十两，以所入购本置棺”。[1] 邑人周开丰在《敦义堂施榇碑记》对该堂兴起的过程及发起者的情况有简单的记载：

> 夫生有所养，死有所归，此人情之大凡也。而骼为之掩，骴为之埋，尤仁政之急务。乃人之困极无告者，其生也已无所养，又安望其死有所归？是以好义行仁者，恒怀恻隐，生则有药饵之施，死即有棺椁之恤。……吾郡地当孔道，人满堪忧，而其中有所谓困极无告、死无所归者，更累累不乏。于是两江、秦、楚及吾乡乐善义士某某等同心翕虑，为施榇之举，于朝天观内建敦义堂，鸠工治器，务求坚整。有羁孤病死者，坊邻来告，察实便给。行之数年，所济多多矣。今复虞所暨者寡而力薄不能持久也，每人更捐泉布，力裕者二十缗，次或十五缗、十二三缗，以至四五缗，不以数拘，各随其量。聚而出贷于人，照例取息，以备工料。并置市廛一区，防其不继。[2]

可以看到，敦义堂的发起者主要为江南省、山西及湖南省的移民，他们之所以这么做，是因为当时有很多移民来川之后，“羁孤病死”而抛尸荒野。从敦义堂的发起者身份来看，主要是个人行为。道咸以后，乾隆年间所办的善堂，无论官办或私营，都因为年久弊生，“值年舞弊侵蚀”，堂下所属产业消亡殆尽，善业不举。

道咸以后，巴县的善堂进入到了第二个时期。此一时期的善堂创办具有两个特点，一是数量较多。据笔者对民国《巴县志》的统计，道光以后至光绪中期，至少兴办有体心堂、尊德堂等善堂九所。下面是这九个善堂的一些简单情况（表7—4）。

---

① 乾隆《巴县志》卷二《建置・恤典》，页十五上—十五下。

② 乾隆《巴县志》卷十三《艺文志・记》，页三十五上下。

表 7—4:巴县善堂简表

善堂名	发起者	成立时间	岁入（单位:元）	岁支（单位:元）	地点
体心堂	县人宋国符等	道光二十四年(1844)	4400余	4400余	南纪门内天街
存心堂	县人傅中和等	道光二十四年(1844)	6000	6000	铜鼓台街
至善堂	绅民雷晋廷等	咸丰九年(1859)	13000	15000	瓷器街
保节堂	官办,后托至善堂代管	同治五年(1866)			
普善堂	绅商王钧、雷德庸	同治九年(1870)		共支发钱二千四百九十六千	东水坊石门坎
崇善堂	商民胡宝华,同知袁培铣(均为湖北黄州人)	光绪三年(1877)	善款随募随销,焚献灯油香烛薪工食费等项共钱一百八十钏		金沙坊
培善堂	绅商某等	光绪四年(1878)	租谷七十余石		鹅颈岭
义济堂	绅商	光绪十七年(1891)	3000		金紫门顺城街
尊德堂	周伯阳等	光绪二十四年(1898)	2100余	2100余	南岸海棠溪

资料来源:民国《巴县志》卷十七《自治・慈善》;《巴县档案》6－6－6426。

第二个共同特征是这些善堂主要由商人捐资兴建,由“人民自行筹措,不受官司挹注而成”。[①] 这与清代重庆繁荣的经济有密切关系。在重庆所有的绅办善堂中,至善堂的名声最响,实力最为雄厚,“善款视他堂为多”。[②]

至善堂创立于咸丰九年(1859)五月,由八省会馆创办,最初仅有医馆、义塾,并开展收字纸、捡白骨、施茶水等慈善活动。至善堂创立初期,由于资金有限,还没购买相关的地基、房屋,办公场所都是临时租借,“所设义学、医馆尚属租地”,掩埋弃尸所用的棺板也是寄放在各庙之中,由寺院代

① 民国《巴县志》卷十七《自治・慈善》,页一下。

② 民国《巴县县署》档案 193－1－1116《至善堂材料汇编》,页二十五上。

为保管。这些都在一定程度上阻碍了至善堂的救济活动。如寄放在寺庙中的棺板由于照顾不周，雨淋日晒，常有损坏。此后，至善堂每年都向各商号募化，筹集资金，购买办公用的房产、埋葬的义地，以及用来放佃收租的田产。至同治四年始建为堂。

由于八省客长拥有较为强大的经济实力，与其他善堂相比，至善堂的堂产一直处于递增的过程。到光绪三十四年(1908)，至善堂就房产来说在城内已经有杨柳坊老街、官井巷、南纪坊、南清水溪善庄及城外南岸崇文场数处。

下面根据成书于民国初年的《至善堂材料汇编》与1942年《重庆市至善堂造具市区财产目录清册》来看该善堂堂产的形成过程(表7—5)。

表7—5:至善堂房产形成过程表

时间	过程	堂产价值	用途
同治二年	买杨柳坊曹忠信的房屋一院	银2250两	至善堂办公用房
同治四年	首士蒙应志堂将其所买孝里一甲海棠溪田土两块捐给至善堂		义冢用地
同治五年	贡生刘价夫、监生刘树芬各捐地名唐家沱①附近的田地一块		义冢用地
同治五年	买丰碑街李沈氏房产一处	银40两	
同治六年	买官井巷三义和房屋一院	银1000两	
同治六年	买张九成田产若干	银3700两	
光绪五年	买官井巷杜吴氏房屋一院	银920两	
光绪八年	厚磁街李王氏房产一处	银1600两	
光绪十一年	买白象街朱祥麟房产一处	银550两	
光绪十二年	买张吉福堂房产一处	银1000两	
光绪廿三年	买花街子街李双和堂房产一处	银80两	
光绪廿五年	买药王庙街吴氏房产一处	银200两	

① 唐家沱位于朝天门下游，因为长江在这里形成了一个回水，漂流物在这里聚集，每天都有来自上游的动物尸体，包括人尸在这里汇集。就现在来说，每天仍然平均有一两具尸体在这里打捞上岸。政府在这里设置多支浮尸打捞队。见《重庆晚报》2005年8月11日第13版、11月17日第5版。

续表

时间	过程	堂产价值	用途
光绪廿八年	买林森路张成之房产一处	银 1650 两	
光绪三十一年	中兴路吴瑞林房产一处	银 440 两	
光绪三十三年	买老磁器街四知堂房屋	银 92 两	
民国三年	林森路李伯卿房产一处	银 4700 两	
民国十年	老街向春舫房产一处	银 2100 两	

资料来源：民国《巴县县署》档案 193—1—1116《至善堂材料汇编》及重庆市档案馆 0064—0008—01164《重庆市至善堂造具市区财产目录清册》。

上表主要为至善堂堂产中有关房产部分，至于田产部分方面，《重庆市至善堂造具市区财产目录清册》中也有大量记载，因原始材料并未提供购买的时间和所花费的银两，这里就不一一列出。

到同治年间，至善堂已是巴县规模最大的善堂机构了。同治四年东城京畿道监察御史、吏科给事中伍辅祥在《至善堂诸善举序》中对该堂的筹办及规模有高度的评价："夫斯堂之创始仅数年耳，而规模宏大。"①

同时，同治五年(1866)，受知县黄朴委托管理保节堂。保节堂原为官办善堂，后因管理不善，经费不敷使用，交给至善堂代为托管，当时资产共有 7400 两白银。光绪九年(1883)，为了弥补保节堂接济节妇的额数太少的缺陷，添办全节堂，新增受济节妇五十三名。

至善堂与八省客长关系极为密切，该堂首事基本都由八省客长担任。下表为光绪三十四年(1908)左右，至善堂各首事的个人情况及其与八省客长的关系介绍(表 7—6)。

表 7—6：至善堂各堂首事简表

年签轮管	名	衔	籍贯	名	衔	籍贯
至善堂首事	申迪纯	四品衔州同	贵州	邵永珍	同知	浙江
	朱平祯	四品衔同知	江南	陈继先	监生	湖北

① 民国《巴县县署》档案 193—1—116《至善堂材料汇编》，页七上，"伍辅祥序"。

续表

年签轮管	名	衔	籍贯	名	衔	籍贯
学堂首事	陈崇功	廪生	巴县	朱蕴章	廪生	巴县
医馆首事	赵学坤	监生	湖北	周泽先	从九	湖北
养瞽首事	罗亨谦	附生	巴县	郭义	监生	巴县
孤孀首事	赵城璧	同知	湖北	申大道	监生	广东
全节堂首事	何士瑞	监生	湖北	吴骏英	廪生	巴县
	卢宏政	附贡	巴县	萧鼎光	监生	江西
保节堂首事	黄金海	四品□职	江西	胡代谦	监生	湖北

资料来源：巴县档案 6－6－6426－19。

从上表我们可以看到，至善堂四首事籍贯全为外省人，申迪纯等人同时也是八省客长，而至善堂所属各堂，大部分仍由移民及其后裔充任。至善堂一直坚持民捐民办的原则，首事每年公签轮换。

随着慈善活动的扩展，至善堂内部的管理体系也逐渐完善起来。同治四年(1865)，川东道道台恒保在给至善堂首事雷晋廷等人关于立碑存照的请示中批示“查该绅等利济为怀，广行善事，并创建善堂，以为公所，询属可嘉之至，准其如禀立案。嗣后，该绅等尤当尽心经理，俾各善事有加无已，济世利民，永垂久远”。[①] 至善堂创堂之初，就设立严格的堂规，以期堂务久远。“善款多，则眉目宜清，免日久挪移，致混乱也；堂务繁，则责成宜分，免致彼此推卸，致废弛也”。[②] 在巴县档案里保留了大量的关于该堂进行规章建设的内容。下面，我们以相关的记载为依据，对该堂创建之初的管理制度进行粗浅的分析。

首先是善堂日常的管理，该堂规定，所请看司每天要把堂内打扫洁净，不准在堂赌博、演戏及容留陌生人入住，亦不准妇女入内。其次，该堂每年选举总理一人，协办三人，管理银钱帐目，及登记造册本年所做善事。三，此时堂内无底金，还靠募集来置产生息，各在堂办事之人，自带伙食。同时也要求各首事实心办理，不得擅专、矫功；每年春秋两季各请客一次，感谢各善主的善意。该堂对善款的使用，一般遵循专款专用，由善主“亲募亲

① 民国《巴县县署》档案 193－1－116《至善堂材料汇编》，页九下。

② 民国《巴县县署》档案 193－1－116《至善堂材料汇编》，页二十五下。

散”，但在特殊情况之下，可以更改善金的用途，“权为变通移济，不致拘泥偏枯，名称其实”。可以看出，此时至善堂的产业还不是很多，管理人员较少。而堂内的管理人员，基本是以无薪的义务管理人员为主；资金的使用虽然规定专款专用，但也经常有挪为他用的现象。

至光绪初年，随着至善堂善行的增加、堂内产业的增多、善堂资金来源充沛，善堂的管理也越发的复杂、完善。表现在以下几个方面。

第一，堂内首事增加到四人，各负其责。一人负责“支派各务”，并“察核项目”。一人管理银钱，经收租息。一人执掌契据，经理支发。一人督办各项善举，稽查全堂事务。四人分头承担，既能免“独力难支”，也能防止“久专生弊”，互相监督。以上四人各专责成，一年一换。同时，首事每月朔望各集议一次。

第二，堂内增加董理一人，“兼管襄办各务，觉查各项善举”，也就是具体负责经理堂内的日常事务。由在堂多年，熟悉堂内事务同时对药材熟悉的人充当。

第三，堂内又增加管帐、看司、帮办等人员六人。看司一人职责限于经手各种租息、照管堂内存用器物并传知单；帮办一人专职负责香等照料、药材购进等事；片药一人负责经理药室。同时，对清水溪善庄建设也制度化了。该庄办事人员额设七人。其中帐务一人，负责经理善庄各务，登挂流水帐目并催收租息；花匠一人，负责培养善庄花木；看司一人，经理香灯照应，并打扫卫生；打杂二人，负责善庄的菜园经理；教习一人；火夫一人。[①]

此时的善堂管理有以下几个特征，一是首事分工的明确化，每个首事有着明确的责任分工和任期时限，防止首事滥权。二是善堂的日常管理有着鲜明的专业化特征，有董理对善堂的日常管理负总责，有利于善堂的运行；同时，堂内还设有若干有一定技术专长的专职管理人员，如管账、看司，这为善堂的正常运行提供了保证。三是这些专职人员都在堂内领取一定的工食银，而不是义务服务。

2.至善堂的善行

作为清代巴县第一大善堂，至善堂的善行经历了一个逐步扩大、完善

① 6－6－6426－7。

的过程。其善行的对象，既有八省会馆的后裔子孙，也有大量地方普通民众，这让至善堂逐步具有社区慈善机构的性质。

咸丰九年(1859)，至善堂刚成立时，订立善事十三条，规定了该堂善行的运作方向。以救济的对象不同，进行归类说明。①

首先，八省会馆民众及其后裔。如设立义学，善堂每年招收会内民众子弟三十人入学，并给主讲者束脩钱三十四千文。又如对义地的管理，不许“花葬以紊条规”。至善堂义地由堂内首士蒙应志堂所买白冤堂田土，该地位于孝□□甲，土名海棠溪石家嘴内牌坊岗、相子堡二处田土二段，捐舍入至善堂内，永远作为义冢，平日由佃户照管。需要在义地埋葬的，不论贫富、远近……按序埋葬，不得抢占棺位。②

其次，巴县地方社会的普通民众。这类善行包括下述几类。

第一，宣扬儒家意识形态。包括“兴崇宣讲”，每逢朔望，至善堂请人宣讲圣谕；散发善书，将各善士送来的格言劝善等书转发给一般民众，“随收随送”；收捡字纸，每人每月给工食钱一千四百文，按月支发。

第二，医疗救治。包括设立义馆，春夏季节，请医生两位，秋冬病少，减请一位，坐堂行医；送施方药，每年募集方药，发放给“贫苦无力取药者”。

第三，针对特殊人群的救济。包括以下几类：

救育女婴。巴县地方社会中如有贫苦人家女婴，验明正身后，每月每名给钱五百文，以三月为限，送入育婴堂收养。

“养瞽目”。“天下之最堪悯者，莫瞽者若也”。至善堂在清水溪专门设置养瞽院，额定收养盲人五十名，进院的盲人，需要有人担保。同时，养瞽院聘请老师二人，教盲人一些简单的维持生活的技能，“或教以醒世之歌词，或教以推人之算法”，亦即所谓的唱圣谕和算命。为此，养瞽院将入院的盲人分为两班，格言班和命理班。格言班三个月一班，命理班八个月一班。学习期满后，即自谋衣食，不许久住在院。从材料来看，光绪三十四年，共收养盲人 30 名，从籍贯来看，巴县 6 人，重庆府(巴县以外)22 人，四川省(重庆府以外)1 人，外省 1 人。1921 年，共收养盲人 29 名，其中籍贯不名的 6 人，本县 2 人，本府(除巴县外)13 人，其他县 6 人。

---

① 6—5—417—4，亦见民国《巴县县署》档案 193—1—116《至善堂材料汇编》。

② 6—5—417—3。

冬春之际救济地方社会的穷苦民众。作为长江上游最大的水码头，巴县的外来穷苦民众众多。每年秋冬之季在朝天、金紫、临江等地开办粥厂，散发棉衣，所需经费由八省客长向城内各商募捐。

善行对象以社区民众为主，这让至善堂具有了社区慈善机构的色彩。如施给茶水，每年夏秋季在交通要道设立送水点，免费发送茶水。又如施送棺板，掩埋无主尸首。至善堂在城内储奇、朝天、华光、南纪四坊，城外金紫、临江、太平四厢等地设立棺板施送处，雇人掩埋巴县城区的无主尸首。同治五年(1866)，至善堂还在广阳坝设立收尸处，本着"救人不救货"的原则，制定救生捡尸规则：船户自水中捞救活生一人，给钱五百文；若是在船上救的(救人者未下水)，给钱三百文。但救一人，最多只给一千五百文，若多人参与施救，均分救济金；救生时，只许救人，不许捞物；捞取一具浮尸，给钱一百八十文，抬埋者，每棺给钱二百六十文。同时，埋葬的尸体要标明年月、序号，以待尸亲寻认。为了防止弊端，至善堂在船户中选一人充做头目，每年给工资钱二千文，负责监察实施上述规定。所选之头目，每年更换。

综上所述，至善堂的施善对象已经超越了个人籍贯，主要以社区救助为主，不管移民也好，土著也罢，都在他们的救济范围之内。至善堂已突破了传统的畛域，将目光转向追求"整个社会和全体市民的利益与福祉"。[①]这种转向的内在动力，在于掌握至善堂的八省客长已经处于巴县城区权势网络的核心。通过多项救济活动，也反过来巩固了八省客长的核心地位。这是一个相互作用与反作用的过程。

3.至善堂财务收支

至善堂每年的收入由两部分组成，一是堂内原有田房产业的租息、当商利息。如所代管的保节堂，光绪初年每年的田地的租谷、房屋的租金大约有一千七百两。

另外一部分就是每年的捐款收入。这笔钱的数量相对来说，更为庞大。清代的相关数据笔者尚未找到，我们以民国十年(1921)至善堂的各类善款、善物的汇总表来看这年至善堂的一些运行情况(表7—7)。

---

① 梁元生：《慈善与市政：清末上海的"堂"》，《史林》2000年第2期。

表 7—7:1921 年至善堂所收捐款、捐物情况汇总表

名目	施主数量	捐献数量
施药材	188 家药铺	共施济药 29870 副
济药罐	7 家药铺	1336 个
书	2 人次	40 部
棺板	79 家商铺(或个人)	1425 副
济米	30 家商铺(或个人)	480.69 石
棉衣	1 人次	100 件
捐款	63 家商铺(或个人)	1408700 文

资料来源:民国《巴县县署》档案 193—1—116《至善堂材料汇编》。

从上表可以看到,至善堂善款收入及捐物来源比较多元,就拿每年一次的药材、书籍、大米、棉衣、棺材捐献来说,巴县城内几乎所有的店铺都参与其中。从这个表中,有几个问题可以提出来讨论。

第一是参与捐款、捐物的店铺、商家数量众多。这反映出晚清至民国时期,至善堂的影响力已经不仅仅局限于移民商人这一狭隘的群体之中,已成为巴县甚至重庆救济活动的中心之一。

第二是参与捐款、捐物的药铺、商家或个人所捐的数量都不是很多,如泰安号捐了茯苓八斤、永兴行捐米六斗,商家并没有因为捐献而对自己的商业发展造成多大的困难。

从第一点来看,这可能反映了两个事实,一是当时的商铺对善事的参与热情比较高昂,而另外一个事实则是至善堂在众多的商家中有着较为良好的信誉或号召力,当时的重庆善堂众多,各个善堂为了能够继续生存下去,都在向商家募捐,至善堂能够在其中吸纳比其他善堂多出几倍、几十倍的善款,显然与它的领导层在地方社会的人脉有关。换言之,八省客长在背后的支持是至善堂成功发展的关键性因素。就第二点来说,虽然各家商铺所捐数量不多,但因为参与捐献的商铺数量众多,积少成多,当年总的善款、善物就不少。

至善堂还有一项重要的善事是在游民较多的朝天门码头等地开办粥厂,救济衣食无着的贫民。这项救济活动始于每年中秋节后,八省会馆值月首事即按照捐簿向各商铺善士收缴粥厂经费。《巴县档案》中保留有同治五年巴县善主捐款的名录,兹引如下(表7—8)。

表7—8:同治五年粥厂捐款名录

捐主	款额	捐主	款额
官盐店	每年捐银四百两正	六当	每年共捐银二百两正
三里	各捐银三百两正	城内二十三坊	共捐七百三十两
洪豫章	每年捐银一百两正	闽聚福	每年捐银一百两正
晋安泰	每年捐银一百两正	江安	每年捐银一百两正
楚宝善	每年捐银一百两正	关允中	每年捐银一百两正
宁兴安	每年捐银一百两正	广业堂	空缺
城外十厢	每年共捐银二百两	职员金含章、鲍崇礼	厂费营六百两

资料来源:巴县档案6—5—1264。

在上表中,洪豫章、闽聚福、晋安泰、江安、楚宝善、关允中、宁兴安、广业堂为八省客长成员,金含章也担任过八省客长。可见,八省客长所出的资金占了粥厂捐款近一半。善堂的支出情况,编于民国十年的《至善堂材料汇编》对该堂每月的支出情况进行了简单的统计(表7—9)。

表7—9:民国十年至善堂每月支出款项细目表

名目	数额	
	银	钱
小学堂	一十四两二钱	一十六千八百文
蒙学二所	一十四两	
医馆	一十四两二钱	八千文
全节堂住堂节妇及子女	五十八两二钱	
散居孀妇	一十两	四十千文
孤老	——	三十五千文
瞽目	——	四十千文
办事教师夫役	——	五十九千文
总共	一百一十两零六钱	一百九十八千八百文

资料来源:民国《巴县县署》档案193—1—116《至善堂材料汇编》。

上述款项只是例行的每月要支出的银钱数目，每年总数大概在银二千六百两、钱二千四百千文。同时还有许多临时性的支出，如香灯修理、祭祀、酒席、添置器具及学堂杂用等的费用支出，每年大概五百两。总体来说，每年“岁入租金息金约一万三千元，岁支约一万五千余元”。①

但总的来说，大部分年岁的收支相抵，都会略有盈余。如光绪十八年(1892)，当年就盈余银一百两零一分，钱七百二十六文。② 又如宣统元年，代管的保节堂收支相抵后就余银五十七两五钱六分。③

至善堂能够取得良好的运营效果，还有一个很重要的原因是经理首事的热心负责。当时他们在选定首事时就要求首董者“尽心协力、公而忘私”。籍贯湖北的罗学钊④曾在光绪三十四年(1908)充任过该堂的首事，该年农历五月十六日，他在日记中说，今天轮他到石桥场负责办理救济婴儿的事情，当天天气不好，赤日当天，暑气逼人。家中人以他人年老了，经不起这么热的天气，劝他当天不要去了。他在日记中说：“予办公以来，未有不到之班，亦未尝怀畏寒畏暑之念。”⑤最终还是上路办公去了。

如同巴县的其他公款一样，这些善款在清财政困局的大背景下，经常被挪作他用。光绪八年(1882)，巴县李知县因公提用保节堂本银七千四百两，在保节堂首事金德均的屡次要求下，才答应分多次偿还。又如光绪三十四年(1908)十一月十一日，罗学钊在他的日记中说，九门负(附)郭，“沿河两岸，隆冬之际，贫民饥寒交迫。昔有粥厂，赖此以延残喘者不少。惜当道将此项提作别款”，⑥表达了他对地方官员擅自挪用善款的不满。

宫保利在分析清代后期苏州地区的公所善举活动时，认为这些善堂的经费主要由同业各商号捐赠及抽厘。⑦ 而至善堂，虽然它的领导层由八省会馆的首事组成，但这并不影响到它的经费来源的多元性。从上面的分析

---

① 民国《巴县志》卷十七《自治·慈善》。

② 6—6—6507—17。

③ 6—7—1726。

④ 罗学钊，字绍康，湖北人，随父贸迁重庆，遂定居于巴县。“以商业致温饱，而性好施”，先后督修巴县境内白节场大桥，办理粥厂、义学等善事。见民国《巴县志》卷十《人物列传·孝义》，页二十二上—下。

⑤ 《退思轩全集》上卷，页十四下，民国十九年罗氏排印本，重庆中西书局代印。

⑥ 《退思轩全集》上卷，页二十一下，民国十九年罗氏排印本，重庆中西书局代印。

⑦ 宫保利：《清代后期苏州地区公所的善举活动》，《史学集刊》1998年第1期。

可以看出，至善堂完全摆脱了会馆自身的桎梏。

第五节　晚清的八省会馆

一、会产的管理与争夺——江南会馆的故事

到了光绪时期，八省各个会馆已经创办了近两百年，这时会馆对其成员来说，同籍观念等感性因素随着时间的流逝而逐渐减少，使他们结合在一起的，更多的是会产带来的经济利益驱动。清中期以降，八省各个会馆之间时常爆发因为会馆资产的瓜分而引发的矛盾。我们以光绪十八年(1892)发生在江南会馆敦谊堂的会产纠纷、会首承充的个案为例，来看看会馆在传统社会发展成熟，即将进入近代的过程中发生的故事。

江南会馆敦谊堂创建于乾隆年间，当时江南泾县有很多人在重庆开线铺，以线坊、棉花买卖为生。其中洪、朱、胡、郑、汪五姓人生意做得比较好，为了联络乡情，同时也为了规范线铺市场的生意规则，五姓发起成立敦谊堂。最初的建堂资金来自于五姓商户，每年从他们的来往货物中抽取一定的比例，也就是征收厘金，作为建堂的初始基金。后来陆续购买房产、田地，扩充堂内产业。至同治年间，堂产已经发展到每年收租银一千二百多两。同时，为了防止堂产被外人把持挥霍，建堂之初便规定，只有当初捐出厘金的直系后代才能够入会，充当会首，经管堂产，亦即所谓的“子孙会”。五姓以半年为期，轮流充当。咸同以后，一些最初没加入敦谊堂的泾县线铺商户，可能是因为生意上做得比较成功，也入堂当起了会首。

由于堂产较为丰富，敦谊堂每年都会举办一些会馆活动，如演戏酬神、举办宴席等等。就规模来说，这些活动还是比较大的，因为就史料来看，他们每年基本上都把这些租银给用完了。同时，会内的个别商铺也时常向管事的会首借些银两，作为生意经营上的资本。这样一来，就有可能出现个别商户只借不还，以致出现会产亏空的情况。如光绪七年，同乡程凤仪因借银七十余两没还，引发诉讼。为了防止同样的事情发生，该年敦谊堂定堂规八条，规范堂产的经营与使用，其中规定，“会内田房永不许当卖加稳

减租，如有紧急需用，会首集众在外通融，俟收租偿还”。[①] 正是这条，在光绪十八年引起了一次规模更大的堂产纠纷。

光绪七年（1881），国彰[②]就任巴县知县。国彰虽是蒙古族人，但自小在江苏长大，算是江南老乡，在巴县任上，与江南会馆关系密切。在他的倡议之下，江南会馆敦谊堂进行了大规模的会馆建设。国彰很会看风水，当时江南会馆多年未有子弟中第，“人才不旺”，国彰认为是会馆左边的地势太低，建议在这里建造房屋。江南会馆于是在此兴修青龙阁，总共花费四千多两白银，其中向会内铺户募捐了两千多两，以会馆的名义外借了两千多两，国彰个人也带头捐了点养廉银。之后又兴修乡贤祠，花费白银一千多两，也是以会馆的名义外借的。所借的银两，利息每两每年一分五厘，这样每年要付息银八九百两。该堂年租银约一千二百余两，除去办会、祭祀外，每年都要亏损两三百两。是卖田房产业还是停办祭祀，收取租金来偿还债务，会内成员意见分歧，因此，围绕着是否卖产还债，会内分为两派（可称之为赞成派、反对派），诉讼不断。

光绪十八年（1892）三月，前任江南会馆首事、大宁典史朱成词（又名朱月船）回重庆养病，会馆其他成员推举他为首事，来负责此事。四月二十九日，在馆内召开会议，并邀请八省会馆其他首事列席，专门讨论是否卖产还债之事，会后做出决定，鉴于该堂欠债太多，同意卖产还债。

五月廿九日，赞成派一方由监生朱成词、洪希侨、朱立诚、朱锦章、胡承梁、郑赤文向县令耿士伟正式提出申请，希望将会内产业“长生桥田土一坋、住房三向提四契觅主出售，约计可得市价四千金之谱”，用这笔钱基本上可以把所欠的款项还完，以后再慢慢想办法，筹集资金来购买这部分卖掉的田产。他们认为，这个办法的好处在于，此后每年就没必要多付八九百两的利息了，长痛不如短痛，并希望县令能够批准这一请求。

县令周兆庆并没有表态支持。他批道：“所禀是否属实，果否可行，着札饬八省首事再同本馆□□妥议禀复核夺”，让八省客长来协助解决此事。

---

① 6－6－6412－8。光绪时期，八省各个会馆中类似的争夺会产、争当会首的纠纷还有很多，如光绪十一年，江西会馆以查帐为名，首事间互控一案，见6－6－527。

② 国彰，字子达，姓杭阿坦氏，京口驻防蒙古镶白旗人。十六岁时，“以幕游蜀”，后以军功保叙知县。光绪七年，调巴县，“前后三任，惠政极多”。见民国《巴县志》卷九《官师列传》，页二十三下—二十四上。

六月初十，反对派由文生洪子元，民胡荣、洪先声、朱椿泉、朱辅臣、胡有容牵头，以光绪七年所定的八条堂规为依据，向县令呈词称，前任会首汪才裕因为历年佃租不清、“悬款过多”，在帐务不清的情况之下，突然又要卖产，这让他们无法接受，“前债未还，新累愈增，此款无着，匿帐不算，徒云变产”，反对朱成词等人所坚持的卖业还债，而要求首先要理清会馆历年的租息收入，以所收的欠帐来还外债。

六月十二日，赞成派一方再次提出告状，并提出了新的理由：洪子元、朱椿泉、朱辅臣等人并不反对卖产还债，他们之所以反对，是希望田产由他们做中卖给下家，借此从中分肥。

闰六月十四，朱成词等人再次禀告，说上次洪子元等人告状的原因是“仍图侵渔，募价未遂”。并称，他们变卖田房产业的提议是得到了众首事的许可的，“出自公议，并非一人专主”。事后，反对派朱宗珍等人还去首事朱成词家“踞闹滋索”。

巴县县令周兆庆并不相信堂内双方的呈词，让八省客长再次参与调查、调解。

七月初一日，八省客长之一的晋安泰上交了他们的调查报告：闰六月的一天，八省客长一行人及敦谊堂堂内的各首事，共六十人在堂内开会，采取民主的表决方法，也就是各个首事同意卖产还债的在纸条上写“允”字，不愿意的写“不允”，就当时的情况来看，有56人同意，只有朱宗鼎、胡有玎等四人不同意。二人的理由一是“帐目不清”、二是“价值不符”，但经调查都不是实际的情况。此前的会首由监生汪才裕充任，朱宗鼎等人一直认为堂内的帐务不清，但实际情况却是历年的帐目都很清楚。现在该堂总共欠有外债五千多两，如果仍然按照以前的那种还债之法，“诚有化本填息之弊”。因此，“为今之计，止有变业还债及时樽节，或可救全一半，亡羊补牢，尚为未晚”，支持变卖产业还债。

县令周兆庆最后以八省客长的调查结论为依据，判决了此案。

在这里有两个问题可以提出来讨论。一是八省客长的权威。经过同治二年重庆教案的洗礼及八省客长在地方社会中的一系列行为，如慈善救济等等，八省客长在地方社会中的威信经过一两百年的发展后，仍然很高。从这个案子最初的发展来看，县令周兆庆完全摸不清楚原、被告双方究竟谁在说谎，谁又说的是实话。因此，他把这事的调查权交给了八省客长。

当八省客长交出了调查结论后，周县令迅速以此为根据进行了断案。可见，八省客长的意见在当时地方社会中的独特和重要的作用。

二是会馆成员利益的多元化。会馆创立之初，移民之间的内部关系往往比较协和，创立会馆的目的也主要是为了拉拢乡情，移民内部之间的纠纷比较少。虽然敦谊堂当时规定，堂内举办宴席的时候，没有缴纳厘金的商户不准入堂就席。但从实际情况来看，因为当时的老乡人数还不是很多，没有缴纳厘金的，往往也邀请他们入堂就食。到了光绪中期，会众大都已经本地化了，会馆对会众来说感情方面的因素减少了，物质方面的因素增多了。因此，围绕着会产的争夺在光绪中后期越来越多。这可以说是导致会馆在此后衰落的重要原因之一。

再来看另外一个案例，光绪初年巴县治城浙江会馆为争夺前人遗产与买家发生的纠纷。①

康熙年间，浙江绍兴府人范刚游幕来川，以幕囊所积，在巴县直里一甲马厂坡，置买田业一份，载粮一两一钱二分；房屋数间，放佃居耕，每年收租谷一百余石。因年老无子，遂将所买田业全部捐入浮图关夜雨寺，只身依庙度日。范刚与该寺僧人议定，死后由寺僧修造坟墓，设立牌位，其一切费用及每年祭扫供奉之费，即从范刚田产的租谷内支给，所剩之谷作为寺僧的日常开销。双方为此曾在乾隆三年(1738)立碑存记。范刚病故后，该寺僧人履行了和范刚的约定，将其葬于施业之田内，并在寺内设立牌位，祭扫供奉。

咸丰年间，寺僧修崇不守清规，荒废寺产。佃户黄天和、徐大铨趁机设计，以重利诱使寺僧修崇借贷银钱，黄天和借给修崇银九百卅五两，徐大铨借给银八百七十四两五钱。到了咸丰十一年(1861)冬，两笔债款本利合达三千余两。修崇无力还债，不得已，将范刚所施之田分别以银一千七百余两、一千五百九十两卖给佃客黄天和、徐大铨。双方立过契约，并向户房交纳了税粮，得以立案存照。与此同时，黄天和、徐大铨还和寺僧修崇一起将范刚牌位拆除，碑刻打毁，达到灭迹的目的。当时黄天和、徐大铨等人的行为并未引起重庆浙江会馆首事的反对，这样过了数十年，也没人提起过此事。

---

① 重庆市档案馆地政居档第562号。

转眼到了光绪三年(1877),叶德晖等人从浙江来重庆做生意,无意中听说此事,便决定要替浙江会馆把这笔田产要回来。他们向当时的县令河南人李玉宣呈告此事,但并没有得到李的支持。便又继续向重庆府、川东道甚至四川总督上诉,最终得到时任重庆府知府、浙江乌程人沈宏的支持。沈宏以"寺僧修崇游荡浪费,竟与黄天和等盗卖,荡析无存"为名,将范刚所施的田业全部追还,交浙江会馆代为管理。

因黄天和、徐大铨、修崇等人早已亡故,对当事人也无法追究所犯罪过。后由浙江会馆筹银代修崇还黄天和、徐大铨所借之银的本金,分别为九百三十五两、八百七十四两五钱,利息不算。作为安慰,另外多给了徐大铨后人培修房屋银七十两。该份田地最终由浙江会馆买入,作为该馆的义冢公产。

光绪五年(1879)十二月十二日,重庆府知府以通告的形式,将此份判决张贴于田业所在之地直里一甲马厂坡,最终宣告浙江会馆完全赢得了这场官司。

这个案子在民国还有进一步的发展,因为此处所讨论的时间所限,在此并不展开。从前面的叙述中,可以了解到,叶德晖和范刚并没有任何血缘关系,与夜雨寺僧人、黄天和、徐大铨等人此前也并没有任何利益上的纠葛、恩怨,导致叶德晖大动干戈、不惜对簿公堂的理由是"以浙人遗产,作浙人义举,亦属至允至公,洵于公私有裨"。换言之,在这里,同乡纽带,不仅仅是一种感情,更表现为实在的利益。

二、八省会馆的式衰

光绪二十四年(1898)重庆天灾人祸不断,八省客长所辖之商户受到很大的牵连。1896年云阳新滩山体滑坡,阻断长江水路,装载八省会馆货物的商船沉没不少;1897年,又遇天灾,米价飙升,"到处告饥",市面萧条,各帮商号"倒塌数百万之多,从古罕见,以致商务大坏"。当时在任的八省客长都已"年力就衰,精神不济,而年来同事中老成凋谢",只靠"一二老朽勉为支持,亦复多病缠绵,不能任事",但又选不到接任人选,因为各商号都以"市风棘手"为由不愿接手。八省所抽的厘金也并没有完全缴纳,从光绪十六年(1890)以来,各省商号都在拖欠厘金,现在八省客长手里也仅有公款一万两可以支配,这些钱除去上缴到省厘金局、办理粥厂及保甲局局绅的薪水外，基本上就没有多余的，“凡遇紧要公事，别无余款可筹”。

光绪十六年(1890)八月，八省客长汤廷玉、卢秉钧、朱成词、马乾元、童潞贤、崔仁安、刘文藻、骆庸等人心灰意冷，以“与其因循苟延，贻误公事，不如沥情哀吁辞卸仔肩”为由辞职，同时还希望将八省客长永久注销。当时的巴县县令周兆庆认为，重庆商务关系甚大，需要有熟悉行情的人来办理商务，“深悉该职员等资深望重，民信素孚”，特别是在当前商务萧条、经济疲软的时候更需要八省客长的经验，“且近年商务疲滞，向不如前，更须合力扶持，以图振兴”；希望“该职员等当共体本县一片苦心，勉力从事”，不要使八省客长在巴县地方社会中消失，“百余年良法美意，一旦坐视其废，其何以忍心耶”？拒绝了八省客长的辞职请求。①

前已谈及，八省客长把持了老厘，每年向各商家铺号征收厘金，递解至省城。重庆通商开埠后，各洋行大量进入重庆。这些洋行，自恃有外国背景，不愿意交纳厘金。1901年七月二十一日，八省客长向县令报告说，怡和洋行自去年六月起至十二月止，欠缴库平银九百一十八两六钱八分一厘，太古洋行十月至十二月欠缴库平银二百九十两余，这些厘金都是由八省垫付，现在怡和、太古坚持不交，不仅让他们赔本垫付，而且还有可能引起其他行户的效仿，如果这样，“恐正厘一项将来亦必因之减色也”，请求县令派差追缴，得到县令的同意。到八月廿三日，上述两行厘金拖欠已达到两千多两，但仍然拒绝缴纳。八省客长无奈，以老厘局中“上有委员督办，下有司事白益亭等监收”，八省客长“颇同赘设，尽可卸肩”为由，请求辞去职务。但仍没有得到县令的批准，“查该首事等经理局务，已经年久，且现值整饬厘金之际，正须藉资熟手”，不准辞职。② 而其管理的厘金局，光绪三十一年更名为“重庆百货厘金总局”，“省委周克昌为总办，绅始无权”。③

清末新政，重庆地方当局也开始编练警察。按照统一要求，警察局应由保甲局改设而成，这意味着此前掌握重庆地方治安大权的八省客长失去对保甲局的控制权。为此，光绪三十一年七月，八省客长代光灿在给巴县的禀文中称，“渝城保甲诚有外不可并者，盖有可补警察所未逮，而保甲与警察实并行不悖者也”，因为“局存各款皆由绅商铺户捐集而成”，恳请将保

---

① 6—6—4611。

② 6—6—4615。

③ 民国《巴县志》卷四《赋役·征榷》。

甲局改名为保甲积谷水会军装局，仍由八省客长办理。但未得到巴县地方当局的同意。①

同时保甲团练局总部也由八省客长控制的崇因寺迁至由地方士绅控制的三费局（位于县庙后院），据光绪二十八年（1902）颁布的《巴县团练保甲章程》载："议定城内总局附于县庙三费局，不另开火，以节縻（糜）费。"②这标志着保甲团练局的经费来源发生转移，即由八省控制的厘金局变为由地方绅士控制的三费局。地方绅士终于得到了他们梦寐以求的对保甲团练局的控制权。

因经济实力的衰弱，八省客长也没有实力继续参与重庆城区的多项公共事务。如粥厂的兴办。至少从同治初年开始，八省客长每年冬季在朝天门等人流密集地兴办粥厂，每天施粥两次。经费主要由八省会馆捐助。光绪三十三年（1907）十一月，由于经费不足，粥厂停办，严重地影响到了贫民的生计。为此粥厂首事罗学钊曾写道："粥厂停办最苦，两岸生活无方，枵腹长叹劝募。"③

八省会馆的式衰与其经济实力显著下降有直接的关系，而这里面更深的根源，在于重庆开埠以来市场商品结构的变化。1890 年 3 月，中英在北京签订《烟台条约续增专条》，规定"重庆即准作为通商口岸无异"。④八省会馆所掌握的商品贸易主要为夏布、棉花、药材、山货、丝绸等传统的商品。开埠以后，进出口贸易结构发生了显著的改变，据统计，1891—1898 年间，重庆进口货值每年平均为 1321109 英镑，其中进口土货仅占 15.96%，而进口洋货高达 84.03%。⑤在进口洋货中，纺织品又约占 70%，而这以前主要是陕西、湖广商人主要经营的商品。

第六节　民国时期的八省会馆

1903 年，清政府设立商部，统管全国农、牧、工、商、矿、路各业。该部

① 6—6—1042。
② 四川省档案馆编：《四川教案与义和拳档案》，四川人民出版社 1985 年，第 725 页。
③ 《退思轩全集》上卷，页八上，民国十九年罗氏排印本，重庆中西书局代印。
④ 黄月波等编：《中外条约汇编》，商务印书馆 1935 年，第 16 页。
⑤ 周勇：《重庆：一个内陆城市的崛起》，重庆出版社 1997 年，第 115 页。

制订的《商会简明章程》规定“凡属商务繁富之区，不论系会垣、系城埠，宜设立商务总会，而于商务稍次之地，设立分会”，[①]令各地有条件的地方建立商会。并明确规定，重庆、上海、天津、烟台、汉口、厦门等地必须设立总商会。在此背景之下，川东道、川东商务局会同重庆府、巴县知县，饬令重庆商人“公举商董，每帮二人，以便会议商务，统限一星期内回复”。[②] 1904年10月18日，重庆商务总会正式成立。重庆总商会订立章程16条，选举当时的“西南首富”、重庆最大票号天顺祥老板、重庆云贵公所会首、非八省系的李耀庭为会长，八省系的陕西籍商人杨怡出任协理。办公地点设在三忠祠。因八省会馆过去曾在重庆商务中占据主导地位，此次重庆商会成立，16名董事名额，给了八省会馆8个名额。并同时成立重庆商会八省分会。这似乎是延续了八省会馆对重庆商务的垄断地位，恰恰相反，这标志着八省会馆对重庆商务的垄断地位一去不复返了。

前已谈及，咸同之际，八省会馆在重庆地方社会中扮演着十分重要的作用。八省客长在各公局、善堂中出任首事。特别是维持重庆的安全和正常贸易的保甲团练局、厘金局、积谷局的首事都由八省客长出任。这背后的原因，很重要的方面是八省会馆当时掌握了大量的地方行政和公共开支所必需的资源，这些资源包括土地、房产、厘金及各种名目的捐款。

晚清以来，重庆商贸结构发生了极大改变，一方面是重庆对外开埠后，各种洋行蜂拥而至，打破了八省会馆对重庆商贸的垄断地位；另一方面，八省会馆也面临着其他地域性商帮的竞争，特别是以李耀庭为代表的云南籍商人的兴起。同时，入民国后，重庆战火连绵，各路军阀都将由八省控制的会馆资产看成口中之肉。更重要的是，现代民族国家对地方社会公共资源的动员能力相对于传统社会来说，更为强势有力。在民国初年，八省会馆“仅保留积谷、水会、长安寺、五福宫、蚕神祠五事而已”。[③] 而这些资产还在不断地以各种理由被各级地方政府及其他组织所吞噬。巴县地方当局将长安寺移交给佛学社管理，水会交由市政公所接管，五福宫改作中山公园，蚕神祠(咸丰十一年置买位于浮图关的产业)移交给重庆大学作为其创

① 《商部奏定商会简明章程二十六条》，《大庆光绪新法令》第十六册。

② 《四川官报》甲辰第21册《新闻》。

③ 朱之洪：《重庆八省积谷办事处产业图说》，民国十七年石印本，第1页。

校的校址，[①]可以说八省会馆所控制的地方公产在不断流失。1930年代，随着重庆成为中国抗战的中心，大量的下江人来到重庆，建立起了各种旅渝同乡会，与此前的所谓“坐渝”同乡之间，为了会产展开竞争。

一、从八省会馆到八省公益协进会

1926年秋，重庆商埠督办公署成立，积极进行市政改良，“如整理旧街道，开辟新市场，创办中央公园，整顿城门交通，新建轮船码头，测量沿江马路，筹备自来水，改良电话电灯等要政”，但当时的公署财务，每月仅有几千元的收入，完全不能够支持如此浩大工程的开销。基于此，潘文华“几经擘画经营，各种附加，月可收入三万余元”。[②] 从这可以看出，提拨各种地方性公共资源来办理市政，是解决资金缺口的一个十分重要的方式。

1928年，重庆市政府开始整顿八省会馆资产，八省会馆的产权逐渐发生转移。该年12月16日，重庆市政府遵照国民政府的命令，成立八省公益协进会，统纳八省会馆之资产，归重庆市政府监督办理。

重庆八省公益协进会的成立过程，在时任重庆市市长潘文华主持编撰的《九年来之重庆市政》第八章有较为详细的介绍。该章标题为“八省公益协进会”，首先谈及了八省会馆会产的形成过程，“各省留寓本市经商者，多以陕西、江南、江西、福建、浙江、山西、广东、两湖等八省为尤盛。旧由旅渝人士各设会馆，捐集资财，购买田房产业。历年既久，资产日趋丰隆”。但这些会产在原有的管理方式下却并没有发生应该有的社会效益，潘文华继续谈到，“年入款项，原案系作祭祀酒席消耗及补助公益，资送流落渝地同乡之用，节余款项，历系为值年会首所把持，以致时肇纠纷，悬案莫结。近年乃有拨作倡办学校经费之举，亦不过借以保存产业，收支仍未公开，办学亦鲜成绩”。因此，对八省会馆产业进行整顿，不仅是地方的要求，同时也有民国中央政府的命令，“本府深虑此项远大基业化为乌有，爰遵中央督促改进市区内一切公益慈善团体之明令，召集各该会馆首士到府剀切开导，厘订办法，集中各会馆全部产业”，改组原有的八省会馆及其管理模式。[③]

八省公益协进会成立于1928年12月16日，其主要职责是“监督办理

① 朱之洪：《重庆八省积谷办事处产业图说》，民国十七年石印本，第3页。

② 潘文华：《重庆商埠筹办公署月刊》第一期“序”。

③ 《九年来之重庆市政》，第84—85页。

市区教育公益慈善事业”，用其会产作为“市民医院、救济院之经常费用”。① 成员由八省各会馆出代表一人、有财力的会馆的小会代表一人及市公益委员会的代表组成，共有十七个成员单位。议定每月一日为会员大会时间。八省公益协进会成立之初，便制定了《八省公益协进会章程》来规范该会的运作，其部分内容如下：②

第一条　本会由重庆市八省会馆及市公益委员会合组而成，定名曰重庆八省公益协进会。

第二条　本会以集合八省会馆所现有之财产，改善其原办教育慈善事业为宗旨。

第九条　各会馆大会小会报交本会之财产，由本会负责保管，全权支配。除左列各项外，概作教育及慈善事业之用

一　各会馆现负外债均由本会核实其负债原因及确数，设法偿还。

一　各会馆每年春秋焚献费及修整费与茶会费。

一　各会馆之贫苦会友每年疾病死亡，抚恤费及资遣回籍费与年终救济费。

一　本会常年会费。

一　各会馆之义地悉行保留。

第十条　本会将各会馆所原办之教育慈善事业谋为有系统有规模之办法，其旧有设施之适宜者，悉保留之。

从上述章程我们可以看到，八省公益协进会成立后，不管是省会馆还是府州县会馆，会产都被集中起来，由八省公益协进会统一支配，作为全市的教育慈善运行经费。这可以说改变了八省会馆原有的“子孙会”色彩，会产的收益由八省后裔支配变成整个城市的公益支出。八省公益协进会成立后，八省会馆原有资产交重庆市财政局管理，与八省会馆签订房产租佃合约的也纷纷换成与重庆市财政局的租佃合约。如当时承佃八省会馆铺房的重庆益州商店店主罗灿然在给重庆市财政局的“呈”内说：“商于民国十七年三月租佃过街楼八省公所房屋伙卖，益州商店曾经双方同意立有合

---

① 《九年来之重庆市政》，第 85 页。

② 0110—3—162—116“重庆市八省公益协进会暂行简章”。

同。昨奉钧局派员面谕，所有八省公所房屋现已移归大局管理，嘱即前来投佃。当时商因未经八省公所值年告知，爰即往询以重手续。旋由值年金春亭等答称，此房确已转移大局管理。”[①]要求仿照与此前八省会馆签订的租房协议，同重庆市财政局签订新的租房合同。这说明八省会馆已失去了对部分地产的拥有权。

同时，我们还应看到，八省会馆通过此一组织达到了保存会产的部分目的。如第九条共有五部分所涉及的产业仍由原来的各个会馆支配，特别是第五部分，“各会馆之义地悉行保留”，让八省各个会馆在市内外保留了一定的田产。在后来的重庆城市扩建过程中，围绕着这部分田产又发生了多次诉讼。来看两个案例。

案件一：1932 年，重庆市政府进行新城区建设，扩大市区面积，将长江南岸的弹子石、海棠溪和江北县的江北镇、溉澜溪、刘家台、香国寺等地划归重庆市政府管辖。在此过程中，重庆市政府准备提用原陕西会馆同心堂义地九百一十八方丈作为城市建设用地和兴修学校之用，引起陕西会馆方面的不满。作为会馆方面的主管及利益代言人，重庆八省公益协进会主席陈养愚在给当时的市长潘文华的公函中要求市政府收回成命。并列举理由数项：一、同心堂田业收入已经作为市民医院的运行经费之用；二、此块土地上有大量的陕西移民的坟茔，若被征用，无法安置；三、八省公益协进会章程第五章第九条规定各省会馆之义地悉行保留，此规定并得到市政府的核准备案。但陈养愚的要求并没有得到满足，该年 11 月 10 日，市政府的回函明确答复，“碍难执行”。[②]

案件二：1937 年 1 月，八省公益协进会所属江南会馆称，该会在江北县的义地因重庆市政府准备修建平民村落而被全部征用，转请八省公益协进会向市政府提出抗诉。在八省公益协进会发给重庆市政府的公函中列举的理由同案件一类似：该地属江南会馆资产不属官产，不能随便征用；八省公益协进会第九条章程有保留义地之款；该会每年都有向市民医院捐款，若该田产被征收，“敝会收入愈减，每年限缴市民医院之款，其将奈何”，请求在“顾及敝会主权之存在及尸骸之归宿”前提下，收回成命。但仍然没

---

① 重庆市档案 0064—008—01251，“关于查收八省公所的呈、批。附：契约”。

② 重庆市档案 0053—0030—00040，“关于保留同心堂的呈、指令”。

有得到重庆市政府的认可。[①]

从上述两个个案可以看出，虽然当初《八省公益协进会章程》规定了各会馆的义地仍由各会馆保留，但在地方市政建设面前，并没有得到遵守。同时，我们还看到作为各会馆的主管，八省公益协进会还是积极地来维持成员利益。只是这样的努力，并未取得实效。

八省会馆内部对市政府提拨会产的做法其实也是有反对声音的，他们采取不交会款等方式进行反抗。1936 年 6 月 11 日，重庆八省公益协进会主席陈养愚在给重庆市市长的呈内称，“两湖齐安每年六百元延抗不缴，藉办学以搪塞，以退会为要挟，连篇累牍，声明脱离关系。由是其他各会缴款亦多拖延。前次钧府传案追收，仅缴二百元，认捐炭窑亦无着落，均在钧府有案未结。若不查案究追，影响市民医院经费甚巨。”[②]资料所限，暂时还不知道重庆市政府最终是如何让齐安公所交纳每年六百元的会款的。从这段资料我们发现，各个会馆都在采纳各种方式来避免缴纳会款，如办学校等等。

二、江西石阳会馆产权纠纷案

八省公益协进会在民国初年还在有效运转。但一场延绵近十五年的诉讼案，最终将八省公益协进会送进了历史。这场诉讼案就是八省公益协进会与其下属的石阳会馆及后来的江西吉安旅渝同乡会之间围绕着石阳会馆所属地产的纠纷案。

重庆江西石阳会馆在嘉庆七年，由一百多家在渝经商的江西吉安籍商人购民房所置，附于江西万寿宫下，称石阳会，会首有十四姓。每年的田产收入主要作为会内的祭祀及救济贫苦同乡之用。八省公益协进会成立后，该会资产遂纳入到该会的管理范围之内。至 1928 年，该会在重庆城区拥有田产 12 处，可以说是资产雄厚。

1928 年，石阳会馆内部出现纠纷，该会全权代表陈其祥以该会被“不良分子侵占把持，黑幕重重”为由请求重庆市政府将该会财产没收，作为建筑四川第二监狱的经费。这一提议遭到了石阳会馆其他首事的反对。后

---

① 重庆市档案 0064—0008—01242，“关于依法发给市民救济费的呈、指令”。

② 重庆市档案 0066—0002—00043，“关于追缴欠款的呈、指令”。

在八省公益协进会的调解之下，石阳会馆与八省公益协进会、重庆市政府达成协议：一、将部分田地、房产捐给市政府作为兴修监狱、办学的费用；二、该会馆的义地及石阳会馆的馆址由石阳会馆保留，但此时的石阳会馆馆址大部分都租给了市青年会，每年租金 1200 元。[①] 1933 年，市政府筹办市女中，拟将该馆址作为校址。8 月，市政府发函，令八省公益协进会代管该馆址，同时将该馆馆址的地契交八省公益协进会保存。至此，埋下了石阳会馆与重庆八省公益协进会多年诉讼的种子。

1936 年，石阳会馆开始向重庆地方法院提起诉讼，要求八省公益协进会归还其馆址的产权。经过多轮诉讼，重庆四川高等法院第一分院民事判决第 1495 号最终裁定：驳回上诉方石阳会馆要求返还馆址，撤销租约的要求。其判决理由：八省公益协进会掌管石阳会馆馆址"系由于市府之转交保管而非乃系上诉人之请托代管"。[②] 此后石阳会馆方虽多次提出上诉，但是重庆地方法院、四川高等法院及南京的最高法院判决都认可了重庆八省公益会的主张。[③]

1942 年，八省公益协进会准备向重庆市财政局提出对石阳会馆馆址进行房产登记的手续，一个才成立不久的同乡会组织——江西吉安旅渝同乡会[④]向重庆市财政局提交呈文，认为八省公益协进会所持有的原始契据早就没有法律效力而坚决反对，请求重庆市财政局"缴销以杜奸刁而维法益"。[⑤] 同时原来的石阳会馆也不认可此前的法院、重庆市政府及八省公益协进会的裁决，并就当初为什么主动将地契交与八省公益协进会的做法提出新的解释：当初交给八省公益协进会保管是因为重庆当时地方政局混乱，战乱不断，同乡多返江西原籍，因此将地契交给八省公益协进会保管；

---

① 重庆市档案 0064—0008—01149，"关于制发石阳会馆土地管业证的呈、训令。附：买户姓名清册"。

② 重庆市档案 0064—0008—01149，"四川高等法院第一分院宣布石阳馆与八省公益会产权纠纷的审判结果"。

③ 重庆市档案 0064—0008—01149，"关于检送石阳会馆地皮产权变更情形致重庆市财政局的函"。

④ 江西吉安旅渝同乡会成立于民国三十年，成员主要是一批在重庆的吉安籍军人，如首任理事长杨献文。其背后支持者是当时的重庆卫戍区总司令刘峙。石阳会馆馆址最后由江西吉安旅渝同乡会接收。窦季良也注意到重庆新成立的各种同乡会，"其名誉理事，和理监事或主席大都是现任中央高级官吏或在政治上有相当地位的人"，并举数例加以说明（见氏著：《同乡组织之研究》，第 65 页）。

⑤ 重庆市档案 0064—0008—01149，"关于检举八省公益会蒙混登记土地上重庆市财政局的呈"。

石阳会馆还认为八省公益协进会并未将租款交给市民医院做公益之用，而是将馆址私自转给青年会，收租自用。①

前已谈及，八省公益协进会拥有石阳会馆的产权得到当时南京最高法院的认可，换言之，从法律的角度讲，此次产权之争八省公益协进会的胜诉是毫无悬念的。但此一时期的重庆地方政治格局已经完全不同于刘湘时代的重庆地方政局。随着国民政府西迁重庆，大量军政官员来到重庆，重庆市政府的官僚结构也发生了改变。② 1942 年 10 月 1 日，当时的重庆卫戍总司令刘峙亲自给重庆市财政局局长刁培然去信，要求将该馆契约转给江西吉安旅渝同乡会。针对江西吉安旅渝同乡会的要求，10 月 12 日，重庆八省公益协进会在给重庆市财政局的公函中进行了驳斥，认为重庆市政府早在 1928 年已经没收了石阳会馆对其馆址的产权，而该会是奉市政府之命令保管而非代管石阳会馆的资产。

世易时移，八省公益协进会的主张此时并不能得到重庆地方当局的认可。1942 年 11 月 3 日重庆市卫生局给重庆市财政局的公函称，八省公益协进会从未将石阳会馆的地租交与重庆市民医院作为该院的运行经费。③这似乎说明八省公益协进会一直在将该馆的租金据为己有。

因资料的限制，笔者现在还不完全清楚时任重庆卫戍总司令的刘峙在此案中扮演的角色。但可以肯定的是，重庆市财政局局长刁培然在此案中承受了来自刘峙的压力。1943 年 4 月 9 日刁培然在给重庆市市长贺耀祖的呈文中，就如何来处理该案提出了他的看法，他说：

> 查八省公益协进会与石阳会馆争执馆址一案，据双方先后来呈及所提法院判决证件考核，该石阳会馆馆址系江西石阳县（现名吉安）旅渝同乡会崇敬先贤文天祥、欧阳修并谋乡人公益及附设理学祠之地

① 重庆市档案 0064—0008—01149，“关于调节八省公益协进会与石阳会馆地权纠纷致地方法院、卫生局的公函”。

② 1935 年，南京国民政府统一川政，任命刘湘为四川省政府主席，令刘湘离开重庆回成都就任。刘湘的离开，标志着统治重庆十余年的刘湘时代的结束。刘湘系军事将领潘文华也辞去重庆市市长一职。有学者讨论了刘湘集团与重庆地方商人间的亲密关系，“刘湘与重庆城市商人有着良好的合作关系，21 军集团在重庆统治更具社会认同感”（张瑾：《权力、冲突与变革：1926—1937 年重庆城市现代化研究》，重庆出版社 2003 年，第 134 页）。这可以认为刘湘集团的离开对八省公益协进会来说，失去了政治上的重要靠山。

③ 重庆市档案 0064—0008—01149，“关于市民医院从未收取石阳会馆地租致财政局的公函”。

址。民国十七年由钧府没收,十九年又予发还。以该地收入移作公益。至二十二年筹设市女中曾拟以该馆为校地,同年八月始再由钧府令八省公益协进会代管,以每年收入租金一千二百元为市民医院经费,此双方共认属实。

因为上述内容得到南京最高法院的认可,作为重庆市财政局局长,是无权进行更改的。这段材料也证明1928年石阳会馆的产权已经由重庆市政府没收,但在1930年进行了返还,并由八省公益协进会代管。同时,这段材料也说明八省公益协进会并未私吞每年1200元的租金。但这并不表明刁培然支持八省公益协进会的主张。他继续说:

复查该业契证确为石阳会馆所买。现并由该馆收回出租与外交部附设外交人员训练班使用。该八省公益协进会,未提出若何异议。窃以两造考察,馆址既为石阳会馆购买,并经钧府没收后发还,主权自属石阳会馆所有。兹据江西吉安县旅渝同乡会理事长杨献文呈请勒令缴还红契租约折注销登记以维公益前来。本局未敢擅专……①

1930年,重庆市政府将石阳会馆的地契交给了八省公益协进会保管,也就是所谓的"没收后发还",这一行为如何解释?是还给原来的业主石阳会馆还是石阳会馆的主管团体八省公益协进会?原来的司法判决并未说明白。刁培然显然支持前一说法,并以此确认石阳会馆拥有其馆址的产权。4月14日,重庆市政府接受了刁培然的处理意见,并以【市秘三字第四二五三号】正式发文,要求八省公益协进会将地契还给石阳会馆。同时,重庆市财政局也给八省公益协进会发去公函,要求后者将石阳会馆的红契租约交出注销登记。②

重庆市政府的裁决当然令八省公益协进会十分失望。八省公益协进会原本就没有多少余款,而每年还要承担1200元的市民医院补助经费。1944年3月,八省公益协进会主席陈养愚给重庆市社会局局长包华国的信中说:"自国府莅渝,各省人士来渝者众,各会馆均成立旅渝同乡会,于各会馆之事务均能自谋改进,无须本会之领导。而本会所代管三忠祠之事件

① 重庆市档案0053—0022—00214,"关于办理八省公益会与石阳会馆争执馆址事宜上重庆市政府的呈"。

② 重庆市档案0064—0008—01149,"关于缴还石阳会馆地皮契证给公益协进会的通知"。

已于上月移交重庆市三忠祠管理，委员会接收代管石阳馆之房产契据亦于上月遵市政府令送交市财政局发还。本会已无事务可办，亦无款项可收，自无存在之必要。昨经开会决议自行解散呈报备查等情。”①至此，存在于重庆两百年多的八省会馆终于走到了历史的尽头。

本案到此尚未结束。1943 年 12 月，八省公益协进会将石阳会馆的相关契约交给市政府后，却又出现了两个权益接受方——江西吉安旅渝同乡会、石阳会馆。由谁来保存红契，拥有对馆址的产权，双方又发生诉讼。石阳会馆十四家代理人萧晋候称，该“会馆财产，系彼十四家之祖先，于嘉庆年间购置，属私人家庙性质，曾经市政府备查有案，为十四家子孙所共有，与江西吉安旅渝同乡会无关，有该杨献文等恃权强夺产权证件，请求准予备案”，多次向重庆市财政局、甚至相关的军法机关上诉，要求不要将八省公益协进会归还的契据给江西吉安旅渝同乡会。② 而江西吉安旅渝同乡会称，该会是依法成立的人民团体，在社会局注册成立，成立之初便继承了石阳会馆的地位。在这过程中，重庆卫戍区总司令刘峙又扮演了重要的作用。1943 年 12 月 11 日，刘峙在给重庆市财政局局长的一封信中认为江西吉安旅渝同乡会是由石阳宾馆改组而成的，当然具有继承的资格。③ 基于此，重庆市政府社会局、财政局、警察局在查看相关卷宗的基础上，认为此案最初是由江西吉安旅渝同乡会向八省公益协进会提起的诉讼，“似应由该会具领”，但重庆市政府的【市秘三字第四二五三号】文却规定接受方是石阳会馆。因此三局联合向市政府请示如何处理。④

其实，新同乡会与坐渝同乡会争夺会产的纠纷在 1940 年代的重庆经常上演。如广东会馆，据窦季良的访问，因广东会馆尚有少数会产，在乡间办有小学一所，“其遗老与作者谈话间，颇以新同乡企图接管其会馆为虑”。⑤

① 重庆市档案 0053—0022—00214，“关于重庆市八省公益协进会解散的呈、指令”。

② 重庆市档案 0064—0008—01149，“关于报送与八省公益会争夺产权详细经过给石阳会馆的通知”。

③ 重庆市档案 0064—0008—01149，“关于将地产红契交给石阳会馆致重庆市财政局的函”。

④ 重庆市档案 0064—0008—01149，“关于报送处理石阳会馆地产红契情形上重庆市财政局的呈”。

⑤ 窦季良：《同乡组织之研究》，第 39 页。

三、从八省积谷局到八省积谷办事处

咸丰八年，起于云南的李蓝义军袭扰重庆，重庆地方政局混乱。原有的丰义仓、常平仓、监仓等三仓，"所存留者不及十分之二三"，仅一万三千八百余石的存谷，完全不够重庆数十万军民在战时的食用。有鉴于此，咸丰八年六月，经时任川东道道台王廷植提议，设立积谷局，筹办积谷仓，征集粮食。①

积谷仓的经费来源主要包括房租、货厘。房租抽取百分之五，货银一两加抽二厘，又因为当时的棉业为大宗，每棉一包加抽二分。由积谷局按月征收后交八省会馆管理，因此也被称为"八省积谷"，储存的积谷上限为市斗谷三万石。八省积谷局成立后，至民国，先后办理平粜二十余次，"每遇荒歉之年，减价平粜，以济平民"。②

入民国后，重庆地方政局混乱，熊克武的二次革命，护国、护法战争以及后来四川新旧军阀之间的战争在这个西南地区最大的商贸城市轮番上演。各路军阀都把地方各类公产视为己物，随意提拨，拥有几万石存谷的八省积谷更为占据重庆的军阀所注意。民国元年，军政部、财政部曾派员调查，八省积谷当时还存有市斗谷一万九千四百四十六石及银七千两。民国十二年后，朱之洪称，由于"驻军乏饷，饬将积谷变卖，总指挥赖星辉借去银一万元，财政厅长宋光勋借去银二万四千元，三师师长邓锡侯借去银二万四千六百元，二军军长杨森兵站部借去谷三千八百四十六石，援川军兵长总监牛建丛借去谷二千七百零四石，数借之后，所残余者不过四五万石，多年积贮，至此一空"③。虽然八省积谷办事处也曾多次向有关部分申请，要求拨还所借仓粮，但不得要领。民国十四年八月，八省积谷首事王载廷在给巴县知事的提案中，以"仓贮久悬，妨碍民食，恳查饬拨，俾还填买"，④再次提出归还八省积谷。

相对于仓谷的不断流失，对于八省积谷的管理者来说，更为重要的是八省积谷的管理方式发生了极大的变化。自咸丰年间，八省积谷创办初

---

① 民国《巴县志》卷四《赋役·仓储》。

② 6—6—4028。

③ 民国《巴县志》卷四《赋役·仓储》，第 238 页，朱之洪：《重庆八省积谷办事处产业图说》，民国十七年石印本，第 3 页。

④ 重庆市档案 0053—0030—00245，"关于拨还八省积谷提案"。

始，便一直由八省积谷局来管理。八省积谷局的管理方式，"系八省值年首事分任，本局值月，而八省联合会会长又以联络商情共谋公益为主旨，不专理积谷事务"。[①] 也就是说，八省积谷是由八省会馆轮值客长分任管理。这样的管理方式显然已不适应新的环境了，民国十六年，"惟该团体所办整理积谷救济灾荒各项均属地方公益事务，现既另行改组，应即定名为重庆八省积谷办事处，俾与官立局所别"。[②] 办事处设于城内大梁子半边街，以"整理积谷，救济本埠灾荒"为宗旨。八省积谷办事处成立后，制定了《重庆八省积谷办事处暂行简章》九条，《重庆八省积谷办事处办事细则》七条。

据《重庆八省积谷办事处暂行简章》，重庆八省积谷办事处设主任一人，副主任两人，管理一切事务。主任、副主任由董事会选举，任期一年，可连选连任。而董事会八人则由八省会馆各公举一人担任，任期一年。按照规定，董事会每月在十三、二十四日开会两次。

下表为民国十六年，重庆八省积谷办事处成员名单（表7—10）。

7—10：重庆八省积谷办事处职员、衔名一览表

职衔	姓名	年岁	籍贯	通信处
主任	朱叔痴	60	四川巴县，原籍江南	德兴里九号
副主任	曾吉芝	58	四川巴县，原籍江西	巴县教育局
副主任	谢绍穆	51	四川巴县，原籍福建	大井十七号
董事	黎植生	84	四川巴县，原籍广东	三牌坊古冈栈
董事	王达卿	77	四川巴县，原籍浙江	三牌坊蹇家院
董事	金润民	51	四川巴县，原籍江南	至善堂
董事	邓则恭	34	四川巴县，原籍陕西	泰华楼巷十二号
董事	谢绍穆	51	四川巴县，原籍福建	大井十七号
董事	李如舫	45	四川巴县，原籍江西	木货街五十号
董事	江季侠	42	四川巴县，原籍湖北	来龙巷十六号
董事	张秀峰	54	四川巴县，原籍山西	白象街大有里

资料来源：重庆市档案0064—0008—00688。

① 重庆市档案0053—0030—00256，"关于设置重庆八省积谷局主任及董事会并启用重庆八省积谷局图记致巴县议事会的公函"。

② 重庆市档案0053—0030—00256，"关于重庆八省积谷局改名为重庆八省积谷办事处致巴县议事会的公函"。

上述名单中的成员均为八省后裔，其中积谷局主任朱叔痴、副主任曾吉芝、谢绍穆更是民初重庆地方政局中有名的人物。朱叔痴（1871—1951），又名朱之洪，清末留学日本，并加入同盟会。在保路运动中，曾担任重庆保路同志会会长，在重庆辛亥反正中立下头功。入民国后，在重庆地方政局变换中，多次扮演重要角色。1928 年，朱参与创建重庆大学。1933 年，被推为巴县文献委员会委员长，主修民国《巴县志》。曾吉芝同样是留学日本，加入同盟会。民国后还曾担任巴县教育局局长。其他成员就不一一介绍，可以说，这些都是重庆八省积谷办事处民初在重庆地方社会中发挥重要作用的有力保障。

随着抗战军兴，国府内迁重庆，大量难民逃难重庆，政府需要动用各种资源来支援抗战，救济灾民。八省积谷办事处所控制的八省积谷已然进入政府当局的视野，而这种具有"子孙会"色彩的管理模式显然不适合了。1939 年 3 月 29 日，重庆市仓管理委员会成立，其主要宗旨就是要合并八省积谷办事处所管理的仓谷，要求将"八省积谷办事处现有存谷一并拨交市仓"、"八省积谷办事处所有仓廒借交市仓存储谷米"、"积谷办事处原有财产收益，除该处事务费用外，完全划入市仓基金，但财产仍由八省积谷办事处保管，市仓得派会计监察办事处账目"，①全面接收八省积谷办事处所管理的仓谷。这一措施似乎并未得到执行。1940 年 2 月，重庆市临时参议会、重庆市社会局又联合发函，要求将八省积谷办事处所存积谷全部转由重庆市市仓保管委员会接收，并称："八省积谷办事处产业及仓廒积谷原系就地抽收厘金购置，依理应完全归并市仓"，同时社会局办公室制定了总共七条的八省积谷接收办法。其第一条称：

> 八省积谷办事处现有积谷均在会府仓坝子一处，年代远近不一。既未逐年翻晒，亦未推陈出新。每廒所存积谷数量及存入时间复未标注记号。前准造册移交到会，虽有历年购置数目，但并未实行盘点，恐难免无虫蛀鼠蚀及红腐霉坏情事。应逐一检验，俾知确数及品质。②

① 重庆市档案 0053—0022—00327，"关于报送八省积谷办事处与市仓保管委员会对产业划分情形的呈、指令"。

② 重庆市档案 0054—001—00154，"关于出席第五次常会商讨验收八省积谷办事处积谷办法致重庆市参议会的函附办法"。

重庆市临时参议会、重庆市社会局要求对八省积谷办事处所藏积谷进行查核，在其发给八省积谷办事处的函内称：

> 查验收八省积谷办事处积谷仓廒及忠孝堂移交积谷一案，业经本局拟就办法，提交市仓保管委员会第五次常会通过。兹订本月二十三日（礼拜六）午前十钟会同有关各方前往查验积谷成色，以凭处理。除分通知外，相应函达，请烦查照准时指派代表前往半边街八省积谷办事处。俾便会同出发为荷。[①]

对此，八省积谷办事处主任朱叔痴明确表示反对，“过去政府提取公益，类无良好结果，坚持愿接受本府之监督，不愿交出积谷产业”。后来几经磋商，达成折中办法，即八省积谷办事处“先将仓廒积谷交出，产业仍由该处自行保管”。[②]

我们再来看纳入重庆市仓管理委员会之后的八省积谷的运行情况。此时的重庆八省积谷办事处所管产业虽然没有清中后期那么庞大，但也不少。据 1940 年全年的田房土地帐目的数据统计，当年田租合计 5600 元，房租合计 2338.9 元，土租合计 63.07 元，地租合计 644.6 元。1941 年收入概算：田租 22000 元，房租 4190 元，土租 169 元，地租 10540 元，建国储蓄券 2500 元，粮食库券 333 元，押金 5750 元，子金 1045 元，合计 46527 元。[③] 1942 年八省积谷办事处存款 1163.279 元。资产不可谓少。我们再来看其具体的支出预算。请看下表（表 7—11）。

7—11：重庆八省积谷办事处 1941 年支出预算表

类别	金额（元）	类别	金额（元）
拍款	50	捐款	340
房捐	340	报费	120
粮税附加	300	公益委员会经费	180
舆费	3120	差费	70

① 重庆市档案 0054—0001—00154，“关于派代表查验八省积谷办事处积谷的函”。

② 重庆市档案 0053—0022—00327，“关于报送八省积谷办事处与市仓保管委员会对产业划分情形的呈、指令”。

③ 重庆市档案 0060—0003—0060，“重庆八省积谷办事处、重庆市社会局关于检发田房土地账目表、支出概算表的呈、指令”。

续表

类别	金额(元)	类别	金额(元)
所得税	30	补助费	400
开会费	500	杂费	200
灯油费	200	薪工费	3900
伙食费	6000	交际费	2000
购置费	770	文具费	300
路费	560	修缮费	70
房租	360	社会局谷款	20000
讼费	220	退押金	1400
临时经费	1500		
合计：42930元			

资料来源：重庆市档案0060—0003—0060，"重庆八省积谷办事处、重庆市社会局关于检发田房土地账目表、支出概算表的呈、指令"。

从该表我们发现，八省积谷办事处最大的花销是社会局的谷款，达到了总开销的近一半。而其日常性开销也占到了将近四分之一。可以说，此时的八省积谷办事处每年最大的开销是由重庆市社会局提拨的谷款。档案资料显示，1940、1941年这两年重庆八省积谷办事处是将租谷变价后，向政府缴纳了两万元的谷款。而1944年则缴纳了八万元款项。同时，重庆八省积谷办事处原有的地产也被纳入到地方公产之列。1944年，八省积谷办事处本来打算将原来的仓廒地基卖给聚兴城银行，负责地契过户的地政局认为，"八省积谷会为慈善机关，其地产非经省市政府或社会局批准不能转让过户"，[①]拒绝过户。

不仅每年的租金交由政府掌握，八省积谷办事处的各处产业也逐渐交给了政府。1942年12月，八省积谷办事处代主席胡蓬洲在给重庆市粮政局的呈内称，伺坡后地皮本拟修建商场但面积过小，一直荒废；会府后的地皮迭遭敌机轰炸，半成废墟；浮图关地皮自民国二十四年以来先后被中央别动队、中央军官教育团无偿借住，因此"兹抗战建国之际，政府征募公债……于十二月一日开会决议，拟将浮图关、会府后、伺坡后三处荒废地皮

① 重庆市档0295—001—00996，"关于告知聚兴城银行前购八省积谷办事处仓坝子地基已办理过户的函"。

变卖……所售代价以八成购买战时公债,以二成购置八省公墓地,俾便上报政府、下泽枯骨,庶几于国家地方两有裨益”,得到时任重庆市粮政局局长王士夔的肯定。[①]

虽然档案资料里,没有八省积谷办事处最终命运的材料,但据1945年重庆市乡镇公益储蓄推行委员会第四推行处调查可以推知一二,该处在给其上级的报告就重庆八省积谷办事处是否为合法团体提出疑问。这显示重庆八省积谷办事处此时已经逐渐走向消亡。

第七节 小结

本章展示了八省客长在巴县城区地方权力网络格局中角色扮演的两个过程,即从逐渐走向权力网络核心到渐趋消亡的过程。分述如下。

从康熙年间到清末这两百多年的时间里,八省客长经历了从同乡团体、行业协会的仲裁者到重庆地方权力网络核心的过程,这个过程在咸同年间达到顶峰。咸同时期的八省客长,正如朱之洪为《重庆八省积谷办事处产业图说》所作的序中说“八省团体代表之见重于当时,实官绅合作之力有以致之”。[②] 这个过程的转变同下述几个因素紧密相关。其一,巴县的商业繁荣所带来的影响。经过各省移民一百多年的努力,到嘉庆时期,巴县的商业已经十分繁荣。其二,八省会馆已完全控制了巴县的商业网络,“今查渝城各行户,大率俱系外省民人领帖开设”,当时共设行户151家,其中领帖开行的109户中,有107户均为八省会馆成员。[③] 其三,咸同军兴以后,清王朝各项开支大规模增长,地方州县财政也随之吃紧,加之重庆周边县份动乱不断,川东道、重庆府奉令办理团练、保甲,各类支出均仰仗八省会馆,八省会馆成为重庆、巴县地方政府主要的财政来源。其四,八省客长在地方社会多年努力经营的结果。八省会馆走向重庆地方权力网络的核心,势所难免,这一趋势“显示一种本身运作多半与地方官府无关的利益团

① 重庆市档案0053—0022—00327,“关于八省积谷办事处暂代主席胡蓬洲请求变卖废地用来购买公债及八省公墓的呈、提案、函、指令”。

② 朱之洪:《重庆八省积谷办事处产业图说》,民国十七年石印本,第1页。

③ 四川大学历史系、四川省档案馆主编:《清代乾嘉道巴县档案选编》上,第253页。

体已经产生”。[①]

光绪中晚期以后，由于各个会馆自身的原因，会馆的内聚力减弱，会众之间围绕着会产的争夺日甚一日，大量会产在这些无休止的争吵中被出卖。同时中英《烟台条约》签订后，重庆被列为对外开放的城市，大量外资企业进入，依靠其独特的地位和雄厚的实力，抢夺了部分此前一直由八省客长控制的商业网络资源；另一方面，其他的商业财团也进入了重庆的商业市场之中，在内外竞争对手的共同作用下，八省客长失去了对重庆市场的独占地位，慢慢地走向衰亡。

咸丰以后的清政府陷入内忧外患之中，各类开支大增，从财政支出上说，四川在这个时候也从传统的“受济省”变为“协济省”，同时由于地方办理团练开支甚巨，以征收各类“税外之税”的公局在巴县成立，这即意味着公局体制的形成。巴县的地方公局明显地具有移民社会发展的烙印，其反映就是具有不同省籍的民众掌握着不同的公局。移民商人与本地绅士之间围绕着公局的控制权而展开竞争。同时，他们又利用各个公局的平台共同为地方事务服务，呈现出既竞争又合作的局面。

八省公益协进会与八省积谷办事处的命运，其实是众多传统时代中国民间组织近代化过程中所面临的集体困境。这一困境的形成，从经济层面上讲，是由于八省商人在与洋行的竞争中逐渐失去了对重庆贸易的控制地位。从政治层面上讲，潘文华主政重庆时期，在“改良市政”的口号下，进行了大量的市政建设、设置了众多传统时代并未有的具有新式色彩的公益组织，如市民医院、女子中学。在地方财政并不富裕的情况之下，动用既有的地方公共资源，是必然的选择。同时，由于国府内迁重庆，让重庆的地方政局发生了极大的变动，大量的军政要员随着国府内迁重庆，这让八省公益协进会等民间团体失去了政治上的依托。

从八省会馆内部来说，会馆始建的目的是“联系乡谊及护持初来之乡人”，[②]乡土观念较为浓厚，内部也比较团结，会馆具有明显的“子孙会”色彩，表现出强烈的宗族化倾向。自晚清至民国后，为了争夺“出省客长”或会产，会馆成员间诉讼不断，最终导致分崩离析的局面。

---

① 艾马克：《晚清中国的法律与地方社会：十九世纪的北部台湾》，第265页。

② 民国《姚安县志》卷49.

结　论

本书以历时性的书写方式对清代巴县基层社会权力结构的发展历程进行了粗略的勾勒，讨论了不同时期巴县城乡社会的治理模式，并在“大历史”的背景下关照其变化的过程。下面拟从三个角度对本书的主旨做进一步的申论。

第一节　移民社会的内在发展逻辑

一、移民活动与外在环境的关系

康熙至乾隆一百多年间，大量外省移民来到巴县，承垦土地、买卖经商，恢复和发展了巴县的社会经济。这些移民家庭，经过数十年的发展，对内开始修族谱、建祠堂、置祀田，进行家族建设；对外则联谊同乡、同业，小则置办各类会产，大则兴修会馆。通过这一系列的举动，一方面慰藉了移民的乡情，而更为重要的是，扩展了他们在异乡的关系网络。

通过对一两百年移民活动的勾勒，我们看到，这些来自外省的移民在移入地的日常生活除了受其他非移民地区相关因素的影响之外，还至少受下面几个因素的影响。

第一，移民对故乡及移入地的认同程度。在档案的相关诉讼文书中，我们发现，乾隆以前的很长一段时间，巴县民众在给县衙门的各类文书中，对自己的籍贯，大部分都以原籍的籍贯作答，如湖南、福建。这一方面反映了此一时期仍有大量的移民继续来到巴县，另一方面则更表明，移民的第二、三代仍然具有较为强烈的故乡情结，而认为自己仅是本地的客人。即使他们在巴县已经拥有田产，早已是纳粮当差的粮户。

移民的这种故乡情结使得“湖广填四川”、“麻城孝感乡”这两个有相互关联的移民来源传说在四川地区流传甚广，以至现在还在流传。如果把时间放回到明代，我们发现，这个移民传说的内涵在明清时期可以说发生了两次转移。从明中晚期的族谱来看,“麻城孝感乡”的传说是与洪武年间的明军平夏相联系起来的。而在清初,“麻城孝感乡”逐渐成了大部分四川本地民众祖籍地的认同标志,这样的一个认同随着大量湖广籍移民的到来,而更加得到了强化。

其实,通过档案材料的梳理,可以证实,“麻城孝感乡”这个移民祖源地说法,更多地是建立在老百姓的口头交流与族谱之上的。当这些移民后裔口口声声说自己来自于麻城孝感乡时,更多的场合是作为谈资,在亲朋好友闲谈时传达的。而在正式的官方文本里,他们却绝少提及自己是孝感乡人,更多的则是自己的真实原籍,如广东人、福建人,等等。

第二,政府政策的影响。在讨论一个地区,特别是移民人口占主要成分的地区的发展时,我们不能不将政府的相关政策考虑在内。清政府在四川地区的移民政策,可以说经历了一个从积极招徕到有效调控的过程。不同时期入川的外省移民,可以说享受到了完全不同的待遇。如最初来川的移民很容易地便获得了土地,而乾隆时期入川的民众,政府则采取了诸多的措施进行稽查。正因如此,不同时间段入川的民众,生计样式有很大的不同。一般说来,乾隆以后的移民更多地是作为商业移民或佃户前往,较少拥有土地。

第三,外在环境的影响。这里所谈的外在环境,不仅包括自然环境,更重要的是社会大环境变动的影响。嘉庆以前的一百多年时间,巴县地区基本上没有多大的战乱影响,社会的关注重心在于如何安置这些来自多省的移民,移民社会的发展处于一个相对平稳的局面。嘉庆白莲教起义以后,地方局势岌岌可危,团练制度在巴县城乡社会确立。团练制度在具体的实施过程中,以民众的住居位置为原则编练团众,同时提拨乡村社会既有公产,来充作团练经费。这完全打破了移民省籍之间的藩篱,有助于地方社会的融合。至民国,据窦季良的调查,其“在渝市所访问到的多少八省遗老,在生活语言习惯上殊难辨认其为外籍人士,尤难辨认其为某省某府之人”,[①]原籍只存在于记忆中了。

二、城乡社会的不同发展轨迹

移民来到巴县,在城乡场镇建立各种大小不一的会馆,成立八省、五省

① 窦季良:《同乡组织之研究》,第44页。

或四省客长之类的移民组织。依靠这些组织，一方面调整了移民内部的关系，同时也帮助移民在地方社会中获得更大的发展空间。同样是移民组织，由于所处的空间位置不同，清中叶后呈现出不同的发展方向。

巴县档案保留有大量的老百姓的“具告状”，这些由官方提供的告状文本，有着严格的格式要求，如书写格式、字数等等。在同治八年以前，这些文本中都有客长一栏，而此后，这栏就变为团正或乡约。这不是一个简单的形式变化。它反映了客长在政府与百姓的眼中已逐渐失去了他们存在的价值，虽然乡间还有称呼某人为客长的说法。可以认为，最晚至同治年间，巴县乡村社会移民已经完成了他们的本地化进程。

形式上的变化，里面有着更为深刻的社会经济原因。至嘉庆时期，大规模移民四川的浪潮已经完全停止，此时的四川已是户满人稠，已没有多余的土地容纳外省移民，反而出现了向四川周边地区，如陕南、贵州、川西藏区移民的势头。早期的移民，经过一两百年的发展，家族建设已初见规模。不同省籍民众之间的相互交流、通婚逐渐冲淡了移民之间原来的界限。川剧、川菜、川话已正式形成，并成为普通老百姓日常交流的纽带。[①]

同时，与移民相关的各类会、会馆却因移民后裔之间认同程度的降低而不断出现问题。一方面，是大环境使然，清政府不断地要提拨地方公产来办理团练、兴办学堂，并征收津贴、捐输、厘金等各类名目的税外之税，使得这些由移民置办的各类地方公产日渐减少。而更主要的是，围绕着这些地方公产的利益纠纷此起彼伏，连绵不断。在档案文献里有大量的会产成员因为会产利益分配不均，以致对簿公堂。

与此一历史进程不同的是，在巴县治城，移民组织八省会馆却呈现出另外一番发展景象。虽然同为移民的“自治”组织，八省会馆有着场镇移民组织所没有的强大经济实力。巴县发放的行户帖绝大部分为八省会馆所属商户承领，借此，他们逐渐控制了重庆地区的商业网络。

咸丰年间，清政府出现的一系列危机，为八省客长登上巴县地方社会权力网络的核心提供了机会。咸丰四年(1854)，清政府在四川征收厘金，

① 王东杰从移民社会“乡神”的建构与重构的角度，讨论了清代四川移民本地化过程中，移民自我籍贯认同的转变与强化的过程，认为移民在“成为四川人”的同时，往往也会有意识地强化其外省籍的身份。见王东杰：《“乡神”的建构与重构：方志所见清代四川地区移民会馆崇祀中的地域认同》，《历史研究》2008 年第 3 期。

由于八省客长强大的经济实力，重庆地区的厘金征收不得不委托由八省客长组成的厘金局来完成。由此，八省客长掌握了地方的财权。咸丰末年的李、蓝起义，巴县成立保甲局来应付，其控制权仍在八省客长手中。同治二年的教案，则为八省客长提供了一个极好的表演舞台。掌握了地方财权、治安权力的八省客长利用各种关系，在与天主教会、地方绅士及地方官员的角逐中，充分展示了自己的实力。不仅拒绝了天主教会将保甲局所在地——崇因寺改建为教堂的要求，同时也抵制住了地方绅士染指保甲局控制权的愿望，更向清地方官员展现了自己的强大实力。此一时期，八省客长在巴县的各类活动中都能见其身影，如城市建设、地方救济等等。这已经完全超越了一个商业团体所应有的职能，八省客长依靠自己的实力在地方社会中已承担了“民间政府”的角色。

同一地区，移民组织在城乡社会发展的轨迹之所以出现不同，笔者认为可以从两个角度来理解。第一，是城乡移民组织的实力不同决定了他们在各自社区的发展命运。八省会馆在乾隆时期已成为巴县县城最大的商业团体，拥有大量的田产、房产，每年的租息收入完全能够保证该组织的正常运转。而场镇的各类移民组织则缺少这样的经济实力。经济实力的不同，使得他们在应对各类危机，如政府的加税和地方绅士的责难时反应当然不同。第二，客长身份所带来的不同结果。在地方，客长一方面经理与移民相关的各类事务，同时也是受政府授权的地方管理人员，具有“职役”的性质，因此，承充客长不仅有荣耀，更多的是可能带来的风险，如向场镇铺户征收各类摊派。八省客长则不同，由于其下属商户经济实力出众，充任客长不仅能够为自己带来一定的好处，也是显示自身实力的机会。

第二节　制度与社会之间的互动

“所谓‘活’的制度史……首先是指一种从现实出发，注重发展变迁、注重相互关系的研究范式。官僚政治制度不是静止的政府形态与组织法，制度的形成及运行本身是动态的历史过程。”①政府基层管理制度的实施与

① 邓小南：《走向活的制度史——以宋代官僚政治制度史研究为例的点滴思考》，《浙江学刊》2003 年第 3 期。

地方社会的发展有着十分微妙的互动关系。从成文的官方基层管理制度来说，地方社会的变动、发展，在某些地方、某些层面使得政府基层管理制度失去其效力，如保甲制度对那些“朝去夕来”、住所不定的移民来说，就失去了稽查人口、赋税征收的职能。因此，地方社会动荡不安，啯噜猖獗。即使官方的基层制度能够发挥其效能，但在具体的实践过程中，也不能完全按照制度的设计者所希望的运转模式运行，而与地方社会在一定程度上互相磨合，相互适应，也就是官方制度的实践化过程，如本书所讨论的团练制度在地方社会的形态转变。在制度与社会的另外一层面，制度的设计者往往将由移民内部自发产生的管理形式纳入到官方的基层管理制度的序列之中，达到维护地方社会的稳定、赋税征收的目的，如本书所讨论的客长制度。

客长是理解移民与国家关系的重要纽带，它的产生与清中前期在巴县地方社会中移民所占比例极大有密切的关系。首先，清初的积极移民政策，吸引了大量移民，这些移民良莠不齐，以致社会具有诸多的不安定因素；其次，移民与移民之间、移民与土著之间围绕着地权、商业贸易等方面的矛盾纠纷不断，需要合适的人员来参与调解；再次，就移民内部来说，也需要相应的人员来沟通移民群体内的团结。这为客长的产生提供了条件。

同时，从各类委任状来看，客长也是类似于乡约一样的半官方人员，客长的选任具有一系列程序可循，如客长候选人的资格。如同保甲长一样，在场镇中，客长也要承担一定的职责，如征税、维持场镇的安全等等。可以说，在某种程度上体现出了国家对地方社会的干预与渗透，亦反映了国家试图将地方社会纳入到自己有效管理范围之内的努力。客长制度的出现无疑满足了政府、移民，甚至土著的要求。

国家将由民众选举出来的客长纳入到保甲系统内来选拔、任免，这是一个自下而上的过程，可以说，国家在一定程度上认可了移民自发形成的组织管理系统，并以适当的形式将其“招安”，纳入到既有的管理体系之中。

团练在巴县的运行则反映了国家基层制度与地方社会发展的另外一个角度。

巴县团练的兴起与白莲教起义密切相关，可以说是地方社会军事化的产物。但团练制度却并没有随白莲教起义的失败而在乡村社会销声匿迹，反而作为一种官方的基层管理制度而继续存在下来，其组织形态也发生了改变，即从军事型组织向以处理乡村社会内部事务的转变。

团练制度在巴县的实践告诉我们，国家的制度在地方的具体化过程中，因为地方社会具有的某些“地方性”，而发生某种变异，以适应地方社会的某些特征。

客长制与团练制在巴县地方社会体现了国家基层管理制度与地方社会发展之间的两个路向。客长制出现于移民社会的发展时期，社会的发展必然要求有相适应的管理制度与之配合。在既有的管理体制不到位的情况之下，社会首先自发产生了相应的制度来规范、管理社会成员。基于共赢的考虑，国家则通过委任的方式，将客长管理地方事务的职责予以合法化。可以说，正是由于地方社会的内在需求，政府的密切配合，才能够产生这一具有移民社会特色的地方基层管理制度。这是一个全新的制度产生过程。

团练制度则是制度设计与社会发展关系的另一个面向，亦即制度如何调适、适应地方社会的过程。按照清政府对团练制度的设计，团众“散则为民，聚则为兵”，地方有事则聚集训练、防匪，无事则解散团练。但从嘉庆至同治年间的巴县团练运作实情来看，并不完全切合国家推行团练制度的初衷。团练制度在巴县地方社会长时间的推行，并不是说巴县自白莲教起义以来，地方社会一直处于军事化之中，而是地方社会已经把团练制度“改革”为一项以处理民事为主，但同时又具有维护地方社会治安等作用的组织。这样一个制度功能的转换，其实还是与巴县地方社会的移民特点分不开的。保甲制度防范小股土匪还可能有所成效，但在防范几十、甚至一两百人的啯噜时则显现出了它的制度缺陷，它不能动员相当数量的民众参与军事行动。团练得以长时间的存在，也正是因为它拥有保甲所没有的一定数量的武装力量。但是，承平时期团练也不能一直以军事行动为工作的中心，地方社会各阶层都以练团为累，在维持一定的武装力量的同时，团练开始了制度转型，将工作的中心集中于团内的些许小事，如防盗、邻里关系的调解等等。

由于移民社会逐渐完成了本地化的过程，客长制度在同治年间基本上开始退出历史舞台；团练制度也在不停地进行变化，以适应地方社会的发展。从这两个历史现象，我们可以看出，官方基层管理制度的命运，完全决定于地方社会的内在需要。正是地方社会的需要，产生了客长制，改变了团练制度的运作形态。

第三节　基层社会的权力变迁

本书所讨论的保甲长、客长、团正、学董，与清代台湾乡村社会中各街庄“总理”一职比较类似，他们并非“官绅精英”(gentry elite)成员。虽然他们中有的(主要是学董)来自生员阶层，但大部分都出自于普通平民。至于为何由平民出任这些“在官人役”，孙海泉认为：“在保甲制度下，村庄负责人——乡保、牌甲长从普通的中等农民中产生，保证了州县政府能够顺畅地对乡村行使职权，并通过对乡村负责人严格控制与压榨，实现对乡村的统治。”①

这些非“官绅精英”能够在乡村社会中发挥影响，是由于其在乡村事务中得到了官僚政府的授权，而让其行为具有正式的合法的地位，表现出某种“一般地方名望人士”的特征，这让其职位具有一定的价值。② 乡村社会为了此一职位曾多次发生竞争或诉讼。

这种非“官绅精英”的统治模式，可以涵盖在傅衣凌先生所称的传统社会“私”的乡村控制系统之中。与“公”的“官绅精英”的权力结构相比，这种“私”的非“官绅精英”有着自己特有的权力演变模式。第一，由于保甲长、客长、团正基本上都出自平民，在一个身份制的社会里，这让其权威的效度大打折扣。我们从前面的讨论中看到，有些经过客长调解的纠纷，最终仍然告进了衙门，这说明客长的调解是有限度的，调解纠纷的有效程度较低。虽然“约客地位实为官民上下间之枢纽”，③地位重要，但“乡保仍然不是由县衙直接任命，也并不是一个受薪的职位”。④ “在一般情况下，乡保其实只是地方上的小人物，由当地真正的领导人物推举出来，作为地方领导层与国家权力之间的缓冲人物”，⑤“这个官职没有薪酬，在职者又身处地方、

① 孙海泉：《清代中叶直隶地区乡村管理体制——兼论清代国家与基层社会的关系》，《中国社会科学》2003年第3期。

② 艾马克：《晚清中国的法律与地方社会：十九世纪的北部台湾》，第214页。

③ 民国《犍为县志》卷十《居民志》，页五十一下

④ 黄宗智：《华北的小农经济与社会变迁》，第236页。

⑤ 黄宗智：《华北的小农经济与社会变迁》，第237页。

村庄势力与国家之间的夹缝中”。[①] 在前面的讨论中，不管是保甲长、客长，都有大量的不愿意充任该职的个案，反映出“乡保等人在国家行政设置中缺乏正式制度保障，也没有获得基本的、值得尊重的社会地位，是一种低下的、处于行政辅助地位的民间劳役性质，是人们避之犹恐不及的东西”。[②] 有鉴于此，晚清维新派代表人物冯桂芬提出在各州县设立乡官，“负责调解民事纠纷，指引缉捕，劝导赋税征收和办理保甲、团练”，这些乡官则由具有生员以上功名的本地人士，通过选举产生。[③]

第二，权力的实施是充满矛盾、纠纷的。虽然非“官绅精英”拥有政府颁给其象征权力合法性的“执照”或腰牌，执行公务过程中有时也会得到衙门差役的支持，但从权力的实施过程来看，由于非“官绅精英”在身份、财产方面并不比他人具有多大的优势，其权威也大打折扣。换言之，他们在地域社会中拥有的反对者更多。前文已多次论及的客长与神会首事的矛盾即是一例。

第三，对于“私”的非“官绅精英”来说，享有的权力可能比承担的责任还更小。从政府的角度讲，由平民出任保甲长、团正或客长，其实质在于承办差徭，协助官方维持地方秩序。这在基层社会来说，往往是个出力不讨好的差事。档案资料中有大量的保甲长、乡约、客长拒绝承差的案例，这些案例表明保甲长等乡村职役责任重大，若为了贪图此一位置所带来的权力，可能会得不偿失。

第四，这样的权力是短暂的或者可以说是有时间限制的。从客长、团首、学董的委任状可以看出，其任职是有时间限制的，短则一年，长则四年、五年，这与依靠学识、财产、宗族形成的绅权相比，无疑是短暂的。

“私”的权力系统变迁受诸多因素的影响。它本质上是附属于“公”的权力系统，是通过官方的“授权”获得对地方的控制，政府的行为对其有很大的影响。这种影响表现在几个方面，首先，政府所关注核心问题的转变，往往会导致基层权力结构的重新洗牌。嘉庆白莲教起义之前，保甲制度可以说是基层社会基本的行政管理体制，保甲长也可以说是地方权力体系的

① 黄宗智：《华北的小农经济与社会变迁》，第 238 页。

② 陈亚平：《清代巴县的乡保、客长与“第三领域”——基于巴县档案史料的考察》，收录于中南财经政法大学法律文化研究院编《中西法律传统》（第 7 卷），北京大学出版社 2009 年版，第 184 页。

③ 魏光奇：《管治与自治——20 世纪上半期的中国县制》，商务印书馆 2004 年，第 68—69 页。

核心环节。但是白莲教起义之后，特别是受咸丰时期的太平天国运动的影响，团练制度在基层社会建立起来。与保甲长主要关注地方赋税征收、治安维护不同，团正的主要职责就是动用地方一切资源维护地方安全。团正手中可以控制的资源也较多，因此基层社会对团正的争夺也比较积极。这样一种趋势到清末新政时期表现得更为明显，由于学董掌控了地方各类庙产的提拨权力，因此基层社会中因"庙产兴学"而引发的诉讼不断。这一过程反映出国家的权力在从传统到近代的转变过程中，越来越下移的趋势。其次，"私"的权力本质上执行"公"的权力，是"公"的权力系统在基层社会的延伸。"私"的权力系统无论在形式、内容等方面都是对"公"的权力系统的模仿。保甲长、客长、团正、学董，他们在乡间行使权力的话语体系与上层官僚差别不大。从此角度可以认为明清以来随着保甲等基层制度的广泛推行，国家对基层社会的影响越来越大了，因为国家的话语通过保甲长、乡约等带进了基层社会。第三，"私"的权力系统执行人保甲长、乡约、团正、客长、学董最终资格的确认由政府来完成。无论他们愿不愿意充当，县令在此问题上都有最终的任免权。这说明，"私"的权力系统不是一个独立的系统。

这种变迁同时也要受到地方社会的"小传统"的影响。清代的巴县是一个以移民及移民后裔为主的州县，这使得移民自发选出的客长在基层社会的权力结构中占据着重要的地位，以至于政府不得不承认客长并将其纳入到保甲制度的管理体系之中。在清代巴县的基层管理人员中，我们不仅看到了保甲长、乡约等官方设置的基层管理人员，也看见了客长、场头等具有地方特色的管理人员。从政府的角度来说，多一人或多一个职位来承担差徭、维护治安是可以接受的事情，而从老百姓来说，在一个基层制度尚未健全的地方，通过自我管理，可能是一个别无办法的选择。这丰富了我们对清代基层社会管理体制的认识。

最后，"私"的权力系统对"公"的权力系统来说，拥有一定的相对独立的运行空间。保甲长、客长虽属"在官人役"，但他们首先是由基层民众推选出来而不是直接由政府任命产生。基层社会盘根错节的权力势必会对其有一定的影响。同时，保甲长、乡约都是"生于斯、长于斯"的本地民众，其在执行权力时无法全面倒向政府一边。

参考文献

一、资料

正史及政书类

[1]《圣祖仁皇帝实录》,中华书局 1985 年影印版

[2]《世祖章皇帝实录》,中华书局 1985 年影印版

[3]《世宗宪皇帝实录》,中华书局 1985 年影印版

[4]《高宗纯皇帝实录》,中华书局 1986 年影印版

[5]《文宗显皇帝圣训》,收录于沈云龙主编《近代中国史料丛刊》三编第九十五辑,文海出版社

[6]文孚纂修:《钦定六部处分则例》,收录于沈云龙主编《近代中国史料丛刊》第三十四辑,文海出版社

[7]《钦定大清会典事例》,商务印书馆,光绪戊申(1908 年)初版

[8]贺长龄:《清经世文编》,上海广百宋斋本 1888 年版

[9]《宫中档雍正朝奏折》第二十二辑,1979 年

[10]赵尔巽等撰:《清史稿》,中华书局 1977 年

[11]《清朝文献通考》,上海商务印书馆 1936 年刊本

[12]《清朝续文献通考》,上海商务印书馆 1936 年刊本

[13]盛康编:《皇朝经世文续编》,武进盛氏思补楼 1897 年版

[14]葛士濬:《皇朝经世文续编》,上海久敬斋刻本

[15]《皇清道咸同光奏议》,收录于沈云龙主编《近代中国史料丛刊》第三百三十一辑,文海出版社

[16]黄六鸿:《福惠全书》,光绪十九年文昌会馆刻本

[17]徐栋辑:《保甲书》,《续修四库全书》本,上海古籍出版社 2003 年

[18]石香村居士撰:《戡靖教匪述编》,清道光京都琉璃厂刻本

[19]朱孙诒编:《团练事宜》,收录于沈云龙主编《近代中国史料丛刊》三编第五十五辑,文海出版社
[20]沈云龙主编:《近代中国史料丛刊》续编第六十二辑,文海出版社
[21]蒋廷锡等纂:《古今图书集成》,中华书局 1934 年
[22]《明清史料》丙编第十本,中研院历史语言所 1972 年
[23]刘衡:《庸吏庸言》,京都琉璃厂荣录堂藏版

档案

[1]四川省档案馆所藏档案,清 6 巴县档案
清 9 清朝档案联合全宗之永川政府
民国《巴县县署》档案《至善堂材料汇编》
[2]四川省南充市档案馆,南部档案
[3]重庆市档案馆相关档案
[4]四川省档案馆编:《四川教案与义和拳档案》,四川人民出版社 1985 年
[5]中国第一历史档案馆编:《光绪宣统两朝上谕档》第 27 册,广西师范大学出版社 1996 年
[6]中国第一历史档案馆编:《清代档案史料丛编》第六辑,中华书局 1980 年
[7]中国第一历史档案馆编:《雍正朝汉文硃批奏折汇编》第 9、11、14、16 册,江苏古籍出版社 1986 年
[8]四川大学历史系、四川省档案馆编:《清代乾嘉道巴县档案选编》(上、下),四川大学出版社 1989、1996 年
[9]四川省档案馆编:《清代巴县档案汇编(乾隆卷)》,档案出版社 1991 年
[10]四川省档案馆编:《清代四川巴县衙门咸丰朝档案选编》,上海古籍出版社 2011 年
[11]《乾隆四十六年清政府镇压啯噜史料选编》,《历史档案》1991 年第 1、2 期
[12]中研院近代史研究所编:《教务教案档》第一辑,台湾精华印书馆 1974 年
[13]苏州历史博物馆等编:《明清苏州工商业碑刻集》,江苏人民出版社 1981 年

[14]戴执礼编:《四川保路运动史料》,科学出版社 1959 年

地方志

[1]正德《四川志》,[明]熊相纂修,四川图书馆抄本
[2]康熙《四川总志》,[清]蔡毓荣等修,康熙十二年刻本
[3]雍正《四川通志》,[清]黄廷桂等修,雍正十一年刻本
[4]嘉庆《四川通志》,[清]常明修,嘉庆二十一年刻本
[5]道光《重庆府志》,[清]王梦庚修,道光二十三年刻本
[6]佚名:清代《四川赋役全书》,乾隆十二年十二月
[7]《重庆乡土志》(稿本),全书无页码,无著者,大约成书在民国七年后,藏于重庆市图书馆
[8]道光《保宁府志》,[清]黎学锦修,道光元年刻本
[9]道光《夔州府志》,[清]恩成修,道光七年刻本
[10]乾隆《巴县志》,[清]王尔鉴修,乾隆二十六年刻本
[11]同治《巴县志》,[清]熊家彦等修,同治六年刻本
[12]民国《巴县志》,向楚修,民国二十八年刊本
[13]《巴县乡土志》,巴县劝学所编,光绪三十三年铅印本
[14]《江北厅乡土志》(稿本),王佩如抄,存四川省图书馆
[15]民国《江津县志》,聂述文修,民国十三年刊本
[16]光绪《永川县志》,[清]许曾荫修,光绪二十年刻本
[17]光绪《定远县志》,[清]姜由范等修,光绪元年刻本
[18]乾隆《富顺县志》,[清]熊葵向、周士诚纂修,乾隆二十五年刻本
[19]道光《巴州志》,[清]朱锡谷修,道光十三年刻本
[20]民国《内江县志》,曾庆昌纂修,民国十四年刊本
[21]道光《安岳县志》,[清]濮瑗修,道光十六年刻本
[22]民国《南溪县志》,钟朝煦,民国二十六年刊本
[23]民国《重修南川县志》,韦麟书等修,民国十五年刊本
[24]民国《犍为县志》,陈世虞等修,民国二十六年刊本
[25]咸丰《云阳县志》,[清]江锡祺修,咸丰四年刻本
[26]民国《云阳县志》,朱世镛修,民国二十五年刊本
[27]《九年来之重庆市政》,潘文华主编,民国二十五年刊本

[28]《重庆八省积谷办事处产业图说》,朱之洪,民国十七年石印本
[29]《四川省巴县地名录》,四川省巴县地名领导小组编印,1985 年
[30]民国《阕乡县志》,黄觉修、韩嘉会等纂,民国二十一年铅印本

文集/报刊

[1]曹学佺:《蜀中广记》,《钦定四库全书》本,台湾商务印书馆发行
[2]陈宏谋:《培远堂偶存稿》,培远堂藏版,道光七年刻本
[3]何锐等校点:《张献忠剿四川实录》,巴蜀书社 2002 年
[4]黄月波等编:《中外条约汇编》,商务印书馆 1935 年
[5]李调元:《童山文集》,中华书局 1985 年
[6]罗学钊:《退思轩全集》,民国十九年罗氏排印本,重庆中西书局代印
[7]彭遵泗:《蜀故》,1876 年刻本
[8]魏源:《魏源集》,中华书局 1976 年
[9]严如熤:《三省边防备览》,光绪壬午刻本
[10]杨锡绂:《四知堂文集》,嘉庆十一年刻本
[11]张之洞:《南皮张宫保政书》,上海图书集成印书局 1901 年
[12]张之洞:《劝学篇》,上海书店出版社 2002 年
[13]张集馨:《道咸宦海见闻录》,中华书局 1981 年
[14]《四川官报》,1904—1911 年
[15]《四川教育官报》
[16]《四川学报》
[17]《广益丛报》
[18]《申报》
[19]《东方杂志》
[20]《重庆商埠筹办公署月刊》

族谱/碑刻

[1]巴县《唐氏族谱》,道光二十六年抄本,原件存重庆江北区刘家台肖家坪唐应书家
[2]巴县《牟氏族谱》,1930 年石印本
[3]郭光埙等续修:宣统隆昌《郭氏族谱》

[4]李光钰纂修:仁寿《李氏六修宗谱》,光绪二十五年刻本
[5]江津《夏氏家乘》,民国二十五年刻本
[6]刘继钧等纂修:《渝北刘氏族谱》,霍广石印
[7]隆昌《王氏族谱》,民国二年修
[8]铜梁《杨氏族谱》,1997 年印
[9]陈彰模撰:《陈氏家乘记》,重庆图书馆藏
[10]内江井研《胡氏族谱》,民国二十五年修
[11]隆昌《蓝氏族谱》,清光绪二十四年刻本
[12]渝北《续修徐氏族谱》,宣统三年铅印本
[13]资阳《徐氏族谱》,民国六年重刊
[14]邓步矩编辑:重庆渝北《邓氏族谱》,民国十七年刊本
[15]民国周绍信续修:江津《周氏家乘》
[16]重庆《明氏族谱》,清末丁巳年冬月重修,重庆市北碚区图书馆复印本
[17]新繁《钟氏族谱》
[18]罗江《罗氏族谱》
[19]内江《黄氏族谱》,1913 年刻本
[20]内江《晏氏家乘》,民国石印本
[21]内江《黄氏家乘》,咸丰四年修
[22]内江《汉安邱氏家乘》,内江仁义永铅石印刷局印 1935 年
[23]内江《段氏族谱》,清光绪二十九年刻本
[24]华阳、新繁《陶氏族谱》,民国二十一年石印本
[25]涪陵《徐氏家谱》, 1935 年石印本
[26]重庆永川《吴氏家乘》(残本),原件存重庆市永川区五间阵吴平书家
[27]陈忠桐纂修:四川隆昌《陈氏族谱》,内江小东街源生昌铅石印刷所 1936 年
[28]隆昌《吕氏族谱》,民国石印本
[29]中江《罗氏家传》,民国二年刻本
[30]李春蓉修:《陇西李氏续修族谱》,民国三年刻本,现藏于中国社会科学院历史所
[31]《永远垂禁》碑,现藏于重庆市沙坪坝区磁器口宝轮寺内

二、论著

[1]艾马克(Mark A. Allee):《晚清中国的法律与地方社会:十九世纪的北部台湾》,播种者文化有限公司 2003 年
[2]保罗·康纳顿:《社会如何记忆》,上海人民出版社 2000 年
[3]蔡东洲等著:《清代南部县衙档案研究》,中华书局 2012 年
[4]陈孔立:《清代台湾移民社会研究》,九州出版社 2003 年
[5]陈其南:《台湾的传统中国社会》,允晨文化实业股份有限公司 1994 年
[6]从翰香主编:《近代冀鲁豫乡村》,中国社会科学出版社 1995 年
[7]陈世松:《大迁徙:"湖广填四川"历史解读》,四川人民出版社 2005 年
[8]陈学恂主编:《中国近代教育史教学参考资料》上册,人民教育出版社 1986 年
[9]崔荣昌:《四川境内的湘方言》,中研院历史语言研究所 1996 年
[10]戴炎辉:《清代台湾之乡治》,联经出版事业公司 1979 年
[11]邓之诚著、邓柯增订点校:《骨董琐记》,中国书店 1991 年
[12]窦季良:《同乡组织之研究》,重庆正中书局 1945 年
[13]杜赞奇:《文化、权力与国家:1900—1942 年的华北农村》,江苏人民出版社 2003 年
[14]段自成:《清代北方官办乡约研究》,中国社会科学出版社 2009 年
[15]费孝通:《中国绅士》,中国社会科学出版社 2006 年
[16]葛剑雄主编:《中国移民史》,福建人民出版社 1997 年
[17]沟口雄三、小岛毅主编:《中国的思维世界》,江苏人民出版社 2006 年
[18]顾诚:《南明史》,中国青年出版社 2003 年
[19]顾德曼(Bryna Goodman):《家乡、城市和国家——上海的地缘网络与认同,1853—1937》,上海古籍出版社 2004 年
[20]郭声波:《四川历史农业地理》,四川人民出版社 1993 年
[21]何炳棣:《中国会馆史论》,台湾学生书局 1966 年
[22]胡昭曦:《张献忠屠蜀考辨》,四川人民出版社 1980 年
[23]黄宗智:《华北的小农经济与社会变迁》,中华书局 2000 年
[24]黄宗智:《清代的法律、社会与文化:民法的表达与实践》,上海书店出

版社 2001 年

[25]江士杰:《里甲制度考略》,重庆商务印书馆 1944 年

[26]蒋维明:《川楚陕白莲教起义》,四川人民出版 1985 年

[27]柯文:《在中国发现历史》,中华书局 1989 年

[28]孔飞力:《中华帝国晚期的叛乱及其敌人:1796—1864 年的军事化与社会结构》,中国社会科学出版社 1990 年

[29]蓝勇、黄权生:《"湖广填四川"与清代四川社会》,西南师范大学出版社 2009 年

[30]李世平:《四川人口史》,四川大学出版社 1987 年

[31]李仕根主编:《四川清代档案研究》,西南交通大学出版社 2004 年

[32]李怀印:《华北村治——晚清和民国时期的国家与乡村》,中华书局 2008 年

[33]李明编著:《中国民俗大系·四川民俗》,甘肃人民出版社 2004 年

[34]刘正刚:《闽粤客家人在四川》,广西教育出版社 1997 年

[35]刘正刚:《东渡西进——清代闽粤移民台湾与四川的比较》,江西高校出版社 2004 年

[36]刘志伟:《在国家与社会之间——明清广东里甲赋役制度研究》,中山大学出版社 1997 年

[37]罗志田:《权势转移:近代中国的思想、社会与学术》,湖北人民出版社 1999 年

[38]鲁子健:《清代四川财政史料》上,四川社会科学出版社 1984 年

[39]罗威廉:《汉口:一个中国城市的商业和社会(1796—1889)》,中国人民大学出版社 2005 年

[40]罗威廉:《汉口:一个中国城市的冲突和社区(1796—1895)》,中国人民大学出版社 2008 年

[41]彭伯通编:《重庆题咏录》,重庆出版社 1985 年

[42]彭朝贵、王炎主编:《清代四川农村社会经济史》,天地出版社 2001 年

[43]瞿同祖:《清代地方政府》,法律出版社 2003 年

[44]邱澎生、陈熙远编:《明清法律运作中的权力与文化》,中研院、联经出版公司 2009 年

[45]任放:《明清长江中游市镇经济研究》,武汉大学出版社 2003 年

[46]山田贤:《移民的秩序——清代四川地域社会史研究》,中央编译出版社 2011 年
[47]施坚雅:《中国封建社会晚期城市研究》,吉林教育出版社 1990 年
[48]施坚雅:《中国农村的市场和社会结构》,中国社会科学出版社 1998 年
[49]孙晓芬编著:《清代前期的移民填四川》,四川大学出版社 1997 年
[50]孙晓芬:《四川的客家人与客家文化》,四川大学出版社 2000 年
[51]谭红主编:《巴蜀移民史》,巴蜀书社 2006 年
[52]王纯五:《袍哥探秘》,巴蜀书社 1993 年
[53]王日根:《乡土之链——明清会馆与社会变迁》,天津人民出版社 1996 年
[54]韦庆远、叶显恩:《清代全史》第五卷,辽宁人民出版社 1991 年
[55]隗瀛涛:《重庆城市研究》,四川大学出版社 1989 年
[56]隗瀛涛:《近代重庆城市史》,四川大学出版社 1991 年
[57]魏斐德:《大门口的陌生人——1839—1861 年间华南的社会动乱》,中国社会科学出版社 1988 年
[58]魏光奇:《官治与自治——20 世纪上半期的中国县制》,商务印书馆 2004 年
[59]闻均天:《中国保甲制度》,商务印书馆 1935 年
[60]吴晗、费孝通等:《皇权与绅权》,天津人民出版社 1988 年
[61]谢宏维:《和而不同——清代及民国时期江西万载县的移民、土著与国家》,经济日报出版社 2009 年
[62]杨国安:《明清两湖地区基层组织与乡村社会研究》,武汉大学出版社 2004 年
[63]张国雄:《明清时期的两湖移民》,陕西教育出版社 1995 年
[64]张肖梅:《四川经济参考资料》,中国图书杂志公司 1939 年
[65]张仲礼:《中国绅士——关于其在 19 世纪中国社会中作用的研究》,上海社会科学院出版社 1991 年
[66]赵秀玲:《中国乡里制度》,社会科学文献出版社 1998 年
[67]中国文物研究所、重庆市博物馆编:《新中国出土墓志》(重庆),文物出版社 2002 年
[68]周锡瑞(Joseph W. Esherick):《义和团运动的起源》,江苏人民出版社

1995 年
[69]周询:《蜀海丛谈》,巴蜀书社 1986 年
[70]周勇:《重庆:一个内陆城市的崛起》,重庆出版社 1997 年
[71]周勇、刘景修译编:《近代重庆经济与社会发展,1876—1949》,四川大学出版社 1987 年
[72]郑锐达:《移民、户籍与宗族:清代至民国期间江西袁州府地区研究》,三联书店 2009 年
[73]郑振满:《明清福建家族组织与社会变迁》,中国人民大学出版社 2009 年
[74]商丽浩:《政府与社会:近代公共教育经费配置研究》,河北教育出版社 2002 年
[75]熊明安、徐仲林、李定开主编:《四川教育史稿》,四川教育出版社 1993 年
[76]王铭铭:《王铭铭自选集》,广西师范大学出版社 2000 年
[77]王先明:《变动时代的乡绅——乡绅与乡村社会结构变迁(1901—1945)》,人民出版社 2009 年
[78]张渝:《清代重庆的商业规则与秩序:以巴县档案为中心的研究》,中国政法大学出版社 2010 年
[79]张瑾:《权力、冲突与变革:1926—1937 年重庆城市现代化研究》,重庆出版社 2003 年
[80]施坚雅:《中国农村的市场和社会结构》,中国社会科学出版社 1998 年
[81]山根幸夫主编:《中国史研究入门》下册,社会科学文献出版社 2000 年
[82]Bradly W. Reed, *Talons and Teeth: County Clerks and Runners in the Qing Dynasty*, Stanford University Press, 2000
[83]Hsiao, Kung-chuan(萧公权), *Rural China: Imperial Control in the Nineteenth Century China*, Seattle, WA: University of Washington Press, 1960
[84]Matthew H.Sommer, *Sex, Law, and Society in Late Imperial China*, Stanford: Stanford University Press, 2000
[85]山本进:《清代社会经济史》,山东画报出版社 2012 年
[86]森田明:《清代水利与区域社会》,山东画报出版社 2008 年

三、论文

[1]曹树基:《清代中期四川分府人口:以1812年数据为中心》,《中国经济史研究》2003年第1期

[2]曹树基:《从石仓土地执照看花户内涵的衍变与本质》,《社会科学》2010年第8期

[3]常建华:《日本八十年代以来的明清地域社会研究述评》,《中国社会经济史研究》1998年第2期

[4]钞晓鸿:《晚清时期陕西移民入迁与土客融合》,《中国社会经济史研究》1998年第1期

[5]陈春声:《走向历史现场》,《读书》2006年第9期

[6]陈世松:《"解手"的传说与明清"湖广填四川"》,《中华文化论坛》2003年第3期

[7]陈瑞:《徽商与明清徽州保甲差役的承充》,《中国社会经济史研究》2011年第3期

[8]川档宣《清代冕宁县衙门档案选介》,《四川档案》2009年6期

[9]陈亚平:《18—19世纪的市场争夺:行帮、社会与国家——以巴县档案为中心的考察》,《清史研究》2007年第1期

[10]陈亚平:《清代巴县的乡保、客长与"第三领域"——基于巴县档案史料的考察》,收录于中南财经政法大学法律文化研究院编《中西法律传统》(第7卷),北京大学出版社2009年

[11]邓小南:《走向活的制度史——以宋代官僚政治制度史研究为例的点滴思考》,《浙江学刊》2003年第3期

[12]范金民:《把持与应差:从巴县诉讼档案看清代重庆的商贸行为》,《历史研究》2009年第3期

[13]傅衣凌:《中国传统社会:多元的结构》,《中国社会经济史研究》1988年第3期

[14]葛剑雄:《麻城孝感乡》,《寻根》1997年1期

[15]宫保利:《清代后期苏州地区公所的善举活动》,《史学集刊》1998年1期

[16]顾颉刚、黎光明:《明末清初之四川》,《东方杂志》第31卷第1号
[17]关文:《追寻中国历史的潜流——葛剑雄等〈中国移民史〉评价》,《中国社会经济史研究》1998年2期
[18]郭松义:《清代四川的外来移民与经济发展》,《中国经济史研究》1988年第4期
[19]郝锦花:《近代"新学"教育与乡村社会现代化的启动》,《天津社会科学》2002年第3期
[20]洪焕椿:《论明清苏州地区会馆的性质和作用——苏州工商业碑刻资料剖析之一》,《中国史研究》1980年第2期
[21]胡昭曦:《张献忠屠蜀考辩》,收录于《巴蜀历史文化论集》,巴蜀书社2002年
[22]黄友良:《四川客家人的来源、移入及分布》,《四川师范大学学报》1992年第1期
[23]蒋竹山:《汤斌禁毁五通神——清初政治菁英打击通俗文化的个案》,《新史学》第六卷第二期
[24]蓝勇:《清代四川土著和移民分布的地理特征研究》,《中国历史地理论丛》1995年第2期
[25]蓝勇:《清代西南移民会馆名实与职能研究》,《中国史研究》1996年第4期
[26]李国良、沈方全:《云篆风清》,《巴县文史资料》第九辑
[27]李国祁:《清代台湾社会的转型》,《中华学报》五卷二期
[28]李国祁:《清季台湾的政治近代化——开山抚番与建省(1875——1894)》,《中华文化复兴月刊》八卷十二期
[29]李华:《明清以来北京的工商业行会》,《历史研究》1987年第4期
[30]李怀印:《晚清及民国时期华北村庄中的乡地制——以河北获鹿县为例》,《历史研究》2001年第6期
[31]李荣忠:《清代巴县衙门书吏与差役》,《历史档案》1989年第1期
[32]李映发:《清代重庆地区农田租佃关系中的几个问题》,《历史档案》1985年第1期
[33]李玉:《从巴县档案看传统合伙制的特征》,《贵州师范大学学报》(社会科学版)2000年第1期

[34]李中清:《明清时期中国西南的经济发展和人口增长》,《清史论丛》第5辑1984年

[35]李中清:《一二五〇——一八五〇年西南移民史》,《社会科学战线》1983年第1期

[36]梁洪生:《从“异民”到“怀远”——以“怀远文献”为中心考察雍正二年宁州移民要求入籍和土著罢考事件》,《历史人类学学刊》第一卷第一期

[37]梁元生:《慈善与市政:清末上海的“堂”》,《史林》2000年第2期

[38]林成西:《清代乾嘉之际四川商业重心的东移》,《清史研究》1994年第3期

[39]刘君:《清前期巴县城市工商业者差役初探》,《历史档案》1991年第2期

[40]刘正刚:《清代前期广东移民四川原因考述》,《广东社会科学》1995年第1期

[41]刘正刚:《清代台湾与四川移民家族发展比较》,《西南师范大学学报》(人文社会科学版)2002年第5期

[42]刘正刚:《清前期四川和台湾移民政策之比较》,《四川大学学报》1996年第1期

[43]栾成显:《〈康熙休宁县保甲烟户册〉研究》,《西南大学学报》(人文社科版)2006年第6期

[44]吕实强:《近代四川的移民及其所发生的影响》,《中研院近代史研究所集刊》第6期

[45]吕作燮:《明清时期的会馆并非工商业行会》,《中国史研究》1982年第2期

[46]罗尔纲:《太平天国革命前的人口压迫问题》,《中国社会经济史研究集刊》第8卷第1期,1949年1月

[47]罗志田:《科举制废除在乡村中的社会后果》,《中国社会科学》2006年第1期

[48]罗志田:《科举制的废除与四民社会的解体——一个内地乡绅眼中的近代社会变迁》,《清华学报》(新竹)新25卷第4期

[49]秦和平:《川江航运与咽噜消长关系之研究》,《社会科学研究》2000年

第1期

[50]彭伯通:《清代巴县城的会馆》,《巴县文史资料》十一辑

[51]彭雨新:《四川清初招徕人口和轻赋政策》,《中国社会经济史研究》1984年第2期

[52]邱捷:《晚清广东的“公局”——士绅控制乡村基层社会的权力机构》,《中山大学学报》(社会科学版)2005年第4期

[53]冉光荣:《清前期重庆地区的帮会》,1987年深圳国际清史学术讨论会论文

[54]谯珊:《专制下的自治:清代城市管理中的民间自治——以重庆八省会馆为研究中心》,《史林》2012年第1期

[55]孙海泉:《论清代从里甲到保甲的演变》,《中国史研究》1994年第2期

[56]孙海泉:《清代保甲组织结构分析》,《河北学刊》1992年第1期

[57]孙海泉:《清代中叶直隶地区乡村管理体制——兼论清代国家与基层社会关系》,《中国社会科学》2003年第3期

[58]田光炜:《“湖广填四川”的历史过程》,《四川师范学院学报》1987年第2期

[59]王澈:《光绪初年四川东乡抗粮案述论》,《徐州师范大学学报》(社科版)第24卷第3期

[60]王东杰:《“乡神”的建构与重构:方志所见清代四川地区移民会馆崇祀中的地域认同》,《历史研究》2008年第3期

[61]王纲:《“湖广填四川”问题探讨》,《社会科学研究》1979年第3期

[62]王明珂:《根基历史:羌族的弟兄故事》,收于黄应贵主编《时间、历史与记忆》,中研院民族学研究所1999年

[63]王晓琳、吴吉远:《清代保甲制度探论》,《社会科学辑刊》2000年第3期

[64]王日根:《近年来明清基层社会管理研究的回顾与展望》,《江苏社会科学》2001年第3期

[65]魏光奇:《清代直隶的里社与乡地》,《中国史研究》2000年第1期

[66]谢宏维:《化干戈为玉帛——清代及民国时期江西万载县的移民、土著与国家》,《历史人类学学刊》第三卷第一期,2005年

[67]杨国安:《主客之间:明清两湖地区土著和流寓的矛盾与冲突》,《中国

农史》2004 年第 1 期

[68]杨念群:《论十九世纪岭南乡约的军事化——中英冲突的一个区域性结果》,《清史研究》1993 年第 3 期

[69]杨荣:《北京市基层管理体制的历史变迁》,《北京社会科学》2004 年第 1 期

[70]余清良:《中国乡里制度研究的路径——读〈中国乡里制度〉》,《史学月刊》2002 年第 8 期

[71]庚国琼:《"湖广填四川"三百年后闻见录》,《龙门阵》1981 年第 3 辑

[72]张大斌:《谈谈清初所谓"湖广填四川"的问题》,《教学研究集刊》1956 年第 7 期

[73]赵世瑜:《明清史与近代史:一个社会史视角的反思》,《学术月刊》2005 年第 12 期

[74]赵世瑜、孙冰:《市镇权力关系与江南社会变迁——以近世浙江湖州双林镇为例》,《近代史研究》2003 年第 2 期

[75]赵世瑜:《作为方法论的区域社会史》,《史学月刊》2004 年第 8 期

[76]赵世瑜:《祖先记忆、家园象征与族群历史——山西洪洞大槐树传说解析》,《历史研究》2006 年第 1 期

[77]郑振满:《明清福建的里甲户籍与家族组织》,《中国社会经济史研究》1989 年第 2 期

[78]郑振满:《神庙祭奠与社区发展模式》,《史林》1995 年第 1 期

[79]郑亦芳:《清代团练的组织与功能——以湖南、两江、两广地区之比较研究》,收录于《中国近代现代史论集》第二十八编《区域研究(下)》33 集,台湾商务印书馆 1986 年

[80]森纪子:《清代四川的移民活动》,收录于叶显恩主编《清代区域社会经济研究》下册,中华书局 1992 年

[81]周琳:《城市商人团体与商业秩序——以清代重庆八省客长调处商业纠纷活动为中心》,《南京大学学报》(社科版)2011 年第 2 期

[82]樊德雯:《乡村—政府之间的合作:现代公立学校及其经费来源》,黄宗智主编《中国乡村研究》第四辑,社会科学文献出版社 2006 年

[83]张晓霞、黄存勋:《清代巴县档案整理研究的回顾与思考》,《档案学通讯》2013 年第 2 期

四、学位论文

[1]钞晓鸿:《晚清至民国初期陕西农村经济研究》,厦门大学1997年博士论文

[2]陈祥云:《近代四川农村经济(1891—1935)》,台湾政治大学1990年硕士论文

[3]李清瑞:《乾隆年间四川拐卖妇人案件的社会分析:以巴县档案为中心的研究(1752—1795)》,台湾政治大学2000年硕士论文

[4]龚义龙:《资源的获取、继替、流传与社会整合——对清代巴蜀移民社会的一项研究》,四川大学2010年博士论文

[5]梁勇:《清代四川移民社会与客长制度——以巴县为中心》,厦门大学2004年硕士论文

[6]史玉华:《清代州县财政与基层社会——以巴县为个案》,上海师范大学2005年博士论文

[7]孙海泉:《清代地方基层组织研究》,中国社会科学院研究生院2002年博士论文

[8]孙明:《清末四川团练问题研究(1898——1911)》,北京大学2004年硕士论文

[9]徐跃:《社会底层的新政改革:清末四川地方新教育的兴办——侧重庙产兴学》,四川大学2007年博士论文

[10]周琳:《传统商业制度及其近代变迁:以清代中后期的重庆为中心》,清华大学2010年博士论文

后　记

本书是在我的博士论文基础上修订而成。在北京师范大学学习的三年里，导师赵世瑜教授为此倾注了大量的心血，本书的主体框架就是在和赵师多次的交谈中确立的。毕业之后，赵师仍时常敦促我对论文进行修改、扩充与完善。但因本人的愚钝和疏懒，赵师的一些教诲没能反映在书中，这遗憾大概只能在另一本书中来弥补了。

厦门大学郑振满教授是我踏入学术研究领域的领路人，记得 1999 年夏天的一个下午，还是大三的我初次来到郑师的家里，在得知我是重庆人之后，郑师便建议我以后可利用巴县档案来做文章，本书最初的立意就是在郑师的指导下完成的。本书在修改过程中，郑师也提出了很多有建设性的修改意见。

很幸运的是，我求学的两所大学都是有着良好学术传统和研究特色的学府。在北京师范大学读书期间，中国社科院历史所商传老师，北京师范大学游彪老师、王东平老师、曹大为老师，中国人民大学杨念群老师，清华大学仲伟民老师或参加了开题报告指点迷津，或在毕业论文答辩时指出本书需要修改完善之处，这为本书的修改提供了很好的意见。

厦门大学人文学院历史系戴一峰老师、王日根老师、钞晓鸿老师、张侃老师、刘永华老师、饶伟新老师、黄向春老师，他们或是我本科阶段的老师，或是厦大历史系读书会中的灵魂人物，不仅在我选定研究主题时提供了诸多参考意见，还因为他们对历史研究的热爱，引导我最后走上了历史研究之路。

本书在撰写和修改过程中，曾参加了多个国内外的学术会议，本书中的部分章节有幸获得中山大学的陈春声老师、刘志伟老师、程美宝老师、黄国信老师、温春来老师、吴滔老师，南开大学常建华老师，上海交通大学曹树基老师，江西师范大学梁洪生老师，暨南大学刘正刚老师，香港中文大学邱澎生老师的指点和批评，谢谢他们！。

本书在写作过程中，曾求教于四川大学隗瀛涛教授、西南大学蓝勇教授。作为西南区域史研究的前辈，他们不仅惠赠研究资料，也给我提供了很多很好的写作建议。重庆师范大学李禹阶教授对提携后辈十分热心，为我申请国家社科基金后期资助课题写了十分中肯的推荐意见。

本书在写作和修改过程中，曾和北师大的同门户华为、乔新华、邓庆平、李留文、戴辉、王绍欣、秦慧颖、罗丹妮、许赤瑜、何欣、姜鸿、贺利华、韩朝建、汪润、胡小安、李扬，厦大的同门李平亮、罗桂林、魏德毓、廖华生、蒋楠、郑莉，同学李在全、程二奇、陈忠纯、王云红、胡忆红、水海刚，好友吴佩林、吴四伍、徐斌、谢湜、王大学、罗艳春、刘熠、任智勇、唐仕春、郑成林、魏文享、付海晏、洪振强、彭剑等人进行讨论，他们为本书提出了很好的修改意见。我在成都搜集资料时，我的大学老乡罗鹏，好友张荣德、黄小彤，提供了诸多方便。

本书的部分章节曾以单篇论文的形式先后发表在《社会学研究》、《光明日报》、《学术月刊》、《史学月刊》、《社会科学研究》、《历史档案》、《中国农史》、《中国社会经济史研究》、《天府新论》、《重庆社会科学》、《西华师范大学学报》等报刊上，谢谢各位编辑老师的厚爱与鼓励！

我所供职的西南政法大学，十分重视青年教师的科研工作，制定了较为完善的有助于青年教师积极从事科研的制度措施。这也是本书能够顺利完成的外部条件之一。

感谢国家社科基金后期资助项目的各位评审专家，因为有了你们的支持，才有本书的出版。感谢重庆大学人文社会科学高等研究院，给了我半年做访问学者的机会，让我有时间对本书的内容进行修改。

十年弹指一挥间，本书刚进行研究时，我还是个硕士二年级的学生，而出版的时候，却也年近不惑。这十年既感受到学术研究所带来的幸福感、成就感，更体会到研究过程中的种种艰辛。作为笔者的第一本学术专著，虽很幸运获得国家社科基金的资助出版，但书中内容肯定有很多青涩、不足甚至不对的地方，希望能得到大家的指正与帮助。

赵师世瑜曾说，没有第一本书的出版，就没有第二本书的开始。现在终于可以全力以赴进行另外一本专书的研究了，同时也希望我第二本利用巴县档案的研究著作的出版时间不会再有如此之长，内容更加“成熟”。

最后，感谢我的家人，特别是两岁半的小女洪嘉小妹。她不时在我案前唱歌、跳舞，极大地消减了伏案读书、写作所带来的疲劳，就把这本书当作礼物送给她，愿她能够健康、快乐地成长。

梁勇于西政天高鸿苑

2013 年岁末